权威·前沿·原创

皮书系列为
"十二五""十三五"国家重点图书出版规划项目

旅游安全蓝皮书
BLUE BOOK OF TOURISM SAFETY

中国旅游安全报告(2018)

ANNUAL REPORT ON CHINA'S
TOURISM SAFETY AND SECURITY STUDY (2018)

华侨大学旅游安全研究院 / 编
主　编 / 郑向敏　谢朝武

社会科学文献出版社
SOCIAL SCIENCES ACADEMIC PRESS (CHINA)

图书在版编目(CIP)数据

中国旅游安全报告.2018/郑向敏,谢朝武主编
.--北京:社会科学文献出版社,2018.5
(旅游安全蓝皮书)
ISBN 978-7-5201-2674-8

Ⅰ.①中… Ⅱ.①郑…②谢… Ⅲ.①旅游安全-研究报告-中国-2018 Ⅳ.①F592.6

中国版本图书馆CIP数据核字(2018)第092139号

旅游安全蓝皮书
中国旅游安全报告(2018)

主　　编 / 郑向敏　谢朝武

出 版 人 / 谢寿光
项目统筹 / 王　绯
责任编辑 / 张建中　崔晓璇

出　　版 / 社会科学文献出版社·社会政法分社 (010) 59367156
　　　　　 地址：北京市北三环中路甲29号院华龙大厦　邮编：100029
　　　　　 网址：www.ssap.com.cn

发　　行 / 市场营销中心 (010) 59367081　59367018
印　　装 / 三河市龙林印务有限公司

规　　格 / 开　本：787mm×1092mm　1/16
　　　　　 印　张：29.25　字　数：447千字

版　　次 / 2018年5月第1版　2018年5月第1次印刷

书　　号 / ISBN 978-7-5201-2674-8
定　　价 / 128.00元

皮书序列号 / PSN B-2012-280-1/1

本书如有印装质量问题，请与读者服务中心 (010-59367028) 联系

▲ 版权所有 翻印必究

旅游安全蓝皮书编辑委员会

顾　　　问　范维澄　中国工程院院士、清华大学公共安全研究院院长

主 任 委 员　戴　斌　中国旅游研究院院长、教授、博士
　　　　　　　郑向敏　华侨大学旅游安全研究院院长、教授、博士
　　　　　　　　　　　中国旅游研究院旅游安全研究基地主任

副主任委员　张　捷　南京大学旅游研究所教授
　　　　　　　　　　　中国地理学会旅游地理专业委员会主任
　　　　　　　谢朝武　华侨大学旅游学院副院长、教授、博士
　　　　　　　　　　　华侨大学旅游安全研究院副院长

编　　　委　（按姓名音序排列）
　　　　　　　戴　斌　韩玉灵　黄远水　李九全　梁明珠
　　　　　　　陆　林　马　波　申世飞　肖洪根　谢朝武
　　　　　　　谢彦君　张　捷　张凌云　张志安　郑向敏
　　　　　　　周　沛

旅游安全蓝皮书编辑部

主　编　郑向敏　谢朝武

参与编写人员名单

主报告

撰稿人　华侨大学旅游学院暨中国旅游研究院旅游安全研究基地
执笔人　郑向敏

专题报告撰稿人（以专题报告出现先后为序）

郑向敏	陈雪琼	李　娜	汪京强	杨晨鹏	吕梦醒	李　丹
施亚岚	李　娜	黄安民	刘丹丹	白珊珊	卢秋雅	殷紫燕
陈秋萍	聂玮琪	徐金容	林明珠	钟丽蓉	张连玉	林美珍
侯志强	樊玲玲	叶新才	王小花	殷凌燕	王新建	李梦园
王　芳	郁敏超	张　慧	殷　杰	张荣藤	谢朝武	张江驰
周灵飞	曾武英	曾　怡	郭志平	朱　磊	张志安	胡　笳
李勇泉	孙瑾瑾	陈　璐	罗景峰	范向丽	覃海丽	代姗姗
赵嘉盈	厉新建	刘国荣	陈　楠	沙　强	叶欣梁	梅俊青
吴春安	黄　锐	邹永广	何月美	朱　尧	韩玉灵	崔言超
周　航	陈学友	张　宝	杭　伟	梁瑞廉	艾献计	罗海英
潘文亮	冯建国	罗　祺	王光华	王文江	景云鹏	陈金华
李祎铭	李亚恒	黄远水	吴耿安	王　璐	方旭红	张鞠成

旅游安全蓝皮书编辑部办公室

谢朝武　王新建　邹永广　曾　怡　熊娜娜

主要编撰者简介

郑向敏 华侨大学旅游安全研究院院长、教授、博士、博士生导师,中国旅游研究院旅游安全研究基地主任、首席教授,中国旅游协会教育分会副会长、教育部 MTA 教学指导委员会委员、全国旅游星级饭店评定委员会国家级星评员、国家旅游局《旅游安全管理暂行办法》修订专家组组长。长期从事旅游安全与风险领域的研究工作,主持旅游安全领域的国家级、省部级科研项目 10 余项,出版国内首部旅游安全领域的专著《旅游安全学》,近期关注方向包括旅游安全评价、旅游职业安全、岛屿旅游安全等。

谢朝武 华侨大学旅游学院副院长、教授、博士、博士生导师,旅游安全研究院副院长,长期从事旅游安全与风险领域的研究工作,曾主持旅游安全领域的国家社科基金项目、教育部人文社科基金项目、国家旅游局重点科研项目等重要课题项目,参与国家旅游局配合《中华人民共和国旅游法》起草研究工作,入选"福建省高等学校新世纪优秀人才支持计划""国家旅游局旅游业青年专家培育计划"等人才项目。近期主要关注旅游应急管理、旅游安全行政治理等方向。

摘 要

旅游安全蓝皮书《中国旅游安全报告（2018）》是由华侨大学旅游学院、华侨大学旅游安全研究院与中国旅游研究院旅游安全研究基地组织专家编写的年度研究报告，是社会科学文献出版社"皮书系列"的重要组成部分。本年度旅游安全蓝皮书由总报告和专题报告两部分组成，其中专题报告又分设产业安全篇、安全事件篇、安全管理篇和区域安全篇四个篇章。

总报告从2017年我国旅游安全的总体形势入手，全面分析了我国旅游住宿、餐饮、交通、景区、购物、娱乐、旅行社等主要分支行业的安全情况，并深入剖析了涉旅自然灾害、事故灾难、公共卫生事件、社会安全事件等各类型旅游突发事件的发展态势。总报告系统回顾了各类旅游主体在2017年的主要管理工作，分析了2017年影响我国旅游安全的主要因素，并对2018年的旅游安全态势进行了分析与展望。

2017年，我国旅游安全形势总体趋好。在党中央、国务院的统一领导下，以国家领导人关于安全生产的重要指示、批示为指导，在各级党委政府、各有关部门的全力支持下，我国各级旅游管理部门按照安全发展理念，以安全红线为准绳，坚持"安全第一、预防为主、综合治理"方针，逐步打造共建共治共享的社会治理格局，旅游安全生产有序稳步开展，旅游业的形势安全稳定。但影响境内外旅游安全的因素更为复杂多变，可预见与不可预见、传统与非传统的不安全因素依然存在，给旅游业的安全稳定带来了一定程度的影响。

旅游分支行业的安全形势主要包括：旅游住宿业安全突发事件规模扩大，安全影响因素越来越复杂多样；旅游交通业安全态势趋好，各类交通安全问题差异显著；旅游景区安全形势平稳，安全事件伤亡人数减少；旅游购

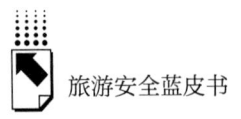

物安全问题显著减少,购物安全形势趋好;旅游娱乐业安全形势平稳,安全事故数量却有所增加。从分类事件来看,安全事故数量有所增加;涉旅食物中毒事件影响大,安全形势依然严峻;涉旅社会安全事件增多,安全形势不容乐观。

总报告提出,2017年我国旅游安全的影响因素多样复杂、问题繁多、形势严峻,可预见与不可预见、传统与非传统的不安全因素依然存在。2017年我国在旅游突发事件应对与管控方面,基本形成了强化风险的先期控制、实现风险的有效监管、提升应急处置的效率与持续优化旅游保险等较完善的安全管理体系与机制。展望2018年,我国应构建"共建共治共享"旅游安全综合治理体系,提升全域旅游安全、生态旅游安全和旅游新业态安全治理水平,应加强区域旅游安全合作,加强游客安全问题的监管。

专题报告分设了产业安全、安全事件、安全管理和区域安全四个板块。其中,产业安全篇对旅游住宿、旅游餐饮、旅游交通、旅游景区、旅游购物、旅游娱乐场所和旅行社的安全态势进行了全面分析;安全事件篇对涉旅自然灾害、涉旅事故灾难、涉旅公共卫生、涉旅社会安全等旅游安全事件的态势进行了综合分析;安全管理篇围绕旅游安全行政管理、节假日旅游安全、自助旅游安全、高风险旅游安全、旅游安全法律规制、旅行社责任险、旅游保险、旅游安全预警、"一带一路"沿线旅游投资安全和旅游安全年度热点事件等组织了一系列文章;区域安全篇主要对国内较具代表性的北京、吉林、山西、宁夏、重庆等省(自治区、直辖市)的旅游安全形势与管理经验进行了深度分析,同时对港澳台旅游、出境旅游和入境旅游的安全形势进行了介绍。

关键词: 旅游产业安全　旅游安全事件　旅游安全管理　区域旅游安全

序　言

以制度为重

建在华侨大学的中国旅游研究院旅游安全研究基地的确了不起，一干志同道合的学者，长期致力于旅游安全研究，每年都要出版一部沉甸甸的旅游安全蓝皮书，且能引发各界的高度关注，着实令人佩服。今年书稿又成，主事者寄我先睹为快，同时邀我着一小序，我当然欣然承命，并以之为荣。

常人皆知，旅游安全重于泰山。正因为"重"，这个小序写起来并不轻松。

我的思绪不由自主地飞扬。想起自己30年前为期40天的丝路考察经历，那真是诗与远方的合奏，每天都会被巧夺天工的大自然和绚烂多彩的民族风深深打动，携带的相机胶卷在快速消耗，笔记本里的诗行却在悄悄堆积，情绪犹如飘荡在蓝天碧水之间的风。遗憾的是，我遭遇了几起令人紧张、愤怒甚至想起来后怕的不和谐事件，以至于一段时间不敢大胆地向周围的人推荐这条本是奇美绝伦的旅游线路。

我想起20年前去南非约翰内斯堡访问，陪同者始终把"安全"二字挂在嘴上，待看到街上几乎每个店铺都有一两位手持枪支的保安，自己也就放弃了下车徜徉的念头，以至于对这座独特的城市只有点的记忆，未能形成整体印象。

我想起有两位旅游学界的朋友，都是走过千山万水的人，却因为高原反应引发急病，在雪域高原永远躺下了；也想到近年来多地发生的野生动物园伤人事件、"驴友"野外遇险救援事件、出境旅游同胞意外伤害事件等，难抑内心伤感。

当然，我也想到，中国已被大多数人认为是地球上最安全的旅游目的地；国内几个曾广受诟病的省份的旅游市场秩序正在快速好转；设置旅游警察、旅游工商所、旅游巡回法庭的创意受到推崇；在意大利罗马等城市街头，联合执勤的中国警察给了中国游客厚重的踏实和温暖感。

在专家的眼中，旅游安全可不局限于凡人的经历与听闻，而是包含着理性，渗透在旅游活动的全要素、全过程之中，甚至要延伸到自然、社会、经济、文化的全系统里，既包括应急管理与善后处置，又注重寻求因果关系，防患于未然。正因为如此，旅游安全研究者是慧眼独具的，旅游安全蓝皮书是富有价值而令人期待的。

所有安全问题都以"防"为重，那么"防"的重点又是什么呢？阅读往年出版的和今年即将刊行的旅游安全蓝皮书，似乎能够发现一个研究趋势，那就是从技术措施、管理体系到制度建设的渐次深化。当旅游大众化如火如荼之际，旅游安全的研究与实践，必将带上浓郁的社会化色彩，指向广义上的制度安排。不能忘记，哈耶克早就说过："休谟希望得到的和平、自由与公正，非来自人们的善良品德，而是来自制度——这一制度使得即使是坏人，在他们追逐各种事务以满足自己的私欲时，也为公共的好处做了事。"

在回味哈耶克名言之时，我望向北窗。我在青岛的居所南面海、北邻山，山以浮名，为崂山余脉，虽无巨峰林立、山高水长之雄姿，却有九点连绵、林草丰腴之秀色，今已被城市包围，愈发显得珍贵，常日里登山休闲者众。清明节临近，为防山火，当局使封闭管理之策，不许人入。然从北窗望出，仍见有些游客在山脊嬉戏，不禁要想当局为何要封闭管理，那些游客如何入又如何出。又想起四年前有幸主持华侨大学旅游管理专业博士、硕士学位论文答辩会，曾与青年学子就景区救援商业化的利弊有过讨论，就更加觉得，把旅游安全研究推向制度的高度，是十分必要和紧迫的。

一言以蔽之，旅游安全以制度为重。

是为序。

马波

2018年4月3日

于青岛听涛庐

前　言

2017年是我国旅游业实施"515战略"和"厕所革命"新三年行动计划的收官之年，也是全域旅游深入推进的一年。在党中央、国务院的坚强领导下，"厕所革命"、全域旅游逐渐成为社会发展共识，旅游经济继续保持高速增长，旅游安全呈现持续向好的趋势。

全域旅游是适应大众旅游时代旅游消费新要求和地区经济发展模式创新的重要举措，全域旅游的持续推进促进了我国旅游管理体制的革新，推动了旅游安全监管体系的完善和提升。在全域旅游背景下，以旅游局升格为旅游发展委员会为标志，各地强化了旅游综合监管职能，成立了旅游巡回法庭，设置了旅游警察，等等，推进了旅游交通安全、旅游卫生安全等多部门联合监管的制度化、常态化。旅游安全管理的主体也不断壮大，呈现大众参与特征。在旅游企业加大对旅游安全的投入的同时，以中央电视台为代表的新闻媒体广泛参与文明旅游、安全出行的宣传，普通民众更加关注旅游安全知识，抵制不安全、不文明旅游行为，保险公司联合高校研究旅游安全趋势，发布安全报告，引导游客安全旅游，部分地区旅游行政管理部门还建立了"行政监督＋群众监督＋媒体监督"机制，旅游安全管理大众化趋势明显。旅游安全监管的内容也不断细化，更多地区开展旅游行业风险点危险源大排查，从根源控制旅游安全风险，针对漂流、登山探险、酒店治安、消防与卫生安全等的监管也更加规范，针对重要时段、重要风险隐患的安全监管常态化机制逐步形成。

《中国旅游安全报告》是一部全面统计分析我国旅游安全发展现状与趋势的专题研究报告，是中国旅游研究院旅游安全研究基地（华侨大学）按年度推出的重大研究成果。在华侨大学及中国旅游研究院的领导和支持下，中国旅游研究院旅游安全研究基地不断壮大研究队伍、巩固和规范研究平台,取得了较快的发展,2017年成功举办了"中国旅游安全高峰论坛(2017)",荣获中国旅游研究院外设研究机构总体评价第三名。

《中国旅游安全报告(2018)》全书分为总报告、专题报告两部分。总报告对2017年全年旅游安全的总体形势及2018年发展趋势进行了概括。专题报告由产业安全篇、安全事件篇、安全管理篇、区域安全篇四个部分组成。其中,前三部分结合统计数据、行业管理实践,具体分析了旅游住宿、餐饮、交通、景区、购物、娱乐和旅行社等各旅游行业,涉旅自然灾害、事故灾难、公共卫生事件、社会安全事件等各类旅游安全事件以及旅游安全行政管理、节假日旅游安全、自助旅游安全、高风险旅游安全、旅游安全法律规制、旅行社责任险与旅游保险、旅游安全预警等各专题旅游安全管理项目的形势、影响因素和发展动态,提出了2018年面临的挑战、发展趋势。区域安全篇对出入境旅游、港澳台旅游以及北京、吉林、山西等区域的旅游安全表现形态、管理手段、影响因素等进行了系统分析。

本报告是中国旅游研究院旅游安全研究基地及全国旅游安全研究专家学者集体智慧的结晶,由基地主任、华侨大学旅游学院郑向敏教授和基地副主任、华侨大学旅游学院副院长谢朝武教授担任主编,负责全书逻辑框架的确定、约稿、统稿、部分章节的执笔写作、最终定稿等工作。旅游安全研究基地、华侨大学旅游学院及全国旅游安全领域的专家学者分别参加了部分章节的编写。本报告的完成与出版得到了国家旅游局综合司、中国旅游研究院领导的指导与帮助,得到了北京、吉林等省市旅游发展委员会,华侨大学校领导和科研管理部门的大力支持,也得到了中国社会科学院社会科学文献出版社的关心、支持与帮助,在此一并表示诚挚的谢意。

鉴于旅游安全涉及范围广,旅游安全案例庞杂,缺乏权威的来源,加之作者认识和判断的局限性,报告中难免出现统计数据的差异甚至疏漏,热诚欢迎广大读者批评指正!希望"旅游安全蓝皮书"系列能为中国旅游业的健康安全发展做出贡献。

郑向敏

2018年3月1日于华侨大学校园

目 录

Ⅰ 总报告

B.1 2017~2018年中国旅游安全形势分析与展望
………………… 旅游安全蓝皮书编委会 郑向敏（执笔）/ 001

Ⅱ 专题报告

产业安全篇

B.2 2017~2018年中国旅游住宿业的安全形势分析与展望
………………………………………… 陈雪琼 李 娜 / 019

B.3 2017~2018年中国旅游餐饮业的安全形势分析与展望
………………………… 汪京强 杨晨鹏 吕梦醒 李 丹 / 031

B.4 2017~2018年中国旅游交通业的安全形势分析与展望
………………………………………… 施亚岚 李 娜 / 042

B.5 2017~2018年中国旅游景区的安全形势分析与展望
………………… 黄安民 刘丹丹 白珊珊 卢秋雅 殷紫燕 / 054

001

B.6 2017~2018年中国旅游购物的安全形势分析与展望
.... 陈秋萍　聂玮琪　徐金容 / 065

B.7 2017~2018年中国旅游娱乐场所安全形势分析与展望
.... 林明珠　钟丽蓉　张连玉　林美珍 / 078

B.8 2017~2018年旅行社业的安全形势分析与展望
.... 侯志强　樊玲玲 / 090

安全事件篇

B.9 2017~2018年中国自然灾害涉旅安全的形势分析与展望
.... 叶新才　王小花 / 103

B.10 2017~2018年中国涉旅事故灾难的形势分析与展望
.... 殷凌燕　王新建　李梦园 / 113

B.11 2017~2018年中国涉旅公共卫生事件的形势分析与展望
.... 王　芳　郁敏超 / 123

B.12 2017~2018年中国涉旅社会安全事件的形势分析与展望
.... 张　慧　殷　杰　张荣藤 / 135

安全管理篇

B.13 2017~2018年中国旅游安全行政管理工作分析与展望
.... 谢朝武　张江驰 / 148

B.14 2017~2018年节假日旅游安全的年度形势分析 .... 周灵飞 / 161

B.15 2017~2018年中国自助旅游安全形势分析与展望 ...... 曾武英 / 172

B.16 2017~2018年中国高风险旅游安全形势分析与展望
.... 曾　怡 / 183

B.17 2017~2018年中国旅游安全法律规制的形势分析与展望
.... 郭志平　朱　磊 / 197

B.18 2017~2018年旅行社责任保险全国统保示范项目及
旅游救援保险的发展形势分析与展望 ………… 张志安 胡 笳 / 207

B.19 2017~2018年我国旅游保险的发展形势与展望
………………………………… 李勇泉 孙瑾瑾 陈 璐 / 216

B.20 2017~2018年中国旅游安全预警形势分析与展望 …… 罗景峰 / 227

B.21 2017~2018年中国女性旅游的安全形势分析与展望
…………………………………………… 范向丽 覃海丽 / 237

B.22 2017~2018年我国旅游安全的新闻传播与公众舆论分析与
展望 ……………………………………… 代姗姗 赵嘉盈 / 251

B.23 "一带一路"沿线旅游投资安全分析与展望
…………………………………………… 厉新建 刘国荣 / 264

B.24 中国潜在旅游者对韩国医疗旅游感知的风险研究
…………………………………………… 陈 楠 沙 强 / 277

B.25 国际邮轮港口安全管理体系研究
——以上海吴淞口国际邮轮港为例 ……… 叶欣梁 梅俊青 / 288

B.26 景区游客安全教育体系的构建 ……………… 吴春安 黄 锐 / 297

B.27 2017年中国旅游安全的热点与新问题
………………………………… 邹永广 何月美 朱 尧 / 307

区域安全篇

B.28 2017~2018年北京市旅游安全形势分析与展望
………………………… 韩玉灵 崔言超 周 航 陈学友 / 317

B.29 2017~2018年吉林省旅游安全形势分析与展望
…………………………………………… 张 宝 杭 伟 / 329

B.30 2017~2018年山西省旅游安全形势分析与展望
…………………………………………… 梁瑞廉 艾献计 罗海英 / 336

B.31 2017~2018年重庆市旅游安全形势分析与展望
…………………………………………… 潘文亮 冯建国 罗 祺 / 347

B.32 2017~2018年宁夏回族自治区旅游安全形势分析与展望
　　　　　　　　　　　　　　　王光华　王文江　景云鹏 / 358

B.33 2017~2018年港澳旅游安全形势分析与展望
　　　　　　　　　　　　　　　陈金华　李祎铭　李亚恒 / 366

B.34 2017~2018年台湾旅游安全形势分析与展望
　　　　　　　　　　　　　　　　　　　黄远水　郁敏超 / 378

B.35 2017~2018年中国入境旅游安全形势分析与展望
　　　　　　　　　　　　　　　　　　　吴耿安　王　璐 / 392

B.36 2017~2018年中国出境旅游安全形势分析与展望
　　　　　　　　　　　　　　　　　　　方旭红　张鞠成 / 406

Abstract ……………………………………………………………… / 418
Contents ……………………………………………………………… / 421

总 报 告
General Report

B.1
2017~2018年中国旅游安全形势分析与展望

旅游安全蓝皮书编委会　郑向敏（执笔）

　　打造共建共治共享的社会治理格局。加强社会治理制度建设，完善党委领导、政府负责、社会协同、公众参与、法治保障的社会治理体制，提高社会治理社会化、法治化、智能化、专业化水平。加强预防和化解社会矛盾机制建设，正确处理人民内部矛盾。树立安全发展理念，弘扬生命至上、安全第一的思想，健全公共安全体系，完善安全生产责任制，坚决遏制重特大安全事故，提升防灾减灾救灾能力。加快社会治安防控体系建设，依法打击和惩治黄赌毒黑拐骗等违法犯罪活动，保护人民人身权、财产权、人格权。加强社会心理服务体系建设，培育自尊自信、理性平和、积极向上的社会心态。加强社区治理体系建设，推动社会治理重心向基层下移，发挥社会组织作用，实现政府治理和社会调节、居民自治良性互动。

——习近平总书记十九大报告

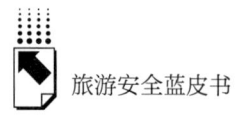

依法强化安全保障，大力推进旅游安全能力建设。统筹发展和安全的关系，增强忧患意识，提升安全管理水平，有效提高防范和抵御旅游安全风险能力，切实构筑旅游安全保障网。依法建立健全旅游安全责任分解机制、监督检查机制、挂牌督办机制、约谈问责机制、工作目标考核机制、事故追责机制。开展旅游包车安全等专项整治行动，完善高风险旅游项目救助设施，制定高风险旅游项目管理办法。加强旅游安全宣传培训，在全国范围组织开展"旅游安全生产月"活动，举办全国旅游安全应急管理专题培训，加强导游领队等一线工作人员安全教育。提升旅游保险保障能力，修订《旅行社责任保险管理办法》，指导优化"旅行社责任保险全国统保示范项目"。提升旅游安全应急能力，完善旅游突发事件信息报送和应急值守制度。

——2018年全国旅游工作会议报告

一 2017年中国旅游安全形势回顾

（一）旅游安全总体形势

2017年全国旅游安全形势总体趋好。在党中央、国务院的统一领导下，以国家领导人关于安全生产的重要指示、批示为指导，在各级党委政府、各有关部门的全力支持下，我国各级旅游管理部门按照安全发展理念，以安全红线为准绳，坚持"安全第一、预防为主、综合治理"方针，逐步打造共建共治共享的社会治理格局，旅游安全生产有序稳步开展，旅游业的形势趋稳。

2017年影响境内外旅游安全的因素更为复杂多变，传统、非传统等各类不安全因素依然存在，影响了旅游业的健康发展。2017年我国旅游业先后遭遇了四川九寨沟地震、湖北神农架景区山体滑坡、甘肃景泰黄河石林景区强降雨，以及法国巴黎恐怖袭击、境外传染病疫情问题等旅游突发事件。尽管2017年旅游安全影响因素多样复杂、问题繁多、形势严峻，但全国各级旅游管理部门联合相关部门，通过强化风险的先期控制、实现风险的有效监管、提升应急处置的效率、持续优化旅游保险，在旅游安全管理的预防、预警、处置、保障等方面提升旅游安全管理水平与应急能力，各地政府和各级旅游管理部门有效地应对和妥善处置了各种不安全因素和突发事件，较好地维护了2017年旅游业安全稳定的总体态势。

（二）旅游行业安全形势

1. 旅游住宿业安全事件规模扩大，安全影响因素越来越复杂多样

随着旅游市场规模的不断扩大，2017年我国旅游住宿业业态越来越多元化，民宿、公寓、乡村旅馆等层出不穷，由此而产生的旅游住宿业安全突发事件数量明显增加、规模明显扩大。2017年我国旅游住宿业安全突发事件的特征主要表现为：①安全突发事件发生时间与旅游市场淡旺季显著一致；②住宿业安全事件的亚类事件结构变化突出；③常规因素引发的安全事件占主要地位，非常规影响因素层出不穷。影响2017年我国旅游住宿业安全的主要因素如下：①宏观因素主要体现为新业态安全制度不完善、监管和执法力度较弱、社交媒体的负面影响；②微观因素主要体现为政府灾难危机感弱、企业安全意识差、设施质量不达标、安全隐患较多；③消费者自身因素包括安全知识不够、安全意识较弱、应急能力不足、心理素质差。

2. 旅游交通业安全态势趋好，各类交通安全问题差异显著

2017年国内旅游交通安全发展态势趋好，各类安全事故统计数据稳中有降，事故起数和死亡人数同比"双下降"。2017年我国旅游交通业安全状况具有以下特征：①旅游客运车辆管理乱象相对严重，道路交通事故多发态势未得到有效遏制；②铁路、水路交通安全形势相对稳定，基本实现低事故率和高运行效率；③民航运输业保持良好安全记录，通航旅游安全引发关注；④景区内部交通安全事故无法杜绝，事故频发，各类安全排查仍不到位；⑤境外旅游交通安全事故频发，中国公民海外出行成最大安全隐患。影响2017年旅游交通业安全状况的主要因素如下：①安全监管体系不完善；②新兴产业环境不成熟；③境外旅游安全因素复杂。

3. 旅游景区安全形势平稳，安全事件伤亡人数减少

2017年我国旅游景区虽然遭遇了四川九寨沟地震重大自然灾害，但总体安全形势趋于平稳。与2016年相比，2017年旅游景区安全事件造成的死亡人数有所下降。据不完全统计，2017年旅游景区共发生安全突发事件209起，分布在28个省（自治区、直辖市），共造成89人死亡。在2017年全年的安全突发事件中，地文景观类景区的安全事件发生频率最高，其次是水域风光类、建筑与设施类景区。2017年旅游景区安全突发事件具有以下特征：①安全事件的类型以事故灾难为主；②安全事件的时间分布与旅游旺季显著正相关；③安全事件的发生地点以地文景观类景区为主；④安全事件的发生原因以游客迷路为主。影响2017年旅游景区安全状况的主要因素包括：①自然灾害频发；②安全意识薄弱；③设施设备故障；④生产环节存在安全隐患；⑤景区应急机制不健全。

4. 旅游购物安全问题显著减少，购物安全形势趋好

2017年我国旅游购物安全事件发生总量有所下降，安全事件仍以假冒伪劣商品引发的安全问题为主，政府行政管理部门推进的综合治理在旅游购物安全管控方面取得显著效果。2017年旅游购物安全状况具有以下特征：①旅游购物安全事件高发地区相对集中；②安全事件仍以假冒伪劣商品引发的安全问题为主；③在线旅游购物引发的安全事件时有发生；④出境旅游购物安全事件略有增加。影响2017年旅游购物安全的主要因素有：①游客购物消费占比明显下降；②各级政府部门综合治理卓有成效；③在线旅游购物占比增加。

5. 旅游娱乐业安全形势平稳，安全事故数量有所增加

2017年旅游娱乐业安全形势趋于平稳，安全事故数量却有所增加，主要发生地为经济发达的旅游地区，发生场所主要为器械型的游乐场、技术型的滑雪场，滑雪场发生的事故数比往年有所增加。2017年旅游娱乐场所安全状况具有以下特征：①华东地区依然是安全事故发生的主要区域；②游乐场、动物园和滑雪场是事故发生的主要场所；③节假日和寒暑假仍是事故高发时段；④儿童和青少年仍然是事故发生的主要群体。影响2017年旅游娱乐场所安全的主要因素是：①游客自我保护意识薄弱；②设施设备故障多发；③旅游娱乐场所安全建设不足；④职能部门监管不足或缺失；⑤不可控外在因素广泛存在。

（三）旅游安全事件形势

1. 自然灾害灾情数量减少，涉旅自然灾害影响仍然较大

2017年我国自然灾害的灾情数量和上年相比减少，但涉旅自然灾害影响程度仍然较大，且以地震、暴雨及台风等气象灾害引发的涉旅安全事件居多。2017年我国自然灾害涉旅安全事件的主要特点是：①气象灾害涉旅安全事件较多；②发生次数较多和影响范围较大的自然灾害涉旅安全事件主要发生在夏季；③地震、暴雨及台风引发的涉旅自然灾害造成的伤亡严重。影响2017年我国自然灾害涉旅安全的主要因素有：①自然灾害的多发性与多样性；②全域旅游背景下的灾害防治新压力；③游客安全意识和自救能力不足。

2. 涉旅食物中毒事件影响大，安全形势依然严峻

2017年，我国涉旅公共卫生安全总体形势依然严峻，食物中毒事件的数量、等级较上年均有较大幅度上升，境外传染病疫情问题凸显，大众游客对涉旅公共卫生事件防范意识没有增强反而有所弱化，个体游客公共卫生事件频发。2017年我国涉旅公共卫生事件呈现以下特征：①食物中毒事件数量、等级有较大幅度上升；②境外传染病疫情问题更加突出并对境内游客产生较大影响；③其他涉旅公共卫生事件频率与数量也大幅度增加。2017年我国涉旅公共卫生事件的主要影响因素包括：①大众旅游持续升温带来的旅游公共卫生安全管控难度增大；②国际旅游活动频繁造成境内游客遭遇境外传染病疫情概率增加；③游客安全意识薄弱使个体游客公共卫生安全管控难度加大。

3. 涉旅社会安全事件增多，安全形势不容乐观

2017年我国涉旅社会安全事件频发，安全形势不容乐观。和上年相比，涉旅社会安全事件不仅类型多样，且覆盖地域广泛，安全事件网络舆情影响

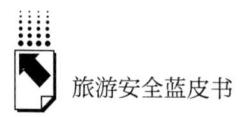

严重。2017年涉旅社会安全事件呈现以下特征：①安全事件频发，事故明显增多；②安全事件类型多样，覆盖地域广泛；③安全事件网络传播迅速，关注度与日俱增；④管理权责不明晰，管控力度不足。2017年我国涉旅社会安全事件发生的主要影响因素如下：①游客安全意识缺乏、从业人员工作疏忽和故意为之、犯罪分子故意从事涉旅违法犯罪活动等人员因素；②安全设施设备不足或不完善等设施设备因素；③交通状况、建筑情况等周边环境因素；④基层微观管理和上层宏观管理方面的管理因素。

二 2017年中国旅游安全管理状况回顾

2017年，我国旅游安全管理总结历年的管理经验，遵循既定的管理方针，针对旅游发展的实际情况，进一步强化安全治理，加强安全保障。从旅游突发事件管控角度看，2017年我国旅游安全管理进一步强化了安全突发事件的预防、预警、处置、保障等方面工作，并都取得了明显的效果。

（一）预防预备：强化风险的先期控制

1. 完善安全标准，规范行业发展

依据旅游行业的发展特征与发展需求，积极推进旅游安全标准建设、规范行业安全、督查企业安全生产是旅游行政管理部门近年来的主要任务。随着旅游活动的常态化、大众化和节假日出游时间的集中化，在特定的时间、场所内出现高聚集游客群[①②]成为常态。针对频繁出现的高聚集游客群，2017年国家旅游局制定出台了《景区游客高峰时段应对规范》（LB/T 068－2017），强化景区在游客高峰时段对高聚集游客群的安全应对规范，加大对景区高聚集游客群的安全管控力度。2017年国家体育总局已有动议，将联

---

① 殷杰、郑向敏、董斌彬、焦念涛：《游客高聚集场所：概念、特征、风险与研究议题》，《重庆工商大学学报》（社会科学版）2016年第4期。
② 殷杰、郑向敏：《基于最优尺度分析的游客高聚集场所安全风险研究》，《科学·经济·社会》2017年第1期。

合旅游、安监、质检等相关部门尽快出台雪场雪道标准、从业人员资质认定标准、滑雪爱好者技术等级评定标准、滑雪设备装备检验检测标准等行业标准，加强滑雪旅游运动项目的风险防范与安全保障[①]。

2. 扩大风险提示范围，强化安全意识

2017年，各级旅游管理部门坚持风险提示制度，不断通过风险提示发布，强化游客安全意识。国家旅游局官方网站显示，国家旅游局在2017年发布的安全提示涉及印度尼西亚、法国、印度、英国、菲律宾、埃及、尼泊尔、韩国等多个国家，覆盖自然灾害风险、社会安全风险（恐怖袭击）、事故灾难风险等多方面。随着互联网在旅游安全应用方面的深入，借助微博、微信、短信、App等渠道，出游风险提示范围将会得到进一步的拓展，旅游风险信息发布将更加精准，风险提示信息发布渠道也会更加宽广。

3. 强化安全培训，提升应急技能

加强旅游安全培训、增强安全意识、提高应急能力、掌握旅游安全技能是降低旅游安全风险、减少旅游安全事故的重要途径。2017年，全国各地、各级旅游行政管理部门、中国旅游景区协会、中国公园协会等积极多次开展旅游安全宣传与培训，增强旅游经营者、旅游从业人员、游客安全意识，提升其安全技能与应急能力，加强预防性安全管理。如2017年9月，中国公园协会在常州举办了"全国公园服务质量会议"，其间举办了"公园安全管理与服务""公园游客高密集场所风险防范与管理"等相关讲座与培训。

4. 明确岗位责任，推进安全生产

按照《中华人民共和国旅游法》和2016年国家旅游局颁布实施的《旅游安全管理办法》中的要求，全国各地、各级旅游行政管理部门、旅游景区、旅行社、酒店等旅游企业严格贯彻实施安全生产目标责任制，保障安全生产，并取得成效。国家首批5A级景区黄果树景区在其编制的《黄果树"安全景区"保障体系》中也明确建立了黄果树景区安全生产责任制，详细

[①] 赵琳：《中国将出台滑雪场安全运营强制性标准》，国家旅游局官方网站，http://www.cnta.gov.cn/zwgk/hybz/201702/t20170212_814588.shtml，2017年2月12日。

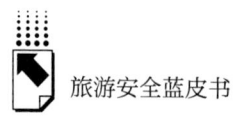

规定了景区内各职能部门、各岗位人员的安全责任,提升了旅游安全管理工作的针对性和责任性。江西南昌还结合旅游企业安全生产责任的完成情况,推出旅游企业安全生产信用体系,建立"黑名单"制度和旅游企业安全生产信用激励惩处机制,推进了企业安全生产①。

(二)监测预警:实现风险的有效监管

1. 开展联合检查,强化全面风险监管

2017年我国各级旅游行政管理部门联合其他行政管理单位,共同开展旅游安全联合检查,强化风险监管,编织旅游安全检查网,全方位抵御各类风险侵袭。

一是强化安全与风险的"网面"建设,开展全方位、多形式的检查。2017年各级旅游行政管理部门联合安监、质监、卫生、食药、环保、地质、水文、交通、公安、信息等多个政府行政管理部门,形成一套由多部门组成的安全与风险检查"网系",通过专项督查、暗访检查、联合检查等手段与方式,开展旅游安全大检查、旅游安全专项检查、旅游风险专项整治等多种形式的安全与风险检查活动,检查范围涉及旅游"食、住、行、游、购、娱"六要素部门、企业,形成了全系的旅游安全与风险检查"网面",全方位抵御各类风险侵袭。

二是加强安全"网点"建设,强化对重点区域与节点的风险排查与安全监管。2017年各级旅游管理部门进一步强化了重要"节点"的安全"网点"建设,加大力度对易发安全事故的时间节点、空间节点、要素节点进行安全监管与风险隐患检查,对"十一"黄金周、"五一"小长假、暑假旅游旺季等特殊时间节点的风险进行重点检查与监管;同时,为了防范旅游要素安全节点的风险隐患,各级旅游管理部门还联合食品卫生、交通运输等行政管理部门,开展对旅游要素重要节点的风险检查与安全监管。例如,2017

---

① 于圜:《南昌建设旅游企业安全生产信用体系》,国家旅游局官方网站,http://www.cnta.gov.cn/xxfb/jdxwnew2/201711/t20171105_845982.shtml,2017年11月5日。

年6月山东省旅游发展委员会为开展即将到来的暑假旅游旺季的风险隐患排查与安全监管，颁布实施了《2017年全省旅游安全百日攻坚治理行动实施方案》，加大安全管理工作力度，强化旅游企业的安全应急能力建设，规范市场秩序，全面排查风险隐患①。

2. 共建预警平台，拓宽信息发布渠道

2017年，旅游行政管理部门进一步加强了与其他涉旅部门的联合协作，共建旅游预警平台，共同识别旅游风险，旅游安全预警涵盖气象、地质、食品、物价、生态、遗产保护等多领域、多部门。为了促使旅游预警平台信息发布更准确、更有针对性，各地各级旅游行政管理部门还针对各地旅游发展特性、风险类型和旅游生产安全需求，优化建设具有区域性特征的旅游安全预警平台，修订、优化旅游安全预警方案，提高平台预警效率与信息发布效度。2017年，各地在加强App、微博、微信等新媒体应用，拓宽预警信息发布渠道等方面也有长足发展。例如，App在旅游安全预警方面就发挥了重要作用。2017年8月8日21时19分，四川九寨沟发生7.0级地震。成都高新减灾研究所研发的地震预警（ICL）App提前地震发生71秒为客户提供预警信息，并在不到20秒的时间内连续发布了5条预警信息推送，实现了提前、快速安全预警。

（三）应急处置：提升应急处置的效率

1. 强化应急制度，完善应急机制

2017年，各地各级旅游行政管理部门、各旅游企业单位均逐步完善旅游突发事件应对机制，并进一步加强了应急预案建设，通过不断完善应急预案、细化应急预案，提高应急预案的有效性与实操性。省级层面，山东省旅游发展委员会2017年8月完成了山东省全域旅游安全生产保障体系建设，对全域旅游突发事件与应急管理进行了梳理与建设；吉林省旅游发展委员会

---

① 迟紫境：《山东省开展旅游安全百日攻坚治理》，国家旅游局官方网站，http://www.cnta.gov.cn/xxfb/jdxwnew2/201706/t20170620_ 829177. shtml，2017年6月20日。

2017年12月完成了《吉林省旅游突发事件应急预案》《吉林省旅游业务安全事件应急预案》等的制定工作。市、县级层面，成都市旅游局于2017年5月完成了成都市旅游安全保障体系建设。企业层面，黄果树景区2018年1月通过了"黄果树'安全景区'建设规划方案"项目评审，该规划方案对黄果树景区的突发事件应对组织、制度和应急预案进行了规划，并对十几个重点区域与节点的突发事件类型、应急预案进行了针对性的分析与规划，构建了全方位的景区应急应对体系。

2. 强化应急建设，实现智慧应急

2017年，我国旅游突发事件应急工作结合互联网、App等多项技术，实现了智慧化发展突破。2016年年底，江泰保险经纪公司推出海外"大救星"App，2017年"大救星"App开展了境外旅游"救援、救助、救护、救命"等应急服务，获得了国家旅游局的好评；上海金棕榈海外旅行社突发事件应急跟踪体系在海外应急救援方面也发挥了重要的作用。此外，2017年，泰国观光与体育部和泰国旅游业协会等单位率先针对中国游客群体实施"旅游健康照顾系统"项目，该项目通过天使卡App 24小时提供各种医疗、救治建议，处理各种紧急意外事故[1]，对在泰国遭遇突发事件的中国游客起到了保障和救援作用。

3. 加强应急演练，提升应急能力

2017年各级旅游行政管理部门、各旅游企业单位进一步深入贯彻《中华人民共和国安全生产法》《中华人民共和国旅游法》《旅游安全管理办法》等法律规章，坚持"安全第一、预防为主、综合治理"的方针，不断强化应急意识，加强应急预案演练，强化应急能力建设，并取得了显著的效果。2017年11月上海市旅游发展委员会举办了"上海旅游行业防空疏散及灭火救援演练活动"，提升了旅游从业人员的疏散及消防安全技能[2]。2017年12

---

[1] 彭艳娇：《泰国推旅游健康照顾APP方便中国游客接受医疗救助》，国家旅游局官方网站，http://www.cnta.gov.cn/xxfb/jdxwnew2/201711/t20171114_846943.shtml，2017年11月14日。

[2] 史文娟：《上海旅游行业防空疏散及灭火救援演练活动举办》，国家旅游局官方网站，http://www.cnta.gov.cn/xxfb/xxfb_dfxw/sh/201711/t20171108_846304.shtml，2017年11月8日。

月云南昆明石林风景区开展了"2017年旅游企业消防安全培训暨灭火应急预案演练",重点强化和提升旅游企业分管安全工作的负责人和安全员的应急处置能力①。

4. 持续应急投入,提升应急效率

2017年,我国在旅游突发事件的应急投入、应急设施设备方面也开展了相应的工作,取得了相应的发展。2018年1月1日,北京市经过多时的筹备,率先开通首条常态化空中应急保障航线,实现了城市空中航线应急保障的突破与发展,提升了城市旅游突发事件的应急效率。该应急保障航线第一时间能为奥林匹克公园及周边地区提供航空医疗救援和应急救援飞行服务②,满足该区域突发事件的应急处置需要。

(四)安全保障:持续优化旅游保险

1. 强化风险转移意识,推动旅游保险深入发展

强化风险转移意识,主动参保、联保,与保险公司联手开发针对性险种,通过旅游保险手段进行行业性的风险转移是旅游行业管理部门、旅游经营单位化解风险、保障安全的重要路径,需要重视、强化和不断推进。在旅游行业与保险行业的共同努力下,旅游保险在化解与转移旅游企业风险、保障游客安全方面取得了显著的效果。但从全行业角度看,旅游要素行业的保险项目还不均等,饮食风险保险、娱乐风险保险、购物风险保险等方面的险种缺失或较少,需进一步推进和深入。强化旅游企业,特别是旅行社的投保意识和风险转移意识、保障游客安全、提高旅游保险的覆盖率、扩大旅游保险的受益面仍然是各地各级旅游行政管理部门的重要工作与任务。

2. 推进统保示范项目,扩大旅游安全保障范围

旅行社责任保险全国统保示范项目(以下简称统保示范项目)推行8

---

① 陈灵新:《石林风景区开展2017年旅游企业消防安全培训暨灭火应急预案演练》,国家旅游局官方网站,http://www.cnta.gov.cn/xxfb/xxfb_dfxw/csxw/201712/t20171206_849285.shtml,2017年12月7日。

② 魏欣宁:《北京城区开通首条常态化应急保障和低空旅游航线》,国家旅游局官方网站,http://www.cnta.gov.cn/xxfb/syhdp/201801/t20180102_852150.shtml,2018年1月2日。

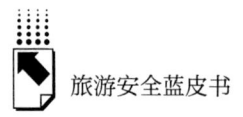

年来,极大地保障了旅游业的安全持续发展。统保示范项目理赔快,为旅游业的快速发展提供了巨大保障。截止到2017年年底,统保示范项目为全国两万多家旅行社提供保险保障,保障业务范围涵盖团队旅游、自助旅游、单项委托项目等多个方面。统保示范项目为在我国国内旅游以及前往104个出境旅游目的地旅游的中国公民提供保障服务。8年来,统保示范项目在埃及动乱导致游客滞留、"3·11"日本地震、"4·27"台湾小火车事故、"7·14"武夷山公馆大桥垮塌事故、"7·25"海南交通事故、"8·15"吉林台湾旅游团交通事故、"9·17"中青旅黄龙交通事故、"10·3"湖北黄冈交通事故等重大案件的后期处置中扮演着重要角色。统保示范项目为救治伤者、及时赔付提供了巨大资金保障,极大保障了游客权益,有效地减轻了企业负担,充分发挥了保险的社会管理功能,成为各级旅游行政管理部门和旅行社处理突发事件的坚强后盾。

三 2018年中国旅游安全形势展望

(一)影响2018年中国旅游安全的因素分析

1. 多元风险持续影响旅游安全

依据目前形势判断,以自然风险与社会安全风险为主的多元风险仍将持续影响2018年我国的旅游安全。

一是雷击、暴雨、山洪、台风、地震、地质、雾霾等不可抗的自然灾害风险将持续影响2018年旅游安全,这些风险给旅游业带来的负面影响不可低估。在我国经济飞速发展的同时,各地生态环境都遭遇了不同程度的损害,各类自然灾害逐渐显现并呈逐年增多趋势,且越发严重。2018年,自然灾害风险仍将持续影响我国旅游业安全,关注生态旅游安全、防灾减灾是2018年旅游安全的重要议题。

二是社会矛盾、文化冲突、恐怖活动、爆炸等社会风险因素将持续影响2018年我国旅游安全。近年来,社会矛盾问题凸显,各类涉旅社会安全事件频发，恐怖袭击在全球各地均有发生，欧洲成为恐怖袭击的"首选对象"。从我国层面看，各种可预见、不可预见的社会风险因素在2018年将依然存在，甚至蔓延、演化和升级，需要重点关注。特别是境外旅游目的地频繁发生的恐怖袭击、爆炸等社会安全事件给我国出境游客带来的安全风险、边远地区社会治安问题带来的安全风险问题需要各地各级旅游行政管理部门、旅游企业予以关注与重视。

2. 旅游市场乱象仍将影响旅游安全环境

"不合理低价游""黑社""黑导""黑车"等我国旅游行业多年来的顽疾在2018年仍无法杜绝。2018年我国旅游市场仍存在较多市场乱象。"海口市2017旅游市场综合治理情况媒体通报会"对外发布了旅游市场乱象治理情况：2017年前8个月，海口市共接旅游投诉389宗，同比增长66.24%，行政处罚15家旅行社，处罚9名旅行社从业人员，重点打击"不合理低价游"。2018年整治旅游市场乱象、营造旅游安全环境仍然是各地旅游行政管理部门日常工作的重心，联合执法、严查非法经营的旅游业务，打击"黑社""黑车""黑导""不合理低价游"，营造旅游安全环境的任务仍然艰巨。

3. 旅游警察将进一步发挥安全监管与保障作用

旅游警察在旅游市场秩序治理、旅游治安形势分析研判、旅游安全知识宣导、旅游突发事件处置等方面起到了重要的作用，并在2017年有进一步的发展：江苏成立了首支旅游警察支队，广东则组建了首个旅游警察中队，山东济宁组建了首支旅游警察大队；截至2017年年底，云南已经建立了14支旅游警察队伍。旅游警察能够有效地强化旅游安全管理，并开始成为我国旅游安全监管的重要手段。2018年，各地各级旅游管理部门将会加大力度推进旅游警察建设工作，旅游警察队伍将会在各地得到进一步的发展。同时，加大旅游警察的建设与培养力度，完善旅游警察安全监管工作的制度、执法规范与程序标准，加大旅游警察专业监管力度，有效保障旅游安全将是各级旅游行政管理部门2018年的重要任务。

4. 旅游保险需要结合新业态进一步创新与发展

随着新时代的到来,新型旅游业态层出不穷。新游客("00后"游客即将"上架")、新交通、新媒体、新技术、新数据等时代性变化给我国旅游供给与需求带来了新要求与新发展,旅游新业态的出现、旅游发展新需求与新供给带来了新的风险类型与新的安全要求。此外,全域旅游、"厕所革命"、"一带一路"、旅游扶贫等旅游发展倡议上升到国家层面也带来了新的风险与新的安全需求。面对旅游业新发展带来的诸多风险与安全问题,加强旅游业与保险业的合作与融合,研究旅游新风险与新安全需求,加大旅游保险项目开发力度、推出具有针对性的旅游新险种,扩大保险覆盖面、强化旅游保险的风险转移和安全保障能力,满足旅游新业态、新发展的安全需求已经成为各地各级政府、行业与企业2018年必须面对和重视的工作。

(二) 2018年中国旅游安全态势展望

1. 构建"共建共治共享"旅游安全综合治理体系成为必然

2018年旅游行业需要构建的"共建共治共享"新时代旅游安全综合治理体系包括以下几个方面。

(1) 构建旅游安全综合治理体系的责任体系。包括真正做到党政同则,通过综合治理体系中安全领导机制的建立,将与旅游相关的职能部门纳入旅游安全综合治理体系的安全责任框架,明确综合治理体系中各相关部门的安全责任,各司其安全职责,多部门协同,综合治理旅游安全。

(2) 建立和完善旅游安全预警综合体系。一是完善旅游风险监测综合体系,明确旅游风险监测内容,建立多部门参与的风险智慧监测平台,强化风险等级与风险趋势研判;二是明确和规范综合治理体系中各相关部门的旅游安全预警任务与内容,建立和完善旅游风险预警结构,丰富风险分级分类预警体系;三是构建传统业态重要区域与关键节点、新业态新领域、新旅游活动与高风险旅游项目的风险预警平台与系统,建立和完善风险预警信息反馈机制,实现风险信息在跨部门产业链中的有效快速传递。

(3) 建立跨部门、综合性的旅游安全应急体系。一是推进旅游应急法规法制建设,加快现有相关旅游法规修订,出台旅游安全生产扶持政策,编制旅游安全规划等;二是加强跨部门、综合性旅游应急体制建设,优化旅游应急体制,理顺应急管理运行机制,调整应急管理机构,明确综合体中各相关部门的应急职责与任务;三是加强旅游应急机制建设,建立应急领导机制,细化与规范应急流程,健全联合工作与协作机制,强化综合执法。

(4)建立旅游安全综合治理的保障体系。一是推进旅游警察队伍建设,加大执法力度;二是健全和完善"旅游移动法庭"的工作机制与程序规范;三是继续提高旅游保险的风险转移能力,推动保险行业结合旅游新业态发展,满足高风险旅游项目安全要求,创新旅游保险险种,提高旅游保险的事故保障能力,拓宽保险保障范围,完善赔付机制,提升保险理赔服务水平;四是鼓励组建商业性旅游救援队伍,打造立体化救援体系,扩大应急救援队伍,拓宽应急救援服务范围,提高应急救援能力和服务水平。

2. 全域旅游安全、生态旅游安全和新旅游活动安全将成主要关注点

2018年需要重点关注全域旅游安全问题。全域旅游作为一种全新的旅游发展模式和国家战略,将成为今后几年我国旅游发展的主要模式和各级政府重要的关注点。全域旅游的发展现实和由此产生的诸多新的旅游风险与安全问题也将成为今后几年各地各级旅游行政管理部门需要重点关注的议题。与传统旅游发展模式相比,全域旅游发展将给我国旅游业带来明显的变革,如空间域、时间域、产业融合域、要素域、交通域、管理服务域、功能域、游客体验域、游客价值域等多方面的"域"变,从而形成更全"域面"、更多"域能"、更宽"域界"的变革。全域旅游产生的这些"域"变,必然带来旅游安全需求与供给的相应变化。如何满足全域旅游的"域"变需求,构建针对"域"变的风险防范体系与安全保障体系?如何从传统旅游安全监管向大旅游、全"域面"旅游安全综合治理格局转变?如何实现"全域旅游发展"向"全域旅游安全发展"转变?这些问题和议题将会成为今后几年我国旅游发展的重要关注点。

构建大旅游的安全综合治理体系是应对全域旅游风险、强化全域旅游风险防范与安全保障的重点工作。这个安全综合治理体系的构成如下:县级以

上人民政府负责协调，以目的地公安部门为主导，卫生、物价、安监、工商、消防等多部门参与。这个安全综合治理体系的核心理念应该是在游客安全管理与服务并重基础上，建立全社会共建共治共享的、新时代大旅游风险防范与安全保障的安全综合治理体系，并具有智能化、综合性和"全域面"的、全社会参与的事先预防与应急响应相结合的风险防控与安全治理格局。

3. 区域旅游安全合作将成为年度工作重点

区域旅游合作与发展是新时代旅游发展的必然。区域旅游安全合作必然成为2018年乃至今后几年旅游安全工作的重点。

在国际层面上，需要重点关注"一带一路"旅游发展与旅游安全的协同，加强"一带一路"沿线国家旅游安全合作。在"一带一路"沿线国家区域旅游发展过程中，由于地域、文化、政治、社会环境等因素的差异，不稳定因素众多，旅游安全隐患较大[1]。为避免"一带一路"旅游发展中可能遭遇的各种自然的、人为的旅游风险、突发事件和旅游纠纷等安全问题，摆脱旅游合作中的"囚徒困境"，需要建立"一带一路"沿线国家旅游联合应急处置机制[2]。因此，在国际层面，2018年乃至今后几年的旅游安全工作需要重点关注和加强"一带一路"沿线国家游客、旅游企业的安全与风险，"一带一路"旅游产业发展安全，"一带一路"旅游企业海外投资安全与运营安全等方面的研究。

在全国层面上，需要重点关注长江经济带、珠江经济带旅游合作与发展，关注长江经济带、珠江经济带旅游发展中的旅游安全区域合作。《2017中国旅游业发展报告》中指出：长江经济带、珠江经济带旅游产业规模较大，旅游经济发展较好，在全国旅游经济格局中具有重要的地位。因此，在全国层面上，2018年旅游安全工作要探讨国家几个重要经济带旅游发展中相应的旅游安全合作机制与体制问题，也需要进一步研究如何在政策和措施

---

[1] 郑向敏、邹永广、殷杰、皮常玲：《近十年我国旅游安全研究：回顾与研判》，《旅游导刊》2017年第2期。

[2] 林炜铃、邹永广：《"一带一路"沿线旅游合作空间格局与合作机制》，《南亚研究季刊》2016年第2期。

层面强化区域旅游安全合作，构建长江、珠江经济带旅游安全的共建共治共享格局。推进区域旅游安全合作的应急机制与救援机制建设等相关问题必然成为区域性政府2018年乃至今后几年旅游安全工作的重要任务。

4. 游客安全问题仍然是安全监管工作的聚焦点

我国正步入新休闲、新游客、新技术、新数据、新媒体以及新交通的旅游新时代，旅游环境与游客都有新变化[1]，保障游客安全是各级政府旅游安全工作的终极目标。因此游客安全问题仍然是2018年旅游工作的聚焦点，甚至是今后旅游安全工作永恒的聚焦点。

一是要关注"高聚集游客群"的安全问题。旅游活动的大众化与休假时间的集中化，使得大量游客容易在同一时间在某些景区的同一空间高密度聚集，从而形成特定时空下的高聚集游客群，导致安全事件频发。因此，高聚集游客群的风险防范与安全管控需要予以较大的关注。要加强对不同类型高聚集游客群的风险分析，研究影响高聚集游客群安全的因素以及安全事故的发生机理，因地制宜和因时制宜地构建应急预案和安全防控体系。旅游企业，特别是旅游景区要认真学习与贯彻国家旅游局出台的《景区游客高峰时段应对规范》（LB/T 068-2017），密切关注旅游高峰时段游客群高聚集状况，落实景区在游客高峰时段对高聚集游客群的安全应对规范。

二是关注我国出境游客的境外旅游安全问题。2017年，伴随我国出境旅游市场突破1.3亿人次，出境旅游安全问题也显著增多。受到国际安全形势的影响，欧洲地区等我国游客的一些主要目的地恐怖袭击事件时有发生，对我国出境游客安全造成极大影响。此外，我国目前针对境外旅游安全的救援公司总体数量有限、多数规模较小、救援力量有限、救援时间较长、现有国内的医疗报销体制难与境外就诊及救援对接等一系列问题都将影响我国出境游客的安全与救援。因此，加强对出境游客安全和风险的关注，研究境外旅游风险防范，加强跨国界的旅游安全应急合作机制建设，推进境外商业性

---

[1] 郑向敏、邹永广、殷杰、皮常玲：《近十年我国旅游安全研究：回顾与研判》，《旅游导刊》2017年第2期。

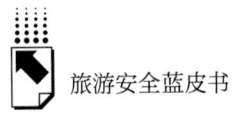

旅游应急救助、救援与救护等服务，简化境外保险与救援手续，提高境外救援、保险理赔效率与水平是2018年乃至今后几年旅游安全工作需要关注的议题。

结束语

2018年，旅游安全管理工作应贯彻落实十九大提出的要求，依托我国旅游业发展新态势和新方向，全力打造"共建共治共享"的旅游安全综合治理体系，关注全域旅游安全、生态旅游安全和旅游新业态安全，加快推进区域旅游安全合作体系建设，强化安全底线思维，构建全面、全域、全时、全员、全要素的旅游安全保障网，实现将旅游业培育成为"国民经济的战略性支柱产业和人民群众更加满意的现代服务业"的战略目标。

专题报告
Special Reports

·产业安全篇·

B.2 2017~2018年中国旅游住宿业的安全形势分析与展望

陈雪琼 李娜*

摘　要： 2017年，我国旅游住宿业业态更加多元化。随着旅游市场规模的不断扩大，我国旅游住宿业的安全突发事件发生规模有所扩大。从事件类型来看，旅游住宿业安全突发事件主要有事故灾难、社会安全事件、公共卫生事件、自然灾害四大类。旅游住宿业安全突发事件的特征主要表现为：安全突发事件发生时间主要集中在第二、三季度，这明显与旅游市场淡旺季一致；住宿业安全突发事件的亚类事件结构变化显著；常

---

* 陈雪琼，华侨大学旅游学院酒店管理系主任、教授、硕士生导师，主要研究方向为旅游服务与管理；李娜，华侨大学旅游学院硕士研究生，主要研究方向为旅游服务与管理。

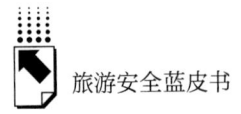

规不安全因素占主要地位，非标准住宿业的兴起使非常规不安全因素层出不穷。展望2018年，旅游市场监管将继续发力，数字化与智能化设施的持续引进有助于提高住宿业安全水平，共享经济背景下非标准住宿业的发展带来安全风险，人工智能等先进技术的使用将大大提高旅游住宿业的安全水平。

关键词： 旅游住宿业　安全突发事件　安全形势

2017年，我国旅游住宿业边界不断扩展，住宿业业态更加多元化，旅游住宿业安全环境日益复杂多变。本文利用网络资源进行数据搜索，在百度网、迈点网、慧聪网等知名门户网站上，输入"民宿/酒店/客栈/公寓偷盗""精品酒店/宾馆/民宿抢劫""民宿/酒店/短（长）租公寓杀人""客栈酒店/饭店玻璃门破碎事件"等搜索词，对2017年我国旅游住宿业发生的安全事件进行检索，共检索到事件437起。本文通过统计和分析这些案例，概括出了2017年我国旅游住宿业安全的现状、影响因素，并对2018年旅游住宿业安全形势进行了展望，最后对旅游住宿业提出了管理建议。

一　2017年中国旅游住宿业安全总体形势

2017年，我国旅游住宿业基本延续了2016年的发展态势，业态趋向多元化，行业协会改革进一步推进，旅游住宿业分享经济影响和覆盖的范围持续扩大，非标准住宿业得到规范发展。

从事件类型来看，旅游住宿业安全突发事件主要涵盖事故灾难、社会安全事件、公共卫生事件、自然灾害四大类。根据案例统计，2017年我国旅游住宿业安全突发事件总数较2016年有所上升，其中社会安全事件发生数量增长幅度较大，事故灾难发生数量居第二，公共卫生事件与自然灾害发生的数量较少。从事件发生的时空分布来看,旅游住宿业发生的安全事件基本上贯穿了全年各月与全国各省区市。从事件造成的损失程度来看,这些事件给旅游住宿业、顾客、服务人员等带来精神、生命、财物等多方面严重的损害,对我国旅游住宿业形象有很大的影响。

二 2017年旅游住宿业安全的概况与特点

(一)旅游住宿业安全突发事件的类型

旅游住宿业具有住宿、餐饮、娱乐等功能,人员流动性大、开放性高等特点使旅游住宿场所成为安全突发事件频发的主要场所。

1. 事故灾难

旅游住宿业事故灾难主要有消防事故、设施事故、施工事故三种类型。2017年事故灾难约占旅游住宿业安全突发事件总数的25.63%,较上一年有所下降。与近几年统计结果不同,事故灾难中发生最多的是设施事故,基本每月都发生,约占事故灾难的54.5%,其中电梯关人、玻璃门破碎、旋转门夹人发生数量多,究其原因是部分酒店安全防范意识差、所用设施设备质量差、顾客安全意识薄弱等。发生数量较多的还有消防事故,占事故灾难的37.5%,较上一年有所下降,但造成的危害很大。消防事故发生的原因主要是酒店防火意识不够强,例如,2017年11月18日,北京大兴区聚福缘公寓的地下冷库着火,致19人死亡[1]。与消防事故和设施事故相比,施工事故发生数量较少,占事故灾难的8%,但造成的伤亡严重。

2. 社会安全事件

旅游住宿业社会安全事件主要有刑事治安案件、人员冲突、非正常伤亡三种类型。2017年社会安全事件约占住宿业安全突发事件总数的64.30%,

---

[1] 蒋梦惟:《火灾背后的聚福缘公寓:工业大院变住房 存大量隐患》,新浪网,http://finance.sina.com.cn/china/dfjj/2017-11-27/doc-ifypapmz5304919.shtml,2017年11月27日。

仍是四大主类事件中发生数量最多的,这主要是因为刑事治安案件发生的数量比近几年的都多,约占社会安全事件总数的86.83%。社会安全事件中,非正常伤亡、人员冲突发生数量较少。

刑事治安案件包含种类多,如打架斗殴、吸毒、赌博、偷盗、杀人、抢劫等。旅游住宿业开放程度高、私密性强、流动性大等特点为刑事治安案件的发生提供了空间。例如,2017年6月25日,辽宁沈阳和平区某宾馆发生偷盗事件①。非正常伤亡主要表现形式有自杀死亡、他杀或不明原因死亡与意外事件死亡。由于住宿业私密性强、临时性大等特点,旅游住宿场所成为自杀或杀人的主要场所。例如,2017年1月10日,四川内江东兴区某酒店发生一起故意杀人案致一男子死亡②。人员冲突主要表现形式为主客间实施暴力、主客发生口角、各种投诉等,与前两年相比,人员冲突发生数量下降幅度较大。

3. 公共卫生事件

旅游住宿业公共卫生事件主要有食物中毒、突发疾病与死亡、精神安全问题、职业危害四种类型。2017年公共卫生事件约占住宿业安全突发事件总数的9.61%,发生频率较低,发生时间与我国旅游市场淡旺季分布一致。公共卫生事件的空间分布很广,且大多集中在旅游城市。在该类型事件中,精神安全问题类事件发生数量最多,占公共卫生事件的45%,这主要是因为酒店安全系数还不够高。与2016年相比,食物中毒类事件发生数量有所增加,突发疾病与死亡类事件有所减少,出现了职业危害类事件。例如,2017年9月9日,浙江苍南县一酒店包厢封闭、空气不流通,导致一氧化碳超标,许多顾客出现头晕胸闷甚至晕倒等症状③。

4. 自然灾害

自然灾害主要有山体滑坡、地震、泥石流、洪水、气候灾害等形式。2017

---

① 仓一荣:《男子月入七八千偷包被抓 盗窃时穿一身大红太扎眼》,东北新闻网,http://liaoning.nen.com.cn/system/2017/07/26/019991974.shtml,2017年7月26日。
② 曾利军:《内江某广场附近酒店内发生故意杀人案 警方全力缉凶》,腾讯大成网,http://cd.qq.com/a/20170111/016271.htm,2017年1月11日。
③ 夏忠信:《一场寿宴十几人又晕又吐 苍南疾控:排除食物中毒》,温州新闻网,http://news.66wz.com/system/2017/09/11/105025593.shtml,2017年9月11日。

年发生的自然灾害中危害最大的是8月8日四川九寨沟发生的7.0级地震,在九寨天堂洲际酒店中有6人遇难①。另外一起事件是2017年1月20日,湖北南漳县海市蜃楼酒店背后突发山体滑坡,该酒店部分房屋被掩埋②。

(二)旅游住宿业安全突发事件的特点

1. 安全突发事件发生时间与旅游市场淡旺季显著一致

从分布时间上来看,2017年我国旅游住宿业安全突发事件月份分布不均,高峰出现在3月、4月、6月、7月、8月,这几个月安全突发事件的数量都占全年事件总量的10%以上,表现出明显的淡旺季两极分化趋势,这种分布规律与暑期和黄金周出游人数增多有关。2017年为期8天的"超级黄金周"期间,全国共接待游客7.05亿人次,是2016年的近1.2倍③。

2. 住宿业安全突发事件的亚类事件结构变化突出

从住宿业安全突发事件类型分布的角度来看,与2016年相比,事故灾难与社会安全事件仍占住宿业安全突发事件的大部分,但事故灾难数量有所下降,社会安全事件数量有所上升。2017年的设施事故在事故灾难中占比剧增,原因在于近几年住宿业设施规模扩大,住宿业的设施安全隐患突出。例如,2017年8月28日,河南省宝丰县颐和宾馆的洗手台坍塌,导致一顾客三根手指肌腱和神经断裂④。在社会安全事件中,刑事治安案件发生频率仍最高,2017年发生刑事治安案件244起,比近三年发生的数量都多,但人员冲突与非正常死亡发生的数量较近几年有所下降。

---

① 贾颖慧、程权:《死亡6人的九寨天堂洲际酒店,伤亡情况为何如此严重?》,搜狐网,http://www.sohu.com/a/164026398_698311,2017年8月12日。
② 《湖北南漳一酒店后山山体突发滑坡》,深圳新闻网,http://news.sznews.com/content/2017-01/21/content_15144965.htm,2017年1月20日。
③ 何微:《8天"超级黄金周"全国共接待国内游客7.05亿人次实现收入近6千亿元》,央广网,https://baijiahao.baidu.com/s?id=1580756067975097369&wfr=spider&for=pc,2017年10月9日。
④ 马金凤:《河南一宾馆洗手台掉落 致客人手指肌腱断裂》,东方头条,http://mini.eastday.com/a/171019133057189.html,2017年10月19日。

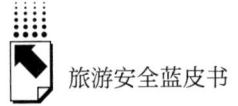

3.常规因素占主要地位,非常规因素层出不穷

从旅游住宿业安全突发事件发生的原因方面来讲,2017年旅游住宿业安全突发事件的主要原因有犯罪分子故罪重犯、某些顾客心理脆弱、设施存在安全隐患、企业与顾客安全防范意识差等。随着互联网的发展,网络犯罪也逐渐多了起来。由于非标准住宿业的兴起,一些非常规因素导致住宿业安全突发事件逐渐发生,例如,2017年7月20日,一位房东通过在线短租软件"蚂蚁短租"出租房屋后家中遭"洗劫"。这主要是因为目前我国非标准住宿业发展还不成熟,还存在法律空白①。

(三)旅游住宿业安全管理主要进展

1.旅游住宿业行业标准不断完善,安全监管措施不断加强

2017年国家旅游局发布《旅游经营者处理投诉规范》(LB/T 063 - 2017)、《文化主题旅游饭店基本要求与评价》(LB/T 064 - 2017)、《旅游民宿基本要求与评价》(LB/T 065 - 2017)和《精品旅游饭店》(LB/T 066 - 2017)4项行业标准②。我国第一部关于民宿的旅游行业标准——《旅游民宿基本要求与评价》的正式实施,对民宿业的发展具有非常重要的意义,也将满足广大游客日益个性化的住宿需求,规范非标准住宿业的市场。与此同时,地方相关条例也纷纷出台,如2017年8月1日北京市开始施行《北京市旅游条例》③,2017年11月1日起施行的《广东省旅游条例》对民宿发展、在线旅行社、旅游搜索引擎、监督管理、法律责任等方面做了明确规定④,还有

---

① 王煜:《蚂蚁短租房东遭遇搬家式盗窃 平台对房客身份无验证》,中华网,http://finance.china.com/consume/11173302/20171010/31553974.html,2017年10月10日。
② 《国家旅游局关于发布〈旅游经营者处理投诉规范〉等4项行业标准的公告》,国家旅游局官方网站,http://www.cnta.gov.cn/zwgk/tzggnew/gztz/201708/t20170821_836314.shtml,2017年8月21日。
③ 齐征:《〈北京市旅游条例〉8月1日施行 重点整治非法一日游》,中青在线,http://zqb.cyol.com/html/2017-07/13/nw.D110000zgqnb_20170713_1-06.htm,2017年7月13日。
④ 《〈广东省旅游条例〉出台 11月1日起施行》,人民网,http://travel.people.com.cn/n1/2017/0803/c41570-29447561.html,2017年8月3日。

不少省份开设了旅游巡回法庭。这些措施将为旅游标准住宿业和非标准住宿业的安全管理提供有力保障。

2. 旅游住宿业安全培训不断加强

随着国家对住宿业多种标准及监管政策的出台,我国各省份住宿业相关部门也不断加强安全防范意识。2017年7月11日至12日,汉中市旅游发展委员会联合市工商局在汉中丰辉国际酒店举办全市中心城区酒店住宿业"迎接高铁时代提升服务质量"培训班,120家酒店230余名中高层管理人员参加培训[1]。11月,深圳市文体旅游局举办2017年全市星级酒店消防应急演练。

3. 高新技术的使用为旅游住宿业安全提供了有力保障

现在越来越多的酒店开始运用高新技术如人工智能、物联网、生物识别技术等,这不仅可以为客人提供更加便捷的服务,而且可以节约运营成本,比如许多酒店逐渐使用二维码帮助客人点餐、检验身份等。杭州黄龙饭店与IBM(国际商业机器公司)合作配置了智能化客房系统,仅凭一张智能卡,VIP顾客一进入酒店就可被系统自动识别;房间里面的电视会在有人敲门时自动切换到门前实景。一些经济型连锁酒店如华住酒店提供"自助选房"服务,消费者可自己选择入住的房间,明确房间的具体位置和环境情况。这些高新技术的引入无疑会大大提高住宿业的安全水平。

三 2017年旅游住宿业安全影响因素

(一)宏观因素

1. 安全制度依旧不完善

自从实施由国家旅游局颁布的首个民宿标准以来,很多民宿企业与民宿预定平台都积极按照标准进行了整改,但卫生、消防等方面的民宿乱象仍

---

[1] 《汉中市旅发委举办全市酒店住宿业培训班》,搜狐网,http://www.sohu.com/a/157188290_205409,2017年7月14日。

不断出现,这说明民宿标准只是为经营者与行业提供了最基本的规范参考,民宿的规范还需法律法规、地方标准、信用评价体系等来支撑。2017年10月29日,国务院办公厅《消防安全责任制实施办法》的发布健全了消防安全责任制①,这将进一步提高公共消防安全水平,减少火灾危害,为人民群众生命财产安全提供保障。虽然国家相关部门采取了以上措施,但旅游住宿业安全涉及很多部门,需要它们来协调配合共同保障顾客及住宿业的安全。如很多刑事治安案件中偷盗、赌博、抢劫等行为的犯罪分子都是故罪重犯,这说明相关法律还不完善。因此还需要进一步完善相关法律制度。

2. 监管和执法力度较弱

旅游住宿业分管部门多,如国家旅游局、工商行政管理局、公安局、消防管理机关、卫生防疫部门等,这就导致当旅游住宿业安全突发事件发生时会出现责任不明或者推卸责任的情况。如许多安全突发事件都是顾客投诉后才被曝光的,顾客的权益才得到维护。由于执法不严,仍存在很多旅游住宿企业欺客现象。

3. 社交媒体的负面影响

随着网络技术的发展,大部分人可以方便地利用智能手机来选择住宿产品,也可以在评论中给出自己的评价,供其他人参考。这种信息愈加透明的方式有利于旅游住宿业提高服务水平,但也会出现网络虚假信息,误导消费者。由于社交媒体受政治、经济、文化等因素的影响,评论的真实性、可信性还值得考虑,有些网评甚至是商家所为,这严重欺骗误导了顾客。例如,2017年11月11日,云南省"亲的客栈·丽江水墨印象店"和"风花雪月连锁客栈(初见店)"通过网络刷单、删除差评等方式提升客栈在美团网上的排名②。

---

① 《国务院办公厅印发〈消防安全责任制实施办法〉》,新华网,http://news.xinhuanet.com/2017-11/09/c_1121931625.htm,2017年11月9日。
② 《丽江古城成立调查组 全面调查央视曝光的"刷单客栈"》,搜狐网,http://www.sohu.com/a/203915815_119562,2017年11月12日。

（二）微观因素

1. 灾难危机感弱，安全意识差

许多旅游住宿企业一味追求经济利益，安全意识不够或安全知识匮乏，虽然知道某些设施存在安全隐患，但还是没有及时采取措施进行维修保养与替换，没有意识到灾难发生的严重性。例如，2017年8月24日，重庆市龙逸大酒店被查出存在火灾自动报警系统处于故障状态、安全出口被封堵以及消防设施无法满足正常的防灭火需要等重大安全隐患①。

2. 设施质量不达标，存在安全隐患

很多旅游住宿业安全突发事件导致的顾客丧生的悲剧是因为酒店一些设施设备存在安全问题，酒店没有注重设施设备的更替与检查。例如，2017年1月7日，合肥市某酒店使用被更换了原厂配件的空调导致起火，一男孩一氧化碳中毒身亡②。2017年6月10日晚在莆田城厢区王朝商务酒店，一位顾客因玻璃桌突然破裂不幸去世③。

（三）顾客自身因素

部分安全事件的发生也与顾客安全知识不够有关。部分顾客安全意识较弱或心理素质较差等也可能导致安全事件的发生。有些顾客因为一些小事没有克制住自己的行为而选择自杀或杀人。例如，2017年6月25日，在合肥市的一间小旅馆内发生一起夫妻争吵致妻子死亡的案件④。

---

① 《铜梁区一酒店消防设施近乎瘫痪被依法确立为重大火灾隐患单位》，新浪网，http://news.sina.com.cn/c/2017－09－01/doc－ifykpuui0250492.shtml，2017年8月25日。
② 韩婷：《肥东一酒店失火烧死9岁男孩》，合肥论坛，http://bbs.hefei.cc/thread－17916702－1－1.html，2017年2月8日。
③ 《可怕！莆田王朝商务酒店，玻璃桌爆裂割破动脉，男子当场身亡！》，福建身边事，https://www.ddvip.com/weixin/20170613A0AGDV00.html，2017年6月12日。
④ 《一个西瓜引发命案：合肥明光路小旅馆男子杀妻案开庭》，万家资讯，http://365jia.cn/news/2017－12－14/CABB4D04024D9681.html，2017年12月14日。

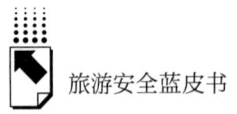

四 2018年旅游住宿业安全形势展望与管理建议

（一）形势展望

1. 旅游市场监管继续发力，旅游住宿业安全保障得到加强

由质检总局、国家发展改革委、民政部等14个单位联合印发的《服务质量信息公开规范》《服务质量评价工作通用指南》将有助于提高信息透明度，进而推动服务业持续健康发展；民宿行业标准的实施也促进了市场规范，尽管如此，由于民宿行业标准不是强制性规范，各地后续的实施细则还未完善，政策存在空白地带，容易造成各种纠纷，原先制定的标准还需要修改；虽然《中华人民共和国旅游法》已经实施几年了，但随着旅游业态的不断更新，《中华人民共和国旅游法》在具体实施细则上仍有很多模糊地带，因此，未来还要不断完善法律细则，使其能够有效落地。

2. 数字化与人工智能的持续引进有助于提高住宿业安全水平

随着互联网的发展，旅游住宿企业将更多地引进互联网技术来深度挖掘顾客潜在需求，运用智能手段为顾客提供更加安全、高效、人性化的服务产品，如顾客可以自助在线选房、支付和咨询等。这既方便了顾客，又使前台服务人员免于遭受不法分子袭击、偷盗等，有利于保障住宿业服务人员的安全。2017年9月，云南推动"一部手机游云南"建设，游客可以通过手机一键投诉，监管部门会通过管理平台及时处理价格欺诈、游客投诉等问题，未来旅游住宿业对这种技术的普及无疑会提高旅游住宿业安全指数。随着大数据时代的来临，旅游住宿业可以利用大数据更精准地定位顾客需求，寻求新的增长点，但如果网络系统遭受黑客袭击则可能导致顾客信息泄露，未来要加强顾客信息的保护。

3. 共享经济背景下非标准住宿业的发展带来安全风险

随着高端酒店市场的饱和，分享住宿正在成为住宿业发展的趋势，非标准住宿业也受到了广大顾客的青睐。但我国信用体系不健全等因素导致非标准住宿业乱象频出，成为行业发展的瓶颈。这几年民宿在我国得到了迅猛发展，但许多民宿在消防、装修、卫生、服务等方面都存在重大安全问题，由于民宿牵涉环保、旅游、市场监督等多个部门，民宿市场得到规范还有很长的路要走，仅靠这一项国家标准还远远不够，将来民宿的发展还要依靠相关部门共同合作。未来对非标准住宿业的安全系数的提高无疑会是最大的焦点。

4. 卫生状况是住宿业面临的一大挑战，亟待加强管理

尽管 2007 年国家相关部门发布的《住宿业卫生规范》对卫生操作进行了要求，但住宿业的卫生状况没有得到很大程度改善，2017 年的《五星级酒店，你们为什么不换床单》一文与哈尔滨凯宾斯基酒店等众多高星级酒店员工用泛黄的马桶刷刷茶杯、用浴巾沾马桶水擦地等行为引起了广大网友的愤慨，这反映出住宿业的卫生规范问题，也折射出"虚假"卫生状况背后的管理和服务疏漏。未来，除了相关法律的细化与完善之外，住宿业要注意保证品质，这样才有可能赢得广大顾客的青睐。

（二）旅游住宿业安全突发事件的预防建议

1. 深化细化与完善相关法律法规，加大住宿业监管力度

首先，各省份各部门要根据实际情况制定与完善相关管理制度，对具体突发事件要明确责任主体，具体制定出对于突发事件中顾客所受到的损害的赔偿标准，加强各相关单位的整合，落实已有的旅游住宿业法律法规。其次，旅游、消防、公安、工商、安全监管等部门要根据自身对旅游住宿业所承担的责任坚守岗位，把好自己的关，维护顾客权益，共同为旅游住宿业打造安全管理体系。

2. 树立安全意识，加强宣传教育工作

首先，旅游住宿企业要经常对员工进行安全教育与培训，经常进行安全演练，定期检查住宿环境设施设备，完全消除安全隐患，要加强保安队伍建设，提高保安工作技能，并举办员工安全技能大赛，引进高科技设备，加强对违法犯罪行为的监控。有条件的住宿企业还可以设立医疗部门，防止受伤

顾客错过最佳抢救时间。其次，政府与旅游教育协会要经常对公众宣传旅游住宿业安全问题，提高公众安全意识，要加强对公众思想道德、身心健康的教育，抵制腐朽拜金等文化，传播社会正能量。最后，旅游住宿业产品供应商要始终以顾客安全为理念，秉持工匠精神进行生产，让顾客能够吃得放心、住得满意。

3. 制定旅游住宿业安全相关政策，落实旅游住宿业各项政策

目前，我国旅游住宿业还未尽到安全保障义务。顾客可能受到惊吓等伤害，住宿业对此类侵犯消费者权益的行为该如何担责还存在法律空白。由于这类精神伤害无法量化，法律无法保护顾客权益，顾客在受到伤害时属于弱势群体。未来，对侵害顾客精神权益的行为，要让经营者承担明确的、可以量化的赔偿责任。

B.3 2017~2018年中国旅游餐饮业的安全形势分析与展望

汪京强 杨晨鹏 吕梦醒 李丹*

摘 要： 2017年，我国旅游餐饮业持续发展，旅游餐饮业安全形势较好，但是仍有多起危及生命安全的餐饮安全事件。其中事故灾难最多，且危害较大，多殃及周边。随着国家对旅游餐饮安全问题的重视程度不断提高，旅游餐饮安全的法制法规不断完善，旅游餐饮业的安全也有了进一步的保障。展望2018年，旅游餐饮业的安全保障将面临新的挑战，高铁外卖、智能餐厅、跨界餐饮等问题都值得关注。

关键词： 餐饮安全 旅游餐饮业 安全形势

引 言

饮食安全不仅关系到游客的生命财产，而且关系到旅游产业的整体形象，是旅游经济稳定运行、旅游活动顺利进行的重要保障。

本文以分析2017年旅游餐饮业安全形势为基础，以展望其未来发展形势为目标，运用互联网检索的方法，以"旅游餐饮安全""旅游餐饮事故""旅游餐厅火灾""旅游餐厅爆炸""旅游食物中毒""旅游就餐打架""旅

---

* 汪京强，华侨大学旅游学院高级实验师、硕士生导师，主要研究方向为酒店管理、餐饮管理、旅游实践教学等；杨晨鹏、吕梦醒、李丹，华侨大学旅游学院硕士研究生。

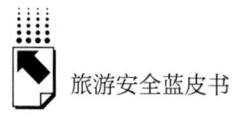

游就餐偷窃"等为关键词进行检索,收集到185个案例,案例涉及面广,具有代表性,数据收集的截止时间为2017年12月20日。

一 2017年旅游餐饮业安全总体形势

2017年1~6月,全国餐饮市场保持一路上扬的发展态势,营业总额达18546亿元,同比增长11.2%;限额以上单位餐饮收入4533亿元,同比增长8.4%。

2017年我国旅游餐饮业安全形势较好。2017年9月28日,国务院食品安全办等14个部门发布《国务院食品安全办等14部门关于提升餐饮业质量安全水平的意见》,对餐饮业从落实主体责任、提升监管水平、开展质量安全提升行动等多个方面提出了要求。总体来看,2017年我国旅游餐饮安全事件较上一年有所减少,但仍发生了一些安全事件,对餐饮行业的安全形象造成了不良影响。

二 2017年中国旅游餐饮安全事件类型分布与特点

(一)2017年旅游餐饮安全事件类型分布

截至2017年12月20日,本文收集到2017年已发生的旅游餐饮安全事件185起,根据国家旅游局编纂的《旅游安全知识总论》的安全事故类别,将这些事件分为事故灾难、公共卫生事件、社会安全事件、网络购物安全事件。其中事故灾难包括火灾事故、设施事故和波及事故,公共卫生事件包括食品安全事件、食品卫生事件以及设施环境卫生问题,社会安全事件包括刑事治安事件、价格虚高事件和餐饮经营危机,网络购物安全事件主要体现在网上购买食品的安全问题。这些事件中,火灾事故最多,共计48起,占事件总数的25.9%;其次是食品卫生事件,共计40起,占事件总数的21.6%。

1. 事故灾难

（1）火灾事故

餐饮业的火灾事故主要是指由厨房工作人员在工作过程中操作不当引发的火灾、因厨房设施设备没有关闭引发的火灾、因餐厅员工没有遵守设备使用规定引发的火灾以及因设施设备老旧引发的火灾等。此类事故一般会导致十分严重的后果，本文共收集到48起火灾事故，其中16起导致相关人员死亡、31起导致相关人员受伤，可见其严重程度。例如，2017年6月29日凌晨，江苏扬州一家饭店的液化气阀门未关紧造成爆炸引发火灾，导致两人受伤。①

（2）设施事故

餐饮业的设施事故主要是由设施设备问题引发的安全事件，会导致餐厅的安全性下降，危害顾客和员工的人身和财产安全，一般情况下都为突发事件。例如2017年6月2日，江苏连云港一家肯德基餐厅就餐桌旁的洗漱台的热水管突然爆裂，导致一名幼童全身烫伤。② 餐厅应及时对事故进行处理并采取相应的补救措施，否则将会造成纠纷，对餐厅的经营造成较为恶劣的影响。

（3）波及事故

餐饮业的波及事故是指餐厅经营场所之外的其他事件的发生引发的餐厅意外事故，具有完全不可预知的特点，且一般情况下对餐厅经营的影响较大。此类事故虽不是餐厅自身原因导致的，但是也应及时做好顾客的处理以及安抚工作。

2. 公共卫生事件

2017年餐饮公共卫生事件主要有食品安全事件、食品卫生事件以及设施环境卫生问题。卫生是餐饮业的基础，也是餐饮业的最后一道防线。民以

---

① 陈咏：《疑因液化气泄漏 江都一饭店爆炸致一人重伤》，凤凰网，http://js.ifeng.com/a/20170629/5780769_0.shtml，2017年6月29日。

② 张瑞宇：《幼童肯德基内遇水管开裂全身烫伤 物业将承担责任》，凤凰网，http://js.ifeng.com/a/20170604/5722027_0.shtml，2017年6月4日。

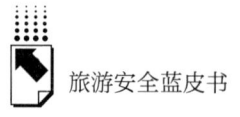

食为天，餐饮卫生若出现问题，将会给餐厅带来灭顶之灾。

(1) 食品安全事件

最常见的食品安全事件便是食品中毒，这是每年发生频率极高的安全事件，并且对受害者造成极为严重的影响，对餐厅也会造成一定的冲击。例如，2017年7月中旬，多名顾客在上海"一笼小确幸"餐厅用餐后出现了腹泻、呕吐等食物中毒症状，随后相关部门查出该餐厅出售的食品受到沙门杆菌的污染，也因此，该餐厅的多家门店相继关门，现存的餐厅中顾客也寥寥无几。①

(2) 食品卫生事件

食品卫生大于天，虽然一些问题并没有对顾客的身体健康造成一定的伤害，但是卫生环节仍需保持警惕，一旦出现问题，将给餐厅带来声誉以及经营上的问题。例如，2017年5月，媒体暗访海底捞后厨，发现后厨管理操作混乱，老鼠横行，后厨员工用顾客餐具处理垃圾。② 事情曝光之后，海底捞受到众多非议，原来以服务取胜的海底捞却在最基本的卫生问题上都没有做好。

(3) 设施环境卫生问题

用餐环境不仅可以影响顾客的心情，而且会影响顾客对所售食品的评价。若店面脏乱则会使顾客对餐厅产生负面评价，进而怀疑在此种环境中做出的食品的卫生状况，这种情况会对餐厅的经营造成一定的干扰。例如，2017年6月4日，顾客在深圳一家麦当劳餐厅所售食品餐盘中发现蛆虫，严重影响到顾客的用餐，调查后发现为天花板掉下的蛆虫。③

3. 社会安全事件

餐饮业的社会安全事件包括刑事治安事件、价格虚高事件和餐饮经

---

① 钱瑜、郭诗卉：《一笼小确幸确认上海闭店整顿　难逃食品安全硬伤》，网易财经，http：//money.163.com/17/0724/07/CQ3IJ7IM002580T4.html，2017年7月24日。
② 夏振彬：《面对海底捞的后厨，最该反思什么？》，新华网，http：//news.xinhuanet.com/2017-08/28/c_1121552792.htm，2017年8月28日。
③ 陈文才：《深圳龙华麦当劳天花板现蛆虫　直接掉入顾客餐盘》，腾讯网，http：//gd.qq.com/a/20170605/017303.htm？qqcom_pgv_from=aio，2017年6月5日。

营危机。

（1）刑事治安事件

2017年的刑事治安事件较少，主要包括打架斗殴和偷窃事件。其中偷窃事件发生较少，仅1起，打架斗殴事件较多。例如，2017年6月6日，南京定淮门大街正泰大厦蓝湾咖啡厅发生一起恶性群殴伤人事件，造成1死6伤。[①] 事件性质较为恶劣，社会影响较大。

（2）价格虚高事件

自2015年青岛大虾宰客事件之后，公众对餐饮业的宰客事件较为敏感，政府部门也对餐饮业加强了监管和控制。2017年的价格虚高事件大幅度减少，但仍有一些餐厅顶风作案。例如，顾客在深圳市南山区欢乐海岸"1949华家里"餐厅消费时，遭遇餐厅无菜牌、不明码标价、高价菜、高额服务费等问题。该餐厅2条东海野生小黄鱼就要价4600元。[②]

（3）餐饮经营危机

餐饮业是一个时刻变化的行业，据一组公开数据显示，2017年上半年北上广深四个一线城市平均每个月有10%的餐厅倒闭，其中不乏知名的"网红"餐厅。例如，2017年上半年，"赵小姐不等位"的上海长宁龙之梦店、虹口龙之梦店、静安长乐路店三家店面全部倒闭。[③]

4. 网络购物安全事件

随着网络的不断发展，网购已经成为人们生活的重要组成部分，网络食品安全成为餐饮安全的新的组成部分。例如2017年备受关注的日本进口卡乐比麦片事件，"3·15"晚会曝光此麦片的产源涉及核污染地区，中国民众对此十分愤怒。[④]

[①] 孙玉春：《南京发生一起恶性伤人事件 现场满是血迹致1死6伤》，新浪网，http://jiangsu.sina.com.cn/news/b/2017-06-07/detail-ifyfuzny3752566.shtml，2017年6月7日。
[②] 曾金秋：《深圳天价小黄鱼餐厅被罚5000元：2条小黄鱼要价4600元》，新浪网，http://gd.sina.com.cn/news/s/2017-03-03/detail-ifycaasy7384851.shtml，2017年3月3日。
[③] 肖玮、赵超越：《赵小姐不等位全部歇业 网红餐厅遇窘》，新浪网，http://finance.sina.com.cn/roll/2017-10-31/doc-ifynfrfn0781700.shtml，2017年10月31日。
[④] 央视3·15专题：http://www.techweb.com.cn/special/zt/2017cctv315/。

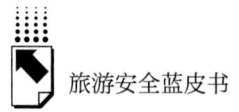

（二）2017年旅游餐饮安全事件的特点

1. 数量较多且难以控制

2017年共收集到185起旅游餐饮安全事件，涉及范围较广，包括事故灾难、公共卫生事件、社会安全事件以及网络购物安全事件，以事故灾难和公共卫生事件为主，占全部事件的66%，这些事件一般突发性较强，难以事前预防和控制。

2. 危害性较强，事后难以补救

一些安全事件例如火灾爆炸事故，2017年共发生52起，其中16起导致相关人员死亡，属于重大安全事故，威胁生命安全，31起导致相关人员受伤。这些事故对人民的生命和财产安全造成较大的威胁，且波及范围较广，容易牵连到其他人员，造成不必要的损失。另一些事件例如食品安全事件，其中食物中毒是十分严重但又屡见不鲜的安全事件，2017年食物中毒事件达35起，其中1起致人死亡。每年食品安全都是餐饮工作的重中之重，但是食物中毒事件仍无法杜绝，事件一旦发生，就会造成不可挽回的损失，包括顾客的身体健康和餐饮企业的声誉。

3. "网红餐饮"问题层出不穷

"网红餐饮"的崛起正在于紧紧抓住了年轻购买力追求时尚热点的消费特征。但是由于经营管理等各方面的问题，2017年，众多"网红"餐厅都暴露出一系列问题。"很高兴遇见你"的高"颜值"低质量、上海"一笼小确幸"的食品中毒事件以及到"水货"餐厅的陆续倒闭，都暴露了餐饮经营者急功近利而忽略了餐饮业者对于食物的用心，这使得这些"网红"餐厅成了仅有"颜值"和噱头的短命餐厅。

三 影响餐饮安全的主要因素

（一）餐饮业外部宏观因素的影响

1. 监管执行仍存在漏洞

虽然国家历年都会发布餐饮安全的相关法规和政策，对于餐饮业的安全也表现出特别的重视，但是餐饮安全事件仍然层出不穷，重大、特大安全事故继续发生。从宏观层面上看，政府部门对餐饮相关企业的督导仍然缺乏力度，许多法规并未真正落到实处。关于餐饮方面的检查和暗访，许多政府部门仅在重要的节假日进行相关的督导检查，平时懈于管理，导致相关餐饮企业在关键时刻临时抱佛脚，平时并未切实落实国家的安全政策。

2. 消费主要群体发生转变

随着时代的不断发展，新的消费群"90后"逐渐成为餐饮消费的主力军，由于"90后"特殊的成长背景，其求新求异的生活态度也影响到其对餐饮的选择。也正是如此，"网红"餐厅如雨后春笋般涌现出来。为了迎合"90后"对"颜值"的要求，许多餐厅一味追求外在的形象而忽略了食物的本味，导致餐厅如昙花一现。不同的消费群体有不同的特征，在把握其特征的同时，仍要注重最原本的餐饮的核心，这样才能成功地迎合新一代的餐饮需求。

（二）餐饮业内部微观因素的影响

1. 经营管理者问题防范意识不强

民以食为天，餐饮企业要照顾到每一个细节，才能使消费者安心，使食品的卫生得到保障，因此，生产食品的每一个环节都要严格把控，稍有疏忽便会影响到整个企业的声誉。许多企业在实际生产过程中，并没有注意到细节的问题，卫生虽然是小问题，但是在餐饮业中是关乎产品质量的头等大事。餐饮经营者缺乏问题意识，没有在事故发生之前采取预防措施，导致食品遭到不同程度的污染，轻则影响到顾客对企业的评价，重则影响顾客的健康甚至是生命安全。

2. 餐饮操作人员缺乏安全意识

餐饮业中，后厨是餐厅的命脉，也是最容易出事故的地方，燃气管道、油烟管道、明火都集中在后厨，一旦发生火灾，明火接触燃气管道或者煤气罐必然引起较大强度的爆炸。特别是夏季，油烟管道过热特别容易引起起火爆炸事故，每年总有由油烟管道过热导致的火灾爆炸，但是操作人员仍然不注意管道的检查与维护，缺乏安全意识。餐饮从业人员的安全意识关乎员工以及消费者的人身安全，操作人员应当严格按照行业规范对相关设施进行定时检查、维护，排除安全隐患。

四 2017年中国旅游餐饮安全管理主要进展

（一）国家大力推进食品安全建设

2017年，全国食品安全整体形势良好，但依然存在相关的问题。2017年4月，国务院办公厅颁布了《2017年食品安全重点工作安排》，文件贯彻落实了"四个最严"要求，强化源头严防、过程严管、风险严控的监管措施，加快解决人民群众普遍关心的突出问题，提高食品安全治理能力和保障水平，推进供给侧结构性改革和全面小康社会建设，政策的实施为旅游餐饮安全提供了最原始的保障。

（二）餐饮质量问题成为监管重点

海底捞后厨卫生事件是餐饮质量问题的典型事件，厨房里污水横流、老鼠乱窜等问题暴露出中国餐饮业食品安全监管中最棘手的部分。提升餐饮业质量安全水平，加强对餐饮业质量管理迫在眉睫。明确餐饮业质量安全水平提升目标，开展食用农产品质量安全提升、量化分级提档升级、"明厨亮灶"质量提升和餐饮食品安全示范创建等行动，对于餐饮质量管理尤为重要。以繁华商业街区、A级景区等为重点区域，以学校（含幼儿园）食堂、大型和连锁餐饮企业、中央厨房、集体用餐配送单位等为重点单位，扩大"明厨亮灶"覆盖面，同时对星级饭店和A级景区实施量化分级，使旅游餐饮安全得到保障。

（三）外卖食品卫生和规范经营仍为整顿重点

2017年发布的《国务院食品安全办等14部门关于提升餐饮业质量安全

水平的意见》中明确指出网络餐饮必须有实体店和许可证,保证公示菜品和信息真实、加工菜品规范安全、食品容器和餐具清洁无毒、配送过程食物不被污染、消费者投诉及时处理。这一文件是国内首次全方位地关注餐饮业质量安全问题,对外卖平台进行严格监管,及时处理消费者投诉,保障消费者"舌尖上的安全"。

五 2018年旅游餐饮业安全形势展望与管理建议

(一)形势展望

1. 整体发展趋好,安全形势将依然严峻

餐饮质量管理是一个老生常谈的问题。近年来,我国餐饮消费比重不断增加,食物中毒、卫生隐患等问题却时有出现。餐饮质量的监管需要循序渐进,不可能在短时间内取得卓越成效。未来,针对餐饮服务单位的消费特点和存在的食品安全风险隐患,通过专项整治,进一步增强餐饮服务单位自律意识,落实餐饮服务单位的主体责任,加大对违法行为的查处力度,建立健全长效机制,全面提升餐饮业质量安全整体水平。

2. 火灾爆炸问题需要做好防范整治工作

6、7月份是餐厅煤气爆炸事故的高发期。夏季天气炎热,导致厨房温度升高,高温之下,厨房工作人员更容易懈怠,也就更容易出现失误。从收集的案例来看,餐厅火灾爆炸问题占旅游餐饮安全事件的28.1%,由此判断,火灾爆炸将是未来餐饮业安全的主要隐患。对于餐厅安全问题,餐厅管理人员要把本餐厅存在不安全因素的位置,包括水、电、气、油,提供给员工然后贴上易燃、易爆品等标贴;要制定完善的安全制度,包括消防安全制度以及应急预案等;相关部门应加大监管力度,对各类餐饮企业的消防系统进行定期检查,做好火灾爆炸事故的预防、教育以及宣传工作。

3. 外卖平台食品安全监管需要加强

2017年第二季度我国互联网餐饮外卖市场整体交易规模达459.5亿元,

同比增幅高达81.8%。用户群体不断壮大，食品安全问题也日益严峻。国家食品药品监督管理总局2017年11月发布《网络餐饮服务食品安全监督管理办法》（以下简称《监督管理办法》），其中规定入网餐饮服务提供者应当具有实体经营门店，并依法取得食品经营许可证，不得超范围经营。《监督管理办法》将于2018年1月1日起施行。从制定行规到如今整体的监管办法出台，外卖行业呈现出规范化的发展趋势。网络餐饮服务第三方平台提供者需要履行建立食品安全相关制度、设置专门的食品安全管理机构、配备专职食品安全管理人员、审查登记并公示入网餐饮服务提供者的许可信息、如实记录网络订餐的订单信息、对入网餐饮服务提供者的经营行为进行抽查和监测等义务。同时，要加强社会舆论的监督作用，让无良商家没有生存空间。

（二）管理建议

1. 重视教育管理，培养主体安全责任意识

政府以及相关监管部门应当对旅游餐饮服务提供者以及相关从业人员进行安全培训，有计划地开展安全课程，开展安全法律法规、食品安全标准以及加工操作规程等安全知识的教育，培养从业人员的安全责任意识。全面落实餐饮服务食品安全操作规范，依照2017年发布的《国务院食品安全办等14部门关于提升餐饮业质量安全水平的意见》，结合问题，针对实际情况，多措并举，政府企业一条心，共同保卫好游客"舌尖上的安全"。

2. 加强舆论引导，营造安全旅游餐饮氛围

自媒体如此发达的今天，人民群众的舆论就是社会关注的风向标。旅游餐饮安全相关部门应当积极与新闻媒体合作，并充分利用自己的宣传平台，对旅游餐饮安全事件及时进行全面深入的报道，让广大人民群众了解到旅游餐饮安全问题的严重性，让相关餐饮业主认识到安全大过天的意义；及时宣传报道旅游餐饮安全的相关信息，展示食品安全监管工作成果，加强正面引导，大力倡导健康的餐饮方式，让旅游餐饮业主提供更加放心的餐食和服务，让广大游客享受到更加安全的用餐环境。

3. 提高应急能力，加强餐饮安全应急管理

有些事故往往无法避免，当突发事故发生时，相关从业人员应当具备应急处理事故的能力。认真开展旅游餐饮服务单位应急培训，使服务人员具备自救与紧急救助他人的能力，完善快速反应机制，尽量减少事故带来的生命安全和财产损失。各地监管部门也应成立应急管理小组，明确相关部门的应急管理职责，理顺食品安全应急管理机制，并通过专家授课、课本教学、观摩应急演练等多种方式加强应急队伍能力建设，切实有效地提升应急处置能力，在危险发生的第一时刻保障人民群众的生命和财产安全，为旅游餐饮的安全发展提供有力的保障。

B.4
2017~2018年中国旅游交通业的安全形势分析与展望

施亚岚　李　娜*

摘　要： 2017年国内旅游交通安全发展态势良好，各类统计数据稳中有降，事故起数和死亡人数同比"双下降"。其中，道路交通事故尤其是旅游客运车辆事故多发态势仍未得到有效遏制；民航运输业保持良好安全记录，2017年成最安全年；水路和铁路运输安全形势总体稳定，未发生重特大交通事故；景区内部交通事故未能杜绝；境外旅游交通安全持续引发关注。2017年，安全监管体系有待完善、新兴产业环境有待成熟、境外旅游安全水平有待提升成为影响旅游交通安全的关键因素；2018年，应推进交通旅游服务大数据建设，用"智慧"破解交通痛点；健全新业态安全监管体系建设，优化产业环境；协同深入交通安全专项治理，解决"最后一公里"问题。

关键词： 旅游交通业　安全形势　安全展望

一　2017年中国旅游交通业安全的总体形势

2017年，我国交通格局的调整决定了旅游格局的方向，旅游交通业安

---

* 施亚岚，华侨大学旅游学院讲师，主要研究方向为区域旅游与区域环境管理；李娜，华侨大学旅游学院、海峡旅游发展研究院，主要研究方向为旅游规划与开发。

全在保持原有成绩的基础上，呈现新的特征。根据交通运输部发布的2017年1~11月的统计数据，国内公路旅客客运量为1346791万人，为上年同期的94.6%；旅客周转量为90538577万人公里，为上年同期的95.4%。2017年公路通车总里程达到477万公里，其中高速公路达到13.6万公里。水路方面，2017年1~11月国内水路旅客客运量为26397万人，为上年同期的104.2%；旅客周转量为723098万人公里，为上年同期的107.6%。[①]铁路方面，根据中国铁路总公司官网发布的2017年1~12月的统计数据，国内铁路旅客发送量为308379万人，比上年同期增长9.6%；旅客周转量为13456.92亿人公里，比上年同期增长7.0%。2017年新线投产里程达2100多公里，2017年年底，我国铁路营业里程达到12.7万公里，其中高速铁路2.5万公里。[②] 民航方面，根据中国民航总局发布的2017年1~11月的统计数据，全国民航旅客运输量达50478.6万人，比上年同期增长12.8%；旅客周转量达8686.7亿人公里，比上年同期增长13.3%。中国民航不断优化航线结构，完善航线布局，航线网络更加发达，辐射力进一步提高。[③] 港口方面，2017年1~11月，规模以上港口旅客吞吐量为8080万人，为上年同期的103.8%。从上述数据可看出，四大运输系统继续保持良好势头，其中，公路旅客运输量、周转量呈现下降的趋势，而铁路尤其是高铁对于旅客的吸引力逐渐凸显，民航的优势得到进一步发挥。

2017年国内旅游交通安全发展态势良好，各类安全事故统计数据稳中有降，事故起数和死亡人数同比"双下降"。道路交通事故多发态势仍未得到有效遏制，尤其是在旅游高峰期、生产经营旺季、极端天气时期，历来特大事故多发，如7月份就发生2起重大道路交通事故；民航运输业保持良好安全记录，2017年成为最安全的一年；水路和铁路运输安全形势总体稳定，未发生重特大交通事故。此外，景区内部交通事故以及境外交通事故不断，成为旅游交通安全重点。2017年，旅游与交通融合发展成为主旋律，

---

① 数据来源：中华人民共和国交通运输部网站，http://www.moc.gov.cn/。
② 数据来源：中国铁路总公司网站，http://www.china-railway.com.cn/gkl/。
③ 数据来源：中国民用航空局网站，http://www.caac.gov.cn/。

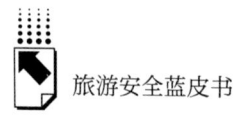

"旅游+交通"催生旅游交通新业态,为旅游业发展带来新机遇的同时,也为旅游交通安全带来新的挑战。

二 2017年旅游交通安全的特点与进展

(一)2017年旅游交通安全的基本特点

1. 旅游客运车辆管理乱象丛生,道路交通事故多发态势未得到有效遏制

据公安部交管局数据统计,2017年,全国共接报涉及人员伤亡的旅游客运车辆道路交通事故189起,事故造成死亡人数和受伤人数分别为87人和377人,直接财产损失578万元。其中,7月至8月的重特大道路交通事故起数明显高于其他月份。7月6日,河北省承德市围场县半截塔镇什巴克村附近路段发生一起大货车、小轿车、旅游大巴车三车相撞,旅游大巴车侧翻的交通事故,事故造成9人死亡、28人受伤①。8月1日,天津市武清区发生一起旅游客车与货车相撞的较大交通事故,事故造成4人死亡、48人受伤,经调查,事故直接原因为客车超速行驶、安全带处置不当无法正常使用②。公安部交管局因此曝光旅游客运车辆乱象,主要包括:企业内部安全监管落实不到位造成车辆管控混乱;旅游客车驾驶人安全意识淡薄,违法驾驶;导游不履行职责造成乘客安全意识不强;旅行社、运输企业追求自身利益非法经营。

2. 铁路水路交通安全形势稳定,实现低事故率和高运行效率

2017年,我国境内未发生水路交通安全事故和沉船事故,相反,中国游客在境外旅游乘坐游轮或者游船引发一定的安全问题。1月28日,一艘载有28名中国游客和3名船员的游船在前往马来西亚沙巴景点环滩岛时沉

---

① 刘立峰:《承德围场县突发一起交通事故已造成9人遇难》,中国网,http://media.china.com.cn/cmjujiao/2017-07-06/1087274.html,2017年7月6日。
② 张道正:《天津武清发生一起交通事故致4人死亡48人受伤》,新浪网,http://news.sina.com.cn/o/2017-08-01/doc-ifyinwmp1162269.shtml,2017年8月1日。

没,事故造成4人遇难、5人失踪①。同时,全国铁路安全形势稳定,全国铁路运行图经多次调整,铁路枢纽运行力和安全性显著提高;各城市增开多项新的铁路旅游专列,铁路旅游热潮持续高涨。在此背景下,为保障铁路旅客安全,全国各铁路运输站点严格实行实名制验票规定,杜绝列车超员驾驶现象,加强客流高峰期和密集区的秩序维护。值得关注的是,尽管未造成安全事故,但是仍存在部分影响铁路安全运行的行为,包括行人穿越,牲畜上道,轻物飘挂,在铁路线路安全保护区内挖砂取土、建房堆物、烧荒种植、施工作业及摆放路障,车辆肇事,损坏护网等。2017年1～4月,粤海铁路发生的影响铁路运输安全的事件就多达40余起。

3. 民航运输业保持良好安全记录,通航旅游安全引发关注

航空安全网数据表明,无论从死亡事故数还是死亡人数来看,2017年都是有史以来民航运输最安全的一年。中国交通运输部统计数据显示,2017年1～12月航班正班客座率和正班载运率分别达83.2%和73.5%,同比提高4个和8个百分点②。中国民航局12月发布数据显示,2017年全年实现运输飞行1059万小时、436万架次,同比分别增长11.6%和10.1%,年运输飞行总量首次突破千万小时。自2010年8月至2017年12月30日,运输航空连续安全飞行88个月、5670万小时,安全运送旅客29.3亿人次,创造了历史上最好的安全纪录。未发生运输航空亡人事故,运输航空百万小时重大事故率为0。这些数据有力地说明,我国凭借良好的航空安全纪录,稳居世界民航前列。我国正处于民航运输业快速发展进程中,通航旅游成为民航运输的重要趋势,然而,通航企业的"黑飞"问题突出。根据民航局政策法规司最新公布的《民航局行政处罚信息清单》,31家通用航空企业因违规行为被民航局处罚,其中近半数出于"未经批准飞行"等原因涉嫌"黑飞"遭处罚。据不完全统计,受罚的通航企业主要涉及问题包括违法飞行、未经许可飞行、使用未取得适航证航空器进行飞行、涉嫌超范围经营、超越

---

① 丁子、张志文:《载有中国游客的游艇在马发生事故》,人民网,http://world.people.com.cn/n1/2017/0130/c1002-29052661.html,2017年1月30日。
② 数据来源:中国交通运输部统计数据。

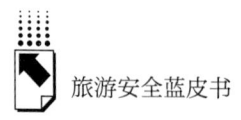

运行规范、未经空中交通管制单位许可开展飞行活动以及违反《通用航空经营许可管理规定》等。

4. 景区内部交通安全事故无法杜绝,安全基础设施薄弱

旅游景区所处区域交通条件差,重点区域旅游景区拥堵风险加大,景区内部交通安全问题无法杜绝。8月25日,山西宁武县的芦芽山悬空村景区道路发生两车相撞严重事故,造成2人死亡①。10月17日,江西九江庐山景区内一辆旅游客车行驶途中因雨天路滑发生翻坠,造成1人死亡、19人受伤②。可见,景区交通事故原因为山区道路弯多路窄、临水临崖等危险路段多。此外,景区内部车辆,如观光车、缆车等内部交通工具引发的安全事故时有发生。7月1日,兰陵县压油沟风景区检票口南300米处,一辆观光车因躲避道路中戏耍的儿童发生交通事故,造成4名游客不同程度受伤③。8月27日,资溪县突发大面积停电,造成大觉山景区缆车上数十名游客被困④。因此,应加强对景区人流密集区域的交通疏导,并全面排查安全隐患,及时完善有关应急预案,确保为游客提供安全舒适的游玩环境,同时,前期对索道设施检查不够仔细、对危险防范不够到位,是造成该类安全事故的直接原因。

5. 境外旅游交通安全事故频发,中国公民海外出行成最大安全隐患

2017年,各类旅游安全事故导致182名中国公民在境外意外身亡,是中国公民海外出行最大杀手。事发地以中国游客较为集中的东南亚国家为主。从涉及中方人员死亡的案件类型看,除疾病外,交通安全与旅游活动、社会治安、工伤事故并称造成中国公民海外意外身亡的四大"杀手"。2月4日,一大陆赴

---

① 《宁武芦芽山景区发生重大交通事故》,搜狐网,http://www.sohu.com/a/167538585_658403,2017年8月26日。
② 《河北省交管局发布秋冬季节安全行车警示》,河北公安交管网,http://www.hbgajg.com/html/2017/1020/34940.html,2017年10月20日。
③ 《临沂兰陵县一景区发生道路交通事故 4名游客受伤》,大众网,http://sd.dzwww.com/sdnews/201707/t20170702_16112880.htm,2017年7月2日。
④ 《资溪突发大面积停电 大觉山景区缆车上游客被困》,新浪网,http://jx.sina.com.cn/news/2017-08-29/detail-ifykiqfe2512869.shtml,2017年8月29日。

台湾旅游的团队，行至台湾高雄市鼓山区河西路时自撞桥墩发生擦撞事故，造成车上多人受伤送医①。3月6日，台湾一辆满载大陆游客的游览车在行经新北万里野柳港东路时，不明原因地冲撞了路边民宅，导致3人轻伤②。3月11日，3名中国大学生在柬埔寨暹粒省乘当地"嘟嘟车"前往吴哥窟景区的路上遭遇车祸，导致1人轻伤、2人重伤③。8月6日，一辆载有中国游客的旅游大巴在泰国普吉芭东翻车，车上20名游客不同程度受伤，多为轻伤④。8月20日，一辆载有中国游客的旅游面包车在泰国清迈府堆沙革县的省际公路上与一辆皮卡相撞，造成11名中国游客受伤，其中5人受伤严重⑤。随着出境游市场的快速发展，中国游客境外安全问题持续引发关注。

（二）旅游交通安全管理的主要进展

2017年全年，我国在旅游交通安全管理方面成果颇丰。首先，交通法制建设不断加强，交通运输部积极推进安全生产风险分级管控和隐患治理双重预防体系建设，印发了《公路水路行业安全生产风险管理暂行办法》《公路水路行业安全生产事故隐患治理暂行办法》，制定发布了《港口工程施工安全风险评估指南》《港口危险货物集中区域安全风险评估指南》，印发了《公路水运工程建设重大事故隐患清单管理制度》《危险货物港口作业重大事故隐患判定指南》《水上客运重大事故隐患判定指南（暂行）》。其次，安全管理工作有序推进，交通运输部组织开展了2017年"安全生产月"活动、安全生产法宣传周活动、"119"消防宣传周活动、水上交通安全知识

---

① 《浙江游客团在台湾遭遇车祸》，网易新闻，http://news.163.com/17/0205/00/CCFI5QBF000187VI.html#from=relevant，2017年2月5日。
② 《台湾一满载陆客游览车在新北冲撞民宅：3名乘客轻伤》，网易新闻，http://news.163.com/17/0306/12/CERGPM0E000187VE.html，2017年3月6日。
③ 黄耀辉：《3名中国学生在柬埔寨遭遇车祸 已被送回国救治》，中国新闻网，http://news.china.com/domesticgd/10000159/20170314/30327169.html，2017年3月14日。
④ 《泰国普吉一旅游大巴翻车 20名中国游客受伤》，网易新闻，http://news.163.com/17/0807/12/CR82VDLA00018AOQ.html，2017年8月7日。
⑤ 汪瑾：《11名中国游客在泰国清迈遇交通事故受伤》，新华网，http://www.xinhuanet.com/world/2017-08/20/c_1121512992.htm，2017年8月20日。

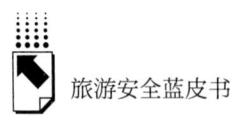

进校园活动；交通运输部发布了《水路旅客运输实名制管理规定》，部分区域水路旅客运输将从 2017 年 1 月 10 日起实行实名制管理。

1. 多部门协作共同推进旅游交通安全建设

旅游交通安全建设是系统工程，涉及部门众多，仅靠单方努力难见成效，以交通运输部门为主导，推动与相关部门的安全合作和共建工作就显得尤为关键。2017 年 2 月，交通运输部和国家旅游局等 6 个部门联合印发《关于促进交通运输与旅游融合发展的若干意见》（以下简称《意见》）。《意见》高度重视旅游交通安全，着力强化安全保障。首先，《意见》强调要高度重视旅游公路特别是农村旅游公路的安全设施建设。农村旅游公路安全设施落后，临水临崖、视距不良、陡坡急弯等特殊路段的交通安全保障设施是重要关注点。其次，《意见》强调规范旅游客运车辆管理，接待旅游团队的旅行社必须选择具有合法资质的旅游运输企业和车辆，并签订规范的包车合同，对旅游客运驾驶员应加强培训和考核。同时，《意见》指出，应推进旅游交通产品创新，支持开发低空旅游线路，鼓励开发空中游览、航空体验、航空运动等航空旅游产品。积极开展通用航空旅游试点，推动通用机场、低空旅游产业园、通航旅游小镇与飞行营地建设，支持低空旅游通用航空装备自主研制。

2. 旅游交通安全监管落实到实处

根据旅游交通安全事故特点，我国安全监管工作越发具有针对性和具体性。暑期是全民出行的高峰期，为保障暑期旅游出行安全，重点排查工作势在必行。公安部于 7 月连续三个周末严查大中型客车违法行为，共检查车辆 102.2 万辆次，查处重点违法行为 4500 余起。全国公安交管部门同时开展集中夜查行动，重点查处公路客车、旅游客车凌晨违规运行和不按规定安装安全带等行为。此外，公安部还要求各地公安交通管理部门准确把握交通特点，特别要针对节日出行和返程高峰等重点时段，充分做好应对大客流、大车流的各项工作准备，针对桥梁、隧道、收费站、服务区、施工路段、景区道路等节点路段，加强管控，科学疏导。除公路运输外，为保障暑期旅客能够按时出行，全国铁路实施新的列车运行图（暑期图），暑期图在日常旅客列车的基础上增开跨铁路局中长途旅客列车46对。

3. 交通管理服务创新提升服务效率

在保障传统交通管理的前提下，近年来我国不断创新旅游交通管理服务模式，大幅度提升安全和服务效率。交通运输部贯彻国家信息化发展战略，相继印发推进"互联网+"便捷交通促进智能交通发展的实施方案、《推进智慧交通发展行动计划（2017~2020年）》。全国80多个公安交管部门联合高德地图共同推出《2017年国庆节出行安全指南》，结合历年国庆交通大数据与交通拥堵缓行走势，预测全国高速节日期间运行趋势，广大交通参与者可以在公安部交通安全微发布及高德地图官网上查看使用。同时高德地图还上线了国庆节路况"先知系统"，用户只要输入出发地、目的地和日期，就可出现规划路线、安全提示以及拥堵高峰时段提示，帮助用户提前了解国庆节路况，安排行程。

三 2017年影响我国旅游交通安全的主要因素

1. 安全监管体系有待完善

从旅游客运车辆交通安全事故的原因不难看出，超速、超员、疲劳驾驶等违法行为突出，旅游包车、"营转非"大客车非法营运等风险不容忽视。同时极端天气也给道路交通安全带来不利影响。针对旅游客运车辆管理乱象，加强各安全责任主体安全监控体系建设，是重中之重。客运车辆驾驶人及旅行社导游有义务做好安全提醒工作，提醒乘客系好安全带，同时，导游还有对驾乘人员的安全提示和监督责任，杜绝超速行驶、超员载客、疲劳驾驶等违法行为。旅行社应依法选择具备合法资质的旅游客车从事旅游活动。

2. 新兴产业环境有待成熟

我国通航产业目前尚处于发展的起步阶段，虽然民航局坚持推行公共航空运输和通用航空分类管理，但仍受到市场有待成熟、基础设施条件有待提高、通用航空器研发与制造尚需加强、政策与法规仍需完善等因素影响，在

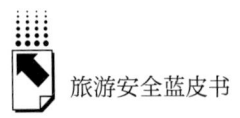

实际操作中还存在套用公共航空运输的标准和规范来管控通用航空的现象,造成通用航空的成本相对较高,潜力未能完全发挥,产业的发展面临不少挑战。

3.境外旅游安全水平有待提升

近年来,出境旅游安全面临更加严峻且复杂多变的国际形势。一方面,受到相关主体的自身行为因素的影响,游客缺乏境外交通安全知识,安全意识淡薄,对境外交通法律法规及规章制度认识不足,容易忽视可能出现的安全风险;另一方面,境外旅游安全因素复杂,尤其是一些发展中国家,社会政局动荡,反馈渠道不通畅,保障体系不健全,直接或间接导致了交通事故的发生。

四 2018年旅游交通业安全形势展望与对策研究

(一)2018年旅游交通业安全形势展望

1.旅游交通融合发展,安全建设平稳进行

安全法制法规的不断健全及基层安全管理工作的持续推进,均为2018年旅游交通安全的乐观发展提供有力的支持。除了已出台的各项交通法律法规和相关制度不断深入贯彻,2017年,《关于促进交通运输与旅游融合发展的若干意见》《促进交通旅游服务大数据应用实施方案的通知》《智慧交通让出行更便捷行动方案(2017—2020年)》的相继出台,为"互联网""智慧""旅游""交通"实现融合发展提供政策保障,为高效高质助力旅游安全建设提供有效支撑。

2.旅游出行方式重构,引发新型安全风险

近年来,我国通用航空产业发展迎来利好形势和政策,2016年,国务院办公厅发布的《关于促进通用航空业发展的指导意见》提出,到2020年,建成500个以上通用机场,覆盖50%以上的5A级旅游景区。2017年8月,国家旅游局在第三届全域旅游推进会上正式公布了首批16家通用航空旅游示范单位。随着全域旅游的深入发展，全域旅游产品体系不断丰富，通航旅游、低空旅游、邮轮旅游、游艇旅游、高铁旅游作为近年来不断涌现的旅游交通新方式和新产品，在受到游客追捧和青睐的同时，其发展的短暂性和不成熟性隐含着诸多旅游安全风险。

3. 自由行和境外游成最受关注安全领域

纵观2017年旅游安全事故，水路、铁路和航空交通系统旅游安全保持稳定态势，未出现重大事故和重大损失，而公路交通事故，无论是在境内还是境外，景区内还是景区外，仍保持多发态势，且安全事故集中度明显。随着政府和企业对旅游客运车辆安全监管体系的不断完善，自驾游将成为另一需要关注的领域，游客安全意识薄弱、安全宣传力度不够、景区内部道路系统不完善以及旅游交通的拥堵问题，都成为自驾游安全事故的潜在影响因素。同时，随着中国成为主要境外旅游客源市场，境外旅游交通安全问题凸显，由于国内外交通管理制度和规则不尽相同，游客在境外旅游过程中容易忽视安全问题。

（二）2018年旅游交通业安全对策研究

1. 推进交通旅游服务大数据建设，用"智慧"破解交通痛点

信息化和互联网为旅游安全尤其是旅游交通安全带来了全新格局，2018年将成为交通旅游服务大数据应用推进工作的关键节点。随着国家和地方信息化平台建设的不断深入，2017年5月，交通运输部联合国家旅游局印发了《促进交通旅游服务大数据应用实施方案的通知》，在交通和旅游领域，探索开展跨行业、跨地区数据融合应用。2017年9月，交通运输部办公厅发布了关于印发《智慧交通让出行更便捷行动方案（2017—2020年)》（以下简称《方案》）的通知，《方案》指出"互联网＋"将促进交通便捷发展，而企业是智慧交通出行信息服务体系建设的主体。在此基础上，应继续将规划、方案落到实际行动上来，将大数据应用作为工作的着力点，提升交通和旅游协同管理、公共服务能力。首先，狠抓旅游服务大数据应用试点工作，以某一旅游景区、旅游城市为典型案例地，总结经验进

行推广应用。其次，旅游服务大数据建设需要坚持政府与企业共同运作的模式，发挥市场的作用，强化部门间协同配合，加强部门内资源整合与部门间信息共享。

2. 健全新业态安全监管体系建设，优化产业环境

根据市场分析，在未来数十年内，中国通用航空产业的发展将得到一系列有利因素的支撑，包括国民经济和社会事业发展的需要、航空消费和民航事业发展的结果。当前，国民的物质享受和娱乐方式开始向更高的层次发展。因此2018年起，通用航空市场将得到重点培育和推进，一系列举措和配套需要尽快跟上。此外，港口的发展建设也将推动邮轮旅游、游艇旅游的开发，催生新的安全问题，同样需要引发关注。首先，针对新业态尽快出台相关的标准、规范、指南，指导具体的建设工作，如通用机场、航空营地、航空小镇建设标准，通用航空器设备研发与制造技术规范，通用航空各安全主体（飞行员、教练员、安全员、游客）安全指南等。其次，健全航空安全监管体系建设，推进航空安全管理系统落地，强化全程安全监管，保证通用航空产业在安全有序健康的环境下发展航空运动。

3. 协同深入交通安全专项治理，解决"最后一公里"问题

旅游交通安全问题涉及主体多元，需要多部门合作。例如，旅游部门应与交通运输、安全监管部门联合，重点检查旅游客车非法营运、旅游企业非法从事旅游经营活动、非法包车、超员超速等行为。此外，交管部门及相关单位保障旅游交通安全的措施应落实到具体行动和方案上，如日常对道路交通流量和交通动态进行实时监控，以为应对极端天气做好准备，如在旅游高峰期对违法违规行为进行重点排查，以为应对旅游旺季突发事件做好安全预警工作。除了对旅游客运车辆的日常监管外，旅游交通安全需要深入到具体领域，如城市公共交通、共享交通、旅游大巴、农村旅游交通设施、景区旅游交通设施等。例如，城郊、乡村景区交通安全一直是困扰政府、景区和游客的问题，尤其是很多景区可进入性差、道路基础设施落后，景区"最后一公里"未能打通，引发了安全事故。此外，散客旅游和自由行成为当前

重要的旅游出行方式，因此，政府和景区应尽快就近开通旅游大巴车或者景区直通车，实现景区到景区、车站到景区、主要枢纽点到景区的交通直达，解决出行"最后一公里"问题，这一方面符合绿色出行和共享经济的大趋势，为游客提供便利，另一方面能够解决旅游旺季和高峰期景区拥堵和停车问题，降低旅游安全事故的发生概率。

B.5
2017~2018年中国旅游景区的安全形势分析与展望

黄安民　刘丹丹　白珊珊　卢秋雅　殷紫燕*

摘　要： 旅游景区作为旅游业的核心要素，其安全问题是影响旅游活动正常开展的生命线。2017年我国旅游景区安全形势趋于平稳，共发生安全事件209起，分布在28个省（自治区、直辖市），死亡人数为89人。其中，地文景观类景区的旅游安全事件发生频率最高，共120起，占景区安全事件总数的57.4%；从事件的时间特征来看，8月和10月发生的事件最多，这与旅游的淡旺季特征是一致的。随着大数据的发展，智慧旅游已成为旅游业发展的重要组成部分，也为景区的安全环境带来了新的挑战和机遇。

关键词： 旅游景区　景区安全　安全形势　旅游安全

一　2017年旅游景区安全的总体形势

通过对2017年1~12月国家旅游局官方网站、人民网、新浪网等各大门户网站和各地区的新闻网站报道的我国（不包括港澳台地区）旅游景区安全事件进行统计，2017年旅游景区共发生安全事件209起，分布在28个

---

* 黄安民，华侨大学旅游规划与景区发展研究中心主任，主要研究方向为旅游与休闲、景区管理、区域旅游发展战略；刘丹丹、白珊珊、卢秋雅、殷紫燕，华侨大学旅游学院研究生。

省（自治区、直辖市），死亡人数为89人。涵盖的景区类型有节事与节庆类、气象与气候类、地文景观类、水域风光类、生物景观类和建筑与设施类。其中，地文景观类景区的旅游安全事件最多，共120起，占景区安全事件总数的57.4%；发生在水域风光类景区的安全事件共40起，占景区安全事件总数的19.1%；发生在建筑与设施类景区的安全事件共43起，占景区安全事件总数的20.6%。从事件的时空特征来看，旅游景区安全事件大致覆盖全年各月，尤其以8月和10月最多，这与旅游的淡旺季特征是一致的，并且以浙江省和北京市最多，这与省市的旅游景区发展水平及旅游热度有关。从事件后果来看，旅游景区安全事件造成了旅游景区的破坏、财物损失和人员伤亡。

二 2017年旅游景区安全的概况与特点

（一）旅游景区安全事件的分布特征

1. 旅游景区安全事件时间分布特征

2017年旅游景区安全事件的总数较2016年有所增加，各月份分布差异明显，与旅游淡旺季密不可分。旅游景区安全事件较多的月份为上半年的2月、4月、5月和下半年的7月、8月、10月。特别是由于8月暑期和10月国庆小长假的缘故，这两个月旅游景区安全事件总数分别排全年各月份的第一位、第二位（见图1）。

2. 旅游景区安全事件空间分布特征

从空间上看，旅游景区安全事件分布在全国28个省（自治区、直辖市）。其中，浙江省最多，一共发生了22起事件；北京市位列第二，发生了19起事件；山东省位列第三，发生了17起事件。整体上来看，各省（自治区、直辖市）景区安全事件数量较2016年各有增减，但分布空间仍较为广泛，应引起全国各景区管理人员的重视（见图2）。

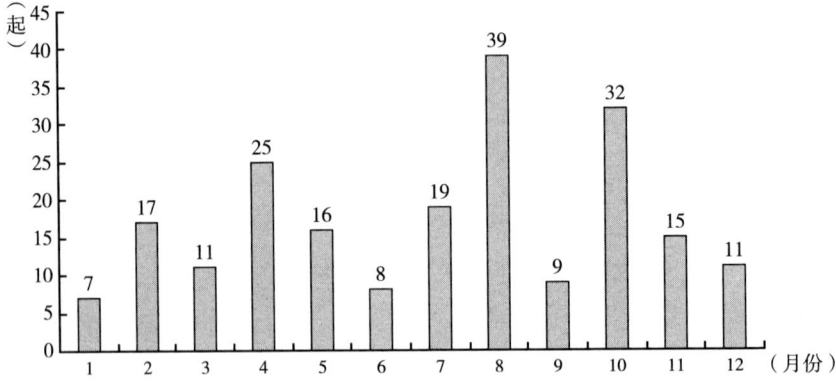

图1　2017年旅游景区安全事件在各个月份的分布

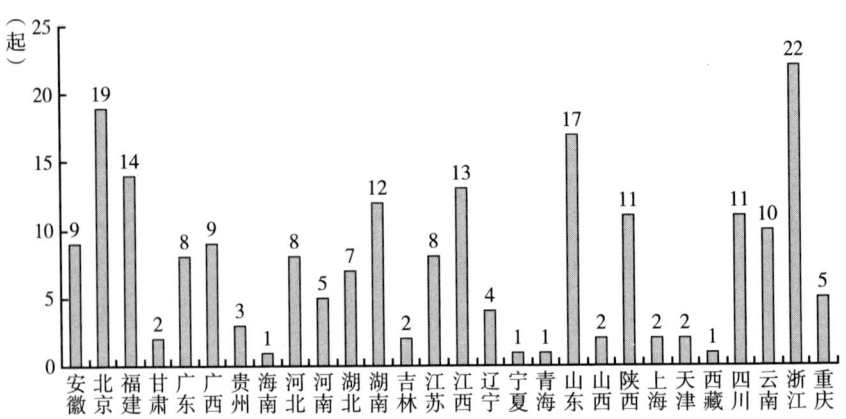

图2　2017年旅游景区安全事件在各省（自治区、直辖市）的分布

3. 旅游景区安全事件类型与性质分布

从旅游景区安全事件的类型分布上看，2017年发生的景区安全事件与2016年相比有所变化。其中事故灾难类事件发生最多，共187起，占景区安全事件总数的89.5%；自然灾害类事件发生9起，占景区安全事件总数的4.3%，最受关注的是四川九寨沟发生的7.0级地震；社会安全事件发生11起，占景区安全事件总数的5.3%；公共卫生事件发生2起，占景区安全事件总数的1%。从事件性质上看，旅游游览安全事件发生最多，共174

起,其中以迷路、火灾、落水事件居多;其次是旅游娱乐安全事件,共21起,主要是旅游设施故障导致的安全事件;此外还有旅游交通安全事件、旅游餐饮安全事件和旅游住宿安全事件(见表1)。从旅游景区安全事件发生的景区类型来看,有40起分布在水域风光类景区、43起分布在建筑与设施类景区、120起分布在地文景观类景区,天象与气候类、生物景观类和节事节庆类景区安全事件较少。

表1 2017年景区安全事件类型与性质分布情况一览

单位:起

类型\性质	旅游交通安全	旅游餐饮安全	旅游住宿安全	旅游娱乐安全	旅游游览安全
自然灾害	2	—	—	—	7
事故灾难	7	—	1	21	158
公共卫生事件	—	2	—	—	—
社会安全事件	2	—	—	—	9
合计	11	2	1	21	174

(二)旅游景区安全事件的发生特点

1. 安全事件的事件类型以事故灾难为主

通过对2017年我国旅游景区安全事件的统计分析,景区安全事件以事故灾难类事件为主。从事件的类型来看,事故灾难造成的旅游安全事件数量近年来一直居高不下,事故灾难类型也呈现多样化;事故灾难造成的旅游安全事件时有发生,不可预见性较大,人为可控性较小,极易造成重大损失。

2. 安全事件的时空分布与旅游淡旺季密不可分

从事件发生的时间来看,旅游安全事件每个月都有发生,但集中在2月、4月、5月、7月、8月、10月这几个月份,主要发生在劳动节、暑假、国庆节等假期。从事件发生的地域上来讲,旅游安全事件在全国各个省份几乎都有发生,但在个别省份分布较为集中,如浙江省、北京市

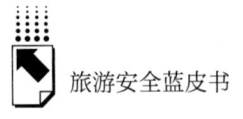

和山东省。

3. 安全事件的发生地点多是地文景观类景区

近年来,山地旅游、体育运动成为旅游热点。地文景观类景区因其险、奇、幽等特点受到很多"驴友"的青睐,然而也成了旅游安全事件发生最为集中的区域。2017年地文景观类景区的安全事件占安全事件总数的57.4%。未来,在开发地文景观类景区时,其安全设施建设不容忽视。

4. 安全事件的发生以游客迷路为主要原因

从2017年旅游景区安全事件的梳理结果来看,由游客迷路造成的安全事件达到了45起,占比21.5%,其中有23起是"驴友"探险迷路,这与近年来背包客的发展密不可分。各类户外探险活动在都市年轻一族中兴起,由于我国"驴友"自身安全意识不强,相关部门对"驴友"探险活动的组织方面监管不力,相关法律法规约束存在空白,目前"驴友"出行存在诸多隐患。

(三)旅游景区安全管理的主要进展

1. 智慧景区发展为景区安全注入新活力

智慧景区的建设可以让景区信息更透明,游客可以及时了解景区动态信息,景区工作人员可以实现可视化管理,大大地降低了人工成本,节省了大量的物力和财力,同时还降低了管理和服务的难度,对提高景区的服务质量,实现景区环境、经济和社会的可持续发展具有重大作用。

2. 安全法规出台为景区安全保驾护航

2017年,住房城乡建设部、公安部、国家旅游局发布的《关于印发农家乐(民宿)建筑防火导则(试行)的通知》、国家旅游局办公室发布的《关于印发〈国家级旅游业改革创新先行区建设管理办法〉的通知》和《关于组织开展全国旅游市场秩序综合整治春季行动的通知》等为景区安全保驾护航,加强了旅游景区的安全监督管理(见表2)。9月28日国家旅游局下发《关于做好国庆中秋假日期间旅游景区等旅游服务单位管理有关事项的通知》,要求切实做好假日旅游服务的准备工作,强化旅游安全保障,加强景区游客承载量管理,严厉打击欺客宰客等违法经营行为。

表2　2017年新出台的与景区安全管理相关的行业标准或规范性文件

颁布时间	法律法规(颁布/公布单位)
2017年6月12日	《全域旅游示范区创建工作导则》(国家旅游局)
2017年2月27日	《关于印发农家乐(民宿)建筑防火导则(试行)的通知》(2017)(住房城乡建设部、公安部、国家旅游局)
2017年8月15日	《旅游民宿基本要求与评价》(LB/T 065-2017)(国家旅游局)
2017年8月15日	《旅游经营者处理投诉规范》(LB/T 063-2017)(国家旅游局)
2017年8月15日	《文化主题旅游饭店基本要求与评价》(LB/T 064-2017)(国家旅游局)
2017年8月15日	《精品旅游饭店》(LB/T 066-2017)(国家旅游局)
2017年10月16日	《导游管理办法》(中华人民共和国国家旅游局令第44号)(国家旅游局)
2017年11月21日	《景区游客高峰时段应对规范》(LB/T 068-2017)(国家旅游局)
2017年11月21日	《旅行社在线经营与服务规范》(LB/T 069-2017)(国家旅游局)
2017年11月21日	《温泉旅游企业星级划分与评定》(LB/T 016-2017)(国家旅游局)
2017年11月21日	《温泉旅游泉质等级划分》(LB/T 070-2017)(国家旅游局)

3. 培训与教育让景区安全意识先行

为深入贯彻落实国家旅游局、各省市旅游管理部门关于旅游安全工作的部署要求，我国各省市、各旅游景区相关部门积极开展安全教育，定期举办培训班、研讨会、座谈会、工作例会、演练等，来增强景区的安全意识。例如9月4日，罗浮山举办2017年生产经营单位事件警示教育培训会，全面落实企业安全生产的主体责任，敲响景区安全生产警钟，博罗县、罗浮山相关领导及全山生产经营单位主要负责人近百人参加了会议；11月20~23日，为进一步加强旅游行业安全管理，提高星级饭店和A级旅游景区应对旅游突发事件的能力，切实保障游客的人身、财产安全，促进旅游业持续健康发展，四川省旅游发展委员会在成都举办全省星级饭店和A级旅游景区旅游安全应急培训会，全省五星级饭店、5A级旅游景区和部分四星级饭店、4A级旅游景区140余名安全应急工作负责人参加培训；11月24日，泰山景区交警大队积极开展冬季道路交通安全宣传工作；12月17日，河北省旅游

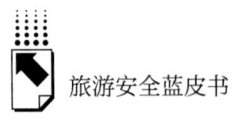

发展委员会印发《关于开展全省旅游行业安全生产事件隐患大排查大整治攻坚行动的通知》;等等。

三 影响2017年旅游景区安全的主要因素

旅游景区作为旅游业的核心要素,其安全问题是影响旅游活动正常开展的生命线。通过对2017年旅游景区发生的旅游安全事件进行详细分析,本文对影响旅游景区安全的主要因素进行总结,以下将从自然环境、游客、旅游景区等方面进行阐述。

(一)自然灾害隐患

自然灾害是影响游客在景区正常进行旅游活动的重要因素,它对自然旅游景区的影响较为明显。旅游景区在自然灾害发生时,往往以多种形式作用于游客,引发一系列旅游安全事件。如2017年7月1日,湖南南岳衡山景区受强降雨天气影响,发生山体滑坡事件,导致道路堵塞,车辆和人员被困,带来较大的经济损失①。

(二)安全意识薄弱

游客及景区管理者的安全意识薄弱,是景区内安全问题频发的重要原因之一。游客在旅游活动开始前,未具备相应的安全意识,在旅游活动中违反景区管理规定,私自进行旅游活动,缺乏自救能力,导致一系列安全事件的发生。如2017年4月2日,江苏连云港市高新区花果山街道小团山,村民因缺乏安全意识,在风势较大的情况下,未采取防火措施进行祭祖,造成山林火灾。过火面积达到1200余亩,严重威胁花果山景区和当地群众生命财产安全②。2017年

---

① 刘慧云:《南岳景区发生一起山体滑坡 消防官兵冒雨营救8人》,东方头条,http://mini.eastday.com/a/170703002440436.html,2017年7月3日。
② 雷卓:《武警连云港支队官兵成功扑灭花果山景区森林大火》,新华网,http://news.xinhuanet.com/mil/2017-04/03/c_129524228.htm,2017年4月3日。

2月2日,在广西北海市铁山港区青山头乡村旅游度假区,螺场主人声称禁止耙螺,并与游客发生冲突,现场双方共有6人不同程度受伤①。

(三)设施设备故障

一些景区的设施设备存在安全风险,主要表现为:旅游景区的娱乐设施缺乏安全防护设施,且产品质量不符合使用条件;设施设备老化,未及时维护更新等,容易造成严重的人员伤亡。如2017年2月3日,在重庆丰都朝华公园游乐场,游客在参与"遨游太空"游乐项目时,其中一条安全带突然断裂,该座位上的一名女子被甩向高空,然后落下来砸到了护栏上②。2017年5月9日,山西太原迎泽公园南湖游乐场"惊呼狂叫"项目在运营中,一侧大臂突发断裂,导致4名座舱中的游客被甩出③。

(四)生产环节存在安全隐患

景区管理部门没有严格执行《旅游安全管理办法》,导致景区存在巨大的安全隐患。景区管理人员的日常督导、专项检查落实不到位,易造成安全隐患的多发,并引发一系列安全问题。如2017年4月28日,天津瓷房子博物馆在日常安全巡查中未及时排除安全隐患,生产环节未在规范条件下操作,在生产过程中因油漆残渣升温而引起了火花④,导致一系列不良后果,造成严重的经济损失。

(五)景区应急机制不健全

旅游安全作为旅游活动的生命线,对游客旅游活动的正常开展具有重要意义。旅游景区根据实际情况建立科学有效的应急救援机制,对于处理旅游活动

---

① 《北京游客去广西挖螺被当地人群殴》,佰佰资讯,http://www.bbaqw.com/wz/46843.htm,2017年2月6日。
② 《专家介入调查游乐场女游客坠亡涉事游乐场已停业》,网易新闻,http://news.163.com/17/0204/10/CCE2C80E0001875P.html,2017年2月4日。
③ 范丽芳、屈丽霞:《山西太原一公园游乐设施臂杆断裂 4人被困半空》,搜狐网,http://news.sohu.com/20170510/n492407108.shtml,2017年5月10日。
④ 陈庆滨:《天津瓷房子博物馆回应称28日火灾系因油漆残渣升温引发五一期间正常开放》,央广网,http://www.cnr.cn/tj/jrtj/20170429/t20170429_523732249.shtml,2017年4月29日。

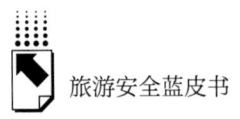

的突发状况具有至关重要的作用，应急机制的不健全会导致救援不及时，从而造成不良后果。如 2017 年 2 月 9 日，在山东临沂茶山滑雪场，一位 10 岁左右的小女孩在上坡时摔倒，头发和胳膊卷进了传送带，左肢截断，左肋骨多发性骨折，断裂肋骨穿破内部脏器，造成死亡①。在事件发生时，滑雪场管理人员未及时启动应急救援机制，受伤女孩未得到及时救治，导致严重后果。

四 2018年旅游景区安全形势展望与管理建议

（一）形势展望

1. 旅游大数据逐步应用于景区安全预警工作

大数据被应用于越来越多的领域，利用大数据分析法统计景区安全问题，可有效避免传统手段统计信息不科学的弊端，为景区的安全预警机制提供了新的技术手段。旅游大数据能够利用其容量大、类型多、速度快、可信度高、针对性强等优势，获得有价值的信息数据，为不同类型景区的安全保障机制提供数据支撑，在短时间内制定科学合理的安全应急预案，实现对景区安全管理体系的参考价值。2018 年 1 月 5 日国家旅游局与高德集团战略合作，宣布共同推出"全国全域旅游全息信息服务系统"，通过信息融合和资源整合，为游客提供包含假日出游预测、景区介绍及评价、厕所导航、投诉咨询等一站式服务，系统目前已经覆盖了全国所有的 5A 级景区和 70% 以上的 4A 级景区。4000 个景区植入高德"大脑"，智慧旅游 2.0 时代开启②。

2. 安全管理工作更加精细

国家旅游局颁布《景区游客高峰时段应对规范》（LB/T 068 - 2017），将旅游景区的高峰时段划分为一二三级，并针对不同等级的高峰时段采取

---

① 《痛惜！山东一女童被卷入滑雪场传送带不幸身亡》，凤凰网，http：//nb. ifeng. com/a/20170209/5375340_0. shtml，2017 年 2 月 9 日。
② 张俊：《高德与国家旅游局达成合作 推出全域旅游信息系统》，新浪网，http：//tech. sina. com. cn/it/2018 - 01 - 05/doc - ifyqkarr7444106. shtml，2018 年 1 月 5 日。

"向社会公告，同时向旅游地游客公布客流量状况及应对办法，启动售票、检票控制方案，调控进入景区的游客数量及开放所有游客通道，增设现场投诉受理点，快速有效处理游客投诉"等措施。根据实际情况，合理调整售检票窗口的等候时间，通过采取"现场购买+网络实名预约+电话预定"等多种方式，合理调整景区接待游客的时间，并制定科学合理的旅游分流方案和游览路线，这对于有效解决景区在客流高峰存在的问题具有重要的参考价值。

3. 全国性的景区监测平台逐步建成

根据国家旅游局下发的《关于加快国家旅游产业运行监测与应急指挥平台4A级景区数据对接工作的通知》（旅办发〔2017〕98号），所有4A级景区都要完成数据对接，景区视频监控直接接入国家旅游产业运行监测与应急指挥平台，国家旅游局信息中心对景区的客流状况进行实时监控，有利于科学有效地加强对景区的监管工作，提高旅游景区的安全管理水平。旅游部门积极与公安、交通、城管等部门合作，通过景区大数据汇总、云平台分析等技术，对景区的运行进行实时监测，从而进一步实现对景区的科学管理，推进景区管理智慧化与有序化。

4. 安全救援的社会化

政府作为传统的管理部门对景区的安全管理是防灾、减灾和救灾，维护广大人民群众的生命财产安全。新兴的第三方救援团体逐步完善，如以蓝天救援队为代表的第三方救援团体不断壮大，该组织定期在景区进行减灾防灾培训，以及在法定节假日为景区提供旅游安全保障服务；安全救援的第三方服务提供商"远盟康健科技有限公司"可以实现院前急救、院中急诊、院内治疗、事后理赔全方位无缝隙对接；以阳光人寿保险股份有限公司为代表的保险公司积极与景区合作，针对游客的旅游安全事件进行理赔。安全救援的社会化将不断推进旅游景区安全保障工作的科学化和人性化，保障旅游景区的持续健康发展。

（二）管理建议

1. 定期开展旅游景区安全大检查工作

在法定节假日、自然灾害多发的季节，特别是黄金周前夕，要重点开展旅游景区的安全排查工作。针对景区的安全防护设施、旅游"食、住、行、游、购、娱"六大环节中存在安全风险点的部分，在坚持预先防控为主的前提下，建设一套完整的应急预案，消除隐患。对旅游景区的关键路口及地形复杂路段及时排查不安全因素；在雷雨多发季节，应提高景区建筑物的安全等级，增加避雷针、消防器材等安全设施；同时应注意在旅游景区配备安全巡视员，建设有序的应急救护设施设备。

2. 强化旅游景区的安全宣传教育

在景区的日常管理中，针对游客及管理人员，要营造良好的安全氛围，加强安全知识的普及和教育工作。在旅游景区，可在事件多发地段设置安全警示标志，同时在导游的语音讲解中加强对安全知识的宣传，提醒游客注意安全。合理设置旅游路线，引导游客在景区按照正常的旅游线路进行游览，关闭景区的未开发区域及危险区域，保障游客的游览安全。对于景区从业者，应定期对他们进行安全教育培训，采取持证上岗制度，同时对景区从业者的不安全生产行为给予惩罚。

3. 成立景区安全专项检查工作组

对不同类型的景区，针对其特点，开展安全专项检查工作。工作组要深入景区调研，检查景区是否制定安全专项管理制度、是否制定应急预案、是否履行安全责任等，针对景区中存在的安全问题，要求景区相关管理部门及时整改。此外，景区应加强内部的体制建设，建立由政府管理部门、消防部门、保险部门及旅游从业人员多方组成的景区安全联动机制，及时高效应对旅游景区存在的安全问题。

4. 加强景区智能监管

通过科技手段，助推旅游景区实现智能化监管。通过信息化优质高效整合旅游资源要素，借助大数据及网络平台，助力解决旅游景区管理中存在的"孤岛效应"，实现景区数据共享，对旅游景区的流量调控实现智能化，对旅游景区中存在的安全问题实现精准定位与处理，使旅游景区实现可持续发展。

B.6 2017~2018年中国旅游购物的安全形势分析与展望*

陈秋萍 聂玮琪 徐金容**

摘　要： 2017年我国旅游购物安全事件总量有所下降，政府部门的综合治理取得显著效果。与2016年相比，国内旅游购物投诉数量小幅下降，境外旅游购物安全事件增多，入境旅游购物安全事件数量基本持平。整体而言，旅游购物投诉具有区域集中、类型多样、金额上升等特征。本文首先总结全年旅游购物安全的概况与特点、旅游购物安全管理的主要进展，以及影响2017年旅游购物安全的主要因素；其次以2014~2017年我国旅游购物投诉的统计数据为基础，分析我国旅游购物安全事件的基本规律，并提出管理对策建议：从综合专项整治向系统日常治理转变，完善综合管理体制机制，规范旅行社经营与导游管理，引导游客理性消费，"游购分离"促进旅游购物商店的转型升级，等等。

关键词： 旅游购物　安全形势　管理对策

---

* 基金项目：福建省社会科学项目"福建省旅游公共服务体系的评价与优化研究"（FJ2016B105）。
** 陈秋萍，华侨大学旅游学院副教授，从事旅游人力资源管理研究；聂玮琪、徐金容，华侨大学旅游学院研究生。

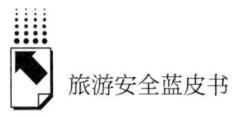
旅游安全蓝皮书

一 2017年旅游购物安全的总体形势

2017年，我国旅游业的发展再创新高，国内游高达50亿人次，国内旅游收入4.57万亿元，出境旅游人数1.29亿人次，入境旅游人数1.39亿人次，其中，外国人为2910万人次①。中国连续多年保持世界第一大出境旅游客源国和第四大入境旅游接待国的地位，旅游日益成为衡量现代生活水平的重要指标。本文共搜集2017年发生的国内旅游购物安全事件205起，出境旅游购物安全事件48起，入境旅游购物安全事件28起，各占总数的72.95%、17.08%和9.96%。2017年旅游购物安全事件总量较2016年有所下降，国内游购物安全事件较2016年下降高达23.5%，而出境与入境旅游购物安全事件数量较2016年略有增长。

二 2017年旅游购物安全的概况与特点

（一）2017年旅游购物安全的概况

2017年，旅游购物安全事件总量下降，国内游购物安全事件占比减少，高发区域与高峰期与往年类似；旅游购物安全事件仍以财产损失尤其是假冒伪劣和价格虚高为主要形式；随着出境旅游的迅速发展与入境旅游的平稳恢复，出入境旅游的购物安全事件均略有增多；同时，在线旅游购物投诉出现增多趋势。

1. 旅游购物安全事件高发地区集中

国内游仍是旅游购物投诉的重点，被投诉的地点集中在热点旅游目的地，如云南、广东、北京、四川等。其中，在云南由强制性购物引发的投诉

---

① 《2017年全国人均出游3.7次》，《浦东时报》2018年1月10日。

占旅游投诉总量的85%以上，其中70%为退货诉求①。出境游购物投诉集中于港澳地区、东南亚地区（如泰国、新加坡等地）、日本、韩国等。

2. 购物投诉聚焦假冒伪劣商品

旅游购物安全事件的投诉内容包括财产损失和人身伤害，其中财产损失如假冒伪劣、价格虚高、缺斤短两是最常见的购物纠纷。如游客在昆明、珠海、港澳等地购买的珠宝玉器，韩日"免税店"购买的保健品等，多次出现严重质价不符的现象。

3. 在线旅游购物安全事件时有发生

2016年，携程旅游推出全国旅游特产线上订购服务，引导游客在买机票、订酒店的时候顺便购买当地特产或旅游商品。而其他OTA（在线旅游企业）也大多正在着手布局特产线上订购，不断涉入游客在旅游目的地的各类消费。随着线上旅游交易占比的提高，在线旅游购物投诉逐年增多，购物纠纷时有发生，目前，在线旅游购物纠纷解决机制尚未建立，游客维权存在一定困难。

4. 出入境旅游购物安全事件略有增加

2017年中国出境旅游人数突破1.29亿人次，总消费超过1.5万亿人民币，其中约过半用于购物消费。随着签证政策的放宽、购物体验的逐步提升，出境游数量的增长态势还将持续，中国游客境外购物安全事件较2016年略有增加，集中出现于港澳地区、韩日、泰国等境外游热点地区。购物陷阱指向仍然集中于珠宝、名贵药材、当地特产等。

（二）2017年旅游购物安全事件的特点

1. 旅游购物安全事件总量与国内游购物安全事件占比双下降

2017年，全国旅游购物安全事件总量比2016年减少55起，其中国内游购物安全事件比2016年减少63起，降幅高达23.5%。国内游购物安全事件的占比首次低于75%，创下历年的新低（见表1）。

---

① 王珂：《我的旅游投诉有人管吗？"一口受理"很有必要》，《人民日报（海外版）》2017年3月17日。

表1 2014~2017年三大旅游市场旅游购物安全事件数量与占比

年份	市场	国内游	出境游	入境游	合计
2014年	数量（起）	157	19	5	181
	占比（%）	86.74	10.50	2.76	100
2015年	数量（起）	245	35	30	310
	占比（%）	79.03	11.29	9.68	100
2016年	数量（起）	268	43	25	336
	占比（%）	79.76	12.80	7.44	100
2017年	数量（起）	205	48	28	281
	占比（%）	72.95	17.08	9.97	100

2014~2017年三大旅游市场旅游购物安全事件数量对比如图1，2014~2017年三大旅游市场旅游购物安全事件占比对比如图2，整体而言，国内游购物安全事件占比呈下降趋势。

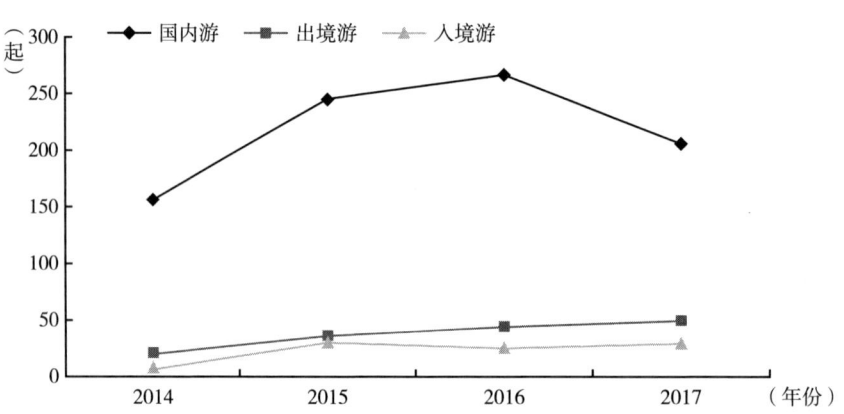

图1 2014~2017年三大旅游市场旅游购物安全事件数量对比

2. 热点区域分布基本趋同

国内游购物安全事件仍以热点旅游城市为高发区（见表2），携程旅行网、去哪儿网的投诉数量居在线旅游企业前两名；港澳地区、日本、泰国等是境外游热门目的地，也是境外游购物安全事件发生的主要地区。另外，旅游购物安全事件的高发地点基本趋同。国内游中，旅游景区的购物点、特产

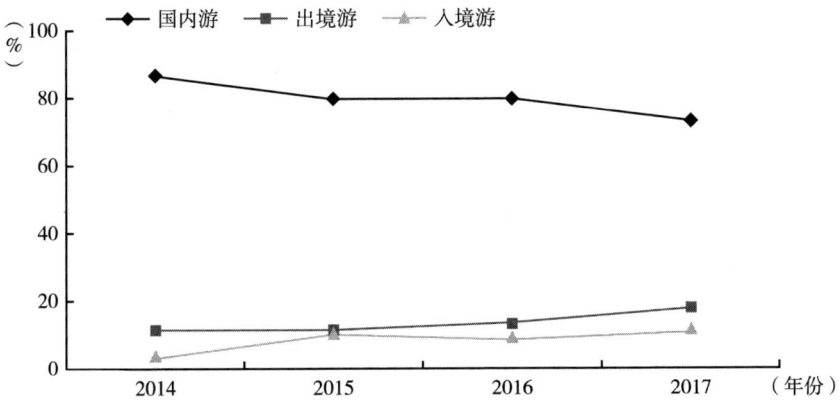

图2　2014~2017年三大旅游市场旅游购物安全事件占比对比

商店或大型连锁超市都是游客被强迫或诱导购物的重灾区，语言攻击或人身威胁多发生于旅游大巴或酒店，对游客的人身攻击或身体伤害在购物场所时有发生，为中国游客专设的免税店则是境外购物常见的宰客场所。

表2　2014~2017年国内游购物安全事件的区域分布

单位：起

省份＼年份	2014年	2015年	2016年	2017年
云南	99	194	196	135
北京	14	11	12	11
四川	5	6	10	9
广东	21	14	9	8
上海	3	2	6	6
海南	5	1	3	3
湖南	2	2	6	5
福建	2	1	2	3
广西	0	4	5	4
新疆	1	1	0	1
山西	1	0	2	2
陕西	1	2	2	3

续表

省份\年份	2014年	2015年	2016年	2017年
辽宁	0	0	2	2
西藏	3	3	6	3
重庆	0	0	2	3
山东	0	2	2	3
江苏	0	2	3	4
总计	157	245	268	205

如表3所示，港澳地区、泰国、韩国、日本是近几年出境游购物安全事件的高发地，2017年，越南、新加坡、澳大利亚也成为出境游购物安全事件的高发地。

表3 2014~2017年出境游购物安全事件区域分布

单位：起

国家或地区\年份	2014年	2015年	2016年	2017年
香港地区	7	14	6	7
澳门地区	2	7	3	5
日本	1	5	9	8
韩国	2	2	5	3
泰国	3	3	12	10
新西兰	1	0	0	1
印度尼西亚	0	1	0	1
澳大利亚	0	1	1	3
埃及	0	0	2	0
柬埔寨	0	0	1	0
新加坡	0	0	1	3
俄罗斯	0	0	1	0
意大利	1	1	1	2
法国	2	1	1	2
越南	0	0	0	3
总计	19	35	43	48

3. 购物安全事件高峰时段变化

通过近四年旅游购物安全事件的时间分布比较，发现旅游购物安全事件淡旺季存在一定的差异。如 2017 年，1 月、2 月、5 月、7 月、8 月的安全事件共计 147 起，约占全年的 52.3%，低谷时期在 4 月、11 月、12 月。与往年相比，2017 年的 1 月、2 月安全事件明显增多，5 月、7 月、8 月安全事件仍然较多，高峰期的形成与寒假出境游热，以及"五一"小长假、暑假、国庆黄金周等旅游旺季密切相关（见图3）。

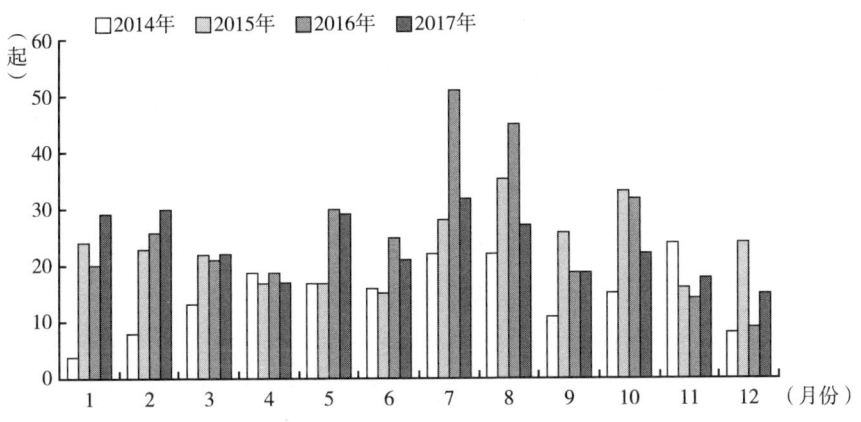

图 3 2014～2017 年各月旅游购物安全事件分布

4. 旅游购物投诉原因基于相似

（1）珠宝玉器、名贵药材等贵重商品占比高

珠宝玉器、名贵药材等商品是旅游购物投诉比例最高的类型。由于游客逗留时间短，加之这些贵重物品真假难辨，当游客缺乏足够的鉴别能力与防范意识时，较易受到周围环境或同行者的影响，也较易被导游胁迫，造成经济损失。如发生在云南的购物安全事件，超过一半是购买珠宝玉器的投诉。

（2）价格虚高与虚假宣传是顽疾

旅游商品价格普遍虚高，如名贵药材或珠宝首饰比市面上同等品质的商品贵几倍甚至十几倍，游客在信息不对称的情况下，往往容易被诱导购买商

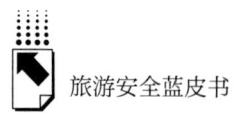

品。另外，一些商品的价格、产地、生产日期等随意更改，存在虚假宣传的现象。大同小异、缺乏地域特色也是我国旅游商品的常态。

5. 旅游安全事件高发群体交叠

老人的安全防范意识较差，女性冲动性消费多，这两个人群都较易陷入各种诱导购物陷阱。部分旅行社以低价团诱导老年人参团，安排多处进店购物，而各购物店夸大产品功效，一些老年人被导购人员口若悬河的宣传"洗脑"后，纷纷购买各类保健品。女性游客对于打折、优惠等营销活动免疫力差，容易出现从众购买或冲动购买，造成财产损失。

（三）旅游购物安全管理的主要进展与特点

1. 各地法律法规相继出台与落地

2017年8月1日《北京市旅游条例》正式施行，非法"一日游"为打击重点，针对诱骗、强迫或者变相强迫游客参加购物活动等六类违法行为，条例在罚款与追责等罚则上的力度明显加大①。2017年4月15日，《云南省旅游市场秩序整治工作措施》施行，取消旅游定点购物，所有旅游购物企业纳入社会商品零售企业进行统一监管，禁止变相安排和诱导购物，严惩针对游客的欺诈销售行为。通过规范旅行社经营行为、改进导游管理方式、加强景区景点监管等多管齐下，综合整治与规范旅游市场秩序②。为打破长期存在的旅游市场利益链，云南大理制定40条措施，涵盖加强旅游购物市场管理、规范旅行社经营行为、提升导游管理水平等六个方面。山东省质量技术监督局制定了全国首个购物旅游区评定地方标准③。

2. 政府重拳整治旅游购物乱象

旅游购物安全事件高发地区重拳整治旅游市场秩序，促进旅游产业的转

---

① 李洁：《〈北京市旅游条例〉8月1日起正式施行 明确7类非法一日游行为罚则非法一日游 可依法追究刑责》，《法制晚报》2017年5月26日。
② 杨文明、徐前、李发兴：《云南取消旅游定点购物 出台"史上最严"措施整治市场秩序》，人民网，http://yn.people.com.cn/n2/2017/0327/c378439-29921963.html，2017年3月27日。
③ 刘兵：《我省发布5项旅游购物标准，三项为全国首创》，《大众日报》2017年6月20日。

型升级。2017年4月，按照"1+3+N+1"的综合监管模式，云南启动旅游市场秩序整治工作，重点对"一日游"、购物场所等开展执法检查，打击各类扰乱旅游市场秩序的行为，并建立起旅游经营企业和从业人员"黑名单"制度。3月，四川省发布2017年旅游线路参考价，低于诚信旅游指导价30%以上可被认定为"不合理低价游"。都江堰公开招募100名旅游社会监督员和"神秘访客"，将诱导购物的导游、司机以及经营"不合理低价游"的旅行社列入"黑名单"[1]。苏州将游客投诉多、媒体曝光多的问题旅游购物场所列入"黄名单"，由旅游、公安、工商、物价、质监等部门提高检查频次，一旦发现问题立刻责令整改，并将处罚信息推送至市公共信用信息平台[2]。

3. 在线旅游企业对旅游购物点的冲击明显

2017年3月，由北京市旅游发展委员会与途牛旅游网联合创建的"北京一日游"旗舰服务平台上线运营，该平台集合20家专长于一日游的旅行社，提供150余种北京一日游产品，不仅为游客提供平台查询、预订正规的一日游产品，而且如遇投诉途牛旅游网会先赔付，为游客投诉提供便利。3月31日，丽江客栈老板发起联合抵制携程"微领队"的行动，客栈不仅集体从携程平台下线，而且拒绝接受携程的订单，不接受携程"微领队"的入住。携程等OTA不断涉入目的地旅游各要素，以最低价提前销售当地各类旅游产品，导致当地客栈的经营与利润受损，因此出现各种抵制活动。

4. 旅游投诉与退换货的便捷化

政府主管部门在旅游购物投诉与退换货上的改革大大便利了游客，提升了旅游购物的售后服务质量。福建实行旅游投诉"首问责任制"便利了游客维权，游客拨打"12315"或"12301"热线，服务人员会尽快受理旅游投诉，且相关人员将在24小时内主动联系投诉者。2016年11月至2017年3月，云南省旅游购物退货监理中心共受理退货申请4069起，涉及金额高

---

[1] 伍策、杨曼晗：《四川严惩旅游乱象 各州市多举措整治市场秩序》，中国网，http://www.china.com.cn/travel/txt/2017-05/10/content_40782998.htm，2017年5月10日。

[2] 《我市对旅游购物点建"黄名单"》，中国江苏网，http://Jsnews.jschina.com.cn/02/a/201707/t20170705_744201.shtml，2017年7月5日。

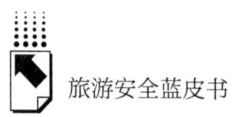

达5300多万元①。对于有购买凭证且在云南省评定的旅游购物店内购买、无人为损坏的商品,自购物之日起一个月内可无理由退换货,若是在非评定的旅游购物店购买的商品,退换货则将由消费者协会及工商部门处理。《云南省旅游市场秩序整治工作措施》叫停了旅游主管部门评定的购物企业。2017年3月、6月,西安、桂林分别成立了旅游购物退货中心。

三 影响2017年旅游购物安全的主要因素

(一)游客购物消费占比明显下降

游客消费理念的转变,促使旅游方式从爆买向多元体验旅游转变,购物消费占比下降是安全事件减少的重要原因。在出境旅游中,购物消费仍然是占比最高的项目,但购物占比的下降,标志着中国游客的消费行为正从爆买向注重体验转变。随着具有更强购买力的年轻游客的增多及跨境电商的全面兴起,旅游购物消费总额呈现下降趋势。与2016年相比,2017年游客的购物支出减少,享乐型支出显著增多,自由行游客的境内购物消费下降41.5%,境外购物消费下降37.2%。境内旅游餐饮消费增长高达201%,境外增长14%,与购物消费的下滑形成鲜明对比。与此同时,中国游客的文娱消费急剧增长,如境内人均文娱消费同比增长高达334%②。

(二)各级政府部门综合治理卓有成效

各级政府主管部门坚持不懈的努力,使旅游市场秩序转好。国家旅游局联合公安部、国家工商总局对云南丽江、西双版纳等7个地区的重点督查取得初步成效,立案调查86起旅游违法违规案件,罚款逾300万元,取消14

---

① 李茂颖、杨文明:《云南省旅游购物退货监理中心在昆明挂牌营业》,《人民日报》2017年3月25日。
② 《马蜂窝发布2017年全球自由行报告》,多彩贵州网,http://travel.gog.cn/system/2017/12/21/016303551.shtml,2017年12月21日。

家购物场所星级资质和团队旅游接待资格,停业整顿8家旅游购物店,关停40家涉嫌"不合理低价游"网站[①]。2017年4月,云南省以"零容忍"态度整治旅游市场秩序,零负团费、强迫购物、恶性竞争等乱象得到有效整治,旅游投诉量显著下降,旅游人次和旅游收入均增长超过30%。2017年4~8月,昆明购物退货投诉仅为69起,较2016年同期下降83.5%[②]。

(三)在线旅游购物全面兴起

随着"90后"新消费群体的加入,消费移动化、需求个性化、目的地IP化、产品细分化的趋势日益明显,我国逐步迈入"碎片化旅游时代"。2017年,我国网民手机上网比例显著增长,从2016年年底的95.1%跃升至96.3%。移动支付改变着自由行游客的旅行方式。以酒店预订为例,2017年自由行游客通过移动端预订酒店的占比显著增长,从2016年的53%提升至79%。移动端正在成为旅游企业的主要流量与订单来源。在线旅游方兴未艾,越来越多的在线旅游企业涉入购物环节,对传统旅游购物点的经营产生较大的冲击,同时也出现在线旅游投诉的增多。

四 2018年旅游购物安全的管理建议

2018年,预计国内旅游将持续发展,出境旅游从高速到理性发展,入境旅游从全面恢复走向平稳发展。购物型消费减少与餐饮、文娱项目等享乐型消费增多的趋势可能持续,消费结构的全面升级给未来旅游购物安全形势带来新的变化与挑战。

(一)加强在线旅游监管,应对购物投诉

市场需求扩大,在线购物投诉数量呈上升趋势,这要求在线旅游监管及

---

① 王珂:《国家旅游局整治市场 86起旅游违法违规案被查》,搜狐网,http://www.sohu.com/a/131072669_237443,2017年3月30日。
② 李思凡:《今年4~8月,昆明旅游购物退货投诉降八成》,《昆明日报》2017年10月4日。

时跟上。在线旅游企业监管办法亟待出台,以规范在线企业经营涉旅项目的许可范围、行为规范与服务标准等,鼓励在线旅游企业整合全国土特产品资源,提供便捷可靠安全的购物平台,对入驻平台的商家实行信用管理,对投诉率高的商家给予明示或警告,保障游客的权益。2017年7月,福建省旅游服务监管平台完成升级优化,覆盖省、市、县和旅游企业四级在线监管,有利于提高服务效率与保障服务质量。

(二)推动联合执法与快速执法结合

鉴于旅游业的特殊性,多部门联合执法与快速执法才能卓有成效。另外,除了定期的综合整治行动,还需要做好常态化、系统性的治理。加大对零负团费的监管力度,还需要全国各地主管部门联手,在执法标准上不分地域、不搞例外,这样才能推动全国旅游服务水平的整体提升。建立长效的市场监管机制,构建由游客、居民、旅游企业、主管部门共同组成的利益共同体,实现共同监督,建立旅游投诉分析处理机制与处理信息共享机制,加强违法违规查处,广泛曝光违规违法企业和行为,提升其违规违法成本,才能从根本上整治旅游购物的乱象。

(三)规范旅行社经营与导游管理势在必行

一方面,禁止旅行社组织"不合理低价游",出台新的旅游合同示范文本,取消旅游合同中的购物附加条款,加大对旅游合同的日常监管,实行旅游合同电子化管理,建立旅行社永远禁入的"黑名单"制度,对旅行社的经营进行引导与监管;另一方面,通过构建统一的导游管理信息平台,建立导游服务质量网上评价系统,加强教育培训,建立合理薪酬制度等,强化签约导游的管理,提升旅游服务质量,为游客购物提供安全保障。全国导游公共服务监管平台使网约导游、给导游的服务点赞或投诉导游的服务更为便捷,可让优秀导游脱颖而出,不再依靠诱导游客购物贴补收入。国家旅游局构建的全国旅游市场信用信息公示系统,推出旅游企业经营异常名录,完善旅游消费警示制度和守法诚信褒奖机制,惩治违法违规的企业。《导游管理办法》规定导游不得擅自安排购物活动或另行付费旅游项目，当出现强迫游客购物、私吞回扣等行为时，最高处罚可吊销导游资格证。

（四）完善综合管理体制机制

加大治理与监管力度，推广旅游综合管理体制，推广旅游警察、旅游巡回法庭、工商旅游分局的"1+3"综合治理模式，促进我国旅游投诉的处理从单一的行政执法向"调解+仲裁+行政执法+司法诉讼"的综合处理机制转变。突破旅游购物怪圈，一方面要提高民众对旅游购物、旅游商品的认识水平，另一方面要在全域旅游、大旅游购物、大旅游商品的概念下，建立、健全关于旅游购物大数据的统计系统，在此基础上进行系统分析，了解旅游购物供给存在的不足，制定可行的发展措施，改革旅游购物供给侧的结构，加快旅游经济的深度发展。

（五）"游购分离"促进旅游购物商店的转型升级

云南省尝试实施"游购分离"，对购物店进行重新定位，将原有的购物店转型升级为商品零售店，经营的商品更加多元化、特色化，方便游客或本地居民随时光顾。云南省原来的旅游购物店，多经营珠宝、首饰、名贵药材等，商品价格明显高于市场价，转型升级后的商品零售店出售具有民族特色、地域文化与艺术价值的商品，并努力打造成为云南文化展览展销中心，实现旅游文化资源的充分运用。如云南银得天下购物店原来是一家主营银器的购物店，获得"云南之窗"的授牌后，正联手国家、省级工艺美术大师、非物质文化遗产传承人，从丽江非遗文化和工艺品制作方面入手，打造具有当地特色的旅游商品。随着旅游购物的平民化、社区化与超市化，旅游购物市场信息趋于透明化、公开化，当对所购商品心中有数时，游客就能有效避免各类购物陷阱。

B.7
2017~2018年中国旅游娱乐场所安全形势分析与展望

林明珠 钟丽蓉 张连玉 林美珍*

摘 要： 2017年旅游娱乐场所多样化发展，旅游安全是影响其可持续发展的重要因素。与2016年相比，2017年旅游娱乐场所的安全事故数量有所增加，华东地区发生安全事故的数目居榜首，游乐场和动物园成为事故发生的主要场所，滑雪场发生的安全事故数有所增加，节假日和寒暑假仍是事故高发时段，儿童和青少年是事故发生的主要群体。2018年，旅游娱乐场所的安全仍然面临诸多不确定性因素，形势依旧不容乐观，需要加强事前预防、事中监管、事后评估的全过程安全管理。

关键词： 旅游娱乐场所 旅游安全 形势与展望

一 2017年中国旅游娱乐场所安全总体形势

与2016年相比[①]，2017年中国旅游娱乐场所安全总体形势体现出以下特征：就事故发生总数而言，2017年旅游娱乐场所安全事故总数有所增加；

---

* 林明珠，华侨大学旅游学院讲师，硕士生导师；林美珍，华侨大学旅游学院副教授，硕士生导师；钟丽蓉、张连玉，华侨大学旅游学院硕士研究生。
① 郑向敏、谢朝武：《中国旅游安全报告（2017）》，社会科学文献出版社，2017。

就事故发生区域来说,华东地区依然是安全事故发生的主要区域,安全事故数高居榜首;就事故发生场所来说,游乐场和动物园是事故发生的主要场所,滑雪场发生的事故数有所增加;就事故发生时间来说,节假日和寒暑假仍是事故高发时段;就事故发生群体来说,儿童和青少年继续成为事故发生的主要群体。

二 2017年中国旅游娱乐场所安全事故的概况和特点

本文通过网络搜索的方式,在百度等主流搜索引擎和新浪网、凤凰网、腾讯新闻、网易新闻、佰佰安全网等知名门户网站,使用"旅游娱乐场所""主题公园""游乐园""动物园""游乐设施""索道""漂流""滑雪""快艇游船""海水浴场"等关键词,分别与"事故"或"安全"进行组合,广泛搜索2017年发生在我国境内旅游娱乐场所的安全事故,共搜索和筛选了60个旅游娱乐场所安全事故案例,并以此为基础进行统计分析。

(一)旅游娱乐场所安全事故的时间分布特点

2017年1~12月,旅游娱乐场所安全事故集中发生在1月(8起)、2月(11起)和8月(8起),总计27起,占事故总数的45%;节假日期间(仅包含国家法定节假日)共发生安全事故12起,占事故总数的20%。如图1所示,2016年和2017年旅游娱乐场所安全事故发生的高峰时段分别为6~8月和1~2月,即寒暑假和法定节假日的事故发生率相较于其他时段稍高。另外,就事故在一周内的分布来看,2017年旅游娱乐场所安全事故以周日(18起)和周二(11起)居多,占事故总数的48.3%;2016年以周一(9起)和周六(13起)居多,占事故总数的44.9%。综合来看,两年发生的安全事故在一周内的分布有细微波动,但都主要集中在一周的首尾(见图2)。

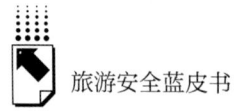

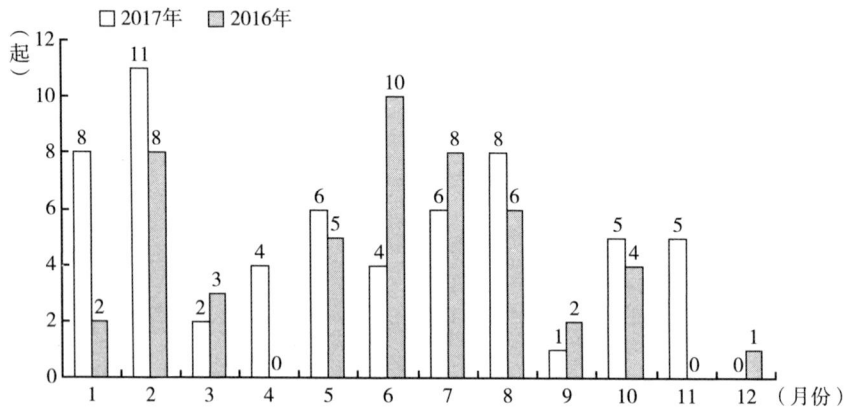

图1　2017年与2016年旅游娱乐场所安全事故月份分布对比

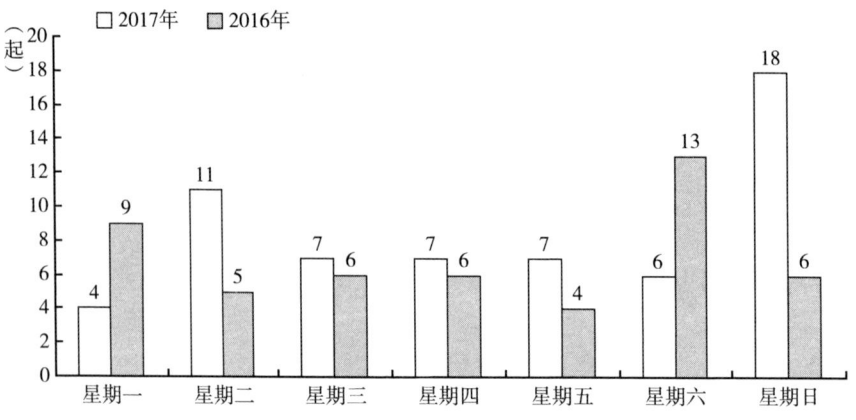

图2　2017年与2016年旅游娱乐场所安全事故一周分布对比

（二）旅游娱乐场所安全事故的空间分布特点

从事故发生的地域来看，2017年全国共22个省（自治区、直辖市）发生旅游安全事故，事故发生最多的省份是浙江省（8起），其次是北京市（6起），山东省、江西省、河北省和重庆市各发生了5起安全事故，共计34起，占总数的56.7%（见图3）。事故发生区域主要集中在华东（20起）、华北（15起）和西南地区（10起），共计45起，占总数的75%。与2016

年相比,华东地区仍是事故发生的主要区域,西南地区发生的事故有所增加,华南和西北地区有所减少,华中和东北地区保持相对平稳(见图4)。

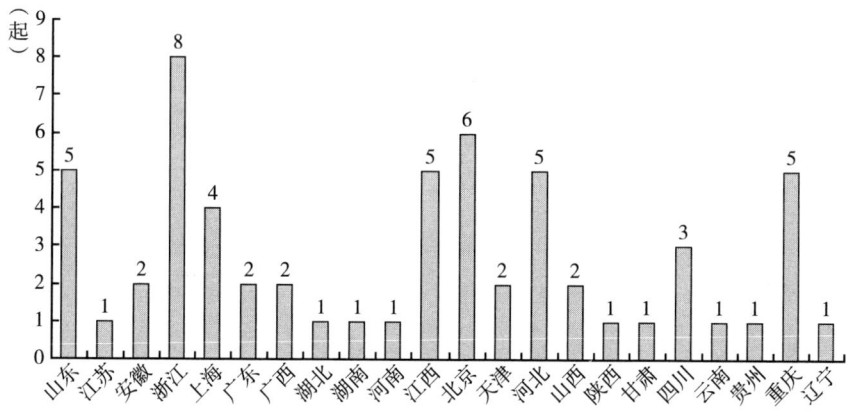

图 3　2017 年旅游娱乐场所安全事故各省（自治区、直辖市）分布

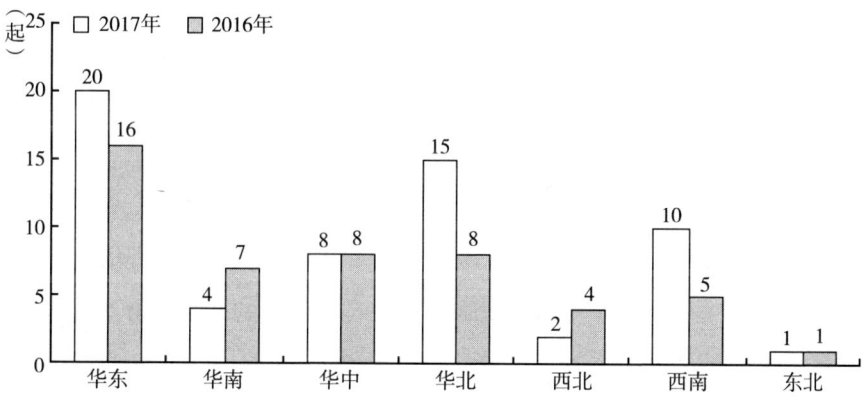

图 4　2017 年与 2016 年旅游娱乐场所安全事故各区域分布对比

（三）旅游娱乐场所安全事故发生场所的特点

2017年旅游娱乐场所安全事故类型主要涉及事故灾难、自然灾害和社会安全事件,未涉及公共卫生事件,60起安全事故中事故灾难有56起、社会安全事件2起、自然灾害2起。综合来看,旅游娱乐场所安全事故的主要发生场所包括游乐场、动物园、公园、海水浴场等（见图5）。需要指出的是，与2016年相比，滑雪场和海水浴场的安全事故数明显增加，其他场所的安全事故数相对稳定。从某种程度上可以看出我国的旅游娱乐活动开始拓宽到其他形式，娱乐活动的安全管控也需要全面关注其他各类新兴的娱乐活动场所。

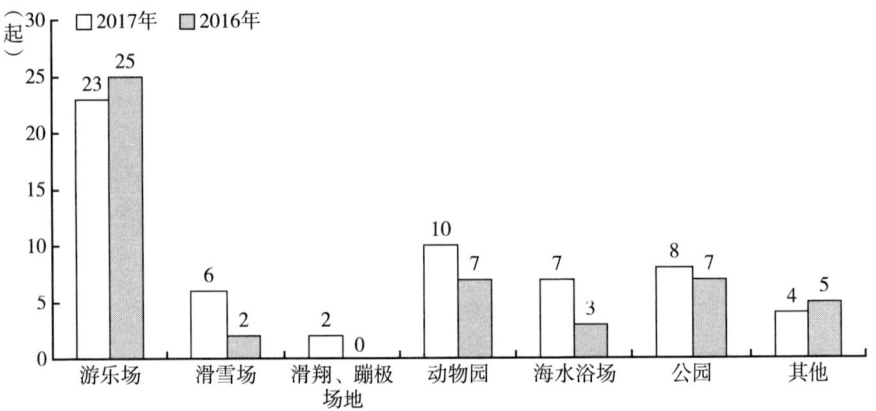

图5 2017年与2016年旅游娱乐场所安全事故发生场所分布对比

（四）旅游娱乐场所安全事故伤害主体的特点

作为游乐场的主要客源群体，儿童和青少年成为游乐场主要的安全事故主体。这类群体安全意识较为薄弱，且缺乏自我保护的能力。滑雪、滑翔和蹦极类刺激性娱乐活动本身风险较大。儿童和青少年乐于尝试新奇的旅游项目，极富冒险精神，又缺乏足够的自我保护能力，容易发生安全事故。此外，该类群体往往比较容易忽略安全规则和注意事项，常会以不恰当的方式私自开展旅游活动，如动物园逃票、违规投食、海水浴场非安全区域游泳等。

（五）旅游娱乐场所安全事故的伤亡人数特点

在2017年旅游娱乐场所安全事故中，死亡事件19起、受伤事件18起，总计37起，占总数的61.7%，无伤亡事件占全部事件的38.3%。所有事故发生场所中，又以滑雪场、海水浴场发生的安全事故的死亡率最高。如图6所示，相比2016年，2017年发生的安全事故中死亡事件占比下降，从2016年的55.1%下降至2017年的31.7%。数据表明，虽然2017年旅游娱乐场所安全事故数有所增加，但是死亡率呈现下降趋势，这或许是规范娱乐场所安全管理的有效开端。

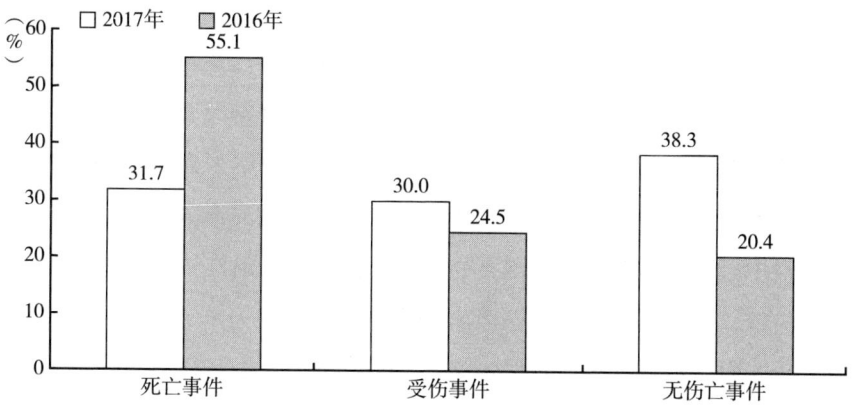

图6 2017年与2016年旅游娱乐场所安全事故伤亡人数占比对比

三 影响旅游娱乐场所安全的主要因素

（一）游客自我保护意识薄弱

在体验娱乐项目时，一方面，游客投入过多精力追求放松，往往忽略了安全问题；另一方面，游客在休闲娱乐中具有较强的好奇心和好胜心，对一些危险事物抱有侥幸心理，自我保护意识不足，导致自身生命安全受到威胁。例如，2017年1月29日，在浙江宁波雅戈尔动物园，一名未买票男子翻越围墙进入园区，不料跳进虎园，被老虎咬死，事故发生时，景区现场工作人员立刻采取措施，但不幸还是发生了。[①] 5月14日，在青岛市动物园棕

---

① 吴海东：《游客未买票 翻越3米围墙》，中国网，http://fj.china.com.cn/p/288390?page=3，2017年1月30日。

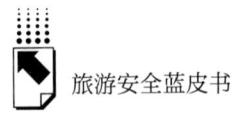

熊展区，一名男子不顾警示标语，通过防护栏伸手喂熊，导致手指被咬断。① 从这两起事故中可以看出，对于不安全事故抱有侥幸心理、自我保护意识薄弱是造成安全事故的重要原因。

（二）设施设备故障多发

旅游娱乐场所的设施设备在游客休闲娱乐过程中扮演着重要角色，也是造成安全事故的主要原因之一。每年都会发生很多由设施设备故障导致的安全事故，轻者导致人员受伤，重者导致人员死亡，甚至导致多人死亡。2017年，设备故障造成的安全事故共16起。例如，2017年2月3日，在重庆市丰都县朝华公园，由于设备安全带断裂，安全压杠没有有效压紧，一名女子被甩向空中后坠地，经抢救无效死亡。② 5月18日，浙江杭州西湖一台无人机突然失控，从天而降，砸中一名坐在石凳上休息的男子，无人机旋翼割伤了该男子左眼，造成角膜、巩膜破裂。③ 这样的案例还有很多，足以警钟长鸣。景区设施设备的安全管理和排查工作是旅游娱乐场所安全工作的重中之重。

（三）旅游娱乐场所安全建设不足

旅游娱乐场所在设置娱乐项目时，既要保证项目的休闲娱乐性，又要确保休闲项目的安全性，保障游客安全。不少旅游娱乐场所安全建设仍存在不足之处：①旅游娱乐场所安全系统（包括安全预警系统、服务场所防范系统、救援队等公共安全项目系统）建设不足；②工作人员缺乏专业技能，安全意识不足，且在工作中粗心大意，导致游客发生安全事故。例如，2017

---

① 柳聪：《男子在青岛动物园拿麻花喂熊 结果手指被咬掉》，网易新闻，http：//news.163.com/17/0518/09/CKN88BO800018AOP.html，2017年5月18日。
② 王晓易：《丰都朝华公园游乐项目出事故 一女子从高空被甩落》，网易新闻，http://news.163.com/17/0203/18/CCCBVO9500018AOR.html，2017年2月3日。
③ 许伊雯、王斐帆、蒋菲：《昨晚西湖边一架无人机失控撞人！旋翼割伤了北京小伙的左眼球！》，浙青网，http：//www.qnsb.com/news/index.php？m=content&c=index&a=show&catid=80&id=87133，2017年5月19日。

年4月11日,在江西南昌八一公园,一名游乐场工作人员在使用电焊机修理设备时,听到电话响,居然用旁边的汽油洗手接电话,最终导致电焊引燃了游乐设备。① 从此次事故可以看出,该景区对于工作人员专业素质方面的培养有待加强。

(四)职能部门监管不足或缺失

旅游娱乐场所发生的一部分安全事故要追踪相关职能部门的监督责任。依照国家规定,娱乐场所的设施设备应有国家质检总局颁发的《安全检验合格证书》才能投入使用,同时要求工作人员随身佩戴资格证。但现实中,监管部门监管不善使得一些景区有机可乘,将未经过批准的设施设备投入使用,造成一些安全事故。例如,2017年2月3日,河北巨鹿县三昌滑雪场中脚手架支起的斜坡坍塌,造成5人受伤。② 事后调查发现,该滑雪场没有办理任何经营许可手续,属于临时搭建建筑。景区对这起事故固然应负主要责任,但相关监管部门也应承担相应的责任。

(五)不可控外在因素广泛存在

在旅游娱乐过程中,安全事故发生的原因除了一些人为因素,还包括部分不可控的自然因素。人为事故可通过相应的规章制度和监管措施有效预防,属可控因素;但突发自然灾害由于其不可预料性,人们往往无法及时应对,从而造成极大的人员伤亡,属于不可控因素。例如,2017年9月10日,在天津黄崖关长城景区因响雷击中长城沿线16号烽火台,敌楼内躲雨的7名游客不同程度受伤。③ 10月15日,湖北宜昌三峡人家景区发生滚石

---

① 《南昌八一公园内突发大火,让人惊呆竟是汽油洗手》,搜狐网,http://www.sohu.com/a/133647176_156144,2017年4月13日。
② 李鹏:《河北巨鹿一处滑雪场坍塌致5伤 滑雪场被封停》,新浪网,http://news.sina.com.cn/o/2017-02-03/doc-ifyaexzn8845375.shtml,2017年2月3日。
③ 《遇大雨7名游客躲进烽火台不料遭雷击》,搜狐网,http://www.sohu.com/a/191522619_259847,2017年9月12日。

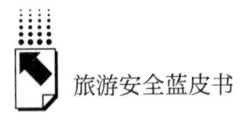

坠落,致3名游客死亡、2名游客受伤。① 这两起事故造成了不同程度的伤亡,往年也不乏由地震、泥石流等自然灾害造成重大事故的案例,足以见其强大的破坏性。面对自然灾害,景区应做好关注和预防,事故发生后应积极采取救援措施,尽最大能力减少伤亡和损失。

四 2018年旅游娱乐场所安全形势展望与管理建议

(一)2018年旅游娱乐场所安全形势展望

1. 寒暑假和法定假日依然是未来的事故高发时段

出于健康、休闲、放松以及增长见识等目的,人们会选择在闲暇时间外出旅游,通过在活动过程中观赏景致和参与文娱活动,感受不同于日常的自然风光和民俗文化②。结合近几年的旅游娱乐场所安全事故分析,寒暑假和国庆小长假一直是事故高发时段。在出游高峰期,娱乐场所的良好秩序、设施设备的有效运转、工作人员的高效工作都很难得到保证,这些可控和不可控因素都会导致安全事故的发生。考虑到我国目前的休假体制和游客的盲目跟风心态,寒暑假、"五一"和国庆长假将持续成为事故高发时段。

2. 主题公园和游乐场仍是未来的事故高发场所

在各旅游娱乐场所中,主题公园和游乐场一直是事故发生的主要场所。其主要原因有三:首先,该类娱乐活动较其他活动更为普遍,可及性更高,游客有更多的机会和充分的能力参与此类活动,即该类活动的数目基数更大;其次,该类活动对设施设备的应用更为普遍,利用率更高,且安全要求也更高,设备故障是安全事故的主要原因③;最后,该类活动的主要参与群体是安全意识和自我保护能力较差的儿童和青少年,这也是娱乐场所安全事

---

① 毕磊、杨波:《湖北三峡景区滚石坠落致3名台湾游客死亡》,人民网,http://travel.people.com.cn/n1/2017/1015/c41570-29588053.html,2017年10月15日。
② 邱扶东:《旅游动机及其影响因素研究》,《心理科学》1996年第19期。
③ 严波:《大型游乐设施安全评价技术研究》,《中国高新技术企业》2016年第29期。

故发生的主要原因之一。

3. 涉水区和滑雪场安全事故数目将开始增加

近几年海水浴场发生安全事故的数目有所上升,主要发生群体为青少年和中年群体。通过分析2017年的旅游娱乐场所安全事故,发现滑雪、索道等室外娱乐活动过程出现安全事故的频率呈上升趋势。2022年冬奥会的申办成功激发了全民参与冰雪运动的热情,冰雪旅游市场开始大力、强劲发展[1][2]。中国旅游研究院和途牛旅游网联合发布的《中国冰雪旅游消费大数据报告(2018)》指出游客参与冰雪旅游项目的安全意识还不够强[3]。

4. 儿童和青少年仍是事故发生的主要群体

近几年内,儿童和青少年一直是事故发生的主要群体,这类人群是娱乐场所的主要客户群体,安全意识也更为淡薄。因为导致这类事故发生的不可控因素较多,这一群体更大可能成为事故发生的主要群体。除了硬件设施的安全保障,景区工作人员的综合素质、陪同人员的监护责任成为重点需要确保的内容。

(二)2018年旅游娱乐场所安全管理建议

1. 事前预防工作

(1) 增强游客的安全意识是预防安全事故的根本

游客的安全意识主要包括两点:行程安排时的错峰出游和旅游活动过程中的自我保护。对于安全意识淡薄的孩童来说,同行监护人要做好提醒、监督和保护的工作。在旅游旺季出游,事故发生频率高、游客满意度低,游客在出游前应当充分考虑旅游地点、类型、自身情况等各类影响因素,选择恰当的时间去最佳的旅游娱乐场所游玩。同时,在参与旅游娱乐

---

[1] 王艳兵、王文霞、樊晓兵、王光军、赵凤萍、王海生、常平:《高山滑雪场游客安全救护模式研究》,《河北北方学院学报》(社会科学版)2017年第2期。
[2] 中国旅游研究院:《中国冰雪旅游发展报告(2017)》,2017年12月18日。
[3] 中国旅游研究院、途牛旅游网:《中国冰雪旅游消费大数据报告(2018)》,2018年1月2日。

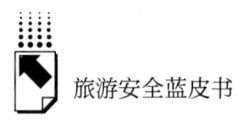

活动时，增强自身的安全意识，关注娱乐设施和活动内容的注意事项。

(2) 保证设施设备的检修是预防安全事故的关键

在主题公园和游乐场的娱乐项目游玩过程中发生的安全事故大多源于设施设备故障，有的设备甚至没有经过必要的审核程序。加强设施设备的检修是当前预防安全事故的重要内容，游客自身的很多因素都是活动过程中的不可控因素，但是硬件设施是事先的可控因素，经营者应以现有事故为戒，保证设施设备的安全性。

(3) 加强相关部门的监督是预防安全事故的保障

某些"三无"旅游娱乐场所没有经营手续、没有设施设备检修证明、没有游客安全保证和承诺，游客在参与活动过程中缺乏安全保障，这就对相关的政府监管部门提出了要求。这些有相应权责的部门除了要做好事先的监督、检查工作外，还要承担事后的相应责任。另外，除了政府监管部门需要加强对景区经营的监督、管理之外，各监管部门之间也应互相监督，杜绝有法不依、执法不严、违法不究的情况。

2. 事中处理工作

(1) 做好完备的应急预案是处理安全事故的前提

当意外事故发生时，如何行之有效地开展工作是解决问题的关键，事先的应急预案便成了重要的参考和指示。由此，经营部门应当在参考以往事故的基础之上确立行之有效的预案，以便在事故发生时做到不紧张、不慌乱、头脑清晰、有条不紊、高效地解决问题。

(2) 提升员工的综合素质是处理安全事故的关键

景区的工作人员在活动现场扮演着重要的角色，设施设备的具体操作、与游客的直接接触、意外突发时的应对都是景区工作人员的重要工作内容。综合来看，其任务具有工作内容多、任务重的特点，这就使得工作人员的培训成为经营方在人力资源管理方面的重要内容。具体培训内容应当包括熟练的操作、简单的急救知识、沉着冷静的心态、面对突发事故的应变能力等。

(3) 高效及时的处理过程是处理安全事故的重点

面对突发事故，处理方式的高效性成为补救措施的重要评价标准。特别在遇到游客出现伤亡情况时，应对过程中的果断、快速、有效成了首要的要求。此时经营方需要分清主次，一切工作以游客安全为上，这对景区的运营管理和工作人员的综合素质都有很高的要求。

3. 事后总结工作

总结事故原因是预防同类事故再次发生的关键。采取补救措施的首要任务便是发现问题，并进一步"对症下药"解决问题。事故发生后，通过对娱乐场所现有环境、设施设备、人力资源管理等各方面的相关因素进行逐一排查和检验，发现问题、分析原因，并进一步做出方案制定、方案实施和效果评估等一系列有效的行为决策，这对于游客的人身安全、经营方的管理、旅游业的发展都有至关重要的作用。

政府相关监督部门在这一环节也有着重要的责任。除了明确其对经营方的监督职责外，在某些情况下政府相关监督部门也负有相应的事故责任。若政府相关监督部门执法不严、违法不究，不对经营方进行很好的监督和约束，安全事故发生的概率将大大提高。

B.8 2017~2018年旅行社业的安全形势分析与展望

侯志强　樊玲玲*

摘　要： 2017年我国旅行社业持续发展，安全状态整体保持平稳，主要特征表现为：旅行社业安全事件以旅游纠纷和旅游质量事故两大类型为主；在线旅游业迅速发展，安全隐患压力增大，线下旅行社业加强整治，整体市场秩序向好；安全事件集中期仍然是节假日时段。展望2018年，在线旅游业安全将迎接新的挑战；多元监管模式并存，整体实现线上线下的互补共赢；出境旅游安全持续受到重视；旅行社业需创新且健全市场监管体系，进一步明确部门职责，采用法律法规、教育、经济等多种方式提高旅行社从业人员综合素质。

关键词： 旅行社业　安全形势　安全展望

一　2017年旅行社业安全的总体形势

2017年，我国旅行社业总体呈平稳发展态势，其安全形势呈现以下几个特点。

---

* 侯志强，华侨大学社科处副处长，旅游学院副教授，博士，研究方向为区域旅游发展与旅游目的地管理；樊玲玲，华侨大学旅游学院硕士研究生。

（一）节假日仍属旅行社业安全事件集中期

安全事件集中爆发于节假日，如春节、"五一"、"十一"、学生寒暑假及周末等。安全事件的集中爆发首先源于我国现行的休假制度，这样的休假制度导致春节、"十一"等假日的旅游市场超负荷运转；其次，旅游资源具有季节性，适宜的观赏时间促使游客集中出行；最后，伴随经济水平的提高及交通条件的改善，自驾游逐渐成为主要旅游方式之一，短途周边游备受欢迎。旅游安全事件以旅游纠纷和旅游质量事故为主，具体表现为景区管理落后、交通拥堵、服务态度差及欺骗消费者等，其中旅游质量事故占据主要比例。

（二）线上旅游安全事件暴增，旅游安全隐患增加

随着游客消费理念进一步成熟，旅游消费需求多样化、差异化发展，自由及个性化的旅游产品受到游客的青睐。传统旅行社难以满足游客的多样需求，而线上旅游业为游客提供多种信息，打破信息不平衡状态，使游客获得更多自由选择的空间，这一发展形势给传统旅行社带来极大冲击，如2017年上半年在线旅游市场交易规模3419.3亿元，同比增长24.9%，在线度假游市场稳定前行，交易规模548.7亿元，同比增长35.8%[1]。但处于初级发展阶段的线上旅游业的管理规范或制度不完善，导致消费者的安全隐患增加，安全问题具体表现为线上服务态度差、单方面取消订单、虚假宣传、欺诈消费者、霸王条款等，导致消费者财产受损、满意度下降，同时不完善的维权途径和制度更加剧了安全问题的严重性。

（三）旅游市场强化整治，市场秩序不断向好

《中华人民共和国旅游法》的出台和实施，使旅游业的健康发展有法可

---

[1] 《2017上半年中国在线旅游度假行业研究报告》，艾瑞咨询，http://www.iresearch.com.cn/Detail/report?id=2988&isfree=0，2017年9月。

依，规范了旅游市场秩序，对旅行社产生了一定的影响，旅行社的经营得到相应的监管。为使其效益发挥至最大，仍需相关的管理部门或执法机构进行相应的配合，如在旅游市场秩序综合整治"春季行动"中，累计出动旅游质监执法人员16450人次，对13410家旅游企业进行了检查，处罚了455起案件①；相关的旅游执法机构在全国范围内逐渐设立，目前已有旅游警察机构131家，旅游工商分局和巡回法庭分别有77家、221家；全国旅游监管服务平台二期工程功能模块工作在北京、上海、江苏、浙江、湖北、云南等旅游大省（市）逐渐启动。这一系列活动加强了对旅游市场秩序的整治并使其良性发展，强化了对旅行社企业诚信经营的市场引导，推进了旅游市场综合监管体制机制建设。②

（四）旅游从业人员安全问题亟待解决

旅游从业人员广泛，旅行社作为游客和旅游产品之间的沟通桥梁，与旅游各环节从业人员有着千丝万缕的联系。旅游从业人员的职业素养、服务态度和质量直接影响游客满意度，在旅游投诉中，由旅游从业人员服务态度恶劣导致的旅游质量事故数量一直居高不下，如导游强制购物、半路弃客、司机疲劳驾驶等。特别是在线旅游业异军突起的今天，多元且快捷的服务在给人们带来满足的同时，其不透明的沟通及不完善的监控体系等也给旅游安全增添了新的挑战，包括线上平台单方面取消订单、虚假宣传、强制扣除费用等，对游客利益造成不同程度损害，影响游客的旅游体验。

二 2017年旅行社业安全的概况与特点

本文的资料分析对象以官方数据、样本案例为主。官方数据主要源于国

---

① 国家旅游局监督管理司：《史上最大规模旅游市场整治风暴聚起合力》，国家旅游局官方网站，http://www.cnta.gov.cn/zwgk/scjd/201707/t20170711_831340.shtml，2017年7月11日。
② 徐万佳：《全国旅游监督服务平台二期建成上线》，国家旅游局官方网站，http://www.cnta.gov.cn/zwgk/scjd/201706/t20170630_830256.shtml，2017年6月30日。

家旅游局、国家统计局、中国新闻网等官方网站,样本案例主要通过百度、谷歌等搜索引擎获得,在2017年1~12月,以"旅游事故""旅行社安全事故"等为关键词进行相关样本收集,经过整理和筛选,共得到912条有效案例。本文以此为样本数据,对2017年旅行社业安全形势进行分析。

(一)旅行社业安全事件的分布类型

1.时间分布分析

根据样本统计分析可知,旅行社业安全事件在时间上整体呈现波动发展趋势,数量较2016年有所增长,上半年相对比较平缓,下半年出现高峰(如图1所示)。2017年上半年,受春节、清明、"五一"等节假日的影响,整体出游人次相对较多,游客数量增加导致交通拥堵、服务态度差、服务质量低等系列旅游安全事件数量增加;7~8月暑假期间安全事件数量不断上升,8月达到全年顶峰。这一时期亲子游、举家同游市场火爆,使8月旅游人次达到全年顶峰,"十一"和中秋节的超长假期引来第二个高峰,出游人数的大幅增加给旅游服务带来巨大压力,从而导致旅游安全事件数量随之上升。

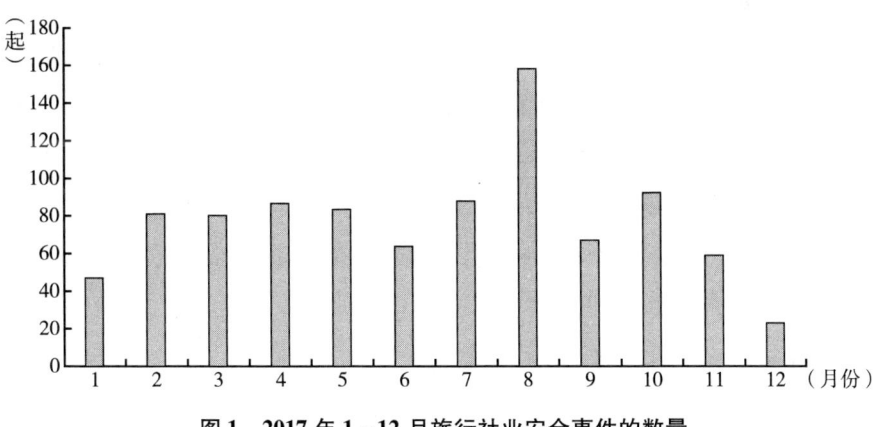

图1　2017年1~12月旅行社业安全事件的数量

2.空间分布分析

根据样本统计分析可知,旅行社业安全事件在空间分布上表现如下。首先，旅行社业境内旅游安全事件相比境外旅游安全事件所占比例较大，为总体的87%，相比2016年有所上升；其次，旅行社业境内旅游安全事件主要发生于云南、北京、广东、上海等旅游资源丰富地区（见图2）；最后，旅行社业境外旅游安全事件主要发生于泰国、日本、越南、马来西亚、美国等地，集中于东亚、东南亚地区，伴随欧洲游的升温，欧洲地区旅游安全事件数量也不断增加。同时随着在线旅游业的持续发展，OTA作为旅游中间商，在旅游产品和服务方面为消费者提供更多可选空间，目前以途牛、去哪儿、携程、同程等为主要线上平台，其旅游市场结构以机票、住宿、度假为主，相关旅游投诉也主要是围绕机票、住宿、度假展开的旅游纠纷。

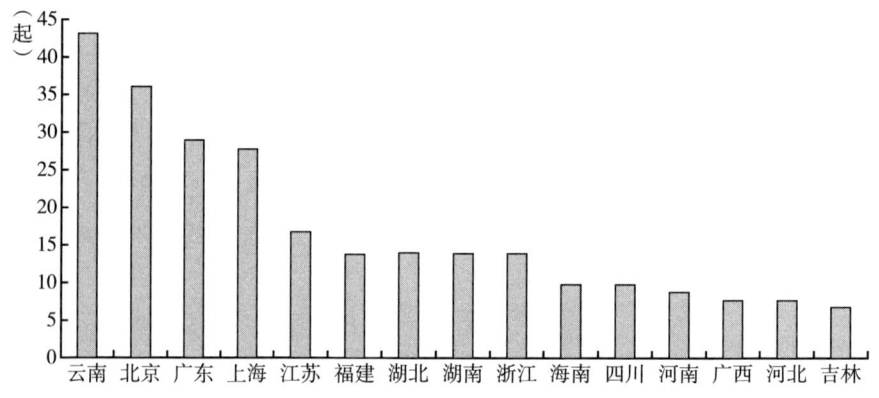

图2　2017年旅行社业境内旅游安全事件主要地区分布

3. 安全事件类型分析

根据样本统计分析可知，旅行社业安全事件以旅游纠纷和旅游质量事故这两大类型为主，从图3、4可知，无论是线上平台还是线下旅行社，旅游安全事件都以旅游纠纷为主。总体而言，相较于2016年，旅游纠纷所占比重提升较大，同比增长22%，旅游质量事故所占比重有所下降，同比下降12%；根据样本案例分析（见图5），旅游安全事件主要集中在旅游质量事故与旅游纠纷这两大方面。其中旅游质量事故主要由"产品质价不符""服务人员态度差""强制及欺诈性消费"等引发，所占比例为27.00%。

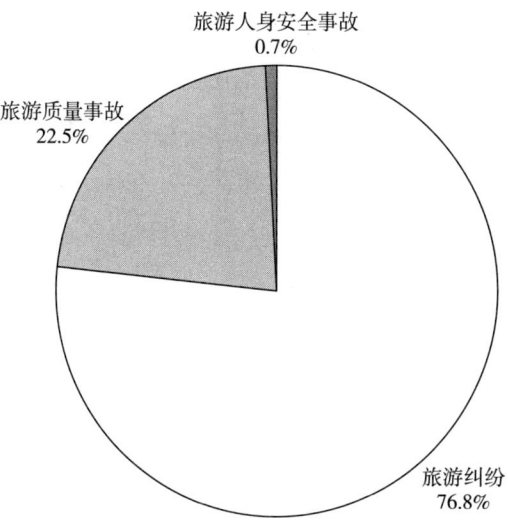

图 3　旅游安全事件类型（线上样本）

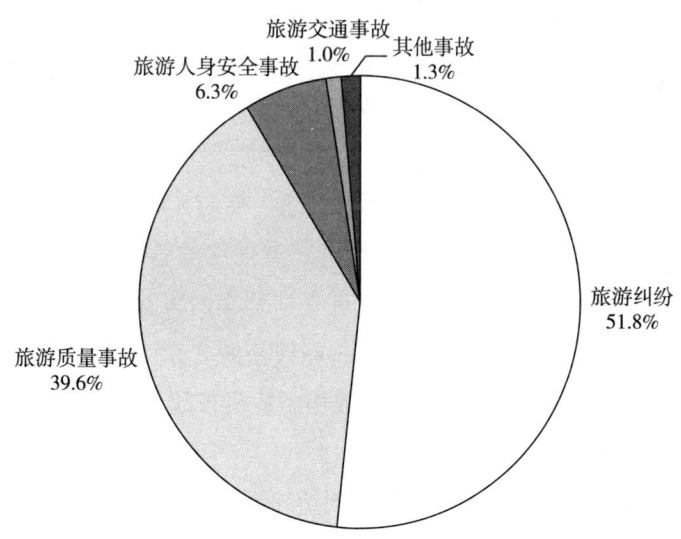

图 4　旅游安全事件类型（线下样本）

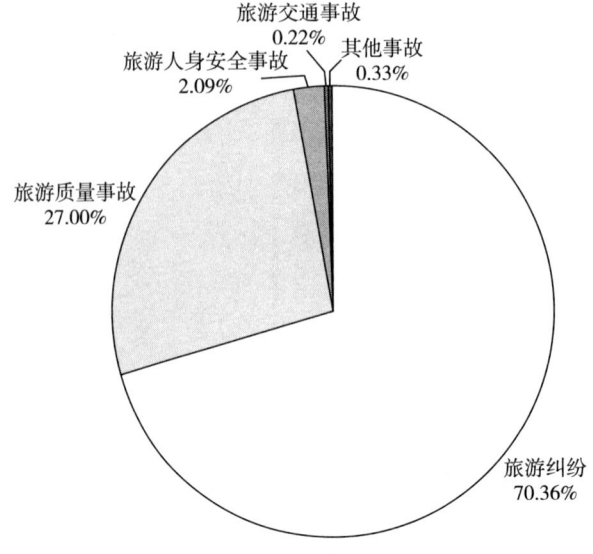

图 5 旅游安全事件类型

（二）旅行社业安全事件的特点

1. 旅行社业安全事件数量总体保持平稳

在物质生活条件极大改善、精神文明持续发展的今天，居民出游的意愿和动机不断增强，"旅游 + 互联网"的快速发展促使两者相互融合，促使更多新业态出现，满足居民多样化的体验需求。旅游人数的压力也带来了旅游安全危机，2017 年线下旅行社在市场机制高强度监管下，旅游安全事件相对减少；在线旅游由于其便捷性等优点受到游客的青睐，影响力持续扩大，但相应的在线旅游法规条例未能完善，在线旅游安全事件暴增，管理混乱、在线服务态度恶劣等导致的旅游纠纷或旅游质量事故不断增多，严重影响游客旅游体验和满意度的提升。

2. 旅行社从业人员服务引发的旅游纠纷问题较为严重

根据样本统计分析，2017 年旅行社业安全事件中旅游纠纷所占比例较大。其中线上平台所产生的旅游纠纷占比高于线下旅行社，可见随着互联网的快速发展，在线旅游业蓬勃发展，但也出现了许多问题，在某种程度上说明对在线旅游业的监管是不够的，同时欠缺对于在线工作人员的培训，沟通也有不合理之处，旅游纠纷类安全事件主要包括虚假宣传、单方面取消订单、霸王条款、私自扣除费用等，这会严重影响游客体验，降低游客满意度。

3. 旅行社业安全事件发生时空较为集中

从时间分布上看，2017年上半年旅行社业安全事件约占全年总量的50.6%，下半年则占49.4%，总体相差不大，但8月份占全年总量约18%，其他集中发生于寒暑假、节假日，如春节、劳动节、国庆节等，整体与民众闲暇时间呈正相关；从空间分布上看，境内安全事件爆发集中于旅游资源丰富、旅游业发达地区，如云南、北京等地，境外旅游安全事件集中于东南亚、东亚等地，如泰国、日本。闲暇时间、旅游吸引力等给民众出游增添更多动机，但民众的集中出游给整个旅游业的安全管理增添了难度。

三 影响旅行社业安全的主要因素

（一）旅行社外部宏观环境因素的影响

1. 自然灾害等不可抗力的影响

我国地形环境复杂，自然灾害多发，环境等不可抗力如地震、台风、泥石流、森林火灾、突发性公共卫生事件等对旅游安全产生重要影响。如2017年6月下旬至7月初，湖南、江西、贵州、广西、四川等地发生严重洪涝灾害；8月8日四川九寨沟发生7.0级地震，这一震级为近5年同期次高值；8月9日新疆精河发生6.6级地震；8月23日第13号台风"天鸽"在广东珠海南部沿海登陆，为该年度我国的最强登陆台风。这些因素对游客的人身财产安全造成严重威胁，旅行社、在线旅游平台都受到一定损失，如出现消费者退团或取消行程等，容易产生旅游纠纷，引发旅游安全事件。

2. 国内的政治、社会因素的影响

国内政治经济文化与旅行社业发展具有很强的关联性。相比线下旅行社，在线旅游平台因其独特的优势而快速发展，在线交易量逐年增加，规模持续扩大，给传统旅行社带来强大的冲击和挑战，但线上旅游安全也受到更多关注。国家旅游局加大对旅游市场的整顿，规范旅游市场，如开展"不合理低价游"专项整治行动，对166家违法违规企业进行处罚，坚持依法治旅从严从快，同时将20起典型案件的处罚结果全部列入旅游经营服务不良信息记录，同时转入旅游经营服务信用档案，向社会公布。2017年下半年，各地旅游部门启动对全国4A级及以下景区的复核检查，共有367家4A级及以下景区受到摘牌、降级、严重警告、通报批评等不同程度处分。

3. 国际政治形势的影响

伴随出境游数量不断增加，出境游安全不容忽视。游客在境外旅游过程中旅游安全更易受到各方面的威胁，除去相关不可控自然灾害，旅游目的地的政治格局、社会发展、暴力事件等都对游客人身财产安全造成极大威胁。如春节期间，日本APA连锁酒店在客房内放置右翼书籍，对此国家旅游局召开记者发布会，公开指责APA连锁酒店这种错误行为，认为这一行为不仅严重违反旅游业基本公德，更是对中国游客的公然挑衅，呼吁各种形式的游客自觉抵制APA酒店这一错误做法；1月28日，在马来西亚沙巴州环滩岛附近海域，载有28名中国游客的一艘游艇失联，外交部和我国驻马来西亚使领馆第一时间与当地有关部门取得联系，加大协调力度，全力开展各种搜救工作，立即启动应急处理机制，协助马方尽快开展救援；12月21日，泰国发生大象踩人事件，1名重庆导游在保护游客时不幸被大象踩踏致死，相关部门立即展开调查工作并做好善后处理。出境游的快速发展，对出境旅游安全保障体系提出新的要求，需进一步增强出境游安全意识，强化安全保障措施，保证国民安全出行。

（二）旅行社业及相关行业内部因素的影响

1. 旅游从业人员服务水平偏低

旅行社及其相关行业从业人员类型众多，涉及景区、酒店、导游等，伴随游客整个游览活动，其服务质量直接影响游客的体验，但通过对目前旅行社业安全事件样本案例分析可知，相关服务人员综合素质偏低，由服务质量引发的旅游质量事故、旅游纠纷占据总体比例较大，特别是在线旅游业安全事件数量增加，面临严峻考验。相关服务人员服务素质差、态度恶劣、推脱责任等严重影响游客体验。

2. 旅行社及相关服务部门衔接整合度差

旅游业涉及多个行业和部门，旅行社作为其中的纽带，任何一个环节沟通协商出现相关问题都可能导致旅游安全事件的发生，降低游客满意度。从样本案例中发现，部分旅游纠纷或旅游质量事故中，旅行社确实存在欺骗游客、虚假宣传、服务态度恶劣等行为，从而导致旅游投诉。导游或商家串通强买强卖、司机疲劳驾驶、酒店质价不符、景区设备问题等引发的旅游投诉，在一定程度可归咎于各服务行业人员的职业素养水平低或行业自身监管不力，但从游客角度出发，这些问题仍然和旅行社有着千丝万缕的联系。因此，相关行业和部门应相互合作，加强相应的监督和管理，规范旅游市场，从而改善游客的体验。

3. 旅行社业管理力度有待加大

目前国内旅行社业的监管模式以行政监管为主，"四位一体"的旅游警察、旅游巡回法庭、旅游纠纷人民调解委员会及工商旅游分局组成的综合监管体系正不断完善，在整治和规范旅游市场秩序方面，这些带有强制性特征的监管手段在一定程度上能够起到良好的作用，但不可避免地出现如主管部门权责不明、执法部门缺乏有效合作等问题。对于在线旅游业，相应的监管体系还不够完善，执法力度不够，导致在线旅游业因其从业人员服务水平偏低、虚假宣传、霸王条款等产生的旅游纠纷不断增多。因此，无论线上旅游平台还是线下旅行社，其监管制度和体系都需进一步完善。

（三）游客及旅行社从业人员的安全素质因素

1. 游客的安全意识薄弱，应急能力较差

游客作为旅游活动的主体，在旅游活动开展中对自身的身体状况及相关的旅游安全知识需有基本的掌握，切不可隐瞒身体状况，进行超出身体承受范围的旅游活动，同时自身安全意识不到位且应急能力较差，在一定程度上

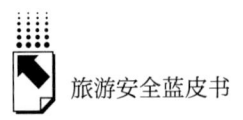

会加剧安全事件的严重性。如2017年11月,我国游客在泰国参加海底漫游项目时,疑似受到惊吓或是惊慌过度,被水呛到失去意识,最后抢救无效;3月,宁波游客因参加低价旅游团不购物,被关小黑屋;我国游客赴泰国旅游,不到3小时遭遇抢劫;等等。因此,旅游安全事件的发生,在某种程度上是游客自身安全意识不足造成的,游客在选购旅游产品时需谨慎选择旅行社或在线旅游平台,购物时保持清醒并加强警戒,这样会极大减少由旅游欺诈、强制购物引发的旅游安全事件。

2. 旅游从业人员的安全意识及应急能力欠缺

旅游从业人员的安全意识及遇事应急处理能力也直接影响游客的安全或安全事件的发生。首先,在旅游活动开展之前,旅游从业人员有义务对游客进行相应的旅游安全知识教育,增强游客安全意识;其次,在游览过程中,导游、领队及景区工作人员时刻进行安全提醒,安全开展旅游活动,同时旅游从业者自觉遵守安全规范;最后,在安全事件发生后,导游或领队及时进行应急处理,稳定游客,协调各利益群体之间的关系。因此旅游从业人员的安全意识的增强及应急能力的提升,会很大程度减少旅游安全事件的发生或降低损失程度。

四 2018年旅行社业安全趋势展望与管理建议

(一)趋势展望

1. 在线旅游业安全迎来新挑战

在线旅游业的快速发展,使传统线下旅行社业受到强大的冲击。在线旅游业因其多元化选择、差异化需求满足的优势受到人们青睐,发展势头强劲,在线交易规模逐年加大。持续扩大的规模给旅游安全增添风险,同时在线旅游业监管体系的不完善更加剧了旅游安全的严重性。目前在线旅游业由其服务问题、合同纠纷、霸王条款、虚假宣传等引发的旅游纠纷、旅游质量事故数量不断增加,严重影响游客出游体验。因此在未来发展过程中,对在线旅游业服务质量的提高、监管体系和制度的完善是必然趋势。

2. 多元监管模式实现互补共赢

2017年国家旅游局采取多种措施对旅游市场进行强有力的整顿,严格规范各旅游市场主体的行为,包含旅游警察、旅游巡回法庭、旅游纠纷人民调解委员会及工商旅游分局的综合监管体系正不断完善,全方位维护游客利益,保障游客安全。从线下旅行社旅游投诉样本案例中发现,这一监管制度的推行,确实起到一定的作用,相应旅游投诉案件数量有下降趋势,同时伴随互联网的快速传播,游客利用互联网媒介对自身利益的保护及对相关景区、酒店等行业的监督逐渐加强,自上而下和自下而上的监管互补融合,形成多元模式的互补共赢。

3. 出境游安全事件持续受到人们的重视

2017年我国出境游人数持续增加,尽管出现如马来西亚沉船、中国台湾旅游大巴车祸事件等,但境外旅游依然受到游客的青睐。从旅游安全样本案例可知,出境游安全事件主要包括旅游纠纷、旅游质量事故和人身财产安全事件等,不同程度受到出境游旅游距离远、旅游活动时间长、文化差异等不可控因素影响,同时国外政治环境、恐怖袭击等进一步增加旅游安全隐患。因此,相应的应急处理、防御机制都需进一步加强和完善。

(二)管理建议

1. 创新旅游市场监管手段,建立多主体参与的监管模式

在现有国内旅游市场机制发展状况下,我国的旅游市场监管手段是以行政监管为主的监管模式,如"四位一体"的综合监管体系、《中华人民共和国旅游法》等,包括行政立法、行政许可和行政处罚等,强制性的监管手段虽对建立和维护市场秩序能够起到良好的作用,但仍需"硬性+软性"监管手段并存,利用自媒体工具,充分发挥微博、微信等的作用,不断创新市场监管手段,采用多种监管方式,建立健康有序的旅游市场秩序。

2. 建立责任清单,明确部门职责

政府一直作为市场监管的主体存在,各相关部门配合协调,就市场发展

现状而言，各部门并没有起到很好的协调作用，出现相互推脱责任等情况，形成监管效益低下的局面。《中华人民共和国旅游法》中确立了中央政府和地方政府统筹监管的综合协调机制，国务院负责全国旅游市场的综合监管，各级地方政府必须积极配合，确立本地的相关监管部门，同时尽快出台实施细则，对于有歧义的地方重新进行界定，明确监管主体的内容，包括权力与责任、执法方式、服务意识、接查投诉及处理意见等，进而推动旅游市场监管高效有序运行。

3. 完善出境游安全风险控制对策

在出境游安全方面，旅行社在开发出境游线路时，首先必须建立相应的风险评估机制，并随着外界环境的不断变化对风险评估机制进行修订，尽可能确保风险评估的准确性，并且做好风险防范措施；其次对导游、领队及游客等明确安全责任，规范各自行为从而避免不必要的风险，减少损失；最后，国家要不断完善游客在出境游方面的保险制度，做好应急预警工作，正确合理地利用新闻媒体，加强沟通的同时做好自媒体建设。

4. 改善旅游从业环境，加强从业人员培训

旅游产业具有综合性、复杂性等特点，这对各旅游从业人员的职业技能、综合能力等的要求也有很大差异。从旅行社业安全事件案例中可知，由旅游相关从业人员的职业道德、服务态度、办事效率、业务能力等因素导致的旅游纠纷、旅游质量事故等事件的数量整体呈上升趋势，严重影响游客旅游体验以及旅游市场健康发展。由此可知，对相关旅游从业人员在业务能力、专业技能、服务态度等方面的培训需进一步重视，同时业界对于旅游从业人员的从业环境、工作晋升空间及薪资待遇等需不断调整，外部环境改善和自身提升相结合，共同创建健康持续发展的旅游市场，推进旅游业的发展。

·安全事件篇·

B.9
2017~2018年中国自然灾害涉旅安全的形势分析与展望

叶新才　王小花*

摘　要： 随着全域旅游时代的到来，自然灾害涉旅安全事件范围扩大引起旅游业的关注。本文对2017年发生的自然灾害涉旅安全事件进行统计，并与前五年自然灾害涉旅安全事件进行比较分析。2017年自然灾害造成的影响与近五年同期均值相比较小，但对于旅游行业影响较大。本文分析了影响2017年自然灾害涉旅安全的主要因素，如全域旅游新背景下的防治压力，游客管理、新的保障体系亟待建立等问题，并对2018年自然灾害涉旅安全形势进行了预测，提出了管理建议。

关键词： 自然灾害　旅游安全　展望

2017年全球自然灾害损失是2016年的近两倍①，同时，各类自然灾害频繁发生给旅游业带来了一定的冲击。本文收集了2017年1~12月我国自然灾害引发的旅游安全事件的相关资料，对2017年自然灾害与旅游安全的

---

* 叶新才，华侨大学旅游科学研究所所长、副教授，主要从事旅游规划、开发与管理方面的研究；王小花，华侨大学旅游学院硕士研究生。
① 丁洪美：《2017年全球自然灾害损失是2016年的近两倍》，中国林业新闻网，http：//www.greentimes.com/green/news/gjhz/wsdt/content/2018 – 01/03/content_ 371923.htm，2018年1月3日。

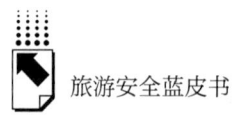

形势进行全面分析,并与前五年自然灾害涉旅安全事件进行比较。总结2017年自然灾害涉旅安全事件的特征及其对旅游业的影响,旨在对2018年自然灾害涉旅安全形势进行预判,为采取积极的应对措施提供依据。

一 2017年自然灾害涉旅安全的总体情况

我国的自然灾害分为气象灾害、海洋灾害、洪水灾害、地震灾害、农作物灾害、地质灾害等。根据2017年前三季度自然灾害基本情况可知,2017年我国自然灾害以洪涝、地震、台风和干旱为主,风暴、低温冷冻、雪灾、崩塌、滑坡、泥石流、森林火灾等灾害也有不同程度的发生。经核定,各类自然灾害共造成全国1.26亿人次受灾、799人死亡、90人失踪、直接经济损失3147.5亿元①。与2016年同期相比,受灾人数减少6450万人次,减少33.9%;死亡人数减少540人,减少40.3%;失踪人数减少231人,减少72.0%;直接经济损失减少1670.4亿元,减少34.7%。总体而言,2017年我国前三季度情况与近五年同期均值相比较好。

通过百度新闻搜索"景区+'各项灾害关键词'"可得2017年我国自然灾害涉旅安全事件,经分析可知,2017年我国自然灾害涉旅安全事件为44起,较2016年同期减少9起;死亡人数44人,较2016年同期增加25人;失踪人数17人,较2016年同期增加12人;受伤人数545人,较2016年同期增加515人。总体而言,2017年我国自然灾害对旅游业的影响与上年相比较为严重,自然灾害涉旅安全事件造成的游客死伤人数增多。

二 2017年自然灾害涉旅安全事件的概况和特点

(一)自然灾害涉旅安全事件的概况

2017年我国自然灾害涉旅安全事件共44起,其中,气象灾害涉旅安全事

---

① 《民政部国家减灾委办公室发布2017年前三季度自然灾害基本情况》,民政部官方网站,http://www.mca.gov.cn/article/zrzh/201709/index.htm。

件20起、洪水灾害涉旅安全事件5起、地质灾害涉旅安全事件14起、海洋灾害涉旅安全事件4起、地震灾害涉旅安全事件1起。自然灾害涉旅安全事件与2016年比略有减少，但地震等重大事故的发生导致伤亡人数与2016年比较高。

2012~2017年我国自然灾害涉旅安全事件合计248起，年平均41.3起（见图1）。根据2012~2017年自然灾害类型统计分析可知，气象灾害、洪水灾害和地质灾害对旅游业影响较大。其中气象灾害涉旅安全事件93起、洪水灾害涉旅安全事件74起、地质灾害涉旅安全事件51起、海洋灾害涉旅安全事件29起、地震灾害涉旅安全事件1起，各类自然灾害涉旅安全事件的变化情况见图2。从2012~2017年全国自然灾害涉旅安全事件伤亡人数

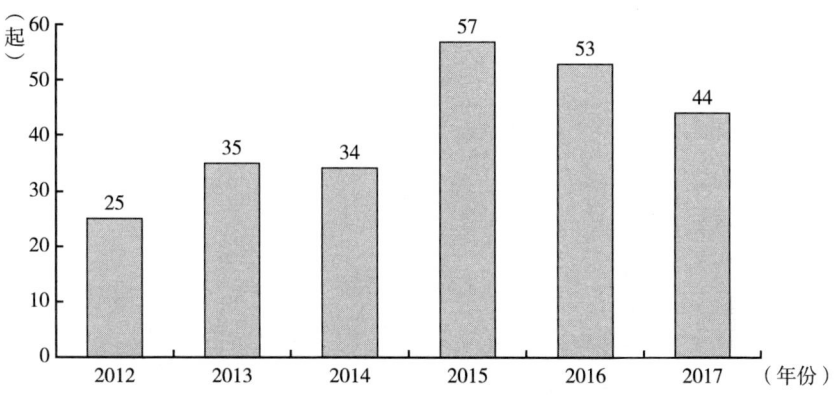

图1　2012~2017年全国自然灾害涉旅安全事件数量

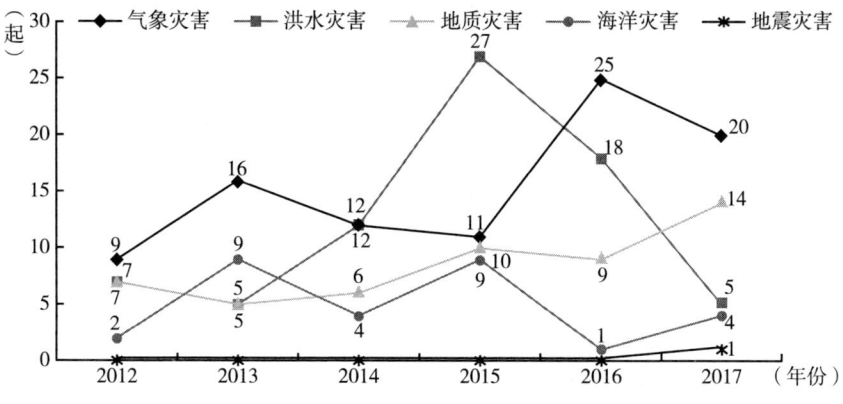

图2　2012~2017年全国自然灾害涉旅安全事件变化情况

来看，近六年自然灾害涉旅安全事件共造成148人死亡、733人受伤（见表1）。其中，2017年自然灾害涉旅安全事件中，雷电及地质灾害造成游客死伤的人数明显上升，洪水灾害造成的影响减小。

表1 2012～2017年全国自然灾害涉旅安全事件伤亡人数统计

单位：人

年份	死亡人数	受伤人数	失踪人数	合计
2012年	9	21	11	41
2013年	25	69	4	98
2014年	11	7	0	18
2015年	40	51	2	93
2016年	19	40	5	64
2017年	44	545	17	606
共计	148	733	39	920

（二）自然灾害涉旅安全事件的特点

1. 夏季多发，华中、华东、华南地区多发

从季节上看，我国自然灾害涉旅安全事件春季发生7起、夏季发生21起、秋季发生9起、冬季发生7起，这主要与夏季雷雨、台风频发有关。春、秋、冬季也有安全事件发生，但与夏季相比发生次数较少、影响范围较小。

从地理位置来看，2017年我国自然灾害涉旅安全事件发生在华北、华中、华东、华南、西南、西北这几个地区，分别发生了2起、9起、12起、9起、8起、4起，主要集中在华中、华东、华南地区。主要是气候原因导致这些地区暴雨、台风类气象灾害频发，且发生地大多数为山水类的自然景观，所以对游客造成的影响较大。

2. 气象灾害最为典型

对灾害类型分析可知，2017年我国自然灾害涉旅安全事件主要分为气象灾害、地质灾害、洪水灾害、海洋灾害和地震灾害五大类。其中气象灾害涉旅安全事件发生最为频繁，共发生20起，其中暴雪事件6起、暴雨事件

6起、大雾事件3起、雷电事件4起、台风事件1起,且气象灾害涉旅安全事件发生的地域最广,覆盖中国大部分地区。地质灾害涉旅安全事件的破坏性较强,且多集中在南部地区,一共发生14起,包括山体滑坡6起、泥石流2起、落石4起、塌方2起。洪水灾害涉旅安全事件5起。九寨沟地震灾害的破坏性最强,影响最大。

3. 地震、暴雨及台风造成的伤亡严重

地震灾害涉旅安全事件的伤亡率高,对当地的旅游业影响较大。除此之外,我国幅员辽阔,季风气候明显,暴雨天气所引发的山洪、泥石流导致游客出游伤亡率较其他旅游安全事件高,且这类灾害多发生在自然景区,给灾后救援增加了难度。2017年8月8日发生在四川九寨沟的7.0级地震造成29人死亡、525人受伤、1人失联、6万余名游客滞留。2017年6月下旬至7月上旬,全国发生较为严重的洪涝灾害,导致很多景区长期处于关闭状态。同时2017年多次发生台风登陆事件,且登陆地区重叠,导致福建、广东等地区受灾严重。

三 2017年自然灾害涉旅安全管理的主要进展

2017年自然灾害涉旅安全事件虽然较为严重,但政府和有关部门在灾前预警、灾中救援、灾后总结中取得了一定成绩,这与政府和各部门越来越重视旅游安全工作是密不可分的。2017年我国自然灾害涉旅安全管理工作取得以下进展。

(一)自然灾害涉旅安全管理新政策

2017年3月6日,《"十三五"全国旅游公共服务规划》正式发布,其中明确"构筑旅游安全保障网"是积极推进的重要方向[①]。2017年,我国

---

① 王洋:《"五一"前夕各地积极部署旅游安全工作 系好"安全带"筑牢"防护堤"》,国家旅游局官方网站,http://www.cnta.gov.cn/xxfb/jdxwnew2/201704/t20170425_823337.shtml,2017年4月25日。

多个省、市人民政府办公厅印发了各省市的综合防灾减灾规划,并提出了关于推进防灾救灾减灾体制机制改革的实施意见,分别从健全统筹协调体制、健全属地管理体制、完善社会力量和市场参与机制、提升综合减灾能力、完善保障措施等方面构建与经济社会发展和灾害形势相适应的防灾救灾减灾体制。《旅游安全管理办法》的实施,强调了旅游部门的监管职责和旅游经营者经营过程中的安全责任。这些举措都进一步加强了涉旅安全事件的标准化管理,提高了旅游行业应对自然灾害的能力。

(二)自然灾害涉旅安全管理新现象

我国加强了自然灾害发生时应对机制的体系管理。2017年全国许多省市旅游管理部门开展了涉旅安全事件的演习训练,召集省市的旅游从业人员进行观摩学习,从而增强了旅游从业人员的安全应急管理意识,进一步提高了旅游从业人员安全应急管理能力和突发事故应对处置能力,保障了游客生命财产安全,减轻了自然灾害对景区和旅游活动的影响。同时,全国各大景区在灾害来临时能够应用平时演练累积的经验,积极参与到救灾中。2017年,全国发生多起暴雨及台风等气象灾害,各类景区积极参与预警,并利用多种渠道对游客发出预警,及时关闭景区,并与其他部门协同帮助景区内游客撤离。

(三)科技力量在救援体系中的应用

科学技术在救援中的应用提升了自然灾害预警技术和灾害发生后救援设备的先进性。2017年,我国通过智能海洋气象预警系统的投放使用、气象卫星观测数据等一些科学技术的应用,更加及时准确地预测到一些气象灾害如暴雨、台风的发生,及时告知旅游部门及旅游相关人员,减少自然灾害带来的恶劣影响。在自然灾害来临时,也可通过无人机先探路,必要时再让救援人员勘测,降低灾害来临时的劳动强度和作业风险。

(四)社会力量参与救援

在自然灾害涉旅安全事件发生之时,非政府组织如一些旅游企业积极参与到救援当中,他们与政府景区合作发布景区内部信息,提高了自然灾害救援效率,降低灾害面前的损失。2017年8月8日我国四川九寨沟发生7.0级地震,一些旅游企业如金棕榈、携程等利用自己的优势参与到九寨沟救援中,迅速组织人力,统计景区内的旅游团队信息,上报到国家旅游局及地方旅游管理部门,并把救援信息及时发布到平台上,为旅游地救援提供支持。

四 影响自然灾害涉旅安全的主要因素

(一)自然灾害的多发性与多样性

受全球气候变化等自然和经济社会因素耦合影响,气象灾害高发频发,地质灾害增多,游客出游风险提高。2017年,全国共出现39次区域性暴雨天气过程,大部分地区遭受了不同程度的暴雨袭击。尤其是6月下旬至7月初,南方地方连续出现11天的强降雨天气,局部地区最大累计降水量超过当年平均降水量的三分之二。地震发生次数较少,但震级偏高,发生5级以上地震3次。台风登陆个数高达7个,"纳沙"和"海棠"连续登陆福建,"帕卡"和"天鸽"路径重叠。此外,还有不同程度的雪灾、冷冻、雷电、干旱及森林火灾发生。我国的自然灾害具有不确定性、突发性、强破坏性及不可抗性,旅游安全隐患增多,旅游安全保障面临新的难题。

(二)全域旅游背景下的灾害防治新压力

随着旅游业的快速发展,旅游发展模式不断变革,全域旅游的旅游战略在不断推进,旅游的时间、空间及方式发生较大改变。自驾游、自助游、"驴友"这些旅游新业态给相应的旅游安全工作带来新问题,而现有的旅游安全管理系统往往只针对特定的景区,无法应对当下的新环境,出现旅游安全管理工作滞后现象,这给旅游业的发展带来了极大的挑战。2017年发生多起"驴友"被困事件,这说明建立相应的旅游安全管理系统已迫在眉睫。

全域旅游的兴起意味着处处皆是景点,不再局限于传统的旅游模式,这

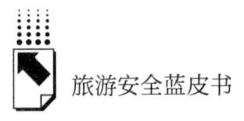

就需要新的保障体系的建立。而传统的保障体系只是针对特定的区域，未能对那些非传统类型景区的游客安全给予保障，这就容易导致游客在自然灾害中丧生。这表明新的有针对性的安全体系亟须建立。

（三）游客安全意识较弱、自救能力不足

现代游客出于求新求异的心理，往往选择到一些未开发的、基础设施未完善的景区游览，但他们缺乏基本的生存技巧和专业的自救培训，在户外遭遇突发自然灾害时，错过了最佳的救援时间，发生一些本不该发生的伤亡事件。同时，也有一些游客不听景区人员的劝阻，在明知危险的前提下去尝试旅游活动，最后造成伤亡。2017年5月2日，41名"驴友"在穿越秦岭鳌太线时遭遇暴风雪，2人死亡、1人失踪。

五 2018年自然灾害涉旅安全形势及对策

（一）形势预测

全球气候的恶化依旧会导致自然灾害的频发，这对于旅游安全是一个严重的威胁。同时，我国的旅游形式从单一的观光游、跟团游发展到现在的散客游、自驾游，给旅游安全部门带来了极大的挑战。2018年，我国自然灾害涉旅安全事件将呈现以下趋势。

1. 重大自然灾害频发

由近几年的数据表明，我国自然灾害将呈现大型灾害频发态势，极端天气时有发生。同时，我国占地面积广阔，气候条件复杂，这从根本上决定了每年自然灾害的频发性、高发性。2018年也不意外，暴雨、台风等自然灾害发生概率依旧偏高，地质灾害也会时常发生，这对于游客出游是一个很大的安全隐患，也给旅游业安全管理工作带来了极大的考验。

2. 旅游业新业态带来新压力

2017年年初，各地试水多式联运的运输方式，例如"航空+邮轮"新

旅游业态，低空旅游方式以及定制化出游方式，这些旅游新业态给自然灾害涉旅安全事件的管理带来了新难题，对景区的建设提出了更高的要求。这也导致了自然灾害涉旅安全工作形势越来越复杂。

3. 地质灾害涉旅安全事件数量呈上升趋势

2017年自然灾害涉旅安全事件中，地质灾害涉旅安全事件有着明显增多的趋势。这给旅游安全体系带来新预警，地质灾害的伤亡率远超其他类自然灾害，而现有的此方面的救灾体系还不够完善。这也提醒旅游相关部门重视这方面的工作。

（二）管理建议

为有效应对2018年自然灾害涉旅安全形势，广大游客需要增强自身安全意识，全社会应积极采取应对措施，各部门联合应对涉旅自然灾害，做好旅游安全管理工作。

1. 强化全域旅游安全管理体系的建设

全域旅游的发展模式带来新的问题，处处皆是景点，旅游部门需加强所在区域的监管工作。将政府、旅游景区与游客联合起来形成旅游安全系统，加强旅游安全管理，及时发布气象气候和自然灾害预警、预报，及时通知游客预防自然灾害。把分散在不同部门的救灾机构联系起来，在统一领导下加强相关部门之间的合作，通过信息共享、强化交流、共享救灾资源等方式，减少危机带来的损失。自然灾害一旦发生，危机管理小组应当指定专人负责游客的疏散和安抚工作，尽可能保证游客人身和财产安全，同时，避免混乱情况下引发其他的连锁危机。

2. 提升旅游行业的自救能力

旅游地政府应加大旅游地安全检查力度，结合旅游地的实地情况，定期组织开展自然灾害涉旅安全相关专项活动的检查，包括对旅游地安全管理体系及旅游地安全服务设施的检查。也可以加强与旅游企业、民间救援组织合作，建立更加全面的救援体系。运用现代科学技术，提高救援队伍的科学性、合理性。

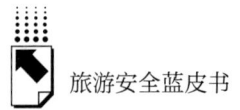

3. 提高旅游业主客体安全能力

旅游景区和企业应大力推动旅游安全应急与自救能力培训、安全演练、宣传教育工作。游客应增强风险意识。个人在面对自然灾害时能力不足，应注意接受旅游企业和景区的安全教育。必要时应购买保险以降低自然灾害来临时的风险。政府、旅游业应着力帮助游客建立安全意识，提升游客自救能力，做好自然灾害涉旅安全防治工作。

B.10
2017~2018年中国涉旅事故灾难的形势分析与展望

殷凌燕 王新建 李梦园*

摘　要： 本文分析了2017年我国境内涉旅事故灾难的总体形势、分类特征、管理进展等。研究表明，2017年我国涉旅事故灾难总体形势继续趋好，事故致死人数小幅下降，重特大事故灾难数量显著减少；旅游交通事故与登山户外运动事故仍是主要事故类型，漂流事故得到有效抑制，低空旅游安全事故等体现新时代消费特征的事故凸显。文章最后探讨了2018年涉旅事故灾难发展趋势，提出了四点管理建议。

关键词： 涉旅事故灾难　管理进展　突发事件趋势展望

涉旅事故灾难指"主要由人为原因造成的，涉及旅游者人身伤亡或重大财产损失的紧急事件，包括人类活动或者人类发展所导致的计划之外事件或者事故，如旅游交通事故、登山户外运动事故、漂流与游船游艇事故、酒店安全事故、娱乐项目事故、低空旅游事故等"[1]。本文采用案例分析法、比较分析法对2017年发生在我国境内（不包括港澳台地区），造成至少1

---

* 殷凌燕，华侨大学华文学院讲师；王新建，华侨大学旅游学院副教授，主要研究方向为旅游安全与应急管理；李梦园，华侨大学旅游管理专业研究生。
[1] 王新建：《2014~2015年我国事故灾难与旅游安全形势分析与展望》，《中国旅游安全报告（2015）》，社会科学文献出版社，2015年5月。

名游客或旅游从业人员死亡或2人及以上重伤，或重大财产损失的涉旅事故灾难进行了研究。研究样本来源包括：①国家安全生产监督管理总局网站事故查询系统资料；②采用百度、微博搜索等主流搜索引擎，以代表游客或旅游行业的关键词——游客、旅游者、驴友、酒店、景区、游乐场，代表旅游活动项目的关键词——交通、探险、漂流、登山、滑雪、游船、索道、通用航空，代表事故类型或损失的关键词——火灾、事故、伤、亡、失联，联合搜索得到的案例。将上述案例逐一鉴别和去重后，最终收集到105起涉旅事故灾难案例。

一 2017年涉旅事故灾难的总体形势

（一）涉旅事故灾难总体形势继续趋好，事故致死人数小幅下降

2017年涉旅事故灾难总体形势继续趋好（见表1）。据不完全统计，全

表1 2013～2017年涉旅事故灾难统计

事故类型	2013年		2014年		2015年		2016年		2017年	
	事故数量（起）	死亡或失踪人数（人）	事故数量（起）	死亡或失踪人数（人）	事故数量（起）	死亡或失踪人数（人）	事故数量（起）	死亡或失踪人数（人）	事故数量（起）	死亡或失踪人数（人）
旅游交通事故※	11	72	12	106	16	566	10	70	11	60
山地户外运动事故	55	48	55	70	38	44	40	47	33	44
漂流及游船游艇等事故	19	35	14	31	17	30	11	39	4	11
娱乐项目事故	1	0	5	6	11	16	6	7	7	6
低空旅游事故	—	—	—	—	4	5	9	18	6	7
酒店安全事故	4	22	5	5	7	11	5	7	26	39
其他	2	2	4	39	5	13	6	12	18	25
合计	92	179	95	257	98	685	87	200	105	192

※注：根据国家安全生产监督管理总局网站事故查询系统资料统计，不包括死亡人数为3人以下的事故。

国共发生涉旅事故灾难 105 起，较 2016 年上升 21%，共造成 192 人死亡或失踪，较 2016 年下降 4%。从伤亡人数来看，2017 年涉旅事故灾难致死人数比前四年（2013~2016 年）平均值低 60%，继续保持好转趋势。

（二）旅游交通事故数量仍居首位，重特大事故灾难得到一定遏制

旅游交通事故仍是 2017 年涉旅事故灾难的主要类型，但较上一年，较大及以上的事故造成的死亡人数下降 14.3%。2017 年共发生 3 起重大涉旅事故灾难，其中 2 起分别造成 12 人死亡的旅游交通事故、1 起造成 10 人死亡的酒店火灾，全年没有发生超过 30 人死亡的特大涉旅事故灾难。与前四年相比，2017 年重特大涉旅事故灾难得到一定遏制（见表 2）。

表 2　2013~2017 年涉旅重特大事故灾难统计

	2013 年		2014 年		2015 年		2016 年		2017 年	
	事故数量（起）	死亡人数（人）	事故数量（起）	死亡人数（人）	事故数量（起）	死亡人数（人）	事故数量（起）	死亡人数（人）	事故数量（起）	死亡人数（人）
特大事故	0	0	2	80	2	477	1	35	0	0
重大事故	3	44	1	16	3	34	2	26	3	34
合　计	3	44	3	96	5	511	3	61	3	34

二　2017 年涉旅事故灾难特征分析

（一）旅游交通事故灾难分析

1. 事故灾难概况

据不完全统计，2017 年我国境内共发生致 3 人及以上死亡的旅游交通事故灾难 11 起，造成 60 人死亡、86 人受伤，其中重大事故灾难 2 起，共造成 24 人死亡，全年没有发生特大旅游交通事故灾难。事故总量较上年增加 1 起，造成的死亡人数较上年减少 14.3%。

2. 事故灾难特征

据公安部统计，我国每年发生的涉及人员伤亡的交通事故达20余万起，造成约6万人死亡，由于事故数量多，具体资料不可得，本文从国家安监总局网站事故查询系统搜索到造成3人及以上死亡的事故灾难进行分析。结果表明，造成事故的直接原因为：超速行驶、疲劳驾驶、操作失误、违章驾驶、被超载货车追尾、开斗气车等，而下雨路滑和未使用安全带是造成事故或加重事故伤亡程度的重要因素。如造成5死7伤的"12·31"吉黑公路交通事故涉嫌超速追逐驾驶；造成12人死亡的"4·29"呼伦贝尔阿荣旗交通事故涉嫌非法从事旅游包车运营、违章驾驶；造成9死28伤的"7·6"围场交通事故的主要原因是涉嫌货车严重超载追尾、旅游车游客未使用安全带。

（二）漂流及游船游艇等事故灾难分析

1. 事故灾难概况

2017年发生漂流及游船游艇等事故灾难4起，共造成11人死亡。其中漂流事故灾难1起，造成4人死亡；充气筏事故灾难1起，造成5人死亡、1人受伤；观光船与摩托艇事故灾难各1起，分别造成1人死亡。较之2016年的11起事故、39人死亡，2017年事故总量减少63.6%，死亡人数减少71.8%。

2. 事故灾难特征

2017年漂流及游船游艇等事故灾难发生次数相对较少，造成的人员伤亡较小。较之2016年造成15人溺亡的"6·8"白龙湖游船翻沉事故、造成8死10伤的"5·28"广东凤凰峡漂流事故，2017年发生的2起较大事故灾难分别为北京游客在贵州非景点漂流事故和武夷山充气筏失控致游客落水事故，分别造成4人和5人死亡，两起事故灾难直接原因分别是在不符合条件的水域进行水上娱乐活动、使用不合格器材进行水上娱乐活动。此外，与2016年相同，2017年也发生了一起快艇撞游船致死事故，快艇成为水面娱乐项目的重要安全隐患。

(三)山地户外运动事故灾难分析

1. 事故灾难概况

山地户外运动指在中低海拔的山区、丘陵开展的与登山有关的户外运动,如登山、穿越、攀岩、溯溪、探险、露营、骑行、定向与导航等。山地户外运动事故灾难是2017年涉旅事故灾难的第二大类型,据不完全统计,2017年共发生33起山地户外运动事故灾难,造成43人死亡、1人失联;事故灾难数量和致死人数分别较上年降低17.5%和8.5%。

2. 事故灾难特征

事故产生的直接原因主要有滑坠或高坠、突发洪水或泥石流、突发疾病、遇暴风雪或极端天气。其中,滑坠或高坠致死事故最多,2017年共发生滑坠或高坠致死事故22起,占事故总数的66.7%;突发洪水或泥石流导致单次事故伤亡最大,3起突发洪水或泥石流事故,造成11人死亡、1人失联;突发疾病也是山地户外运动致死的重要原因,共发生事故4起,造成4人死亡;此外,暴风雪等极端天气也是造成伤亡的重要原因,共发生由暴风雪或极寒环境导致的事故2起,造成4人死亡。

从事故的相关因素看,迷路最容易引起滑坠或高坠事故;"驴友"亲友结伴、网络招募队友或独自进行的山地户外运动因缺乏经验、准备不足或组织松散容易导致事故。

(四)娱乐项目事故灾难分析

1. 事故灾难概况

娱乐项目事故灾难指游客使用游乐器具造成的事故,包括高速、高空开展的旋转类、滑行类游乐项目。据不完全统计,2017年共发生娱乐项目事故灾难7起,共造成6人死亡、18人受伤。其中高空旋转类游乐设施事故4起,共造成3人死亡、12人受伤;滑行类游乐设施事故2起,造成2人死亡、5人受伤;其他事故1起,造成1人死亡、1人受伤。

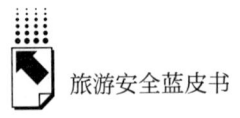

2. 事故灾难特征

上述 7 起娱乐项目事故灾难发生的直接原因主要包括：游客擅自使用娱乐设施、管理人员玩忽职守、安全带突然断裂、游乐设施突发故障、游客身体因素等。管理方面的原因包括安全管理不规范、安全意识淡薄、使用临时搭建的流动性游乐设施等。

（五）低空旅游事故灾难分析

1. 事故灾难概况

低空旅游事故灾难指使用直升机、轻型飞机、旋翼航空器、动力滑翔机、动力伞、三角翼、热气球等航空器材或飞行器进行低空旅游活动而发生的事故灾难。据不完全统计，2017 年共发生低空旅游事故灾难 6 起，共造成 7 人死亡，其中滑翔伞事故 3 起，造成 3 人死亡；动力滑翔机事故 2 起，造成 2 人死亡；水上飞机事故 1 起，造成 2 人死亡、1 人受伤。事故灾难数量与死亡人数较 2016 年分别降低 33.3% 和 61.1%。

2. 事故灾难特征

事故产生的直接原因主要为飞行员操作不当导致坠地、撞树，偏离航线坠水、滑翔伞未打开坠谷等。从间接原因看，作为高风险项目，低空旅游运动爱好者经验不足、缺乏场地及准入条件管理等是主要因素。

（六）酒店安全事故灾难分析

1. 事故灾难概况

2017 年共发生各类酒店安全事故灾难 26 起，致 39 人死亡。其中酒店火灾事故 2 起，致 12 人死亡；游客自杀事故 9 起，致 9 人死亡；电梯井坠落事故 3 起，致 6 人死亡；凶杀事故 3 起，致 3 人死亡；酒后不明原因死亡事故 2 起，致 2 人死亡；突发疾病事故 1 起，致 1 人死亡；触电事故 1 起，致 1 人死亡；其他不明原因事故 5 起，致 5 人死亡。致 10 人死亡的"2·25"南昌酒店火灾事故是继 2011 年吉林通化酒店火灾和 2013 年襄阳酒店火灾后，又一次酒店重大事故灾难。

2.事故灾难特征

从事故特征看，引起酒店火灾的原因包括酒店装修切割材料起火和厨房起火。其他酒店事故灾难的原因包括顾客自杀、浴室漏电、酒后身亡、电梯坠落、顾客突发疾病等。酒店特别是非中低档酒店成为自杀的重要场所，烧炭、服毒、上吊自杀事故快速增多，2017年共发生9起自杀事故。电梯是酒店重要的风险源，易发生安装或维修工人坠井、顾客坠井或电梯箱坠落事故，2017年先后发生3起坠落电梯井事故。

（七）其他涉旅事故灾难分析

其他致游客死亡的事故灾难包括景区内溺水、滑雪事故、突发疾病、动物袭击、景区落石砸伤、突发山洪、刑事纠纷、爆炸、高空坠落等，共发生事故18起，致25人死亡、2人受伤。包括溺水事故4起，致5人死亡；滑雪事故3起，致3人死亡；突发疾病事故3起，致3人死亡；动物袭击事故2起，致2人死亡；景区落石事故1起，致3人死亡、2人受伤；自杀事故2人，致2人死亡；刑事纠纷1起，致1人死亡；爆炸事故1起，致2人死亡；施工现场发生高空坠落事故1起，致4人死亡。

三 涉旅事故灾难管理的主要进展

（一）旅游安全管理机制不断完善，综合监管制度化

2017年是全域旅游深入推进的一年，全域旅游发展理念上升为国家旅游发展战略，成为中央及各级政府工作报告中的重要内容。以旅游局升格为旅游发展委员会为标志，各地强化旅游综合监管职能，推进了旅游交通安全、旅游卫生安全等多部门联合监管的制度化、常态化，成立了旅游巡回法庭，设置了旅游警察等，漂流等高风险项目安全的联合监管得到加强，形成管理制度。

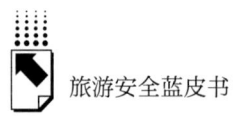

（二）旅游安全监管内容不断细化，重点监管常态化

除了定期开展"安全生活月"和例行的黄金周安全检查活动，在中国旅游日，国家旅游局特别推出专题视频，发出"安全出行文明旅游倡议"，各地将"文明旅游与安全出行"纳入重点工作。继2015年三亚成立中国首支旅游警察队伍，济南、扬州、杭州等地相继成立旅游警察队伍，加强日常巡逻；广州、大同、宁波等地相继开展旅游行业风险点危险源大排查，从根源控制旅游安全风险。针对漂流、登山探险、酒店治安、消防与卫生安全等的监管也更加规范，针对重要时段、重要风险隐患的安全监管常态化机制逐步形成。

（三）旅游安全管理主体不断扩大，旅游安全管理大众化

2016年12月实施的《旅游安全管理办法》明确了政府、行业管理部门、游客、企业的责任，促进了多部门参与的旅游安全管理体制的完善①。以中央电视台为代表的新闻媒体广泛参与文明旅游、安全出行的宣传；普通民众学习旅游安全知识，抵制不安全、不文明旅游行为的自觉性明显增强；保险公司如江泰保险等通过与高校、科研机构合作，研究旅游安全特征，发布安全报告，引导游客安全旅游；行政管理部门如济南旅游发展委员会提出建立"行政监督＋群众监督＋媒体监督"机制，旅游安全管理大众化趋势明显。

四 2018年涉旅事故灾难趋势展望与管理建议

（一）2018年涉旅事故灾难的趋势展望

1. 旅游交通安全事故基数大，自驾、包车旅游是事故灾难多发区

我国机动车保有量大，每年发生事故次数多，造成伤亡损失大。据公安

---

① 《国家旅游局第41号令：旅游安全管理办法》，国家旅游局官方网站，http://www.cnta.gov.cn/zwgk/fgwj/bmfg/201609/t20160929_785054.shtml，2016年9月29日。

部交管局统计,截至2017年年底,全国机动车保有量达3.10亿辆,其中汽车2.17亿辆,机动车驾驶人达3.85亿人;2016年涉及人员伤亡的道路交通事故21.28万起,造成6.3万人死亡,万车死亡率为发达国家2倍。据中国旅游车船协会统计,2016年中国自驾游人数比2015年增长12.8%,达26.4亿人次,占国内出游总人数的59.5%[①]。较之旅行社组织的组团游,自驾游、包车旅游风险更高,仍将是事故多发区。

2. 低空旅游风险高,三角翼、动力伞、热气球等事故灾难进一步增加

截至2017年6月,全国通用航空器已达2776架,包括固定翼1808架、旋翼机903架、飞艇和热气球65架。据通航资源网不完全统计,不包括三角翼、动力伞等项目,2014年国内(不含港澳台地区)发生6起通航事故,致7人死亡;2015年发生12起通航事故,致18人死亡;2016年发生23起通航事故,致26人死亡;2017年发生38起通航事故,致9人死亡。以三角翼、动力伞、热气球等为主要载体的低空旅游项目技术要求高,不可控因素多,风险更大,随着我国通用航空快速发展,2018年安全事故灾难仍会频发。

3. 山地户外运动大众化,自发性野营、骑行等成为事故灾难新增长点

伴随我国全面建设小康社会,山地户外运动作为一项高参与性的健身休闲方式越来越普及。据国家体育总局发布的《山地户外运动产业发展规划》,全国户外运动爱好者已达1.3亿,运动形式从登山探险、攀岩,向溯溪、露营、骑行、定向等多元化发展,参与者从年轻人向不同年龄、阶层、职业的消费人群拓展。由于项目的高风险性和有效供给不足等,山地户外运动一直是涉旅安全事故灾难的高发区,2018年山地户外运动仍将是旅游安全事故灾难第二大类型,其中自发性野营、骑行将成为事故灾难的新增长点。

4. 研学旅行方兴未艾,学生旅游安全需要关注

2016年12月,教育部与国家旅游局联合发布《关于推进中小学生研学旅行的意见》,要求中小学把研学旅行纳入学校教学计划。2017年许多中小

---

① 刘汉奇、吴金梅等,中国社会科学院旅游研究中心:《中国自驾车、旅居车与露营旅游发展报告(2016~2017)》,中国旅游出版社,2017年12月。

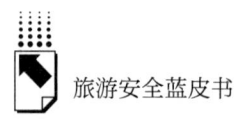

学相继制定研学方案,越来越多高校学生利用节假日或第二课堂参加研学活动,一些专业机构也快速进入研学旅行市场,研学旅行步入快速发展轨道。与此同时,作为一个高速发展的市场,研学旅行的供给与组织仍不够规范,学生探新求异动机更强,但安全防范意识偏弱,研学旅行的安全问题需要特别关注。

(二)2018年涉旅事故灾难的管理建议

1. 加快完善旅游安全联合监管机制,构建特重大涉旅事故灾难防控体系

推动将旅游安全联合监管纳入政府工作计划,完善联合监管机制。针对群体性活动、漂流、探险、游乐、低空旅游等高风险项目,户外运动事故高发区、交通事故高发路段等重点旅游安全隐患,等等,制定常态化工作方案,构建完善的特重大涉旅事故灾难防控体系。

2. 积极应用旅游安全管理新技术,提高旅游安全防控效率

以智慧城市、智慧景区建设为契机,结合智能交通系统,推动以互联网、大数据、人工智能等现代信息技术为基础的旅游安全管理新技术在旅游安全知识教育、旅游安全警示、景区人流引导、流量控制、风险点实时监控、自动预警、自驾车安全服务、旅游车船跟踪监控等环节的应用,提高旅游安全防控效率。

3. 着力推动旅游安全全过程管理,提高旅游安全管理水平

树立旅游安全全过程管理意识,深化旅游安全管理内容,从旅游安全管理能力角度统筹完善旅游安全监管系统,全面提升旅游安全管理水平。构建旅游风险识别和各类旅游隐患防御分析机制,建立旅游风险数据库;从意识、组织、机制、预案、队伍、资源、培训演练等方面提高应急准备水平;构建旅游突发事件监测与预警体系,提升监测与预警能力;完善旅游突发事件应急救援与处置机制,提升应急救援与处置水平。

4. 加强对新兴旅游消费安全研究,积极推进高风险旅游项目安全管理

相对传统的旅游安全,新兴的旅游项目或旅游消费模式,如低空旅游、研学旅行、骑行旅游、共享旅游等,其生产安全管理和消费安全防范仍是薄弱区,部分项目安全管理法制仍不健全、安全管理责任仍不明晰,需要对其安全特征进行分析和研究,明确其管理边界,制定并完善其管理机制。

B.11
2017~2018年中国涉旅公共卫生事件的形势分析与展望

王芳 郁敏超*

摘　要： 2017年，我国涉旅公共卫生安全形势仍然严峻，游客对涉旅公共卫生事件的防范意识较为薄弱。2017年涉旅公共卫生安全形势主要包括：大众旅游持续升温，旅游公共卫生安全管控难度大；国际旅游活动频繁，全球旅游公共卫生安全遭遇严峻挑战；公众旅游安全意识薄弱，个体游客公共卫生事件频发。2018年涉旅公共卫生发展建议包括：继续完善旅游安全政策，优化旅游公共卫生安全监管措施，有效提升个体游客卫生安全教育水平，推动全球旅游公共卫生安全的管理协作，加大新型旅游业态的卫生安全保障力度，推动智慧旅游使其更好地服务于涉旅公共卫生事件的管控。

关键词： 旅游业　公共卫生事件　旅游安全

一　2017年涉旅公共卫生事件的总体形势

本文以"旅游""游客"与公共卫生事件关键词，如"食物中毒""传染病""疫情""登革热""H7N9""突发疾病""猝死""高原反应"

---

* 王芳，华侨大学旅游学院博士研究生，讲师，主要研究方向为旅游规划与景观设计；郁敏超，华侨大学旅游学院硕士研究生。

等进行组合筛选，地毯式搜索各类网络媒体，据统计，截至 2017 年 12 月 31 日，我国涉旅公共卫生事件共发生 116 起，发病人数 440 人，死亡人数 15 人。其中，食物中毒事件发生 12 起，波及 232 名游客，无人死亡；重大传染性疾病疫情事件发生 9 起，确诊案例涉及 111 名游客，无人死亡；其他公共卫生事件发生 95 起，致 97 名游客发病，死亡 15 人；未发生游客群体性不明原因疾病。从事件等级来看，重大（Ⅰ级）事件 2 起，涉及 238 人，无人死亡；较大（Ⅱ级）事件 17 起，涉及 64 人，死亡 15 人；一般（Ⅲ级）事件 97 起，涉及 138 人，无人死亡（见表 1）。

表 1 2017 年涉旅公共卫生事件统计概况

等级\类型	食物中毒事件			重大传染性疾病疫情事件			其他公共卫生事件			合计		
	数量（起）	发病人数（人）	死亡人数（人）	数量（起）	发病人数（人）	死亡人数（人）	数量（起）	发病人数（人）	死亡人数（人）	数量（起）	发病人数（人）	死亡人数（人）
重大	1	137	0	1	101	0	0	0	0	2	238	0
较大	2	49	0	0	0	0	15	15	15	17	64	15
一般	9	46	0	8	10	0	80	82	0	97	138	0
合计	12	232	0	9	111	0	95	97	15	116	440	15

注：港澳台地区除外。

与 2016 年相比，2017 年涉旅公共卫生事件发生数量增加 60 起，同比增长 107.1%；发病人数增加 237 人，同比增长 116.7%；死亡人数增加 4 人，同比增长 36.4%。与 2016 年相比，2017 年事件等级中重大事件从无增至 2 起并涉及 238 名游客；较大事件数量与死亡人数均有上升，虽然发病人数有一定程度的下降；一般事件数量剧增，发病人数也有所增加。2017 年涉旅公共卫生安全总体形势较 2016 年有所恶化，虽然涉旅公共卫生事件并未对旅游企业和旅游目的地造成严重危害与冲击，但事件数量大幅度增加，游客防范意识弱化，公共卫生事件对旅游业以及游客个人生命财产安全仍存在较大威胁。

二 2017年涉旅公共卫生事件的概况与特点

（一）涉旅食物中毒事件

1. 涉旅食物中毒事件概况

与2016年相比，2017年涉旅食物中毒事件数量增加1倍，涉及游客人数增加96.6%，均无人死亡；事件等级中重大事件从无增加至1起并波及137名游客，较大事件数量相同，一般事件数量有所增加，但两类事件发病人数下降，呈稳定状态。2017年涉旅食物中毒事件数量与发病人数分别占全年涉旅公共卫生事件的10.3%与52.7%，略低于2016年。可见，2017年涉旅食物中毒事件虽然在可控范围之内，但重大食品安全隐患时有出现、食物中毒事件时有发生，导致大量游客发病，食品安全问题依然突出。总体来看，2017年涉旅食物中毒事件较2016年有一定的加重趋势。

2. 涉旅食物中毒事件的特点

（1）涉旅食物中毒事件等级有所提升

2017年的涉旅食物中毒事件等级有所提升，发生1起重大事件，137名游客在河南济源某饭店用餐后第二天出现集体食物中毒现象①，而2016年无重大食物中毒事件发生。另外发生了2起较大食物中毒事件，即前往菲律宾宿务的旅游团在资生堂岛用餐后，全团25名游客集体食物中毒②；两个香港旅行团共24名游客游广东惠东期间，进食酒店自助餐后出现食物中毒状况③。此外，一般食物中毒事件发生数量较上年有大幅度增加。值得警惕的是，2017年发生3起由游客误食蘑菇或野菜导致的食物中毒事件，游客

---

① 《河南济源137名游客疑似食物中毒 72人入院救治》，网易新闻，http://news.163.com/17/0803/19/CQUGU29J000187VE.html，2017年8月3日。
② 《在境外旅行途中一行25人集体食物中毒 报名网站商、第三方旅行社、地接 谁来问责？》，知乎，https://www.zhihu.com/question/58147471，2018年1月15日。
③ 《24名香港游客在广东疑食物中毒 3人较严重 已返港治疗》，中国青年网，http://news.youth.cn/sh/201708/t20170816_10526305.htm，2017年8月16日。

个人的自我防范意识薄弱。

（2）涉旅食物中毒事件时空分布差异显著

时间分布上，2017年我国涉旅食物中毒事件较为集中，主要发生在2月、3月、5月和8月，2月发生3起，3月、5月和8月各发生2起，春节和暑假期间事件数量较多，严重程度较高。此外，1月、7月和10月也均有食物中毒事件发生。总体上，食物中毒事件在任何季节都有可能发生，应时刻提高警惕，加强餐饮安全管控。

空间分布上，2017年我国涉旅食物中毒事件遍布于境内外。在境外，菲律宾发生1起较高等级的游客食物中毒事件①，泰国发生1起一般等级的游客食物中毒事件②；而在境内，游客食物中毒事件遍布多地，包括济源、莱州、上饶、深圳、惠东、丽江等。统计数据外，还有1起香港6名游客在澳门一家酒店食用自助餐后食物中毒的事件③。

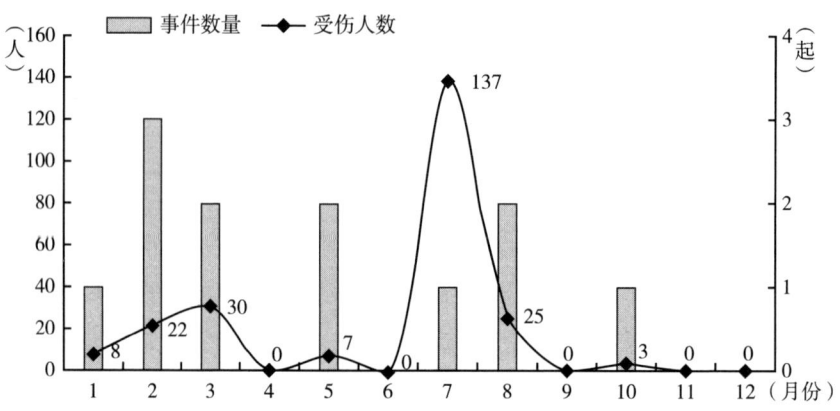

图1　2017年涉旅食物中毒事件时间分布

---

① 《在境外旅行途中一行25人集体食物中毒报名网站商、第三方旅行社、地接谁来问责？》，知乎，https：//www.zhihu.com/question/58147471，2018年1月15日。
② 唐江澎：《长沙游客泰国半夜突发疾病　湘雅医生跨国"急诊"》，华声新闻，http：//hunan.voc.com.cn/article/201702/201702090822429267.html，2017年2月9日。
③ 《香港6名游客在澳门一酒店疑食物中毒3人返港求医》，中国青年网，http：//news.youth.cn/sh/201708/t20170818_10542852.htm，2017年8月18日。

（二）涉旅传染病疫情事件

1. 涉旅传染病疫情事件概况

国家卫生部的统计数据显示，2017年全国（不含港澳台地区）共报告法定传染病7584611例，同比2016年上升1.2%，其中死亡19538人，同比上升9.3%。根据网络媒体不完全统计，2017年共发生9起涉旅传染病疫情事件，占涉旅公共卫生事件总数的7.8%；确诊发病人数111人，占涉旅公共卫生事件发病总人数的25.2%；无人死亡。从事件等级来看，发生1起重大疫情事件。与2016年相比，2017年涉旅传染病疫情事件发生数量增加3起，增幅为50%；确诊发病人数增加将近2倍，涨幅高达177.5%；事件等级也有所提高。可见，2017年传染性疾病疫情仍未得到有效管控，以往较为稳定的登革热疫情在游客中有所发酵并传染扩散开来，诸如病毒再次大肆感染游轮乘客。此外，还出现2例罕见的副溶血弧菌感染性腹泻病例[1]。

2. 涉旅传染病疫情事件的特点

（1）全球传统传染病疫情形势严峻，境外输入性事件有所增多

2017年，我国涉旅传染病疫情多发生于境外或由境外游客传入境内。大湄公河次区域国家的艾滋病、疟疾、登革热和结核病等，中亚国家的中东呼吸综合征、鼠疫、包虫病、肝炎，西亚、非洲国家的脊髓灰质炎、结核病、血吸虫病等的流行和传播，都对中国公共卫生安全造成威胁[2]。东南亚地区登革热肆虐，截至8月15日，越南发现8万多例登革热病例，其中24人死亡[3]；港澳台地区也受到登革热疫情影响，台湾地区1名37岁女性在

---

[1] 崔昊：《厦门一对情侣泰国旅游感染细菌　为福建首种病例》，中国旅游新闻网，http://www.cntour2.com/viewnews/2017/05/06/WLl0FvePmX8JHJgTXlu10.shtml，2017年5月6日。
[2] 《质检总局发布境外疫病警示：涵盖欧美、东南亚等地区》，东方网，http://www.thepaper.cn/newsDetail_forward_1762668，2017年8月14日。
[3] 陈敏娜：《省疾控中心解读杭州最新登革热疫情》，每日商报，http://hzdaily.hangzhou.com.cn/mrsb/2017/09/01/article_detail_3_20170901A446.html，2017年9月1日。

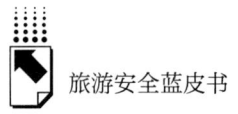

越南旅游时被传染登革热，返台住院7日后身亡①；截至8月底，广州白云国际机场口岸检出41例登革热阳性病例，较上年同期增长了86.36%②；厦门检疫口岸截至6月中旬检出的登革热病例总数就已达到上年的总和③；截至11月2日，马达加斯加报告鼠疫疫情病例1800多例，死亡120余人，有1名中国游客在当地感染鼠疫但有幸被成功救治④；杭州发生1例外出旅游带回活禽后感染H7N9的病例⑤；H5系禽流感病毒也大肆在中国台湾地区与欧洲地区传播。此外，2017年发生1起中国男大学生在泰国旅游按摩时被艾滋患者迷奸事件⑥，性旅游应当引起足够的警惕，尤其是热衷于旅游的青年学生群体。

（2）涉旅传染病疫情事件时间分布跨度较大，空间分布较为集中

2017年涉旅传染病疫情事件时间分布跨度较大，2月和4月各发生2起，1月、3月、7月、9月和11月各发生1起（见图2）。空间分布总体上较为集中，旅游传染病疫情多输入至南部地区，尤其是东南沿海，杭州、厦门、重庆等旅游发达城市疫情较往年有明显加重趋势，一艘长江游轮旅行至重庆途中爆发大规模的诺如感染事件，101人确诊感染⑦。从疫情感染来源地来看，东南亚成为疫情重灾区，马达加斯加发生大规模鼠疫并有我国游客被感染，中国台湾地区禽流感疫情严重，一定程度上影响着游客的健康安全。

---

① 《台湾女子游越南感染登革热 住院7天过世》，华夏经纬网，http://www.huaxia.com/jjtw/dnsh/2017/09/5484323.html，2017年9月26日。
② 《广东输入性登革热病例》，新浪网，http://finance.sina.com.cn/roll/2017－09－11/doc－ifyktzim9714927.shtml，2017年9月11日。
③ 《病例创同期历史新高 厦门登革热输入性风险增加》，网易新闻，http://news.163.com/17/0621/16/CNFHMTCU00018AOQ.html，2017年6月21日。
④ 《一中国公民在马达加斯加疑似感染肺鼠疫，卫计委专家积极救治》，澎湃新闻，http://www.thepaper.cn/newsDetail_forward_1854171，2107年11月7日。
⑤ 《出去旅游带回两只活鸡家里人中招得了H7N9》，网易新闻，http://news.163.com/17/0218/00/CDH1COOD000187VE.html，2017年2月18日。
⑥ 《中国男大学生在泰国旅游 按摩时遭艾滋病携带者迷奸》，观察者，http://www.guancha.cn/Neighbors/2017_05_25_410063_s.shtml，2017年5月25日。
⑦ 李黎：《重庆长江黄金游轮游客疑似食物中毒 事故原因正在调查中》，中国旅游新闻，http://www.cntour2.com/viewnews/2017/04/14/9t49hGFBrzQSdSjiaEW20.shtml，2017年4月14日。

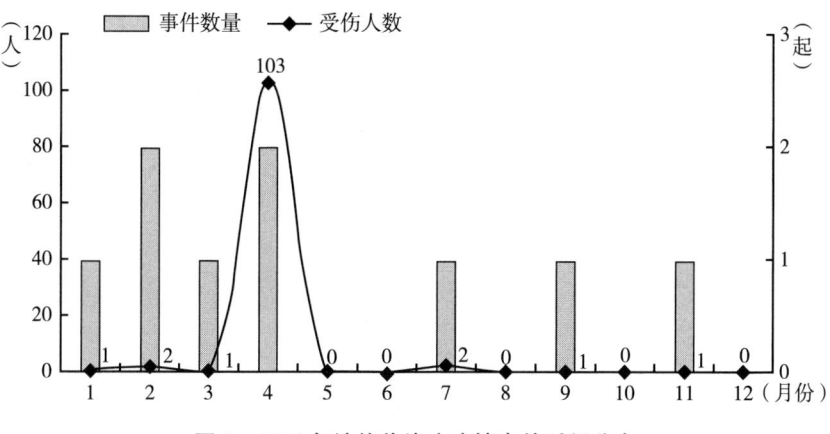

图 2　2017 年涉旅传染病疫情事件时间分布

（三）涉旅其他公共卫生事件

涉旅其他公共卫生事件包括游客猝死、突发疾病、高原反应等严重影响游客身体健康的事件。此类公共卫生事件往往为游客个体事件，事件数量较多，致病致死率较高，预防管控难。统计数据显示，2017 年涉旅其他公共卫生事件共发生 95 起，在全年涉旅公共卫生事件中占比高达 81.9%；发病人数 97 人，占涉旅公共卫生事件总发病人数的 22.0%；死亡人数 15 人，全年涉旅公共卫生事件死亡游客全部受难于此类事件。具体而言，2017 年游客突发疾病事件发生 76 起，发病 78 人，死亡 3 人，同比上年事件数量大幅增长近 2 倍；游客猝死事件发生 10 起，死亡 10 人，同比上年死亡人数增加 4 人；游客高原反应发生 9 起，发病 9 人，死亡 2 人，同比上年有所减少。

表 2　2017 年涉旅其他公共卫生事件统计概况

类型 等级	猝死			突发疾病			高原反应			合计		
	数量（起）	发病人数（人）	死亡人数（人）	数量（起）	发病人数（人）	死亡人数（人）	数量（起）	发病人数（人）	死亡人数（人）	数量（起）	发病人数（人）	死亡人数（人）
重大	0	0	0	0	0	0	0	0	0	0	0	0
较大	10	10	10	3	3	3	2	2	2	15	15	15
一般	0	0	0	73	75	0	7	7	0	80	82	0
合计	10	10	10	76	78	3	9	9	2	95	97	15

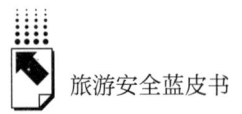

统计显示，突发疾病事件以8月和10月最为多发，分别达16起与13起；突发疾病事件中，女性发病人数稍多，在明确当事人性别的59起事件中，女性发病人数33人；中老年人是突发疾病类事件的高发群体。猝死事件中，以男性游客为主，10例游客猝死事件中就有9名男性遇难者，且多为中年群体。高原反应事件中，5月份为事件高发期，男女游客比例较为均衡，但年龄段跨越了老中幼。总体来看，涉旅其他公共卫生事件数量多，时空分布跨度大，不确定因素多，但仍有规律可循，在春节、"五一"和国庆节等假日旅游高峰期，发病情况会相对比较集中，假日旅游公共安全水平有待进一步提升，监管制度有待完善。

此外，近年来雾霾席卷我国大部分城市，尽管2017年北方供暖地区推行"煤改气"，北方雾霾程度较往年有所减轻，但雾霾仍然影响着当地旅游业良性发展与民众身体健康，"避霾养生游"成为新趋势。我国南方及境外逐步成为游客理想中的"避霾"旅游目的地，由此引起游客数量增加而造成的旅游公共卫生事件也不容忽视。

三 2017年涉旅公共卫生事件安全形势分析

（一）大众旅游持续升温，旅游公共卫生安全管控难度大

2017年中国旅游总人次达到45.3亿，人均出游次数达3.7次，旅游已成为我国人民幸福生活的刚需[①]。大众旅游活动日益频繁，旅游风险也随之增加。2017年我国涉旅公共卫生事件共发生116起，发病人数440人，死亡人数15人，同比2016年分别上升107.1%、116.7%、36.4%，可见旅游公共卫生安全的形势严峻，管控难度也较大。中国旅游改革发展咨询委员会专家委员郑向敏提到，"旅游活动的相关管理单位存在安全监管不到位、风

---

① 《图解：中国旅游闪亮全球旅游经济 旅游人次排名首位》，国家旅游局官方网站，http://www.cnta.gov.cn/xxfb/hydt/201801/t20180123_854510.shtml，2018年1月24日。

险预警不及时、应急救援能力差等情况"。近年来随着旅游人数不断攀升，我国游客在境内外应急救援需求也会大幅增长，涉旅公共卫生事件时有发生，政府部门及相关机构的及时救援显得尤为重要，这对旅游公共卫生安全管控、救援机制与资源配备提出更高要求。

（二）国际旅游活动频繁，全球旅游公共卫生安全遭遇严峻挑战

数据显示，2017年出境旅游人数为1.29亿人次[①]，出境旅游逐渐成为小康民众追求美好生活的需求；泰国成为最受欢迎境外旅游目的地，马来西亚、日本次之[②]。出境旅游持续升温，国际旅游活动频繁，全球公共卫生安全问题突出，我国游客在境外应急救援需求大幅增长，对旅行社及旅行接待部门的应急救援能力与资质的要求也有所提高，硬性救援资源（如救援场所、救援机构等）与软性救援服务（旅游公共卫生安全信息资源、信息服务等）依然紧缺，旅游公共卫生安全形势依然严峻，尤其是境外传染性疾病疫情较为严重。根据统计数据，除H7N9病毒与诺如病毒外，涉旅传染病疫情案例全部为游客在境外旅游后将传染病携带入境被检出，包括鼠疫和登革热等。虽然在2017年11月我国已建成全球最大的传染病疫情和突发公共卫生事件网络直报系统，突发公共卫生事件信息平均报告时间从原来的5天缩短到4小时内，此外，我国还具备在72小时内检测300余种病原体的能力[③]，但国际大环境显示东南亚、西亚、北非、南美甚至澳洲与美国西部都在经历着多种传染病疫情，旅游全球化不断深入的背景下国际旅游公共卫生事件，尤其是游客传染病疫情越发难以管控。

[①] 李金磊：《2017年中国人均出游达3.7次 出境游1.29亿人次》，新浪网，http：//news.sina.com.cn/o/2018-01-08/doc-ifyqinzt0363714.shtml，2018年1月8日。

[②] 郝园园：《2017国民出游数据：有旅客航程相当于飞越月球》，半岛网，http：//news.bandao.cn/news_html/201801/20180104/news_20180104_2795354.shtml，2018年1月4日。

[③] 刘宏宇、王宾：《中国建成全球最大传染病疫情和突发公共卫生事件网络直报系统》，澎湃新闻，http：//www.thepaper.cn/newsDetail_forward_1869083，2017年11月17日。

(三)公众旅游安全意识薄弱,个体游客公共卫生事件频发

当前我国游客自由行越发"常态化",自由行游客往往具有较强的自主性和随意性,当旅游活动频繁时,旅游风险也会增加,个体游客公共卫生事件,尤其是误食有毒蘑菇或野菜、突发疾病、猝死等,也更易发生。根据统计,2017年个体游客公共卫生事件发生99起,占涉旅公共卫生事件总数的85.3%;其中发病人数101人,死亡人数15人,分别占总发病人数和死亡人数的22.9%与100%。个体游客公共卫生事件往往具有很强的不可预测性与致死性,游客出游安全防范意识也存在差异,导致该类事件防不胜防。2017年,东南亚尤其是越南、泰国等热门旅游国家爆发严重的登革热疫情时,国内游客仍然对前往该地区旅游热情高涨;国内H7N9疫情尚未完全稳定,某游客仍在毫无保护措施情况下接触活禽最终感染H7N9病毒致死;2017年发生3起游客误食路边野菜或蘑菇导致食物中毒事件。个体游客亟须增强旅游公共卫生安全防范意识,珍爱生活与生命。

四 2018年涉旅公共卫生安全工作展望

(一)旅游安全政策继续完善,旅游公共卫生安全监管将更加科学合理

2018年,针对可能发生的突发群集性公共卫生事件,政府部门应当以政府购买服务形式寻求专业救援组织的协助;而针对个人化受援需求,则应建立起使多方受益的市场化运营平台,实现政府、商业、个人救援服务的融合。同时,政府部门应出台相关政策要求旅行社及旅行接待机构构建与完善自我应急救援机制,并提高对其救援资质的要求,淘汰不达标企业,以达到良好的管控效果。此外,旅游保险也可以弥补与减轻突发公共卫生事件造成的财产损失,除针对游客的多种保险外,旅行社责任险也起到降低旅游企业的风险、减轻旅游企业的负担的作用,有效保障游客的安全权益,同时也为旅游监管部门处理旅游安全纠纷提供保障机制。

（二）旅游活动普遍大众化，个体游客公共卫生安全宣传教育水平亟须有效提升

2018年，应有计划地增强游客公共卫生安全防范意识，如登机前签订旅游公共卫生安全须知，并告知游客应承担的后果，加强游客尤其个体游客防范风险的意识；应进一步推广与普及大众公共卫生宣传教育，可通过新兴网络自媒体，如微博、微信公众号等平台普及旅游公共卫生常识，不间断发布旅游目的地相关传染病疫情信息，多方位提醒游客、旅游企业及相关管理部门防范与应对突发公共卫生事件，促使旅游公共卫生安全宣传教育常态化，降低突发公共卫生事件发生概率；应开展自救、互救与他救的"三救"知识预警演习，提高游客应对突发公共卫生事件的能力；此外，游客也应正确认识自身健康状况，避免长时间进行超出身体承受范围的旅游活动，如登山、潜水、骑行等，以免突发意外造成无法挽回的损失。

（三）国际旅游日益常态化，全球旅游公共卫生安全管控有待深度协作

我国出境旅游人数经历爆发式增长后，2017年保持稳中有升的增长态势，国人出境旅游目的地越趋多样化，而传统传染性疾病疫情并未得到有效遏制，传染病疫情的爆发已对我国出境旅游市场产生较大的影响。2018年，各国之间应加快合作研制出传染性疾病的有效疫苗，加强知识信息、科学技术和物资设备等资源的合作共享，建设旅游业公共卫生安全体系，合力防范公共卫生事件尤其是传染病疫情事件，为建设健康公共卫生环境不懈努力，以促进国际多层次旅游交流格局形成，促使涉旅公共卫生跨国跨境跨区域多部门深度协作。

（四）旅游新业态日趋主流化，新型旅游公共卫生安全保障力度亟待加大

近年来，旅游新业态不断涌现并趋于主流，新型旅游公共卫生安全保障

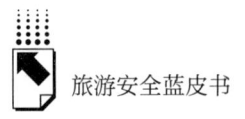

体系仍处于探索阶段。2017年，游轮成为旅游公共卫生事件多发场所，无论是诺如病毒大规模感染还是游客个人突发疾病，游轮公共卫生安全保障亟待加强。除游轮旅游不断兴起并逐渐成为一种主流旅游形式外，不断涌现的旅游新业态还包括背包旅游、义工旅游、养生旅游、医疗旅游、避霾旅游等，然而旅游新业态公共卫生安全保障体系建立仍滞后于实践。2018年，针对新型旅游业态，政府相关部门应与旅游企业通力合作，配备相应的应急救援部门，配套相应的救援硬件设备与软件服务资源等，使得资源配置逐步到位，逐步实现与完善旅游公共卫生安全信息互通共享。同时建立起有效的商业救援机构、民间救援机构、旅行社及旅行接待机构共同救援机制，建立新型旅游公共卫生安全保障体系，从而提供更有针对性的防范与管控措施，避免新型公共卫生安全危机出现。

（五）智慧旅游快速推进，涉旅公共卫生事件安全管控将更加便捷高效

"互联网+旅游"的创新模式为智慧旅游提供了许多技术与管理模式创新，快速推进智慧旅游发展。2018年，共享经济愈加深入各行各业，借助智慧旅游平台，旅游与互联网深度融合，推动旅游公共卫生安全资源共享体系的建立，通过网络信息平台实现境内与境外资源实时共享、政府救援部门与民间援助机构资源实时共享、团队与个体救援资源实时共享。同时，应加快建设旅游公共卫生安全的预防预警与应急救援机制，不断提高突发事件信息汇报速度以及公共卫生安全应急能力，使得旅游公共卫生事件安全管控更加便捷化与高效化。

B.12
2017~2018年中国涉旅社会安全事件的形势分析与展望

张慧 殷杰 张荣藤*

摘 要： 本文采用案例分析法，对比我国近8年的涉旅社会安全事件发展情况，总结出2017年我国涉旅社会安全事件发展形势：安全事件逐步增多，形势不容乐观；安全事件类型多样，覆盖地域广泛；安全事件传播迅速，关注度与日俱增；管理权责仍不明晰，管控有待加强。2017年我国涉旅社会安全事件具有明显的时空分布规律。另外，人员、设施设备、环境和管理等因素是诱发涉旅社会安全事件的主要因素。本文结合2017年涉旅社会安全事件的发展态势和规律，提出2018年涉旅社会安全事件的发展趋势，并针对涉旅社会安全事件的特点、发展趋势等，提出涉旅社会安全事件的管理建议：提升预防预备能力、强化预警机制建设、打造综合治理体系。

关键词： 涉旅社会安全事件 旅游安全 形势分析 管理建议

旅游业产业链长，涉及行业部门众多，已成为全球最易受到风险侵袭的行业。旅游发展与风险交织，安全事件时有发生，旅游突发事件威胁着旅游业的健康发展[1]。其中，涉旅社会安全事件是旅游突发事件的一种常见类

---

* 张慧，华侨大学旅游学院副教授，研究方向为旅游企业管理与旅游产业发展；殷杰，华侨大学旅游学院博士研究生；张荣藤，华侨大学旅游学院硕士研究生。
[1] 谢朝武、张俊：《我国旅游突发事件伤亡规模空间特征及其影响因素》，《旅游学刊》2015年第1期。

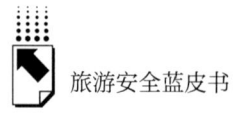

型，会严重影响旅游业的发展。

社会安全事件是指由人为因素造成的，且会对社会秩序产生严重影响的突发事件[1][2]，主要包括群体性事件、恐怖袭击事件、涉外突发事件、经济安全事件等[3]。涉旅社会安全事件指在一定区域和空间范围内，人为引起和造成的，且会对社会秩序和旅游业发展造成严重负面影响的突发事件，诸如针对游客的刑事犯罪事件和恐怖袭击事件[4]。此外，自然灾害、事故灾难、公共卫生事件发生后，若未及时有效应对，也会演变为社会安全事件。由于涉旅社会安全事件会对旅游业发展产生严重的负面影响，全面分析涉旅社会安全事件的总体形势，探究其发生的时空特征与规律，识别诱发涉旅社会安全事件的因素，研判其发展趋势，有助于有针对性地提出管理建议，保障旅游业的健康发展。

一 涉旅社会安全事件的总体形势

旅游安全研究难点在于无法调研足够数量的事故亲历者，也无法采用传统问卷来全面模拟安全事故的发生[5]，而利用案例进行安全研究成为一种可行的方法[6]。此外，网络资源作为学术研究的数据来源，目前已大量应用于旅游研究[7]。随着网络技术的发展与自媒体的革新，大部分典型事件均会在网络上传播、反馈，这也为搜集涉旅社会安全事件提供了方便。

---

[1] 周定平：《关于社会安全事件认定的几点思考》，《中国人民公安大学学报》（社会科学版）2008年第5期。
[2] 朱正威、胡永涛、郭雪松：《基于尖点突变模型的社会安全事件发生机理分析》，《西安交通大学学报》（社会科学版）2011年第3期。
[3] 姚兵：《社会安全事件预防研究》，《理论月刊》2013年第11期。
[4] 国家旅游局：《旅游安全知识总论》，中国旅游出版社，2011。
[5] 谢朝武：《我国酒店业盗窃案件的发生特征及其管理体系研究》，《华侨大学学报》（哲学社会科学版）2010年第3期。
[6] 胡晓娟、吴超：《人的安全心理特性研究方法的综述研究》，《中国安全科学学报》2009年第7期。
[7] 于海波：《网络话题作为定性数据来源的研究方法探讨——以旅游动机研究为例》，《旅游科学》2011年第1期。

本文选择百度新闻（http：//news.baidu.com/）作为样本选择工具。百度新闻是由最大的中文搜索引擎——百度网创建的中文新闻搜索平台，也是目前世界上最大的中文新闻搜索平台。此外，已有诸多研究者利用百度新闻进行科学研究。因此，本文通过百度新闻的高级搜索功能，将案例发生的时间限定为2017年1月1日～12月31日。据不完全统计，2017年我国共发生120起涉旅社会安全事件，主要包括人身安全、财产安全、盗窃、打架斗殴、抢劫、网络非法言论等事件。事件共涉及26个省级行政单位，发生地域广泛，给旅游业的健康发展带来了巨大的负面影响。本文对近8年我国涉旅社会安全事件进行对比分析，分析结果如图1所示。

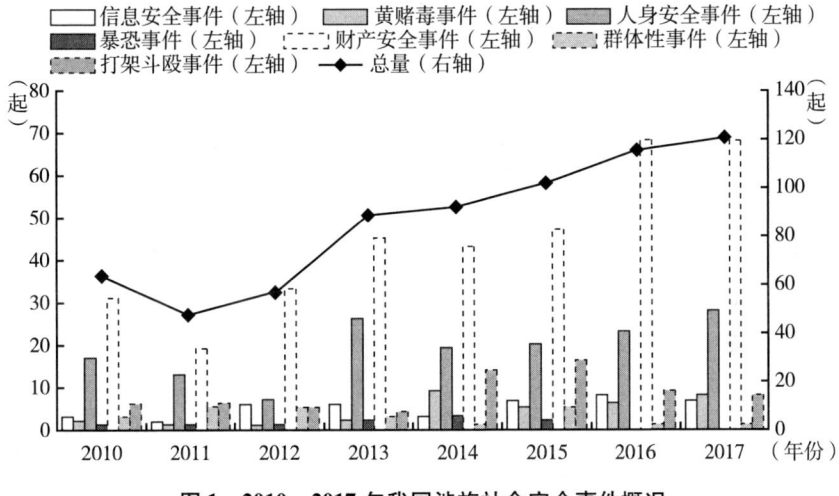

图1　2010～2017年我国涉旅社会安全事件概况

（一）安全事件逐渐增多，形势不容乐观

根据近8年我国涉旅社会安全事件情况来看，2012年以后，事件数量呈逐年增长的趋势。2017年发生的涉旅社会安全事件是近8年最多的。总体来看，涉旅社会安全事件呈增多的态势。此外，近8年的涉旅社会安全事件均涉及至少25个省级行政单位，呈现大范围发生的格局。目前旅游正朝大众化、常态化方向发展，出游人数与日俱增。各旅游目的地面对多类型的

涉旅社会安全事件。各地在涉旅社会安全事件的管理方面将会面临较大的挑战。此外，风险社会环境下，风险结构复杂，风险来源多样，这都增加了涉旅社会安全事件的管理难度。因此，涉旅社会安全事件呈逐步增多态势，各级旅游行政管理部门面临较为严峻的涉旅社会安全事件管理形势。

（二）安全事件类型多样，覆盖地域广泛

近年来，涉旅社会安全事件以盗窃、抢劫、财产安全事件、黄赌毒、网络非法言论、群体性事件、恐怖袭击等为主。此外，2017年涉旅社会安全事件的发生涉及26个省级行政单位，发生地域广泛。从涉旅社会安全事件的发生类型与发生区域来看，事件突发、类型多样、区域广泛、后果严重已成为涉旅社会安全事件的明显特征。由于涉旅社会安全事件具有独特的发生机制，很难对其进行预防、监测与预警，事件发生后也很难快速反应。由此可见，涉旅社会安全事件的防控工作仍需加强。

（三）安全事件迅速传播，关注度与日俱增

《中华人民共和国突发事件应对法》将社会安全事件分为特别重大、重大、较大和一般四个等级。2017年发生一起重大事故——"2.25"江西南昌酒店火灾事故，给旅游业健康发展造成了严重的负面影响，社会对涉旅社会安全事件的关注度与日俱增。此外，通过网络传播，典型的涉旅社会安全事件会产生"网络发酵"效应，倍增其社会关注度。2017年1月23日，微博昵称"琳哒是我"的微博用户发博称"丽江打人事件天理难容"，描述了其本人在丽江被抢劫、毁容的经过，引发舆论场强势围观，网民持续热议，谴责打人者的暴行和丽江警方的不作为。由于社会媒体迅速传播，事件被广泛关注，社会关注度与日俱增。如何有效利用网络舆情工具，强化舆论导向，实现对涉旅社会安全事件的有效管控和预防，已成为亟待解决的重要问题。

（四）管理权责仍不明确，责任有待明晰

根据《中华人民共和国旅游法》的相关规定，县级以上人民政府应当

将旅游应急管理纳入政府应急管理体系，根据实际情况编制应急预案，构建旅游安全事件应对机制。《中华人民共和国旅游法》并未明确规定旅游突发事件应对的主管部门，也没有明确指出相应的领导机构，这一定程度上造成了管理权责仍不明确的问题。目前，各级地方政府在涉旅社会安全事件的管理权责上仍有待明晰。基于此，涉旅突发事件应急体制、机制建设应以加强统一协调管理、精简机构和提高效率为原则，构建以文化和旅游部门为依托的涉旅社会安全事件综合应急小组，融合应急、交通、消防、公安、武警、地质、水文等涉旅部门，形成涉旅社会安全事件管理的圈套结构。

二 涉旅社会安全事件的特征分析

根据本文通过百度新闻的搜索，剔除重复、不完整的报道，2017年我国共发生涉旅社会安全事件120起。本文对案例进行逐一分解、编码，从时间、空间两个维度来探究涉旅社会安全事件的基本特征。

（一）时间分布特征

本文从月份、季度、发生时段、发生时点四个方面分析涉旅社会安全事件的时间分布特征，对案例进行逐一分解，借助描述性统计和聚类分析方法对其进行分析，具体结果如图2所示，分析发现如下。

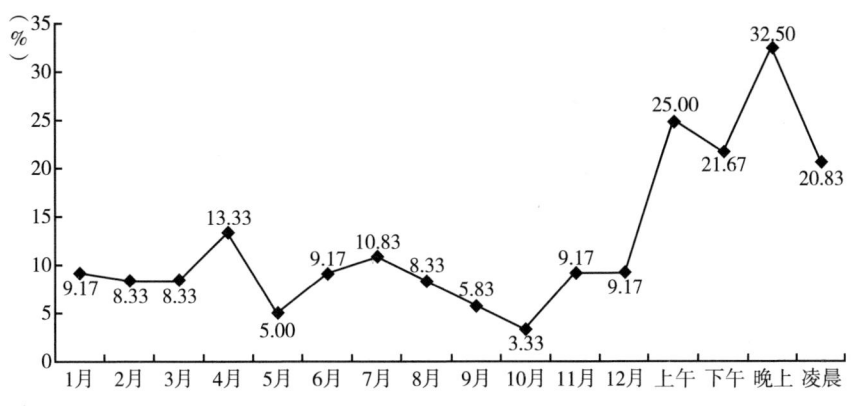

图2　2017年涉旅社会安全事件时间分布

（1）从涉旅社会安全事件的月份分布特征来看，4月和7月是涉旅社会安全事件发生的峰值月份，表明这两个月份属于涉旅社会安全事件的多发期。其中，4月发生涉旅社会安全事件最多，占比达13.33%。4～10月涉旅社会安全事件发生比例高达55.82%，这说明旅游旺季容易发生涉旅社会安全事件。值得注意的是，5月（"五一"小长假）、10月（"十一"黄金周）涉旅社会安全事件占比并不高。这可能与各级管理部门对节日、假日旅游安全工作的反复强调、节前安全检查有关。本文进一步采用聚类分析对涉旅社会安全事件的月份分布特征进行分析。本文在进行聚类分析时将聚类数设定为3。快速聚类结果显示，第一类仅包含4月，第二类包含6月和7月，其他月份属于第三类，这说明4月是涉旅社会安全事件的高发期，6月和7月是次高发期，主管部门应重点加强高发期的涉旅社会安全事件管理。聚类分析的ANOVA检验结果显示F值为38.388，Sig值小于0.05，通过统计显著性检验。

（2）从涉旅社会安全事件的季度分布来看，四个季度事件发生比例分别为25.83%、27.5%、24.99%和21.67%。由此可见，第一季度、第二季度的事件发生率略高于其他两个季度。因此，在这两个季度需要加强涉旅社会安全事件的预防与应对。

（3）从涉旅社会安全事件的发生时段来看，晚上（18～24时）发生安全事件的比例明显高于其他三个时段，其占比达32.50%。这可能是因为经过上午和下午长时间的营运后，员工安全意识较为薄弱，风险识别与察觉能力有所下降。因此，需要在晚上时段强化员工、游客安全意识，加强安全事件的管控和预防。

（4）从涉旅社会安全事件的发生时点来看，根据对能够明确事件发生时点的73起案例的分析发现，发生在凌晨3时（3∶00～3∶59）的涉旅社会安全事件比例最高，达10.96%。这主要是因为凌晨3时，人员安全意识薄弱，风险隐患大，容易引发涉旅社会安全事件。

（二）空间分布特征

本文从发生区域、发生省域以及发生的要素环节对搜集到的涉旅社会安全事故进行空间统计分析,统计研究发现如下。

(1) 对涉旅社会安全事件的区域分布进行统计,结果如图3所示。从涉旅社会安全事件发生的地区来看,华东地区涉旅社会安全事件数量明显高于其他区域。此外,华南、西南地区也成为涉旅社会安全事件发生的"重灾区"。这三大区域的涉旅社会安全事件发生数占总数的75%,已成为涉旅社会安全事件的高发区域。本文采用聚类分析对涉旅社会安全事件的空间分布情况进行进一步分析,并将聚类数设定为2。快速聚类结果显示,华东、华南和西南地区被单独归为一类,其余地区被聚为一类,这表明华东、华南和西南地区已成为涉旅社会安全事件的高发区。区域分布的聚类分析的ANOVA结果显示F值为23.712,Sig值小于0.05,通过统计显著性检验。此外,与上一年度涉旅社会安全事件的发生区域对比来看,高发区有扩大之趋势。

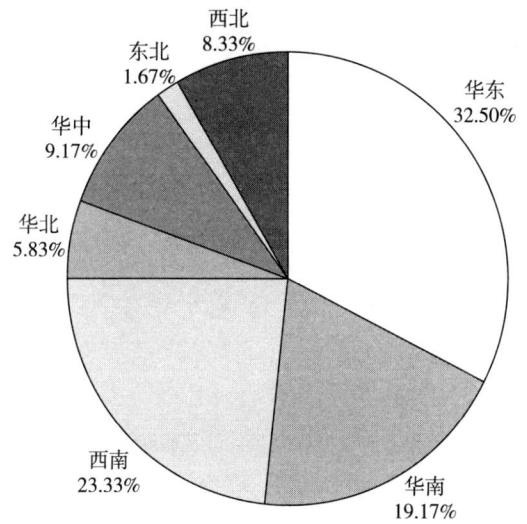

图3　2017年涉旅社会安全事件区域分布

(2) 从省域分布来看,涉旅社会安全事件的发生省域呈现分散性特征,共涉及26个省级行政单位。其中,12起涉旅社会安全事件发生在广东省,9起事件发生在海南省,广西、陕西、云南和浙江各发生8起事件。与2016年涉旅社会安全事件的省域分布对比发现,2017年涉旅社会安全事件的省域分布呈现明显的"南移"趋势，高发省份不再只集中在东部地区，而向华南、西南扩散。

（3）从涉及的要素环节来看，涉旅社会安全事件分布涉及多个旅游要素环节，但事件发生主要集中在"住"和"游"环节，分布情况如图4所示。

由图4可知，涉旅社会安全事件发生在住宿环节的比例高达59.17%。这主要是因为酒店是盗窃、火灾等安全事故的高风险地域。此外，游览环节也较易发生涉旅社会安全事件。这主要是因为当处于游览环节时，游客往往处于陌生环境，更易遭受风险侵袭。

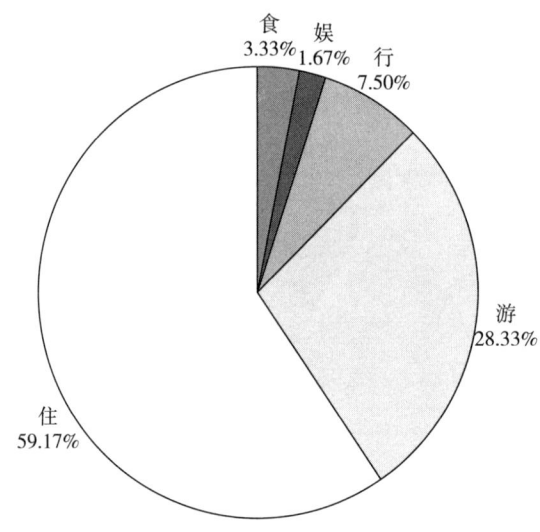

图4 2017年涉旅社会安全事件涉及旅游要素环节分布

三 涉旅社会安全事件的引致因素分析

涉旅社会安全事件呈现出鲜明的时空分布规律，其事件类型复杂多样，总体形势不容乐观。强化应急管理，需要充分挖掘涉旅社会安全事件的引致因素。基于此，本文对120起事件进行逐一分析，对诱发因素进行逐步提炼、归纳，认为涉旅社会安全事件的引致因素主要包括以下几方面。

（一）人员因素

涉旅社会安全事件的发生离不开人员因素的影响。本文认为人员因素主要包括游客因素、旅游从业人员因素等。

1. 游客因素

由游客因素引发的涉旅社会安全事件主要表现在两方面。

首先，游客外出旅游往往是放松心情，寻找愉悦享受，主要精力都集中在风景观光上，而风险意识不强，风险认知水平不高。旅游活动是一种异地性活动，对于游客而言身处陌生的环境，风险认知存在不到位的情况。其次，人员因素还包括游客故意从事涉旅违法犯罪活动。在旅游过程中，游客在外界因素的刺激下，可能会对其他游客产生犯罪意图，如盗窃财物等，导致涉旅社会安全事件的发生。如 2017 年 11 月 21 日，三亚某男子入住酒店盗窃相邻客房财物①。

2. 旅游从业人员因素

涉旅社会安全事件也可能是由旅游从业人员因素诱发的，主要表现在以下两个方面。

一是从业人员疏忽大意。许多旅游企业从业人员自身素质不高，安全知识、技能欠缺，旅游风险意识淡薄，安全管理存在漏洞。如旅游从业人员缺乏安全培训，安全技能与安全意识欠缺，忽视日常安全操作管理，无法逐一落实岗位安全责任，最终导致事故发生。2017 年 9 月，上海警方抓获一名多次盗窃酒店财物的男子，经审讯，该男子盗窃的原因在于太容易下手②。

二是旅游从业人员故意为之。部分员工对旅游企业环境较为熟悉，

---

① 孙学新、罗佳、熊鹰：《男子入住星级酒店后囊中羞涩　心生歹念盗窃相邻客房财物》，南海网，http://www.hinews.cn/news/system/2017/11/27/031335529.shtml，2017 年 11 月 27 日。

② 毛鸿仁：《频繁盗窃高档宾馆、商务场所　嫌疑人称：只因下手太容易》，看看新闻，http://www.kankanews.com/a/2017-11-28/0038242621.shtml，2017 年 11 月 28 日。

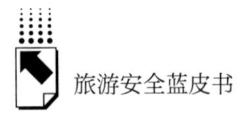

甚至利用职务之便从事涉旅违法操作，侵害游客财产。谢朝武通过研究酒店业盗窃事件发现与酒店员工相关的盗窃事件比例达26.8%①。2017年8月，谭某利用对酒店的熟悉在离职后大肆盗窃酒店财物，将酒店"搬空"②；2017年6月，王某利用应聘酒店服务人员之机与职务之便，大肆盗窃③。

（二）设施设备因素

设施设备的正常运行是各旅游活动项目运营和开展的重要基础和前提。设施设备一旦出现问题，极易对游客安全、旅游企业发展造成严重的影响。此外，一些旅游活动的支持性设备也可能成为潜在的风险源，如缆车、电梯、电线电缆等设备。如2017年4月12日，江西井冈山景区索道突发故障，导致5名游客受伤④；2017年12月10日，一名山东消费者在酒店房间内洗漱时洗手台坍塌，导致该名消费者受伤⑤。同时，随着旅游活动的常态化和大众化，出游人数大增，设施设备需要为更多游客服务，这容易使设施设备处于高负荷运作状态，带来巨大的安全隐患。此外，一些旅游活动开展的辅助性设施设备同样存在隐患。如2017年4月15日，江西井冈山景区一处木板桥发生塌陷，造成十余名游客受伤⑥。

---

① 谢朝武：《我国酒店业盗窃案件的发生特征及其管理体系研究》，《华侨大学学报》（哲学社会科学版）2010年第3期。
② 陈俊：《前员工欠赌债叫搬家公司来偷空酒店　涉案20余万》，腾讯网，http://hb.qq.com/a/20171002/010524.htm#p=1，2017年10月2日。
③ 华炜：《小伙热衷应聘酒店干一天就走人》，钱江晚报，http://qjwb.zjol.com.cn/html/2017-07/05/content_3541630.htm?div=-1，2017年7月5日。
④ 程迪、陈子夏、杨荣荣：《井冈山景区索道因故障停运使5人受伤　滞留游客正被疏散》，搜狐网，http://www.sohu.com/a/147916676_157267，2017年6月11日。
⑤ 姚永忠：《客人在星级酒店用面盆洗脚　面盆突然垮塌脚跟受伤》，杭州网，http://news.hangzhou.com.cn/shxw/content/2017-12/29/content_6760433.htm，2017年12月29日。
⑥ 王煜：《江西井冈山景区木板桥塌陷致十余人受伤》，新京报网，http://www.bjnews.com.cn/news/2017/04/15/440055.html，2017年4月15日。

（三）环境因素

环境因素主要包括周边交通状况、周边社会状态以及周边建筑情况等。如2017年5月，红碱淖景区一名游客驾驶沙地六轮摩托车冲进景观走廊，导致两名游客受伤[①]。

（四）管理因素

引发涉旅社会安全事件的管理因素主要包括基层微观管理和上层宏观管理两个方面。目前，涉旅社会安全事件的管理层面仍存在较多缺陷。

第一，就基层微观管理而言，旅游企业风险认知不足，风险意识不强，在风险的预防预备、监测预警方面都存在一定缺陷。同时，基层微观管理在现场的游客管理工作不到位，甚至存在无序管理或者管理缺失的情况。热门景区的游客"井喷"超过景区容量，景区往往应对不及，现场管理不善。2017年2月，黄果树景区对贵州、广西两省游客实行免票政策，两地游客蜂拥而至形成拥堵，甚至出现大量游客哄抢观光车的局面[②]。

第二，就上位管理部门而言，旅游管理部门管控有待进一步加强。发生突发事件后，地方政府往往是仓促赶到现场就地指挥或临时成立应急工作小组，往往依托个人经验和群体经验进行应急决策，这无法使信息和资源整合在短时间内实现最优化。党的十九大报告提出"打造共建共治共享的社会治理格局"、"加强社会治理制度建设，完善党委领导、政府负责、社会协同、公众参与、法治保障的社会治理体制"。因此，各部门应重点考虑如何打造共建共治共享的涉旅社会安全事件治理格局，提高涉旅社会安全事件处置效率。

---

① 陈蓓：《红碱淖景区游客驾驶摩托冲进景观走廊致两人受伤》，腾讯网，http://xian.qq.com/a/20170503/016892.htm，2017年5月3日。
② 陈问菩：《黄果树免票 好事咋变烦心事》，贵阳晚报，http://wb.gywb.cn/epaper/gywb/html/2017-02/15/content_4942.htm，2017年2月15日。

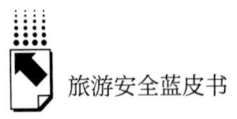

四 2018年涉旅社会安全事件的趋势展望与管理建议

（一）2018年涉旅社会安全事件的趋势展望

1. 事件传播网络化

由于互联网技术与自媒体技术的发展，具有一定社会影响的涉旅社会安全事件都会通过网络进行传播、反馈和发酵。2015年青岛天价大虾事件、2016年和颐酒店女子遇袭事件、2017年丽江打人事件等涉旅社会安全事件通过微博、微信引发社会关注。2018年，大部分涉旅社会安全事件将会在微博、微信等平台上传播，因此，涉旅社会安全事件的网络舆情管理也将成为今后的管理重点。

2. 参与主体多元化

由于微博、微信、微信公众平台的发展，民众的话语权越发明晰。有效发挥非政府组织和公民参与的作用，通过"政府与公民关系平等化"，筑起预防和遏制社会安全事件的"铜墙铁壁"[1]。此外也需要公众积极参与，借助各类媒体与信息渠道，加强民意表达，解放公众的话语权，强化公众参与的涉旅社会安全事件应急处置机制。

3. 安全管理法制化

应急法制建设是社会安全事件的应急基础，涉旅社会安全事件的应急处置同样需要完善应急法制建设。近年来，随着《中华人民共和国旅游法》《中华人民共和国反恐怖主义法》《旅游安全管理办法》的推行和贯彻，旅游安全法制建设会逐渐趋于完善。2018年，我国将进一步完善涉旅社会安全事件的安全防控法制建设。相关旅游企业也应借助应急法制建设完善之

---

[1] 杨海坤、马迅：《总体国家安全观下的应急法治新视野——以社会安全事件为视角》，《行政法学研究》2014年第4期。

机，完善企业的应急预案、应急管理体系，强化提升涉旅社会安全事件应急能力。

（二）管理建议

1. 提升预防预备能力

社会安全事件的应急管理也必须高度重视预防工作[①]。涉旅社会安全事件的安全治理重点之一是要高度重视预防工作。一是各相关单位加强应急预案编制工作。旅游管理部门需要建立事件应急预案，督促企业完善其预案编制。二是加强应急能力建设。由旅游管理部门牵头培训、演练，提升各企业面对事件的应急能力。三是加快推进风险转移工作、落实风险防范措施，加强事件发生后对游客、旅游企业的安全保障。

2. 强化预警机制建设

涉旅社会安全事件风险监测的重点在于对即将发生，并可能造成危害的涉旅社会安全事件风险进行信息搜集和分析，安全预警的重点在于将风险信息快速传播，做好防范准备。一是完善全域旅游风险监测体系。明确全域风险监测内容，建立风险智慧监测平台。二是规范涉旅社会安全事件风险预警工作。要完善全域旅游风险预警结构，构建关键区域与重要节点的风险预警体系，并建立风险预警信息反馈机制。

3. 打造综合治理体系

对涉旅社会安全事件来说，需要打造共建共治共享的涉旅社会安全事件治理体系。根据《中华人民共和国旅游法》中的相关规定，以县级人民政府为单位，整合资源，设立大旅游安全管理与服务协调办公室，负责涉旅社会安全风险信息研判及预案启动，协调各职能部门开展安全治理工作。此外，加强涉旅社会安全信息平台搭建，整合公共应急平台，如110、120、12315、119、旅游投诉热线等平台，建立旅游投诉机制，加强游客投诉意见管理；构建风险监测机制，强化游客风险信息收集，及时发布安全预警，落实预警成效。

---

① 姚兵：《社会安全事件预防研究》，《理论月刊》2013年第11期。

·安全管理篇·

B.13
2017~2018年中国旅游安全行政管理工作分析与展望*

谢朝武 张江驰**

摘　要： 本文对2017年全国各级旅游行政管理部门的旅游安全管理工作进行了系统梳理和回顾，并对2018年我国旅游安全行政管理工作进行了分析和展望。2017年，我国各级旅游行政管理部门积极推动规范指导、监督检查、风险警示、通报批评、安全培训、突发事件处置等常规工作。其中，我国有序开展全域旅游安全工作，持续推进安全标准化建设，旅游安全宣传教育广泛开展。2018年，各级旅游行政管理部门应积极打造共建共治共享的旅游安全治理格局，建立健全地区旅游风险评估管理制度，加强中国与境外国家及地区间的旅游安全合作，并进一步加大对旅游企业经营的监督检查力度，完善旅游安全工作的信息化建设。

关键词： 旅游安全　行政管理　工作总结与展望　2017~2018年

---

* 基金项目：福建社科重点项目"'一带一路'战略下中国出境旅游安全风险的形成机制及治理研究"（FJ2016A013）。
** 谢朝武，华侨大学旅游学院副院长、教授、博士生导师，研究方向为旅游安全与风险管理；张江驰，华侨大学旅游学院研究生。

2017~2018年中国旅游安全行政管理工作分析与展望

旅游安全行政管理工作是指全国各级旅游行政管理部门在当地政府的领导指挥下，指导、督促和检查本地区旅游企业的经营行为以及保障游客人身、财产安全等的行政治理、协调和服务工作。本文以全国各省（自治区、直辖市）旅游行政管理部门的官网作为信息来源，对2017年全国各省（自治区、直辖市）旅游行政管理部门的旅游安全行政管理工作进行了全面梳理和分析，并针对2018年的发展形势提出了管理建议。

一 2017年中国旅游安全行政管理工作的总体形势

2017年，我国旅游行政管理系统全面推动旅游安全领域的行政管理工作，系统开展全域旅游安全工作，各级旅游行政管理部门的市场监管工作常态化开展。全年，全国各省、区、市相继开展了旅游市场秩序的整顿行动，严厉打击非法经营、"不合理低价游"、虚假宣传、滥收保证金等违法违规市场行为，并对重点项目深入开展专项整治行动。国家旅游局和全国各地区旅游行政管理部门加大了对旅游安全生产标准化建设的推进力度。其中，国家旅游局发布了关于民宿、旅行社、温泉旅游企业、景区、在线旅游企业等旅游行业的安全生产制度和操作规范，有效地提高了旅游行业的安全生产能力。各地区旅游管理部门也积极响应国家旅游局的政策和指示，将标准化的安全生产制度建设作为工作重点加以推进。同时，旅游安全宣传和教育培训活动得到广泛开展，大部分省份旅游管理部门都组织了形式多样的旅游安全应急培训班。

二 2017年国家旅游局与相关部委的旅游安全行政管理工作

（一）旅游安全法制建设与规范指导工作

2017年，为了进一步规范旅游市场秩序，提升旅游服务质量，国家

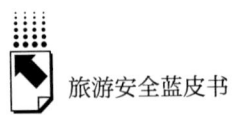

旅游局制定了《国家旅游局2017年政务公开工作要点及任务分工》《旅游经营者处理投诉规范》《"十三五"全国旅游公共服务规划》《旅游温泉水质卫生》等一系列任务规划及行业规范，确保旅游业的安全稳定发展。2月，国家旅游局发布了《关于切实做好全国"两会"期间旅游安全与应急工作的通知》，督促各地做好"两会"期间的旅游安全应急工作。3月14日，国家旅游局联合住房城乡建设部、公安部等部门共同颁发了《农家乐（民宿）建筑防火导则（试行）》，以推进民宿业的健康有序发展。9月，国家旅游局发布了《国家旅游局关于规范旅行社经营行为维护游客合法权益的通知》，以严厉打击预付卡、收取保证金等违规经营行为。12月，国家旅游局针对《导游管理办法》发布了解读文件，对制定此办法的背景和目的、此办法的便民措施及相关规定等进行了详细阐述；同月，国家旅游局批准了《景区游客高峰时段应对规范》《旅行社在线经营与服务规范》《温泉旅游企业星级划分与评定》《温泉旅游泉质等级划分》等行业标准。

（二）旅游安全监督检查工作

强化旅游安全监督检查有利于及时发现安全隐患，切实解决安全问题，具有保障性、协调性、服务性和监督性等特征。自2017年1月起，国家旅游局在全国范围内开展了旅游企业专项整治活动，接连取消辽宁营口港丰大酒店、广东东莞柏宁酒店、青海银龙酒店等多家五星级旅游饭店资格，多家旅行社被取消出境游业务或注销旅行社旅游业务。2月，国家旅游局深入开展旅游安全检查与监管；同月，国家旅游局组织开展全国范围内的旅游市场秩序整治工作，通过突击检查、集中整治、强化办案等形式集中开展旅游市场的整治行动，推动各地建设完善的"1+3"旅游市场综合机制，大力培育文明旅游风尚。6月，国家旅游局发布了《关于在北京、上海、江苏等六省市启用全国旅游监管服务平台有关事宜的通知》，建立健全线上行业服务监管组织体系。

（三）旅游安全风险警示工作

2017年国家旅游局围绕出境旅游安全风险、国内气象风险和相关灾害风险等发布了警示信息。3月，国家旅游局发布赴韩国旅游提示。4月，国家旅游局提醒赴埃及中国游客高度关注当地安全形势。5月，国家旅游局及中国驻英国使馆提醒在英中国公民密切关注安全形势。8月，中国驻印度使馆提醒在印、即将赴印的中国游客注意防病、防灾和防事故，增强个人安全防范意识。8月，国家旅游局提示近期暂勿前往九寨沟地震灾区旅游，要求旅行社等旅游企业暂停旅游经营业务，并组织当地游客快速撤离。11月，国家旅游局及中国驻法国使馆针对暴力抢劫事件发布风险提示。

（四）旅游安全通报批评工作

2017年，国家旅游局和地方旅游管理部门上下联动，自查与督办双管齐下，掀起了最严市场整治活动。2~5月，在开展"春季行动"的三个月期间，全国上下累计出动相关质检执法人员16450人次，检查旅游企业13410家，立案809起，罚款金额超千万元，并推出了一系列加强市场监管的新举措，使旅游消费环境得到净化。4月，国家旅游局通报并处理了20起"不合理低价游"典型案件，166家旅游企业受到不同程度的处理，累计处理金额多达485万元。7月中旬，国家旅游局拉开了"暑期整顿"行动的帷幕，对北京313家旅游企业进行随机抽检，查获并通报了涉嫌违法案件81起、涉案企业69家，处理了大量扰乱正常旅游市场的违法行为。

（五）旅游安全宣传培训工作

旅游安全宣传培训工作一直以来都是各级旅游行政管理部门的工作重心。2017年5月，国家旅游局提出了"安全出行文明旅游倡议"，倡议旅游从业人员维护市场秩序，全力保障游客和旅游经营者的合法权益，倡议广大游客文明旅游、安全出行。6月，以"全面落实企业安全生产主体责任，深入开展旅游安全四大专项行动"为主题的旅游安全宣传咨询日活动在北京

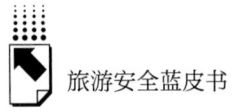

举办,该活动结合了旅游生产安全要求与游客实际需求,组织了应急救援演练、安全知识竞答、消防装备展示等活动,切实增强了人民旅游安全意识。11月,国家旅游局举办了2017年"金牌导游"培养项目研修培训,以游客及团队安全管理、旅游危机处理与突发事件应对等为主题开展了研讨培训。

(六)旅游突发事件应急处置工作

旅游突发事件的应急处置工作是各级旅游管理部门危机应急处理能力的体现,也是旅游业健康有序发展的基础保障。总体上,我国旅游突发事件发生数量和致死人数逐年下降。2017年1月28日,一艘载有28名中国游客的马来西亚船只在前往沙巴旅游景点环滩岛途中失去联系,国家旅游局启动应急预案,并协调、督促广东、深圳等有关省市旅游部门和旅游企业积极配合事故处理,协助开展善后工作。2月4日,台湾高雄鼓山区发生游览车交通事故,国家旅游局高度重视,派遣驻高雄办事处人员前往事故现场了解情况,并敦促台湾做好伤员救治、事故调查以及善后处理等方面工作。8月8日,四川九寨沟地震发生后,国家旅游局启动应急预案,协调与配合当地旅游管理部门做好各种组织、救助、安抚和转移游客等工作,并协助开展善后工作。

表1　2015~2017年涉旅突发事件基本情况表

	合计		涉旅交通事故				涉外旅游突发事件			
	事件数(起)	死亡人数(人)	事件数(起)	占总数比例(%)	死亡人数(人)	占总数比例(%)	事件数(起)	占总数比例(%)	死亡人数(人)	占总数比例(%)
2015年	30	580(东方之星沉船事件致死442人)	21	70	116	20	12	40	54	9
2016年	28	119	18	64	91	76	9	32	29	24
2017年	21	66	11	52	45	68	10	48	13	20

三 2017年我国各省区旅游安全行政管理工作

1. 文件转发

2017年起，我国各省区旅游部门及时转发国家旅游局及相关行政管理部门发布的相关文件，积极落实国家安委会和国家旅游局在春节、"五一"、暑期、"十一"等重要节假日的旅游安全部署。其中，《国务院安委会办公室关于切实做好岁末年初安全生产工作的通知》《国务院安委会办公室关于加强基层安全生产网格化监管工作的指导意见》《国家旅游局关于加强赴南极等生态脆弱地区旅游活动管理的意见》《国家旅游局办公室关于加快国家旅游产业运行监测与应急指挥平台4A级景区数据对接工作的通知》《关于开展旅游安全大检查的通知》《关于开展全国旅游市场秩序综合整治"暑期整顿"的通知》《关于做好"8·8"四川省九寨沟县抗震救灾应急工作的紧急通知》《国家旅游局关于旅游不文明行为记录管理暂行办法》《国务院安委会办公室关于切实做好2017年国庆节期间安全生产工作的通知》等文件得到重视。各省区旅游管理部门积极转发、落实和执行，并结合本地区实际情况和游客需求开展专项活动，以改善旅游市场环境。

2. 规范指导

2017年2月，为规范旅馆业治安管理，江西省旅游发展委员会联合公安部着力推动《旅馆业治安管理办法》。3月，湖南省印发了《湖南省行政执法人员和行政执法辅助人员管理办法》，对省内执法人员进行实行严格规范的考核评价机制，确保公正执法、文明执法、有序执法，维护旅游市场良好秩序。5月，甘肃省旅游发展委员会制定了《2017年全省旅游行业"安全生产月"和"安全生产陇原行"活动实施方案》。7月，浙江省按照国家旅游局"暑期整顿"行动的统一战略部署，并结合省内自身旅游安全事件特征及游客需求，印发了《浙江省旅游市场秩序综合整治"暑期整顿"行动工作方案》，以确保暑假期间旅游市场秩序持续向好发展。9月，辽宁省在《中华人民共和国旅游法》的指导下，颁布了《辽宁省安全生产条例》。

10月，山西省发布了《山西省人民政府安全生产委员会办公室关于建立安全生产"四个清单"的通知》，要求各级旅游政府部门对发现的安全生产隐患进行逐条梳理和督办检查。12月，四川省牵头编制的国家行业标准《景区游客高峰时段应对规范》正式发布实施，极大地规范了游客的出行行为和景区高峰时段的管理模式。

3. 监督检查

2017年1月，在国家旅游局关于规范旅行社经营行为维护游客合法权益的通知下，吉林省旅游发展委员会持续开展春节前的旅游安全和市场秩序大检查，确保安全有序的旅游环境。2月，为进一步规范春节假日期间旅游市场秩序，广西旅游质检所联合桂林旅游质检所对桂林旅游市场进行监督检查；3月，青海省旅游发展委员会联合公安厅、工商局、质监局等部门开展了"五一"前后旅游安全及旅游市场联合执法检查，以规范旅游市场秩序、保障广大游客的生命财产安全。8月，贵州省旅游发展委员会开展了全省旅游大检查工作、遏制特大旅游安全事故。11月，陕西、甘肃、宁夏三省区创新区域联合执法协作机制，三省区共治旅游市场。12月，四川省旅游发展委员会发文加强旅行社的日常营运管理，深入推进行业监管平台的使用，层层落实安全责任，为有的放矢地抓好旅游质管工作提供有力依据。

4. 风险警示

旅游风险警示能够有效减少事故发生，大部分省区旅游行政管理部门积极建立健全风险警示制度，各省区旅游行政管理部门也关注、转发国家旅游局及相关行政管理部门的风险提示，发布日常风险警示信息。4月，随着气温回升，降雨减少，甘肃省旅游发展委员会提醒旅游景区等旅游经营单位保持高度警惕，严格落实各项防控和森林防火安全工作。7月，陕西省发布了关于进一步加强汛期暑期旅游旺季安全工作的风险警示。8月，福建省启动了防"海棠"台风应急响应预案，并要求各相关单位密切关注气象变化和降雨动态，提醒广大游客谨慎选择出行目的地。9月，广东省旅游局发出预警，提醒各地旅游管理部门和旅游经营单位密切关注气象变化，切实做好防范工作以保障游客安全。

5. 事件处置

旅游突发事件的应急处置是最大限度降低损失、保障人民生命财产安全的重要基础。2017年8月，云南省部分公路沿线出现泥石流、坍塌等自然灾害，云南省当即组织当地公路局人员前往灾害现场开展抢通工作并做好预警工作；同月，各省区旅游部门立刻针对四川九寨沟地震启动应急响应机制，并协助四川旅游部门开展游客转移工作。9月，新疆旅游发展委员会针对新疆阿克苏地区地震启动区、地、县三级应急机制，随时跟进并通报地震处置信息和进展情况，并采取相关紧急措施保障游客出行安全。12月，甘肃省旅游发展委员会在当地政府的统一指导下，与卫计委等部门发布防控鼠疫疫情的旅游安全提示，暂停组团前往疫情地区的旅游活动，并有序组织游客撤离疫情地区。

6. 安全培训

各省区旅游行政管理部门已经将旅游安全培训当成防止和减少旅游安全事故、实现安全生产的重要手段之一。2017年4月，西藏自治区举办了全区旅游安全生产暨标准化培训班。5月，安徽省旅游发展委员会接连举办了应急救助公益培训、消防安全培训以及文明旅游、安全旅游培训班。11月，江西省旅游发展委员会与司法厅、普法办等部门联合组织开展了"学法送票游江西"的大型系列旅游普法活动；广东省旅游局举办了2017年全省旅游质检执法培训班，极大提高了旅游执法人员的行政能力。12月，河北保定市举办旅行社诚信经营培训班和"全国旅游质量监管服务平台"上线培训班；湖南省旅游发展委员会在张家界市举办旅游民宿（客栈）培训，对民宿旅游安全进行了主题指导。

四 2017年我国直辖市的旅游安全行政管理工作

（一）北京市旅游安全行政管理工作

2017年以来，北京市旅游发展委员会积极贯彻国务院及国家旅游局发布的各类涉及旅游安全的政策文件，营造了健康有序的旅游市场秩序。在日

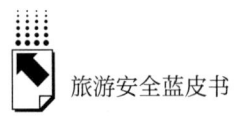

常工作中，北京市旅游发展委员会按照国家旅游局要求，将监督检查、市场整治和质量监管作为工作重点，确保了首都旅游行业秩序的安全稳定。4月，北京市旅游发展委员会开展旅游市场秩序的专项整治活动；7月，北京市旅游发展委员会对北京市旅游安全与应急管理系统进行升级更新；8月，北京市旅游发展委员会组织开展景区安全检查，主动联合公安、工商、安监、质监、消防、城管等部门开展深入的隐患排查治理；11月，北京市旅游发展委员会将保险机构引入企业事故预防工作，全面推行安全生产责任保险制度。在"五一"、端午、国庆、中秋、圣诞、元旦等重要节假日期间，北京市旅游发展委员会切实加强组织领导，进一步加强市场监管工作和突发事件应急处置。

（二）天津市旅游安全行政管理工作

天津市旅游局将监督检查和旅游教育培训作为工作重点。2017年1月，天津市旅游局联合市场监管委、安监局、交运委、公安交管局等组成旅游安全联合检查组，对景区中的紧急疏散通道、游乐设施、消防设施和餐饮住宿进行专题检查；2月，天津市旅游局深入景区、饭店、旅行社等切实开展检查督导，严格落实旅游安全责任，保障春节假期间的顺畅有序；6月，开展了端午节前的旅游安全排查，对旅游企业的消防、应急预案、资格证书、安全制度、特种设备自检年检记录等书面材料进行详细查阅；7月，针对市汛期、暑期旺季旅游等关键时间点，天津市旅游局检查组对部分旅游企业进行质量检查；8月，为了确保全运会期间旅游市场秩序的安全稳定，天津旅游局开展了全市旅游安全大排查和专项检查工作，严防安全事故的发生；10月，为了保障在十九大期间旅游市场的安全稳定，天津市旅游局深入开展反恐应急检查，严格落实安全生产责任机制。

（三）上海市旅游安全行政管理工作

2017年，上海市针对旅游市场规范、旅游安全监管、旅游安全培训等开展了系列工作。上海市先后印发了《经营性帐篷营地建设与服务规范》、《特色乡村旅游园区（村）服务质量导则》、《黄浦江游览船及码头运营设施与服务质量要求》等政策指导文件,致力于规范旅游市场秩序、塑造安全稳定的旅游环境。同时,上海市从消防管理、诚信倡议、市场整顿等各个方面对行业进行了监督管理。3月,上海市旅游局对浦东新区的"一日游"购物场所开展联合执法检查;9月,上海市在全市范围内开展"暑期整顿"检查工作,集中检查暑期旅游市场秩序,重点打击"不合理低价游"、"非法一日游"、强迫购物等旅游违法行为;10月,召开旅游行业监管工作座谈会,以提高监管工作的针对性和有效性;11月,上海市旅游部门与消防委共同分析旅游企业火灾防控形势,探讨消防安全工作的标准化管理;12月,上海市旅游局联合物价局、市文化执法总队开展旅游价格专项整治行动,督促各旅游经营者开展诚信经营工作,切实保障游客的合法权益。

(四)重庆市旅游安全行政管理工作

近年来,重庆市旅游发展势头强劲,重庆市旅游局对旅游安全排查和安全教育培训工作的重视程度不断提高。5月,重庆市旅游局与各区县旅游主管部门共同组织对全市A级景区进行集中检查。7月,重庆市深入开展旅游安全大排查大整治大执法工作,通过旅游企业自查、区县旅游行政主管部门综合检查、市旅游局重点抽检督查三个层面切实开展督查工作;同月,全市开展了关于景区接待服务、价格(收费)公示、安全操作等的系统排查,以保障游客合法权益;10月,重庆市旅游局按照"发现即处置"的原则开展全市旅游安全大排查,重点排查电梯、游乐园、索道等特种旅游设备涉旅企业和高山峡谷景区;同月,针对台湾旅游团在重庆发生的3死2伤的重大涉旅事故,重庆市旅游经济发展领导小组提出了关于做好旅游景区沿线地灾排查的要求。

五 2017年港澳台地区的旅游安全行政管理工作

(一)香港地区的旅游安全行政管理工作

2017年是香港回归20周年,香港也随之迎来内地游客赴港旅游新高潮。同时，香港旅游发展局对旅游安全工作重视程度也不断提高，旅游安全突发事件呈现大幅度减少的趋势。2017年备受关注的安全风险主要是5～8月香港地区流感疫情的高发，期间有400多宗相关病例，造成315人死亡，引起了内地游客赴港旅游的恐慌情绪。对此，香港旅游发展局联合香港卫生署启动应急处置机制，多次召开流感防控工作会议，对流感预防、游客安置、疫情评估、舆情传播等方面进行重点整治，以降低疫情带来的游客生命财产损失和负面影响。此外，针对部分地区相继发生"辱客"等事件，香港旅游发展局也采取了针对性的措施，并对期间相关的粗暴行为加以严惩，以维护香港地区的旅游形象。

（二）澳门地区的旅游安全行政管理工作

澳门旅游局一直将风险警示作为旅游安全工作的重点内容。2017年2月，为了提高对紧急事态或灾害的应对能力，澳门特区政府公布《澳门特别行政区旅游警示系统》来保障游客和居民的安全。该系统按照轻重将风险分为"出现威胁"、"威胁提升"及"极度威胁"三个层级，以便捷的方式及时向公众告知发生于世界各地的危机、紧急事态或灾难状况等资讯，以便游客谨慎选择旅游行程，提高警觉，留意局势发展。

（三）台湾地区的旅游安全行政管理工作

近两年来，台湾旅游交通事故频发，不仅造成了严重的人员伤亡和财产损失，更严重影响了台湾旅游观光业的正常营运机制，台湾也一直在加强应急处置和风险排查等方面工作。2月，台湾旅游管理部门联合旅游行业协会、品保协会、游览车客运商业同业公会等对诸多旅游热点景区的多款高风险一日游产品进行排查、下架以及列管跟踪，肃清旅游市场秩序。同时，为加强旅游交通管理，台湾旅游观光局召开旅游改善会议，指出旅游业交通应采取驾驶替换机制、改变交通行程、调整旅游产品线路等，以切实保障游客的出行安全。

六 2018年中国旅游安全行政管理工作展望与建议

（一）积极贯彻落实党的十九大报告要求，打造共建共治共享的安全治理格局

2017年10月，党的第十九次全国代表大会中重点指出："打造共建共治共享的社会治理格局，加强社会治理制度建设，完善党委领导、政府负责、社会协同、公众参与、法治保障的社会治理体制。"因此2018年，我国各级旅游行政管理部门应当积极贯彻落实党的十九大报告的基本要求，构建全社会共同参与的旅游风险管理与安全保障治理体系。强调应打造由各级人民政府统一协调，旅游部门与工商、消防、税务、卫生、公安等共同参与的治理格局。要整合各行各业的力量，既统筹兼顾又各司其职，并在游客安全管理和服务的基础上，打造全社会共建共治共享的旅游安全治理格局和安全保障体系。

（二）加强中国与境外国家及地区间的旅游安全合作

近年来，我国出境旅游人次与日俱增，出境旅游安全事件也呈现出类型多、程度深、地域广等规律性特征，范围覆盖社会公共安全、自然灾害、事故灾难等类型，出境旅游安全形势日益严峻。应对这些出境旅游中日渐复杂的安全事件与日益严峻的安全形势，需要我国运用立体思维，既强调国内旅游政府机构和旅游企业的重视，也要强调与境外国家和地区共同努力，推动与境外旅游地在制度共建、平台协作、联合决策、信息共享、救援互助等方面开展协作治理，从而加大我国游客境外旅游的安全保障力度。此外，区域间旅游安全合作的开展也能够进一步推动中国与其他国家共建旅游安全合作体系，对维护地区安定和谐，塑造国际安全旅游形象，并实现两地旅游市场健康、有序发展具有重要的战略意义。

（三）建立健全地区旅游风险评估管理制度

为能及时监测风险、识别风险同时预防潜在旅游风险，各地旅游行政管理部门应建立健全旅游风险评估管理制度，应在对内部安全管理问题和外部风险形势进行识别、排查、评估和评价的基础上，通过风险管控技术、安全防范手段和应急处置方法对旅游风险进行分类、分层以及综合评估。同时，各级旅游行政管理部门应在法制建设的基础上加快落实与之配套的安全管理服务措施，实现从被动承受、低效管理的初级阶段向主动应对、综合防控的高级阶段迈进，全面提升我国旅游活动的安全管理水平。

（四）完善旅游安全工作的信息化建设

信息化建设是旅游安全工作持续发展的趋势和保持活力的基础。近年来，人民日益增长的旅游需求和一成不变的旅游安全治理模式逐渐产生了新的矛盾，游客所面临的旅游风险已经逐步涉及隐私风险、监管风险和交易风险的诸多层面，这是传统旅游安全治理模式难以覆盖的区域。因此，旅游安全工作的信息化建设对于在新时代满足游客需求、加强风险防范和提高服务质量尤为重要。各级旅游行政管理部门应将互联网技术引入安全治理体系中，建立健全旅游网络舆情监控、线上质检平台、旅游安全公共服务系统、公众参与系统等智能化服务设备，构建全方位、多角度的区域旅游安全网络体系。

参考文献

［1］国家旅游局：《通知公告》，国家旅游局官方网站，http://www.cnta.gov.cn/，2017。

［2］曾博伟：《全域旅游让游客更有安全感》，《中国旅游报》2016年9月14日。

B.14
2017~2018年节假日旅游安全的年度形势分析

周灵飞*

摘　要： 2017年节假日期间大众休闲和旅游需求旺盛，旅游规模扩大，旅游范围全域化，旅游方式多样化。2017年节假日旅游市场安全有序，旅游安全事件的数量和伤亡人数同比2016年有所下降，但线上旅游纠纷不断。与此同时，节假日旅游市场监管更受重视，节假日旅游市场运行平稳，明显提高了游客的节假日旅游满意度。预计2018年节假日旅游市场机制更加成熟，在线旅游纠纷、出境旅游安全和旅游设施设备的安全管理将成为市场监管的重点，旅游企业和游客自身行为应该更加规范。

关键词： 节假日　旅游安全　年度形势

2017年元旦、清明节、劳动节和端午节四个三天小长假，春节七天长假，国庆和中秋交叠形成的八天长假期间，大众出游热情高涨，景区游客爆棚，节假日旅游市场供需两旺。各级政府和旅游管理部门不断推动假日旅游管理，强化旅游安全保障，2017年节假日旅游安全总体形势良好。

---

* 周灵飞，华侨大学旅游学院讲师，主要从事旅游经济等领域的研究。

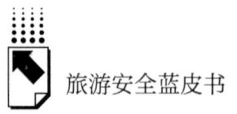

旅游安全蓝皮书

一 2017年节假日旅游安全的总体形势

（一）节假日旅游市场安全有序

本文以中国旅游新闻网作为信息收集渠道，通过网络搜索和反复核对，确认2017年节假日期间旅游安全事件共85起。其中，符合国家旅游局关于旅游突发事件的界定标准的旅游安全事件15起，共导致28人死亡。15起旅游突发事件中有1起重大旅游交通事故导致12人死亡、10人受伤，有14起为突发疾病、高原反应、意外摔倒或者溺亡等个体事件。一般性旅游安全事件共70起，基本上是没有人员伤亡、损失不大的各种旅游纠纷和投诉、不文明行为事件等。2017年节假日期间的旅游安全事件的数量、引发的伤亡人数及社会影响程度，同比2016年都显示出明显的下降趋势。

（二）理性旅游意识还有待增强

2017年节假日期间85起旅游安全事件中有一半事件属于游客自身的责任，甚至游客应该负主要责任。

2017年节假日期间，有9起由"驴友"旅游安全意识弱、探险准备不足、旅游安全技能不高导致迷失、摔伤、被困甚至死亡的旅游安全事件。

2017年节假日期间共有8起由顾客突发疾病引起的旅游安全事件。旅游过程中突发疾病的大部分都是老年人，而且大部分都是因为这些病人有心脏病史。

2017年节假日期间还有10起由游客不文明行为引发的旅游安全事件，包括爬墙逃票、强行攀爬而坠崖、坚持在飞机上打电话、在景区非法放飞无人机、野蛮踢断万年钟乳石等。

（三）线上旅游纠纷不断

2017年节假日期间共7起在线旅游纠纷，旅游在线预订是节假日旅游投诉重点。随着信息技术的发展，移动支付更加方便，移动消费渐成趋势。旅游消费中移动端订单比例越来越高，然而在线旅游天然的虚拟性和隐蔽性导致辨认识别商业陷阱困难，交易风险加大，政府监管和顾客维权难度增加。2017年节假日期间的在线旅游投诉主要包括机票遭遇捆绑销售、订房无故加价甚至被无故取消订单、约车不准时、服务承诺不兑现等，制造了各种游客囧途①。此外，越来越多的重度社交网络客户在微信、微博、QQ空间等社交媒体中直接购物，社交媒体上的交易有更强的隐蔽性和欺骗性，商户的诚信和规范缺乏机构监管和保障。很多公司甚至根本没有相关资质就通过微信公众号组团出游，出现纠纷后游客举报都没有机构受理，维权特别困难②。

（四）游客与当地居民的关系复杂化

2017年节假日期间有4起旅游安全事件反映出游客与当地居民的关系变得更加复杂。自助旅游越来越多地取代了团队旅游，景区旅游逐渐发展成全域旅游，观光旅游逐步转变成休闲和体验旅游，游客脱离了旅行社保姆式的安排和景区地域的局限，与当地居民的接触和交流更加频繁，关系也更加复杂，容易与当地居民产生各种利益冲突。

二 2017年节假日旅游安全的特点与原因

（一）节假日旅游安全事件的分布类型

1. 事故灾难类型多样

2017年节假日旅游安全事件的主要类型是事故灾难。15起旅游突发事件中除了1起没有造成中国游客伤亡的美国拉斯维加斯枪击案属于社会安全

---

① 《春节囧途！成都居民网上订酒店被"三次变更"》，中国旅游新闻网，http://www.cntour2.com/viewnews/2017/02/05/oWcsrJZAZimzn9e8q1yL0.shtml，2017年2月5日。
② 冯戎：《微信上报了个旅游团却玩回一肚子不如意》，中国旅游新闻网，http://www.cntour2.com/viewnews/2017/06/08/XDDeppFxdZN6b7vPJHJf0.shtml，2017年6月8日。

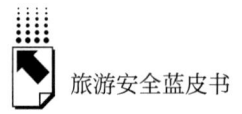

事件外,其余14起都是事故灾难。70起一般旅游安全事件中事故灾难28起,全部85起旅游安全事件中事故灾难共42起,占49.4%(见表1)。

表1 2017年节假日旅游突发事件和一般旅游安全事件的类型分布

安全事件类型	数量(起)		比例(%)	
	旅游突发事件	一般旅游安全事件	旅游突发事件	一般旅游安全事件
自然灾害	0	0	0	0
事故灾难	14	28	93.33	40.00
公共卫生事件	0	0	0	0
社会安全事件	1	12	6.67	17.14
业务安全事件	0	30	0	42.86
总计	15	70	100	100

这42起事故灾难几乎涉及了引发事故的方方面面。伤亡最大的是发生在内蒙古呼伦贝尔市的重大旅游交通事故,客车带病非法从事旅游包车活动,车内12人死亡,10人受伤①。事故量最多的是9起"驴友"探险被困和8起游客自身疾病突发导致的事故。另外值得关注的是6起由设施设备引发的旅游安全事故。虽然设施设备旅游安全事故不是数量最多的事故类型,伤亡人数也不多(导致2人死亡),但是由设施设备问题导致大量游客受惊②、遇险③或者滞留④,社会影响大,非常考验政府和经营单位应急处理的能力和智慧。

---

① 《公安部交管局:内蒙古呼伦贝尔发生重大旅游交通事故 客车带"病"上路》,中国旅游新闻网,http://www.cntour2.com/viewnews/2017/05/01/HCeiRilrvUpzukCEfDXY0.shtml,2017年5月1日。
② 孔婷婷、丁国彬:《园博园欢乐世界摩天轮突然停电倒转 游客表示受到惊吓》,中国旅游新闻网,http://www.cntour2.com/viewnews/2017/05/02/hDJQyQF7GsO7uo80xFhb0.shtml,2017年5月2日。
③ 《惊险!江西晃桥因游人过多被压塌 20多名游客险坠桥》,中国旅游新闻网,http://www.cntour2.com/viewnews/2017/05/01/Ja0gqzjHdkCXUIZ1ZsPh0.shtml,2017年5月1日。
④ 杨烨:《索道故障停运 320名游客滞留 少华山景区:正维修》,中国旅游新闻网,http://www.cntour2.com/viewnews/2017/06/01/2xw5bUEK2BTSHaH8vJ3n0.shtml,2017年6月1日。

2. 社会安全事件造成的损失较小

在中国国庆节期间，美国拉斯维加斯发生乡村音乐会枪击案，对旅游市场造成了冲击。2017年节假日期间中国国内发生了12起包括诈骗、人为冲突、偷窃、景区火灾、故意毁损公共财物、强行在飞机上打电话等违反治安管理行为的一般旅游安全事件。处罚金额最高的当属"5·29"呼伦贝尔火车站游客滞留事件中涉案的万象旅行社，该旅行社因为推销"违法低价游"被罚52万元①。

3. 业务安全事件比较集中

2017年节假日期间共搜集到30起旅游业务安全事件，主要集中在三个方面。一是9起在线旅游纠纷。在线预订机票、酒店，约车，微信购买旅游产品等各个环节陷阱多多，烦恼多多②。二是8起游客与导游的冲突。游客与导游的冲突年年有，区别在于往年冲突往往表现为导游强迫购物或者强推自费项目，多表现为辱骂甚至肢体冲突。2017年则更多表现为甩客，8起游客与导游的冲突中有5起表现形式为甩客。三是当地居民强收拍照的道具费和高额停车费、帮助游客翻墙进入收费景点等纠纷。

（二）2017年节假日旅游安全事件的时间分布特点

2017年春节和中秋、国庆节由于假期长，劳动节因为气候舒适，成为典型的旅游高峰期，旅游安全事件也多，旅游安全事件的时间分布与旅游高峰期基本重叠，但重叠程度并不高。2017年的中秋和国庆节重叠，假期长达8天，是旅游需求集中释放的最好时机。但与往年国庆节旅游安全事件占全年节假日旅游安全事件的一半或接近一半的状态不同，2017年中秋、国庆节旅游安全事件只有22起，占全年总量的25.88%。节假日的旅游突发事件的时间分布与旅游高峰期的重叠程度更低，2017年中秋、国庆节期间的旅游突发

---

① 张玮、付强、董佳静：《内蒙古一旅行社因推销"违法低价游"被罚52万元》，中国旅游新闻网，http://www.cntour2.com/viewnews/2017/06/08/arBlyvdyjn3kxvFBAc8U0.shtml，2017年6月8日。

② 《旅游在线预订真烦：机票遭捆绑 订房被加价 约车不准时》，中国旅游新闻网，http://www.cntour2.com/viewnews/2017/06/09/HYWwS6g7VgOqFwe7PW5i0.shtml，2017年6月9日。

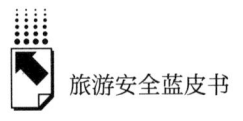

事件只有1起没有中国游客伤亡的境外枪击事件。或许这是中国全域旅游背景下游客更加分散、景区分流限流工作顺利开展的结果（见表2）。

表2 2017年节假日旅游安全事件时间分布

单位：起

节假日名称	元旦	春节	清明节	劳动节	端午节	中秋、国庆节	合计
一般旅游安全事件	2	18	8	12	9	21	70
旅游突发事件	1	4	1	7	1	1	15
合 计	3	22	9	19	10	22	85

（三）2017年节假日出境旅游安全事件的特点

2017年节假日期间出境旅游市场平稳，安全形势良好。本文共收集到8起与中国游客有关的境外旅游安全事件，包括2起泰国导游甩团事件、2起中国游客溺亡事件、1起中国游客在尼泊尔徒步死于高原反应的事件、1起指引错漏导致游客滞留香港事件、1起载有28名中国游客的船只在马来西亚失联的事件和1起美国拉斯维加斯乡村音乐会枪击案。与2016年节假日19起出境旅游安全事件相比，2017年出境旅游安全事件数量明显减少，涉及游客数量也明显减少。

出境旅游市场越来越成熟，出境游客文明旅游素质提高，出境游客具备更多境外旅游常识，往年常见的旅游交通事故和购物纠纷在2017年节假日期间均没有出现，这反映出越来越多的中国出境游客不再热衷于"买买买"，旅行方式悄然发生了变化，越来越追求深度体验和旅游质量。

2017年节假日出境旅游安全事件涉及泰国、马来西亚、越南、尼泊尔、美国和中国香港六个旅游目的地。其中3起旅游安全事件发生在泰国，1起是中国游客在泰国游泳溺亡，另外2起都是泰国"黑导游"甩团①，显然，2017年节假日期间泰国旅游受到中国游客追捧。

---

① 杨舟、乐艳娜：《起底东南亚黑导游：中国旅行团因不购物被"甩路边闷车里"》，中国旅游新闻网，http：//www.cntour2.com/viewnews/2017/05/23/FJA9jpaCEjaPWNViMoxM0.shtml，2017年5月23日。

三 节假日旅游安全管理的主要进展与特点

(一)专项治理旅游市场顽疾

国家旅游局开展"不合理低价游"专项整治行动,通过国家、省、市、县四级纵向联动,同时深化与工商、公安、质检、物价等部门的横向协作,节假日前后明察暗访,节假日期间有计划有组织地进行旅游服务体验,勘察打击各类旅游市场顽疾。清明节天安门警方打击非法一日游,4月1日早晨查获12名非法揽客的"黑导游",一周共整治"黑导游"380余人次。劳动节前后颐和园清理"黑导游",交通执法部门共检查了11辆大巴车,当场扣押了一辆非法从事旅游客运的"黑车"。与此同时,在东宫门,执法人员对1家旅行社的经营许可证进行了暂扣,对1名导游涉嫌擅自变更行程进行了立案查处;公安部门在北宫门当场抓获了6名"黑导游"。端午节三天,上海国际旅游度假区警方重点查处了325名"黄牛",通过行政处罚和法制宣教并举的方式开展专项打击,治理旅游治安环境。

(二)加强节假日旅游流量监管

各地各景区积极响应国家旅游局加强节假日旅游市场监管的要求,科学确定景区最大承载量,采取多种手段监测景区流量并做好紧急预案。除夕和正月初五两个客流高峰日北京警方出动警用直升机对各大庙会、公园、商场、滑雪场、夜间烟花爆竹燃放点进行空中巡视,向地面指挥部汇报人流、车流集中情况。国庆节期间北京故宫每日限流8万人,安徽黄山景区实时监控景区流量,湖南省旅游发展委员会通过智慧旅游平台对重点景区实施监控,先后发现17个批次景区超过最大承载量,因为分流信息发布及时,限流措施果断,确保了游览安全。元旦期间,四川西岭雪山景区游客人数达到预设上限,景区管委会立刻通过官方微博发送客流信息,提醒游客错峰出

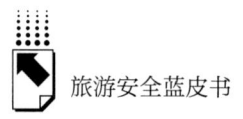

行,并立即加强景区巡逻,最终安全疏散游客,没有造成大面积滞留问题和游客过激行为①。

(三)完善节假日旅游市场运行机制

首先,2017年部分省份旅游局升级为旅游发展委员会,监管视角和职能权力升级,更加适应全域旅游安全保障的需要,有利于理顺节假日旅游市场运行机制,方便监管节假日旅游市场秩序。

其次,各地纷纷设立旅游警察和旅游巡回法庭,节假日期间重点监测人流量集中、地势险峻的景区景点,回答游客咨询,解决游客投诉和纠纷,及时处置紧急安全事件,为节假日旅游安全保驾护航。2017年福建省在景区设置巡回法庭,云南省92个县区基层法院共设立旅游巡回法庭70个,桂林景区设置巡回法庭,苏州实现旅游警察全覆盖,云南丽江旅游警察每月接警700起,三亚旅游警察端午节前夕严打涉旅违法行为。

最后,节假日全程值守制度化。各级旅游部门高度重视节假日旅游安全,保证人员在位、电话通畅、应急准备充分、处置转办及时,带班值班制度严格。福建省旅游发展委员会节假日领导带班值班,江西省旅游发展委员会节假日期间全员上班、假日办24小时值班。

四 2018年节假日旅游安全形势展望

(一)节假日旅游市场秩序大势向好

中国节假日旅游需求持续稳定增长,与之同步提高的是政府对节假日旅游市场的监测水平和安全保障能力。与此同时,游客的旅游技术同步加强、安全意识同步增强,旅游企业违法违规经营成本与日俱增。旅游企业经营日

---

① 逯望一、颜雪:《网传四川一景区万人夜间滞留 官方辟谣:不到4千人》,中国旅游新闻网,http://www.cntour2.com/viewnews/2017/01/02/Q0PXuKc57TtKWxpv6hwT0.shtml,2017年1月2日。

趋规范，节假日旅游市场日趋成熟，预计2018年节假日旅游市场秩序大势向好。

（二）节假日出境游日趋平稳

出境游的优越感已经开始减弱，购买奢侈品的狂热已经开始降温，国内旅游产品的丰富多元和旅游市场日趋规范也减弱了中国游客对出境游的选择倾向，境外复杂的政治文化环境和频繁发生的涉旅安全事件也为中国游客的出境游热情泼了不少的冷水。国家旅游局和外事办对中国主要出境旅游目的地的旅游安全隐患的监测和及时发布的各种预警和安全提示，以及对国民文明出境游多种形式和途径的宣传教育，明显增强了国民的出境旅游安全意识、提高了国民的文明素养，预计2018年节假日出境旅游态势保持平稳。

（三）在线旅游安全形势依然严峻

移动消费趋势的形成和线上旅游的监管难度使线上旅游成为酝酿旅游安全事件最大的温床。因为部分具备旅行社资质的线上旅游经营商对线下旅游企业把控不足，游客旅程发生各种意外。更有缺乏旅行社资质的社会组织或机构、社会自然人借助微博、人人网等各种互联网社区，以及微信公众号、QQ空间等社交媒体和工具组织旅游活动，以低价为诱饵销售各种旅游产品，甚至以旅游产品为中介实行诈骗。游客对此，尤其是"熟人圈"旅游，安全警惕性不够，导致线上旅游纠纷不断。除了这些旅游网站、互联网社区和社交媒体之外，各种直播和视频平台的旅游消费也在迅速发展，2018年节假日在线旅游安全形势严峻。

（四）自然灾害是节假日旅游重要的安全隐患

小概率的极端灾害性天气越来越频发，许多极端灾害性天气可预报期很短，破坏力特别大。灾害性天气及其引发的各种次生灾害是节假日旅游安全的重要威胁。虽然中国的天气监测技术水平和预报能力在不断提高，但是中国游客对天气预报和气象知识的关注度低，心存侥幸，常常陷入灾害性天气

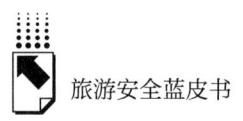

的困境当中。旅游相关部门和旅游经营企业对突发的自然灾害往往预估不足,信息通报不及时,救助渠道和责任分配等方面存在诸多问题,应对突发天气灾害的能力和措施有限。

五 2018年节假日旅游安全管理建议

(一)国家应建立综合监管旅游市场的长效机制

中国节假日旅游市场规模持续扩大,各级政府和旅游相关部门也高度重视和认真监管假日旅游市场秩序和安全。但在大众旅游和全域旅游背景下,旅游产品类型、等级多样,旅游活动范围宽、涉及环节和影响因素多,各种关系错综复杂,面临的各种问题、纠纷和事故,远远超出了旅游局或者旅游发展委员会的权限范围。虽然近几年旅游部门和公安、工商、质检、物价等部门横向协作,综合执法,整治节假日旅游市场,但是这种横向合作既没有持续性,也没有明确的组织方式,成效有限。国家应该思考综合治理旅游市场的长效机制,对各部门联合执法的方式、责任分配、组织结构进行合理设计,破解旅游市场上有问题"不愿管、不敢管、不会管"的尴尬局面。

(二)深度满足游客需求才是旅游企业持续发展的根本途径

虽然政府机构一直加大对不合理低价旅游产品的整治,但仍有部分旅行社违规经营。由于大众旅游市场需求巨大,旅行社的不合理低价仍能吸引部分游客,但这容易导致旅行社与游客关系的紧张和市场的混乱。要从根本上赢得市场,归根结底得摸准大众旅游需求的脉搏,精心设计、创新产品、创新经营模式,满足人们个性化、差异化的需求,迎合人们追求品质旅游的趋势,改善游客体验,提高游客满意度,这才是旅游企业改善顾客关系、持续发展壮大的根本途径。

（三）游客应该回归旅游活动的本质

对游客而言，旅游是一种新奇特的体验、一种放松自我的休闲，是一种对日常生活的暂时改变或者脱离。这才是旅游活动的本质，才能更好地实现旅游的意义，出游前游客应该科学计划，从心理、生理和物质上做好充分准备，旅游中游客应该放平心态，不贪图便宜，不要带着游客的优越感与工作人员和当地居民交流，对旅游目的地的自然、文化等要有敬畏之心，减少争执，不用暴力解决问题，安全文明旅游。

B.15
2017~2018年中国自助旅游安全形势分析与展望

曾武英[*]

摘　要： 进入以自助旅游为主的大众旅游时代以来，自助旅游安全事件时有发生，安全形势不容乐观。2017年，全国自助旅游的安全形势较为稳定，安全事件数与往年相比，略有下降，但涉及人员数量大幅度上升，安全事件类型以事故灾难为主，在时间和地域分布上呈现一定的集中性。2018年，我国自助旅游安全形势仍然严峻，应通过加强游客安全宣传教育、加强景区规范化管理、创新旅游交通安全服务模式、加强在线旅游安全管理等系列措施应对自助旅游安全风险。

关键词： 自助旅游　安全形势　管理建议

自助旅游改变了传统从酒店到景区或从景区到酒店两点一线的旅游模式，人人都是旅游活动的建设者和参与者。随着自助旅游人数的增多，旅游自助安全问题越来越突出，自助旅游安全事件的报道不断见诸报端，引起人们的广泛关注。

一　2017年中国自助旅游安全的总体形势

近年来，自助旅游成为人们旅游的流行方式，随着自助旅游规模不断扩

---

[*] 曾武英，华侨大学旅游学院副教授，主要研究方向为旅游企业服务与管理等。

大，自助旅游安全问题时有发生，不仅造成了一定的人身和财产损失，还产生了广泛的社会影响。通过对一些大门户网站，如中国旅游新闻网、中国新闻网、新浪网和腾讯网等报道的有关自助旅游安全事件的搜集与统计，2017年1~12月国内共发生133起自助旅游安全事件，与2016年相比同比下降6.8%，分布于26个省（自治区、直辖市），涉及1148余人，涉及人数较2016年上升了45%，其中死亡45人。从事件类型看，可以分为事故灾难（如因景区安全设施、景区安全管理、自组团组织等原因造成的安全事故）、自然灾害、公共卫生安全事件以及社会安全事件四大类。其中，事故灾难发生频率最高。总体上，2017年全国自助旅游安全形势较为稳定，自助旅游安全事件数与往年相比，略有下降，但安全事件中涉及的人员数量却有较大幅的上升。

二 2017年中国自助旅游安全事件的特征分析

（一）自助旅游安全事件的分布特征

1. 事故类型分布

从自助旅游安全事件的类型分布上看（见图1），事故灾难101起，自然灾害21起，公共卫生安全事件10起，社会安全事件1起；主要集中在事故灾难中，所占比例高达75.94%，特别是游客因迷路或天气因素受困造成的安全事件最多，粗略统计达70多起。

2. 时间分布

从自助旅游安全事件的时间分布上看（见图2），1~6月的安全事件数量比7~12月多17起。主要是2017年上半年气候变化较大，雨水时间长，降水量对地貌影响较大，容易引发安全事件。其中，5月份安全事件数达到上半年的最高峰，共24起，也是近几年来出现的较为严重的自助旅游安全事件月份，这充分说明了节假日是自助旅游安全事件的高发期。

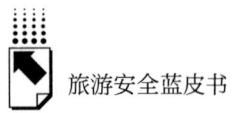

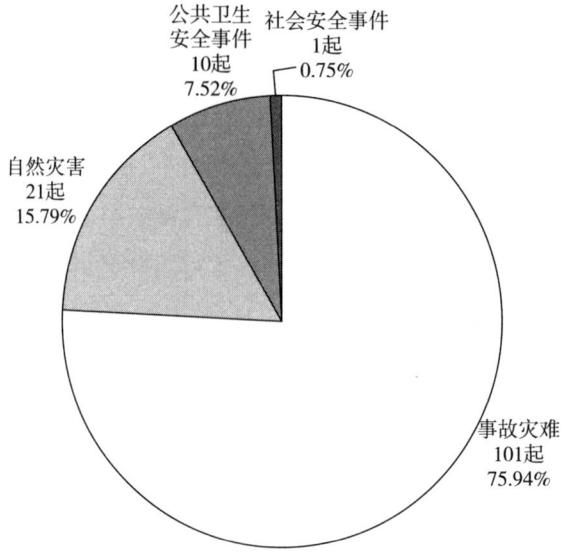

图1　2017年自助旅游安全事件类型

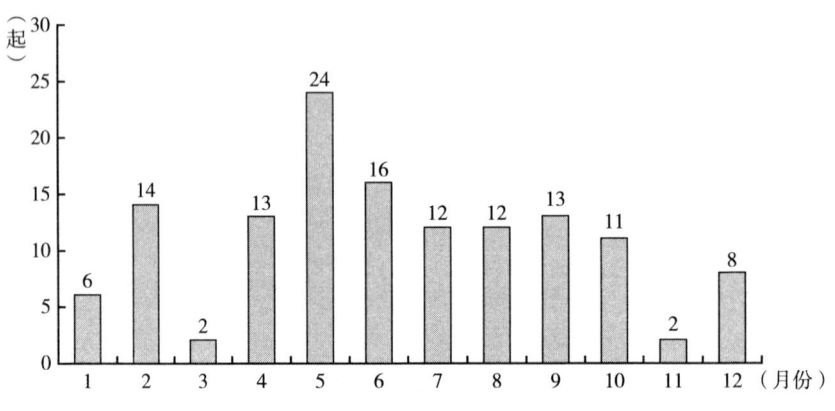

图2　2017年自助旅游安全事件月份分布

3. 空间分布

从自助旅游安全事件的地域分布来看（见图3），集中分布在6个省份，其中陕西省居首位，共发生14起，青海、广东、山东三省并列第二位，均发生了12起，浙江省发生11起，四川省发生10起；此外，还有19个省

（自治区、直辖市）发生了安全事件。从事件发生的景区类型来看，在地文景区和水域景区发生较多安全事件，如2017年1月14日，吉林白城1名游客登山时不慎摔入山谷，所幸得到了当地救援队的及时救援①；又如10月26日下午，15名游客登上海拔1000多米的大会山探险，下山时找不到下山道路，当地警民历经5小时才得以帮助游客脱险②。

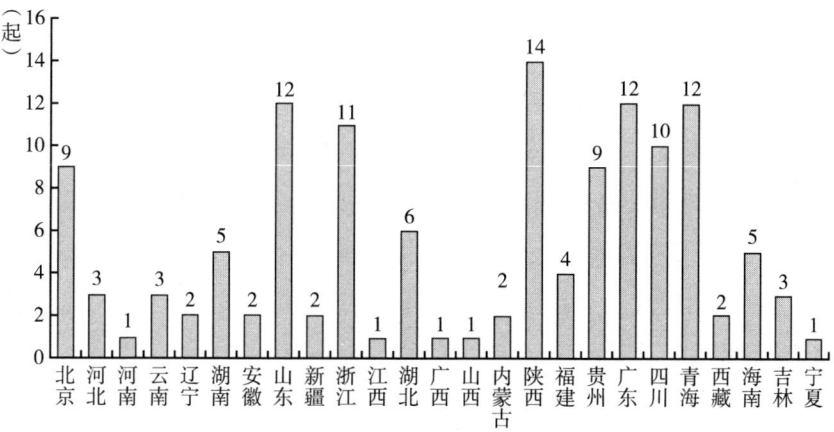

图3　2017年自助旅游安全事件在各省（自治区、直辖市）的分布

（二）自助旅游安全事件发生的特征

1. 安全事件发生的突发性

自助旅游中产生的安全事件，常常是在人们没有防备的瞬间发生，因此，自助旅游安全事件的一个显著的特点就是事件发生的突发性。例如，2017年2月12日中午，1名游客至门头沟琉璃谷地区一处断崖附近时，突发心脏病晕倒在山坡上，所幸得到了当地救援队的救助③；又如，4月15

---

① 《驴友失足摔入 - 20℃山谷　幸亏救援队在附近训练获救》，腾讯网，https://news.qq.com/a/20170116/000717.htm，2017年1月16日。
② 《警民5小时救下被困千米高峰15人　警方：驴友请别任性》，腾讯网，https://news.qq.com/a/20171026/031850.htm，2017年10月26日。
③ 李强：《保定驴友登山中突发心脏病　山野游玩意外频发》，中国旅游新闻网，http://www.cntour2.com/viewnews/2017/02/14/c8GuFFoXEHwOduupkwVH0.shtml，2017年2月14日。

日，九江 1 名游客到庐山进行户外活动时身体突然不适，不慎从悬崖坠入山涧，因伤势严重不治身亡①。

2. 安全事件形成的被动性

自助旅游强调其自主性和灵活性，旅游活动是在没有导游的情况下完成的，自助游游客在游览的过程中，其行为表现出种种的随意性，在一些开放的环境中，自助游游客常常惊叹于壮丽神奇的景观而忽视了对复杂环境的观察，结果往往是进入了景区，却找不到出景区的路。如，2017 年 2 月 6 日，1 名北京游客独自一人攀登大佑山，途中迷失方向被困山中，当地民警经过 5 个多小时的搜救，才将其安全带下山②；6 月 9 日，3 名女性游客在门头沟区妙峰山萝芭地带迷路被困于山顶，当地镇政府、派出所、消防中队及民间救援队顶着 37℃ 高温两次上山，最终将被困者护送下山③；又如，12 月 10 日，4 名游客冒险穿越"摸狼沟"被困，当地消防队员经过近 9 个小时的艰难登山搜救，终于把他们拉出"鬼门关"④。另外，自助游游客在出游前往往缺乏对出游目的地的地貌、地形和气候的了解，因此，一旦出现诸如涨潮、大雪、暴雨等自然情况的急剧变化，在一些比较原始、待开发的景区中，往往出现自助游游客被困事件。如 2017 年 2 月 26 日，3 名游客骑雪地摩托车进入长白山林区探险，因景区积雪太多而被困⑤；8 月 2 日，14 名游客到上林县下水源景区游玩，突遇河水暴涨，其中 3 人被冲走，剩余 11 人

---

① 涂小龙、徐雷：《九江：七驴友登庐山 1 人不慎坠入山涧 因伤势严重不治身亡》，中国旅游新闻网，http：//www.cntour2.com/viewnews/2017/04/17/tZwUc PIu15boUnpMg6ad0.shtml，2017 年 4 月 17 日。
② 《北京驴友爬山迷路后遇险 警察深夜搜救助其脱困》，网易新闻，http：//news.163.com/17/0213/10/CD57SVJ1000187VF.html#from = relevant，2017 年 2 月 13 日。
③ 张骞：《三名女性登山迷路被困 救援人员顶高温救被困驴友》，中国旅游新闻，http：//www.cntour2.com/viewnews/2017/06/12/ySqps6a39FRezLzDoYin0.shtml，2017 年 6 月 12 日。
④ 余海洪、彭建柱：《3 男 1 女"驴友"冒险穿越 被困"摸狼沟"进退两难》，网易新闻，http：//shenzhen.news.163.com/17/1211/17/D5D287J604178D6R.html，2017 年 12 月 12 日。
⑤ 《仨驴友骑摩托探险长白山被困 多部门徒步林海雪原营救》，腾讯网，https：//news.qq.com/a/20170302/019410.htm，2017 年 3 月 7 日。

被困在山腰①；2月7日，5名游客在湖北三潭风景区游玩，由于夜幕降临天气寒冷又突降大雪，被困山中，经当地救援终于脱险②。

3. 事件社会影响的广泛性

自助旅游安全事件的产生，往往造成一系列负面影响，比如自助游游客经常发生的迷路、被困事件不仅使自助游游客个人身心受伤、财产受损，而且在紧急的救援、善后处置过程中，往往要投入大量的人力物力，消耗大量的社会公共资源，还可能在社会上产生一些不良的影响。如2017年8月12日，28名江苏游客被困，70位台州警民联手彻夜救援使被困游客脱险③；9月13日，湖北东湖高新区花山街一处山坡上，1名游客没带防护设备登山，因体力不支被困在绝壁上，当地警察用无人机绝壁抛绳，才救下被困游客④；10月22日，20名游客在深夜被困棺材山，警方成功将其救下⑤。上述事件均投入大量的社会资源进行救助，在社会上引发不良后果。

三 影响自助旅游安全的主要因素

（一）自助游游客因素

1. 安全意识缺乏

自助游游客为了追求刺激、张扬个性，在整个旅游过程中经常麻痹大

---

① 卢荻、崔小龙：《广西大明山降暴雨突发山洪 11名游客被围困》，中国新闻网，http://www.chinanews.com/sh/2017/08-04/8296004.shtml，2017年8月4日。
② 《震惊 四名驴友带一孩童徒步遇大雪封山》，网易新闻，http://bendi.news.163.com/hubei/17/0209/07/CCQKFG7J04080BQ5.html，2017年2月9日。
③ 梁宁：《8名江苏游客被困险境 台州70位警民连夜救援》，中国旅游新闻网，http://www.cntour2.com/viewnews/2017/08/14/AYLLM7A7oDMNevTPgb920.shtml，2017年8月14日。
④ 向清顺、李雨生、何培：《无人机绝壁抛绳救下被困驴友》，楚天都市报，http://atdsp.cnhubei.com/html/ctdsp/20170914/ctdsb3172328.html，2017年9月14日。
⑤ 《20名驴友凌晨被困野山 警方提示不要随意组团登山》，搜狐网，http://police.news.sohu.com/20171026/n519916408.shtml，2017年10月26日。

意，忘乎所以，对可能发生的安全事件认识不够，不重视景区的安全警示、温馨提示和游客须知等，如，2017年10月5日，3名"驴友"穿越卧龙无人区被困①，这3名"驴友"穿越前没有向警方及景区登记备案，属于违规穿越，这样违规穿越引起的意外事件，不仅将自己置于险境，而且给救援人员带来麻烦，甚至生命危险。

2. 出游准备不充分

自助游游客为了体验不一样的风景，选择较为偏僻的景区旅游，这要求游客出行前做好充分的准备，即对旅游时间、地点、乘车工具、活动强度和潜在风险等有全面了解，对当地的天气状况、身体状况和所要配备的装备有清晰认识，可是自助游游客时常凭着一腔热情，在没有充分准备的情况下出游，由此酿成安全事件。近年来，一些"驴友"选择到西藏登山挑战自我，由于准备不足命丧高原，比如，2017年12月3日，1名安徽"驴友"独自到西藏登山探险，不料从高处坠落当场遇难②。自助游游客在外出旅游时应掌握一定的安全自救常识，在遇到安全事件时可以有效减少损失，减轻伤害。

（二）景区因素

1. 景区环境容量承载能力不足

自助游游客出游的时间都集中在节假日，这样容易造成景区游客激增，由于景区未能对旅游人数进行准确的预测，景区人流量往往超负荷，在缺乏合理的疏通引导的情况下，游客之间或游客与景区工作人员容易产生冲突，威胁游客的生命安全。

---

① 王煜：《四川卧龙无人区3名被困驴友找到或属违规穿越》，新浪网，http://www.sina.com.cn/midpage/mobile/index.d.html?docID = fymrqmq0708716&url = news.sina.cn/gn/2017 - 10 - 07/detail - ifymrqmq0708716.d.html，2017年10月7日。

② 张京品、春拉：《驴友西藏登山遇难：挑战极限不能拿生命开玩笑》，中国新闻网，http://www.chinanews.com/sh/2017/12 - 07/8395223.shtml，2017年12月7日。

2. 景区设施设备不够完善

设施设备安全是旅游活动项目正常运营的前提。景区在设施设备维护、保养、更新方面存在漏洞。此外，景区一些支持性的设备，如电线、电缆等设备也存在潜在风险。由于自助旅游出游集中，很多设备设施处于高负荷、超负荷运作状态，存在众多安全隐患。

（三）交通因素

交通安全是旅游安全的重中之重，也是旅游活动顺利进行的可靠保证。近些年来，全民跨进大众旅游时代，私家车的猛增有力助推了自助旅游的发展，虽然我国的高速公路建设已经取得很大的成绩，高铁建设取得的成果也是有目共睹的，但仍然只能保证一些主要城市之间的交通便捷，一些偏远、经济不发达地区的交通相对不够便利，一些景点可进入性比较差，一些拐弯、下坡等景区特殊路段是交通事故高发场所。同时，自助旅游中驾驶员对交通安全麻痹大意，疲劳驾驶、无理超车，都是安全事故的重要隐患。比如，2017年4月5日报纸报道：1名"驴友"搭车穿越无人区，旅途中遭车祸严重受伤，将驾车人告上法庭①。

（四）旅游信息方面

移动互联网技术发展方便了自助游游客的行程制定。通过互联网，自助游游客很容易了解到旅游目的地、景点、票务预定、交通和食宿等方面信息。同时App的发展方便了自助游游客对行程的安排和预定，但是网络技术对一些细节内容提供还不完善，比如对旅游目的地的实时路况、气象、治安、交通网络等信息的更新不够准确，节假日景区客流信息更新缓慢，很多旅游活动项目没有得到宣传和推广，缺乏准确实用的旅游信息，为自助游游客出行安全埋下隐患。

---

① 林靖：《拼车穿越无人区遭车祸 搭车人告驾车人》，中国新闻网，http://www.chinanews.com/sh/2017/04-05/8191742.shtml，2017年4月5日。

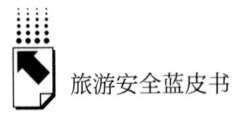
旅游安全蓝皮书

四 2018年自助旅游安全形势的展望与建议

(一)2018年自助旅游安全形势的展望

1. 自助游游客类型多元化,安全形势严峻

随着经济的发展,人们的生活水平不断提高,自助旅游成为人们向往的一种生活方式。目前国内自助旅游市场火爆,涉及不同的年龄段,自助旅游群体从年轻人延伸到中年人甚至老年人。然而,年轻人较为熟悉手机功能等新技术,在旅游中遇到危险能为营救工作提供帮助,比如2017年4月20日发生在贵州的一名"驴友"被困山崖下,当地援救人员利用手机定位将其救出[1],中老年人对新生事物接受慢,对于手机功能还没有完全掌握,一旦遇到安全事件,给营救工作带来困难,自助旅游安全工作面临新的挑战。

2. 自助旅游安全事件时间集中,概率增加

从自助旅游安全事件发生的时间来看,节假日仍然属于高发期,这和国家的节假日安排、人们带薪度假政策还没有全面实施有很大关系。因此在现有的假期制度下,节假日出行仍然是自助游游客的重要选择,所以自助旅游安全事件发生的时间呈较强的集中性,安全事件发生率也会相应地提高。

3. 智慧旅游常态化,解决景区管理难题

交通拥堵问题长期以来是自助旅游安全的重要隐患。"互联网+智慧旅游"的发展模式给景区的安全管理工作带来了很大的便利,同时改善了游客的旅游体验,景区通过智慧景区票务系统、一卡通系统、监控系统等对游客进行实时实态跟踪管理,解决自助游游客在景区的迷路、拥堵等问题,大数据技术应用使景区安全管理更加智慧化。

---

[1] 徐源、张光平:《驴友被困山崖下 历时11小时手机定位救性命》,中国旅游新闻网,http://www.cntoura.com/viewnews/2017/04/20/BmOnz4101sDDZ wz WRbePO.shtml,2017年4月20日。

(二)2018年自助旅游安全发展建议

1. 加强游客安全宣传教育

虽然自助旅游安全事件只是偶发现象,但是游客安全意识是做好防范工作的前提和基础。加强游客的安全意识有很多手段,比如运用互联网时代丰富的视听工具,结合广播电视、杂志和传统报纸等宣传手段,将旅游安全教育贯穿旅游的各个环节,增加人们对旅游活动过程中的潜在危机的了解,提高社会大众的自我安全保护意识。比如可以在旅游集散中心或游客服务中心等场所免费提供《旅游安全事件应急手册》,可运用微博、微信平台等新闻媒体手段介绍旅游安全应急知识,使自助游游客了解遇到安全事件时如何能自救,使损失程度降到最低。

2. 加强景区安全规范化管理

景区是游客活动的载体,景区安全是游客旅游活动顺利进行的可靠保证。景区管理部门要广泛调查,深入研究,提高对旅游环境变化的预知和感知能力,完善景区安全设施的建设和维护,加强安全监管和排查工作,严格执行安全服务操作规范,做到实时掌控、实时干预、实时管理处理,全面提升景区安全管理水平。

3. 创新旅游交通安全服务模式

为了提高旅游安全管理水平,各相关管理部门和企业要进行沟通与交流,制定出科学有效的安全管理机制。加强旅游交通监管,如对驾驶员的资质、车辆安检,有无超载等方面要严格检查,做好安全宣传工作确保人身安全。大力发展公共交通事业,构建完整的公共服务体系,方便自助游游客快速到达景区,减少景区交通拥堵。同时,完善包括路网、治超、网约车等管理信息系统建设,还可以提供线上线下各种服务方式。此外,推进旅游交通服务大数据应用,对事故多发地进行实时监控,使数据资源开放,建设共享平台,以适宜不同群体的服务需求,提供定制化、个性化的服务。

4. 加强在线旅游安全管理

"互联网+智慧旅游"的发展已经成为一种趋势,在线旅游产品由于其

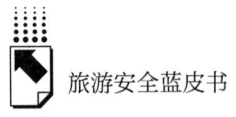

便捷性和主动选择性，越来越受到游客喜爱，购买在线旅游产品人数剧增。但购买在线旅游产品也会产生不少问题，比如提供的信息不够详尽和准确，在宣传过程中常会为吸引人们的注意力而虚假夸大宣传，造成旅游市场秩序混乱，旅客投诉增多。同时，在线旅游产品具有跨地域，信息不完整、不全面、虚拟性等特点，所以在线旅游监管难度较大，监管过程很容易出现漏洞，很难进行全面管理，所以需要出台法律法规来加大在线旅游的监管力度，提供翔实可靠的信息内容来规避风险，维护自助游游客的合法权益，保证自助游游客出行安全。

B.16
2017~2018年中国高风险旅游安全形势分析与展望*

曾 怡**

摘　要： 2017年我国高风险旅游市场进一步发展，总体旅游安全形势较为稳定，政府监管较为完善，但仍存在相关企业违规经营、部分项目安全风险突出、游客安全意识与自救技能有待加强等问题。2017年，我国高风险旅游安全事件发生数量有所上升，但事故损失得到了有效控制。本文提出，应加强高风险旅游项目安全教育与宣传引导，提升行业安全意识与人员专业技能；形成跨境跨区域旅游安全管理合作机制，保障境内外高风险旅游安全；推广高风险旅游保险，构建多元高风险旅游应急救援体系。

关键词： 高风险旅游　高空　高速　水域　户外探险

本文主要收集了2017年我国高风险旅游领域发生的典型安全事件，针对安全事件特征、事件原因、行业发展特点等开展针对性分析，并对2018年高风险旅游业发展趋势和风险特征进行了预判，为经营者改善经

---

* 基金项目：福建省社科规划青年项目"福建土楼古建筑火灾风险评估与对策研究"（FJ2017C024）。
** 曾怡，华侨大学旅游学院讲师、博士，主要研究方向为旅游安全、火灾安全。

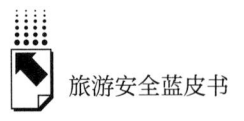

营行为与服务设施等提供数据支持,为相关部门采取风险管控措施提供参考建议。

一 2017年高风险旅游安全的总体形势

2017年,我国旅游市场持续蓬勃发展,旅游业态日趋多元,旅游活动日益丰富,游客出行更加便捷;但同时,高风险旅游项目与旅游活动仍存在显著安全风险,安全事故时有发生,给该类别项目发展与安全监管带来了不小的问题与挑战。总体而言,2017年我国高风险旅游行业数据稳定增长,安全事件数量有所增长,但事故损失得到了有效控制,并且政府监管、行业自查力度有所加大,游客的安全意识有所增强,总体趋势向好;但同时,新兴的高风险旅游领域存在不容忽视的安全管理空白,相关旅游安全救援力量仍有待加强培育与组织。本文通过人民网、新华网、新浪网、百度搜索、环球网等网络媒体收集了2017年高风险旅游活动相关的安全事件142起,并进行针对性的分析研究,具体分析结果如下。

二 2017年高风险旅游安全事件的特征与管理问题

根据统计分析,2017年1~12月网络和媒体报道的高风险旅游活动相关风险事件达142起,较2016年同比增长37.9%,死亡71人、受伤138人、失踪27人,合计伤亡人数达236人,事故损失基本与2016年持平,安全形势有待改善(见图1)。

(一)安全事件类型分布特征

根据相关文件规定及年度安全案例统计分析,2017年高风险旅游安全事件主要可分为高空项目、高速项目、水上项目、户外探险项目(如穿越、徒步、暴走等项目)以及其他项目(见表1)。

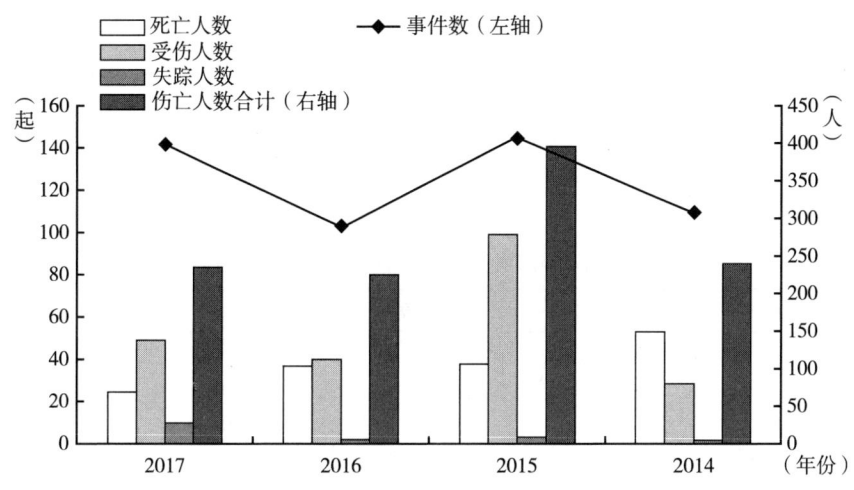

图 1　2014~2017 年高风险旅游安全事件数及伤亡人数统计

表 1　2017 年高风险旅游项目分类说明

项目分类	项目内容
高　　空	缆车、索道、热气球、玻璃栈道等高空项目
高　　速	过山车、赛车、滑草、卡丁车、滑雪、轮滑、高速骑行等高速游乐项目
水　　上	冲浪、水上飞伞、快艇、野泳、漂流、舢板以及其他水上游乐项目
户外探险	穿越高山、无人区探险、蹦极、野外探险、暴走等项目
其　　他	浮潜、水下游艇、极限运动等新兴高风险项目

据统计分析（见表2），2017年户外探险类高风险旅游项目仍然是发生安全事故数量最多、损失最大的项目类别，共发生了59起旅游安全事件，占全部高风险旅游安全事件的41.5%，包括45起登山安全事件、11起徒步旅游及穿越危险区域安全事件、3起自驾游安全事件，造成了10人死亡、32人受伤以及14人失踪。第二突出的为水上高风险旅游项目，发生了36起安全事件，占事件总数的25.4%，较往年有所上升，包括29起游泳、野泳、危险水域戏水等引起的伤亡事件，5起水上快艇、划船安全事件、1起漂流安全事件、1起冲浪溺亡事件，造成45人死亡、38人受伤、13人失踪，事件后果非常严重。高空和高速类旅游项目分别发生了12起和8起安

全事件，合计造成 10 人死亡、37 人受伤，较往年有所提高。值得注意的是，其他项目（包括浮潜、水下漫步、野生动物园探险、极限运动等旅游活动）引起的安全事件数量有显著的增长，共发生了 27 起，占事件总数的 19.0%，较 2016 年增长了 4.4 倍，造成 6 人死亡、31 人受伤的严重后果。

表2　2017 年高风险旅游活动项目事故损失统计

项目类型	事件数（起）	死亡人数（人）	受伤人数（人）	失踪人数（人）
高空	12	4	32	0
高速	8	6	5	0
水上	36	45	38	13
户外探险	59	10	32	14
其他	27	6	31	0
合计	142	71	138	27

与往年相比，2017 年高风险旅游安全事件呈现以下特点（见图2）。

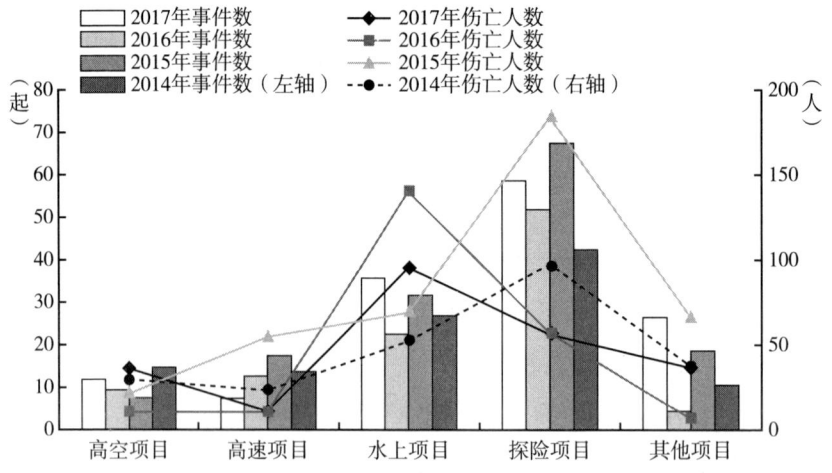

图2　2014~2017 年我国高风险旅游安全事件数与伤亡人数统计

1. 户外探险和水上类高风险旅游项目依然是安全事故发生的主要项目

由于参与高风险旅游活动的人群数量逐年增加，游客不再满足于景点式观光和静止式旅游，更加青睐于体验性与风险性并存的户外登山、徒步、摩托艇等活动，但大部分参与人群并未受过良好的专业技能培训与安全教育，往往忽视了户外探险、水上类高风险旅游活动中蕴含的风险而引起了大量旅游安全事故，事故损失巨大。尽管在《旅游安全管理办法》出台之后，2017年各地各部门均出台了一系列约束高风险旅游项目经营单位和从业者经营行为的规定，国家旅游局也在2017年5月至11月开展了高风险项目安全规范行动①，各大网络平台与信息门户也多次提醒游客注意高风险旅游安全，如广东省旅游局在2017年开展了大规模的高风险旅游活动排查工作，并做出安全提醒②，但仍然无法在短时间内改变户外探险和水上类高风险旅游项目依然是安全事故发生的主要项目这一现状。

2. 高风险旅游活动风险呈现多样性

通过对2017年高风险旅游安全事件类型特征的分析，发现我国高风险旅游活动风险呈多样性发展。旅游风险不再仅仅集中于登山探险中的迷路、坠落，水上项目中的溺水、船艇倾翻，高空、高速、其他项目中的设备故障、猝死等传统旅游安全风险，野生动物伤害、高空玻璃廊道断裂、水底氧气面罩失灵、极端天气影响等也成为2017年高风险旅游安全事件的诱因之一。这主要是由于高风险旅游项目种类数量快速增加而相应安全配套设施和安全管理尚不到位，存在部分高风险旅游项目的安全监控空白和旅游安全风险暴露区。

3. 新兴高风险旅游活动安全事件多发

2017年，由高空玻璃廊道体验、高桥蹦极、危险水域戏水、水下漫步、野生动物园探险、雪地极限运动等新兴旅游活动引起的旅游安全事件达20余起，事故影响较为严重。如2017年4月9日上午，武汉木兰胜天风景区高空玻璃滑道发生意外，致1死3伤③。这些安全事件的发生，一方面是由于参与的游客对其危险性估计不足，另一方面是由于相关旅游主管单位对于

---

① 《旅游局：实施经营许可 提高"高风险项目"准入门槛》，央视网，http://news.cctv.com/2017/04/27/ARTIDwywiFt1RJT4qNvqTfZC170427.shtml，2017年4月27日。
② 《广东省旅游局：增强风险意识 谨慎参与户外探险等高风险活动》，搜狐网，http://www.sohu.com/a/161396700_99941327，2017年8月1日。
③ 《武汉一景区玻璃滑道突发意外致游客1死3伤》，人民网，http://travel.people.com.cn/n1/2017/0411/c41570-29201170.html，2017年4月11日。

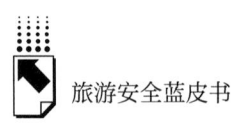

新兴高风险旅游活动未及时加以界定与管理，存在监管不足，旅游项目鲁莽上马，并未经过安全评估与验收，存在较大安全隐患，极大地影响高风险旅游业的发展。

（二）安全事件时空分布特征

1. 我国高风险旅游安全事件的时间分布特征

与往年（2014~2016年）相比，2017年我国高风险旅游安全事件整体在时间上分布较为均匀，每个月均发生了8起以上的旅游安全事件，这也意味着高风险旅游活动越来越多样化，活动区域与季节局限性越来越小，游客参与高风险旅游活动不再集中于传统的旅游旺季（如寒暑假）。2017年8月发生了18起高风险旅游安全事件，占事件总数的12.7%，为全年的峰值，共造成11人伤亡（含失踪）。2017年1月尽管只发生了10起旅游安全事件，但造成了高达48人的伤亡损失，这是由于1月为传统的中国春节假期，家庭出游和团队出游人数较多，群体性旅游伤亡事故为多数，其中2017年1月28日，在马来西亚沙巴环滩岛附近发生了一起严重安全事故，造成4名中国游客落水遇难，事件影响极为严重①（见图3）。

2. 我国高风险旅游安全事件的空间分布特征

与往年相比，2017年我国高风险旅游安全事件发生区域进一步扩大（发生区域覆盖29个省、自治区和直辖市以及境外地区），并且境外地区高风险旅游安全事件显著增多，达24起，占事件总数的16.9%，是2016年境外高风险旅游安全事件数的4倍，共造成96人死亡、受伤或失踪，严重影响了我国出境旅游安全形势（见图4）。中国领事服务网在2018年初发布的《中国公民海外安全四大杀手——旅游篇》一文中指出，"旅游安全是造成中国公民海外意外身亡的四大'杀手'之一"②，引起了广泛关注。这主要

---

① 《劫后余生：马来西亚沉船事故后的338天》，环球网，http://world.huanqiu.com/article/2018-01/11488126.html，2018年1月1日。
② 《中国公民海外安全四大杀手——旅游篇》，中国领事服务网，http://cs.mfa.gov.cn/gyls/lsgz/fwxx/t1528374.shtml，2018年1月24日。

2017~2018年中国高风险旅游安全形势分析与展望

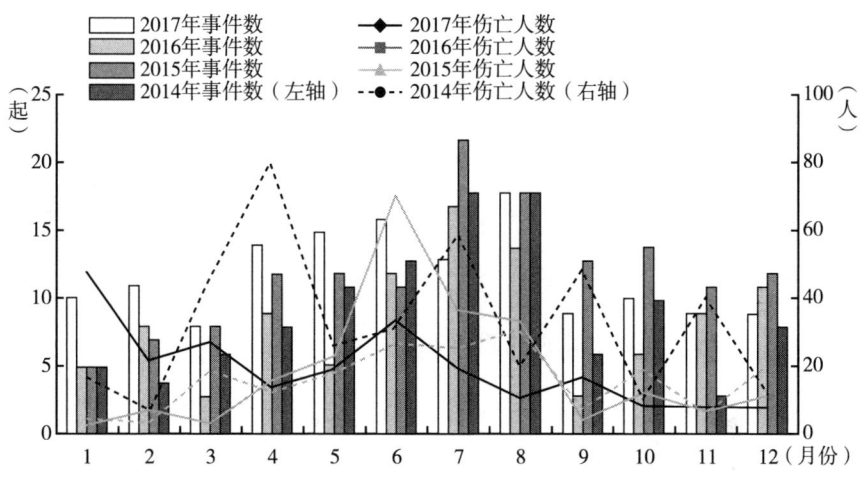

图3 2014~2017年我国高风险旅游安全事件的时间分布

与我国境外旅游人群安全意识较弱,对于参加未经当地旅游部门安全认证或者严格安全制度约束的高风险旅游安全活动的风险认识不足有关,同时,由于存在语言通信上的沟通困难、文化上的认知差异,高风险旅游活动境外救援效果不理想,造成救援脱节,后果失控。反观国内,由于2017年各地市部门均出台了漂流、登山、极限运动等高风险旅游活动的管理条例与措施,

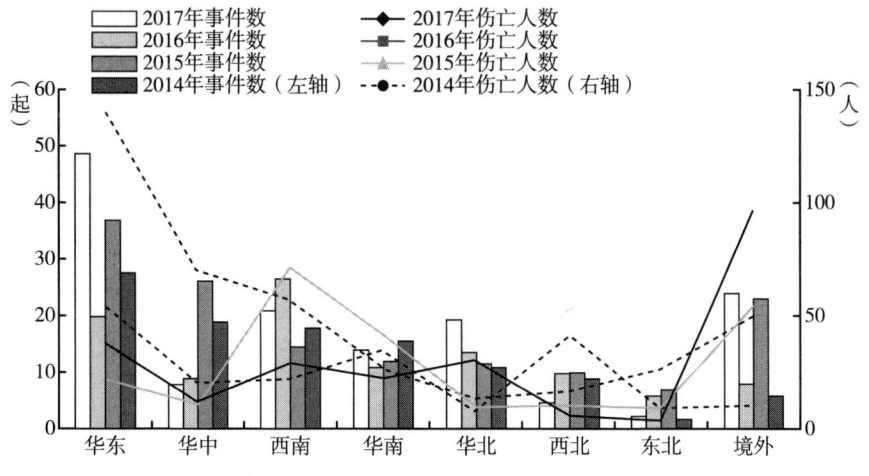

图4 2014~2017年我国高风险旅游安全事件的空间分布

189

安全事件数保持稳定，事故损失有所减少，如户外探险者的天堂——四川省，在往年是户外探险类高风险旅游安全事件的高发区域，在2017年仅发生了8起安全事件，其中2起事件并未造成人员伤亡，这与四川省在2017年加强了户外登山探险者的注册管理，并且定期对危险区域进行巡逻排查，加强民间救援力量的培养，形成良好的高风险旅游安全预警机制与户外探险旅游安全管理方案不无关系。

（三）高风险旅游活动遇难者特征

通过对收集案例中遇难者的性别、年龄等特征进行统计分析（见图5），发现已知年龄和性别的61名遇难人员中，男性遇难者为42人，女性遇难者为19人，男女比例约为2.2∶1，同比比例相近。从图5中可以发现，与往年相似，中青年男性仍然为高风险旅游活动的主要受害群体，这与参与高风险旅游活动的游客中此类人群数量最多有关，但值得注意的是，中老年游客的遇难比例有所上升，且中老年游客中性别不再成为甄别风险程度的主要特征参数。随着我国老龄化趋势的加剧，老年旅游尤其是老年高风险旅游活动中的风险问题愈加突出，应针对老年游客旅游安全特点，尽快设计符合老年游客旅游安全需要的高风险旅游活动设施与安全保障设备，同时制定针对老

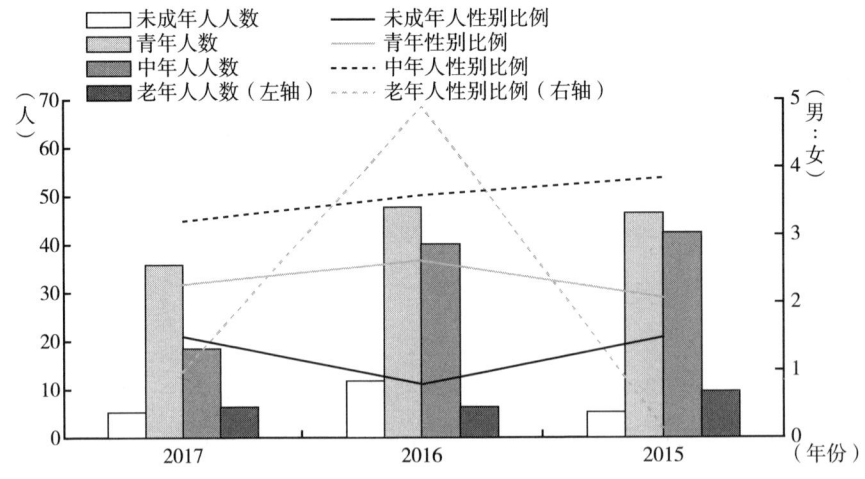

图5 2015~2017年我国高风险旅游安全事件遇难者特征

年人参与高风险旅游活动的准入条件与保护条款，降低老年游客遭遇旅游风险的可能性。综上，2017年高风险旅游活动参与者中，男性中青年游客和老年游客成为高风险人群。

（四）高风险旅游发展现状

1. 高风险旅游产品多样化，安全管理难度增大

2017年我国高风险旅游市场进一步发展，游客数量进一步提高，旅游项目开展的时空区间进一步拓展，旅游产品类型与数量也进一步增多。新兴高风险旅游产品，如水底漫步、高空玻璃廊道游览、高空建筑物蹦极、雪地极限运动等纷纷呈现，受到了游客的欢迎，参与体验的游客数量与经营频次日渐提高，其中蕴含的风险隐患也随之暴露。例如，冰雪旅游项目在我国开展的时间较晚，整个行业目前存在较易受恶劣天气影响，活动可控性较差，运动设备与器械保障较为初级，游客自我保护意识较弱、技能较低，专业从业人员数量较少、整体素质较低，冰雪高风险旅游项目管理较为薄弱等问题，成为高风险旅游风险较多的项目类别。

2. 高风险旅游安全监管力度加大

自《旅游安全管理办法》明确提出应严格监管和约束高风险旅游活动以来，各地各部门均能按照要求组织覆盖式安全监管与隐患排查，高风险旅游经营单位主体也能主动开展旅游安全应急演练，并主动进行安全提醒。据不完全统计，2017年，我国有21个省、自治区和直辖市分别开展了针对游乐场娱乐项目、水上摩托艇、漂流、户外登山等高风险旅游活动的安全专项检查，及时通报检查结果并执行对风险项目的关停、整改等行政处理[1]，各地针对高风险旅游经营项目的监管力度进一步加大，整体水平有所提升。同时，各部门针对高风险旅游安全事件频发区域（如东南亚）和项目均及时提出了安全警示，并实现跨境跨区域联合当地旅游管理部门开展专项高风险

---

[1] 吴新伟：《旅游也须避风险　重庆通报270处高风险旅游项目》，央广网，http://news.cnr.cn/native/city/20170727/t20170727_523871357.shtml，2017年7月27日。

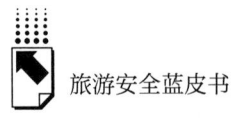

旅游市场治理工作，成效良好。

3. 高风险旅游保险体系全面升级

继2016年推出了我国首款高风险旅游保险[①]，2017年我国高风险旅游保险体系进一步发展健全。目前已有太平洋保险、安盛保险、平安保险、苏黎世保险、美亚旅游保险等公司推出了60余种高风险旅游相关保险，覆盖了滑雪、潜水、滑冰、武术比赛、探险活动、跳伞、滑翔翼、骑马、赛车、蹦极、攀岩、高原旅游、极限运动等高风险旅游活动项目，并提供意外伤害、紧急医疗与紧急住院津贴、国际救援等保险项目供投保游客选择，高风险旅游不再无险可保。但从网络保险平台的购买记录来看，目前游客主动选择投保高风险旅游保险产品的还在少数。大多数游客并未意识到参与高风险旅游可能带来的巨大风险，一旦发生事故，后续救援与医疗救助费用只能自己承担；同时这对于相关经营单位和景区也是一项挑战。2017年6月实施的《安徽省旅游条例》中率先提出对于违规高风险旅游活动，救援费用需由游客自行负责。保障高风险旅游出行安全，不仅需要保险公司进一步健全高风险旅游保险体系，还需要游客增强自身安全意识，主动选择投保，这样才能发挥保险公司和专业救援组织的作用，建立高风险旅游综合服务体系。

三 影响高风险旅游安全的主要因素

通过统计分析，2017年高风险旅游安全事件根据引致因素的不同，主要可分为四类。第一类为人的因素引起的安全事件，主要指游客安全风险意识淡薄，违反相关安全规定或者冒险参与旅游活动而造成的安全事件。该类安全事件为2017年高风险旅游活动中的高发事件，全年发生了101起，占事件总数的71.1%，如2017年6月12日，4名中国女性游客在泰国芭东游泳造成1人重伤、3人轻伤的安全事故就是由该群游客无视海滩工作人员警

---

① 《第一款高风险旅游保险出炉》，凤凰网，http://news.ifeng.com/a/20161027/50160529_0.shtml，2016年10月27日。

示与红旗提醒，冒险下水游玩引起的①。第二类为物的因素引起的安全事件，主要指由旅游场所设备设计缺陷、故障停机或者安全性能低下造成的安全事件。2017年共发生了12起该类事件，主要集中在缆车、游乐设施、摩天轮等传统高风险旅游项目，如2017年6月10日，由于广西桂林尧山景区停电，200多名游客被困缆车内和山上约1小时②。第三类为环境因素引起的安全事件，主要指恶劣环境、极端气候、突发气象以及泥石流、洪灾等不可控因素对高风险旅游活动造成影响而引起的旅游安全事件。2017年共发生了8起该类事件，如2017年6月18日，北京门头沟发生局地山洪，造成含6名自驾游游客在内的12人失踪③。第四类为管理因素引起的安全事件，主要指由高风险旅游项目的管理单位管理疏失、经营单位管理混乱和从业人员违章操作等引起的安全事件。该类事件在2017年共发生了21起，占总体事件数的14.8%，较往年有所增长（见图6），如2017年2月3日，由于重庆市丰都县游乐场工作人员未按安全规范操作游乐设施"遨游太空"，一游

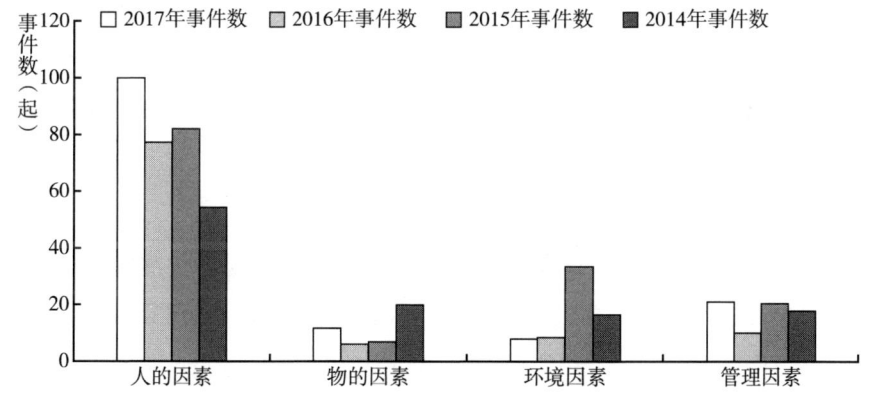

图6　2014~2017年我国高风险旅游安全事件直接原因分布

---

① 《中国女游客4人溺水　疑无视警告》，凤凰网，http://news.ifeng.com/a/20170612/51233466_0.shtml#p=1，2017年6月12日。
② 《广西桂林尧山景区突然停电，200多人被困索道缆车和山顶》，搜狐网，http://www.sohu.com/a/147940076_260616?_f=index, recom，2017年6月11日。
③ 《门头沟斋堂镇发生局地山洪　蔡奇陈吉宁批示全力搜救失联人员》，http://bjwb.bjd.com.cn/html/2017-06/19/content_142361.htm，2017年6月19日。

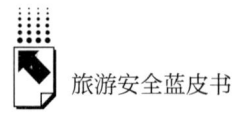

客在乘坐时被甩飞,摔落地死亡①。综上,2017年高风险旅游活动中暴露出以下问题:①游客安全意识薄弱,专业技能与自救能力低下;②缺乏专业人员,安全操作不规范;③安全监管不到位,风险识别未更新。

四 2018年我国高风险旅游安全的趋势展望及对策建议

(一)趋势展望

1. 高风险旅游安全事件分布范围增大,安全监管难度提高

2018年我国高风险旅游产业将持续发展,活动类型、活动地区、活动时间范围将进一步扩大,这也意味着高风险旅游安全事件发生的可能区域进一步增大,给2018年的高风险旅游安全工作带来更大的挑战。政府主管部门应借助大数据技术,建设全时空覆盖、跨区域跨行业、立体化的安全监管体系,实时监控重大风险源动态信息,并建立高风险旅游项目经营注册与跟踪档案,发布及时安全预警信息,做好安全隐患排查工作与应急预案的制定工作。

2. 境外高风险旅游安全风险持续提升

有关资料显示,2018年我国出境旅游人数与市场规模将继续保持增长态势②,其中出境体验高风险旅游活动的游客不在少数。如何有效与及时获取风险信息并发布安全预警信息?如何有效与当地旅游监管部门合作以保证境外高风险旅游活动的有序进行?如何正确引导与提醒我国游客谨慎参与境外高风险活动以保障自身人身财产安全?这些都将是2018年我国旅游管理部门与高风险旅游经营单位主体应考虑的重要问题。

---

① 伍黎明:《重庆丰都游乐设施事故原因初步查明:未按规范操作》,中国新闻网,http://www.chinanews.com/sh/2017/02-04/8141022.shtml,2017年2月4日。
② 《2018旅游业洞察:全球增速放缓 中国出境游喜忧参半》,http://www.traveldaily.cn/article/119378,2017年12月22日。

3. 冰雪类高风险旅游项目安全有待保障

2018年，我国将进入冬季奥运会筹备建设的"北京周期"。以此为契机，我国冰雪类高风险旅游项目也将得到政策上和资金上的发展支持，呈现快速增长趋势，旅游活动项目与参与游客人数极可能进一步增多，但这类项目蕴含的高速、高空、极限运动风险不容忽视。其中，尤为突出的是这些旅游项目的专业人员和安全保障人员尤为稀缺，比如从冰场和雪场的建设、维护到管理、运营，到冰雪游乐场所的接待、服务与安全救助等，都需要大量的专业人才。冰雪类高风险旅游项目专业人才的短缺将成为该类项目的重大风险之一，应引起足够的重视。

（二）对策建议

1. 加强高风险旅游项目安全教育与宣传引导

通过对2017年高风险旅游安全事件中遇难者与事件引致因素的统计分析，可以发现由个人因素，如对旅游活动风险的低估或忽视、个人保护与自救能力的缺乏、违规进入危险领域探险、未配备安全护具或未按照安全指示操作等造成的安全事件频繁发生。其中，盲目追求刺激、忽视旅游风险的中青年男性与风险感知性低、易受伤害的老年游客成为主要的受害群体。应针对项目主要参与者与易发生风险的人群的行为偏好特征，开展专题旅游安全教育宣传与引导，如加强户外探险旅游的行前安全培训，强调老年游客高风险旅游的安全提示，强化游客安全旅游、文明旅游的意识，提升游客的自我保护能力。

2. 进一步促进跨境跨区域旅游安全管理合作机制的形成

由于我国跨境跨区域的旅游安全管理合作机制尚未形成，我国游客在境外高风险旅游安全事故发生后的事故救援与应急处理仍显不足。尽管在2017年我国外事机构多次发出针对境外高危地区的旅游安全提示，我国境外热门旅游目的地如泰国普吉岛也专门设立了中国游客安全服务处，配合处理我国游客在泰国旅游发生的旅游纠纷与安全事件，但由于相关行业经营单位未能受到两国相关部门联合监管，存在大量不安全的经营行为与不规范的高风险旅游项目,严重影响我国出境游游客的人身安全。应尽快通过外交渠道与我国境外旅游主要目的地旅游管理部门建立高风险旅游监管的合作机制,建立实时监测系统,确保游客在境内外的安全出行。

3. 构建高风险旅游安全综合保障体系

2018年旅游安全相关管理部门应搭建高风险旅游安全综合保障平台:建立高风险旅游大数据实时监测系统,监控旅游安全事件高发时间与地区的风险状态,提升安全预警能力;加强旅游企业安全意识,推广高风险旅游经营单位注册制;鼓励商业保险公司开发多样化的高风险旅游保险产品,覆盖高风险旅游风险类别;引导民间公益救援力量与商业救援企业的沟通合作,使其在政府主导下,积极参与高风险旅游救援救助工作,减少高风险旅游事故损失。

B.17
2017~2018年中国旅游安全法律规制的形势分析与展望

郭志平 朱 磊*

摘　要： 党的十九大提出了"树立安全发展理念，弘扬生命至上、安全第一的思想"，同时，国务院办公厅印发的《安全生产"十三五"规划》为今后五年的安全生产工作进行谋篇布局。2017年，国家旅游局共印发了6个涉及旅游安全的通知，发布了11条自然灾害、天气、卫生、安全局势和财物安全等方面的旅游出行提示。安徽、北京、广东、内蒙古、宁夏、山西和大连7个地方修订颁布了旅游条例，每部条例都对旅游安全做出了规定。其中6部地方旅游条例专门设定了旅游安全章节。2018年初，国家旅游局以"底线管理，安全第一"为原则制定并印发了《假日旅游工作导则》，加强对假日旅游安全的引导规范；各级旅游管理部门亦将认真贯彻落实十九大精神，对旅游法律中有关安全的制度进一步细化和完善。

关键词： 旅游　安全　法律　规制　新理念

党的十九大提出了"树立安全发展理念，弘扬生命至上、安全第一的思想"。在习近平新时代中国特色社会主义思想的指导下，各级人大、政府

---

* 郭志平，国家旅游局法规处干部，法律硕士，主要研究领域为旅游法律规制、旅游行政和民事法律及旅游安全；朱磊，新汴河景区管委会执法分局，法学学士。

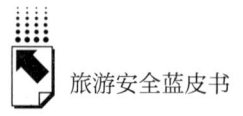
旅游安全蓝皮书

及旅游管理部门认真学习、深刻领会十九大提出的新思想、新战略、新举措，准确把握新时代中国特色社会主义思想的精神实质和理论精髓，始终紧贴实际，坚定不移地走依法兴旅、依法治旅的法治建设道路。党的十九大继续要求全面推进依法治国方略，把党的领导贯穿到依法治国的全过程和各方面；坚持厉行法治，成立中央全面依法治国领导小组，加强对法治中国建设的统一领导；同时倡导成立共建共治共享的社会治理新格局，加强社会治理制度建设；健全公共安全体系，完善安全生产责任制，坚决遏制重特大安全事故，提升防灾减灾救灾能力；加快社会治安防控体系建设，保护人民人身权、财产权。在依法治国大背景下，旅游安全法治迈上了一个新的台阶，走上了新征程。

一 2017年旅游安全法律规制的总体情况

2017年，贯彻落实党的十九大关于安全和法治的新理念、新思想、新战略，以习近平新时代中国特色社会主义思想为指导，是旅游安全法治建设工作主要遵循的原则。同时，为了贯彻实施《中华人民共和国旅游法》，6个省（自治区、直辖市）和1个副省级城市修订颁布了地方旅游条例，分别是《安徽省旅游条例》《北京市旅游条例》《广东省旅游条例》《内蒙古自治区旅游条例》《宁夏回族自治区旅游条例》《山西省旅游条例》和《大连市旅游条例》，旅游安全是修订完善的重要内容。

2017年1月12日，国务院办公厅印发了《安全生产"十三五"规划》，明确了"十三五"时期安全生产工作的指导思想、发展目标和主要任务，对全国安全生产工作进行全面部署；提出了构建更加严密的责任体系、强化安全生产依法治理、坚决遏制重特大事故、推进职业病危害源头治理、强化安全科技引领保障、提高应急救援处置效能和提高全社会安全文明程度七个方面的主要任务，以及监管监察能力建设、信息预警监控能力建设、风险防控能力建设、职业病危害治理能力建设、城市安全能力建设、科技支撑能力建设、应急救援能力建设和文化服务能力建设八个重点工程；规定了落实目标责任、完善投入机制、强化政策保障、加强评估考核四项举措，保障规划实施。

2017年1月30日，《国家旅游局办公室关于进一步加强旅游安全工作的通知》（旅办发〔2017〕21号）印发，从"提高认识，严格落实旅游安全责任""加强督促，切实增强旅游安全工作成效""强化值守，提高应急处置工作水平""细化服务，提醒游客出行强化安全意识"四个方面，进一步强化旅游安全"红线"意识，落实旅游安全"首位"要求。2月16日，为切实做好旅游安全与应急工作，确保全国"两会"期间旅游安全形势稳定，国家旅游局印发了《国家旅游局办公室关于切实做好全国"两会"期间旅游安全与应急工作的通知》（旅办发〔2017〕27号），提出要强化政治自觉和责任自觉，坚决维护安全稳定形势；要认真贯彻落实全国安全生产电视电话会议精神，深入开展旅游安全检查和监管，消除旅游安全隐患；要加强旅游安全宣传和预警，提高游客安全意识和防范能力；要加强值班值守，提升旅游应急处置能力。3月14日，为切实加强农家乐（民宿）建筑防火安全，保护人民群众生命和财产安全，推动农家乐（民宿）健康发展，住房城乡建设部、公安部、国家旅游局联合印发了《农家乐（民宿）建筑防火导则（试行）》（建村〔2017〕50号）。9月11日，国家旅游局印发了《国家旅游局办公室关于做好2017年国庆中秋假日旅游工作的通知》（旅办发〔2017〕235号）。12月20日，为认真贯彻落实党的十九大精神，满足广大游客对于美好假日旅游活动的向往和需求，实现假日旅游"安全、秩序、质量、效益、文明"的工作目标，国家旅游局印发了《国家旅游局办公室关于做好2018年元旦假日旅游工作的通知》（旅办发〔2017〕337号），将保障旅游假日安全工作放在首位，提出要高度重视假日旅游安全工作，明确假日旅游安全生产责任，制定假日旅游安全应急预案，提前发布假日旅游安全出行提示等要求。12月21日，国家旅游局发布《景区游客高峰时段应对规范》（LB/T 068-2017），规定了景区游客高峰时段的基本要求、应对等级、具体要求等，其中，根据景区内游客量达到或超过日最大承载量的百分比，将游客高峰时段应对等级分为一、二、三级，分别用红色、

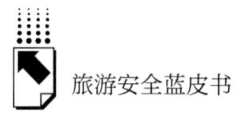

橙色和黄色标示；当景区游客量达到日最大承载量时，景区应立即停止售票，并向游客发布告示，做好疏导。据网上资料显示，国家旅游局全年共公开印发了6个涉旅安全通知，发布了11条自然灾害、天气、卫生、安全局势和财物安全等方面的旅游出行提示。①

二 地方性旅游法规修订中涉及旅游安全的相关情况

2017年制定（修订）的7部地方性旅游条例中，安徽、内蒙古、广东、宁夏、山西和大连6地旅游条例中单独设立了"旅游安全"章节。其中，安徽与大连的章节为"旅游安全与监管"，内蒙古的章节为"旅游安全与监督管理"，广东的章节为"旅游安全、公共服务与监督管理"。各旅游条例都能够紧紧结合本地实际，顺应旅游安全法制发展需要，既从细化旅游法的角度加大了对旅游安全的规范，又突出本地旅游安全管理的特点。比如，内蒙古结合本地草原、沙漠旅游特色，在骑马、乘驼、沙漠冲浪等高风险旅游项目管理方面做出较完善的规定；安徽明确违反规定开展风险性较高的旅游活动导致发生旅游安全事故产生的救援费用，应当由旅游活动组织者及被救助人相应承担；山西分项规定了旅游经营者安全管理的主体责任。主要的内容和亮点包括以下几个方面。

（一）旅游安全监管责任

7个地方旅游条例都对旅游安全监管做出规范，明确了政府及相关部门的安全监管责任，主要包括安全监督检查的职责、多部门协同监管职责和旅游突发事件应急预案机制及综合执法监督管理等。其中，安徽、内蒙古、广东、宁夏规定旅游部门应当会同公安、卫生计生、交通运输、环境保护、工商、质监、价格、食品药品监管等部门，建立旅游联合执法机制，开展安全检查；山西规定旅游部门应当协调有关部门及救援、医疗、保险等机构参与

---

① 资料来源：国家旅游局官方网站。

安全救助和善后处置,与公安机关建立出境旅游人员风险评估以及预警指导机制。

(二)旅游安全风险提示制度

7个地方旅游条例均对旅游安全风险提示制度做出了明确规定,要求旅游主管部门及时、准确地向社会发布旅游安全警示信息。广东将旅游安全风险提示的情形与《中华人民共和国突发事件应对法》规定的"自然灾害、事故灾难、公共卫生事件、社会安全事件"相衔接,提高了安全风险提示制度的可操作性。

(三)旅游安全经营主体责任

安徽、广东、宁夏、山西、大连5个地方旅游条例对旅游安全经营主体责任做出了规定,主要包括以下几点。一是建立和落实安全保护制度,配备必要的安全设施设备,定期进行安全检验和监测;二是对旅游从业人员开展安全风险防范和应急救助技能培训;三是制定应急预案并定期演练。山西则从9个方面集中规定了旅游安全经营主体责任,既有总体要求,又有具体规制。

(四)高风险旅游项目管理

除北京外,安徽、内蒙古、广东、山西、宁夏、大连6个地方旅游条例对高风险旅游项目管理做出了规定。其中,安徽、内蒙古、山西、宁夏、大连5个地条例中特别要求旅游经营者应当按照有关规定取得经营许可并投保相关责任险。《内蒙古自治区旅游条例》更是规定,个人在景区提供具有危险性的旅游项目服务的,"应当与景区签订合同,服从景区管理";旅行社安排游客参加具有危险性的旅游活动,"应当选择已办理工商登记和投保相应责任保险的景区,并事先告知游客旅游项目的危险性和安全注意事项"。《山西省旅游条例》则对经营高风险旅游项目以及利用废弃矿山、工厂等开发建设旅游项目的,提出进行安全评估的要求。

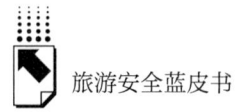

（五）景区开放制度

除北京、广东外，其余 5 个地方旅游条例均对景区开放制度做出了相应规定。宁夏、山西、大连三地旅游条例提出景区开放应当符合法定条件，并听取旅游主管部门意见；《安徽省旅游条例》则进一步细化了旅游法相关规定，提出"在禁止通行、没有道路通行的区域，任何单位或者个人不得违反规定开展风险性较高的旅游活动。违反前款规定发生旅游安全事故产生的救援费用，应当由旅游活动组织者及被救助人相应承担。"

（六）景区流量控制制度

除宁夏外，其余 6 个地方旅游条例都对景区流量控制制度做出了规定。其中，安徽、北京旅游条例要求景区主管部门应当制定旅游流量控制方案，采用多种方式控制景区游客数量，提前对游客人数超过景区最大承载量的情况进行公告并向地方政府报告，地方政府和景区主管部门协同采取措施疏导人流、分解流量压力；《山西省旅游条例》则做出进一步细化，规定"旅游者数量达到核定最大承载量的百分之八十时，景区应当及时采取交通调控、入口调控等措施控制旅游者流量。"

（七）旅游客运安全

除安徽外，其余 6 个地方旅游条例均对旅游客运安全做出了明确规定。其中，内蒙古、广东、山西、大连提出，旅行社为游客提供交通运输服务的应当选用有许可资质、符合安全规定的客运交通工具，并对运输经营者和驾驶人员做出了相应规范；《广东省旅游条例》进一步细化提出，具体承运工具应当具有座位安全带、消防、救生等安全设施，并对客运车辆设有导游专座做出了明确规定；《山西省旅游条例》要求道路运输管理机构每半年向同级旅游主管部门通报当地旅游客运企业及其所属车辆变化情况，进一步加强了旅游部门与交通运输主管部门对旅游客运安全的联合监管。

（八）乡村旅游安全

《安徽省旅游条例》对乡村旅游安全做出了规定，要求"食品药品监管、林业、公安消防、卫生计生、环境保护等部门，应当对乡村旅游服务经营的食品安全、消防安全、公共卫生、环境保护等给予指导、监督"。

（九）旅游保险制度

除大连外，其余6个地方旅游条例均规定了旅游保险制度。其中，安徽、北京、山西3地旅游条例中着重强调鼓励银行和保险机构创新旅游保险产品和服务，开发符合旅游业特点的综合保险产品；《广东省旅游条例》提出高风险旅游项目经营者应当依法投保相关责任险，并提示游客投保人身意外伤害险；《宁夏回族自治区旅游条例》重申了旅游法的规定，提出旅行社、住宿、旅游交通和高风险旅游项目经营者应当依法投保责任险。

（十）游客安全权利和义务

除北京、大连外，其余5个地方旅游条例均对游客安全权利和义务做出明确规定，主要包括游客应当遵守旅游安全警示规定、遇到不可抗力和突发事件时配合政府及有关部门工作等。其中《内蒙古自治区旅游条例》紧贴地方实际，规定参加边境旅游的游客有权接受安全培训。

三 2018年旅游安全法律规制形势展望与建议

（一）形势展望

党的十九大报告明确了"树立安全发展理念，弘扬生命至上、安全第一的思想，健全公共安全体系，完善安全生产责任制，坚决遏制重特大安全事故，提升防灾减灾救灾能力"的安全发展观，提出了"推进科学立法、民主立法、依法立法，以良法促进发展、保障善治"的立法理念。党的领

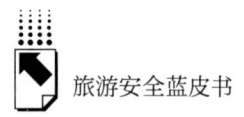

导是依法治国的根本保证，党领导立法、保证执法、带头守法是坚持党的领导的重要体现。2018年初，国家旅游局认真贯彻落实党的十九大精神，以"底线管理，安全第一"为原则制定并印发实施了《假日旅游工作导则》，对假日旅游安全进行引导，并以此指导了2018年春节假日旅游安全相关工作，为新年旅游安全法律规制开了好头。各级旅主管部门也必将以习近平新时代中国特色社会主义思想为指导，以十九大报告明确提出的安全发展观和立法理念为指引，紧紧围绕旅游安全法规在施行过程中出现的新问题、新情况，在旅游法框架下，进一步修订完善现行旅游法规规章关于旅游安全的规定。尚未完成旅游条例修订工作的省（自治区、直辖市），旅游安全仍将是这些地方旅游立法内容的重点。

（二）发展建议

2018年，旅游安全法律规制应注重做好如下几个方面的工作：一是以习近平新时代中国特色社会主义思想为指导，以十九大报告提出的安全发展观和立法理念为指引，结合国务院《安全生产"十三五"规划》，继续贯彻实施旅游法有关要求，进一步贴合自身发展实际，细化并完善现行旅游安全法规制度；二是在旅游立法中，要做到科学立法、民主立法，将建立明确、高效的旅游安全监管机制作为重点，注重旅游安全法规的针对性、可操作性和可行性，提高立法质量；三是设区的市旅游主管部门可以借取得地方立法权的契机，在旅游安全立法方面做出更多、更好的探索，为更高层级的旅游安全立法积累有益经验。

参考文献

[1] 国家旅游局通知公告，http://www.cnta.gov.cn/zwgk/tzggnew/gztz/。
[2] 《安徽省旅游条例》。
[3] 《北京市旅游条例》。
[4] 《广东省旅游条例》。

[5]《内蒙古自治区旅游条例》。
[6]《宁夏回族自治区旅游条例》。
[7]《山西省旅游条例》。
[8]《大连市旅游条例》。

附表　2017年新修订地方旅游条例中关于旅游安全的章节和条款

省、区、市	安徽省	北京市	内蒙古自治区	广东省	宁夏回族自治区	山西省	大连市
安全章节	第六章旅游安全与监管		第六章旅游安全与监督管理	第四章旅游安全、公共服务与监督管理	第五章旅游安全	第五章旅游安全	第四章旅游安全与监管
旅游安全监管责任	第五十条、第五十七条	第五条	第五十六条	第三十七条	第三十五条第一款	第五十二条、第五十三条	第四十二条
旅游安全风险提示制度	第五十一条	第十九条、第二十一条	第五十七条	第三十八条、第四十条第一款	第二十一条第一款、第三十七条第一款	第十八条、第四十条第（四）项	第十七条
旅游安全经营主体责任	第五十三条、第五十四条			第十二条第（三）项、第（六）项	第三十六条	第五十四条	第四十三条
高风险旅游项目管理	第四十七条		第四十二条、第四十三条、第五十九条	第四十二条第一款	第三十九条	第五十五条	第四十四条
景区开放制度	第三十五条、第五十六条		第五十八条		第三十一条第二款	第四十七条第一款	第三十四条
景区流量控制制度	第四十四条	第三十五条	第二十八条	第四十三条第二至四款		第四十八条	第三十六条第一款
旅游客运安全		第四十一条	第三十五条	第四十条第三款	第三十七条第二款	第四十三条、第四十四条	第三十五条
乡村旅游安全	第三十二条						
旅游保险制度	第十四条第二款	第十七条第二款	第四十二条第一款、第四十三条	第四十二条第二款	第三十九条	第二十一条	

续表

省、区、市	安徽省	北京市	内蒙古自治区	广东省	宁夏回族自治区	山西省	大连市
游客安全权利义务	第三十四条第一款第(四)项		第五十四条	第九条第(四)项	第三十八条	第三十七条第(四)项、第三十八条第(四)项、(六)项	
法律责任	第六十一条	第七十一条、第七十二条	第六十八条	第五十二条、第五十五条第二款第(三)项、第六十一条	第四十六条、第四十七条		第五十五条

B.18 2017～2018年旅行社责任保险全国统保示范项目及旅游救援保险的发展形势分析与展望

张志安 胡笳*

摘 要： 2017年我国共20566家旅行社参加旅行社责任保险全国统保示范项目（以下简称统保示范项目），统保率为74.99%，统保示范项目共处理案件11035起，为旅行社挽回经济损失近7000万元。作为对国民经济、社会就业综合贡献均超过10%的战略性支柱产业，2018年旅游业进入从高速增长向优质旅游发展的新阶段，转向依靠"质量""品质""服务"发展的新路，旅游保险也将不断提升服务水平，加强安全保障和风险管控体系建设，为旅游业可持续健康发展保驾护航。

关键词： 旅行社责任保险 旅游救援保险 发展形势

2017年，福建省、贵州省、河北省、黑龙江省、湖北省、吉林省、江西省、内蒙古自治区、山东省、山西省、青海省、陕西省、新疆维吾尔自治区、新疆生产建设兵团、石家庄市、西安市、厦门市、吉林市、三亚市、内蒙古自治区兴安盟下发了2018年统保示范项目续保推动文件。江泰保险经

---

* 张志安，江泰保险经纪股份有限公司副总裁；胡笳，江泰保险经纪股份有限公司我游保事业部总经理助理。

纪股份有限公司（以下简称江泰经纪）各分支机构全面开展旅游安全和风险管理的保险保障工作，提高各地旅游企业的风险防范意识和风险防范能力，深化行业安全管理。为构建旅游行业安全保障网络，江泰经纪在做好统保示范项目服务的基础上，持续推出旅游者团体意外保险、赴台/赴日/赴韩/赴东南亚/赴欧/赴美加澳新等专属保险、签证拒签保险、邮轮游保险、一日游保险、航空意外险、自驾游保险、中国公民赴韩医疗美容专属保险、导游执业综合保险、旅行社从业人员专属保险、景区（点）/饭店安全生产责任险、目的地组合保险等旅游保险项目，开发研学保险、中国公民走出去救援保险和配套一键救援体系，为我国旅游业的安全发展做出了积极贡献。

一 总体形势

2017年共20566家旅行社参加统保示范项目（见图1），统保率为74.99%，其中广东、山西、四川、青海、宁夏、厦门、青岛、南通等地统保率100%，新疆、云南、内蒙古、海南、北京、陕西、山东、福建、湖南、黑龙江、广西等地统保率超80%。在各级旅游部门的引导和江泰经纪、六家共保公司的共同努力下，统保示范项目运行日益顺畅，参保规模不断扩大，进一步提升了统保示范项目利用保险"大数法则"转移风险的能力。

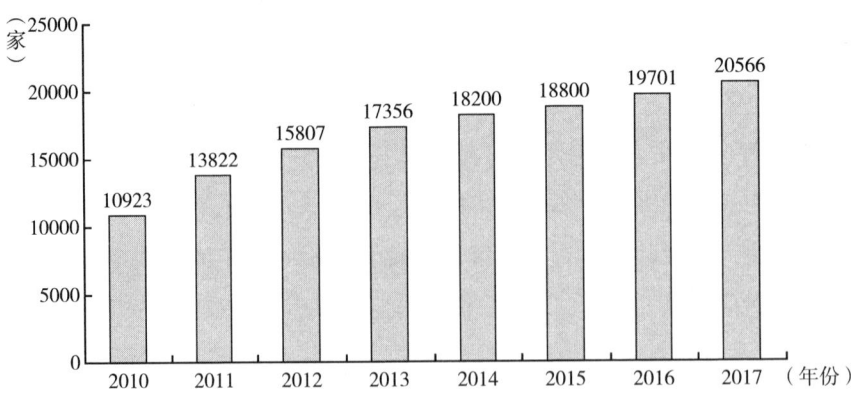

图1 统保示范项目8年参保旅行社规模

全国29个省（自治区、直辖市）通过召开地方联合工作小组会议沟通重大案件处理、事故鉴定等内容，及时有效地解决项目运行过程中发现的问题，根据当地旅游风险事件情况，有针对性地探讨化解风险和防灾防损的具体措施。江泰经纪每季度向国家旅游局及29个省、6个计划单列市的旅游部门提供《出险情况分析及风险管理建议报告》，累计报送报告过百份。8年来，在各地旅游部门领导下，统保示范项目与行业整体安全管理相结合，风险管控工作逐步深化。

二 保险经纪服务

（一）投保咨询

2016年年底，19000多家旅行社需在1个月内集中续保，对服务机构的人力调配、系统保障和服务时效等提出了较高要求。为在有限的时间内通知各地旅行社保险到期、协助旅行社办理续保手续，江泰经纪统一布置、分批推进、提前应对，累计在全国召开了不同形式的培训会议千余场，与参加统保示范项目的旅行社逐个进行电话沟通，提醒保险到期时间，提出保险方案优化建议，并告知办理续保手续，累计提供投保咨询两万多人次。

（二）拜访培训

江泰经纪继续组织各地分支机构开展旅行社"拜访百分百"活动，通过2017年新成立的地级市三级机构，将拜访范围进一步扩大，全面推进客户服务工作，通过拜访落实旅行社责任险、旅游意外伤害保险未决案件进展情况并制定解决方案，记录保险需求、风险管理需求和对服务的意见建议，400服务专线同步进行回访，切实提高上门拜访服务质量，进一步加深旅行社对旅游保险的理解，提高旅行社风险管控能力，分析归纳出险情况并进行总结对比，就旅行社在经营管理或带团过程中存在的风险提出安全保障建议，更好地发挥旅游保险的风险管理作用。江泰经纪各分支机构根据当地实际情况，开展各具特色的旅游保险宣传活动，配合旅游行政管理部门、保险监管部门大力宣传旅游风险、旅游保险、旅游安全知识。通过培训会议、突发事件应急演练、安全咨询日、旅游安全检查等形式多样的活动，增强旅游行业及旅游参与者的安全意识与保险意识，让旅游安全意识深入人心。2017年累计接受电话咨询10万多人次，为20566家旅行社提供保险服务，上门拜访旅行社18000余家，为旅行社提供培训千余次，上门服务里程90多万公里。

江泰经纪先后编制印刷3万册《旅行社服务手册》、3.5万册《导游手册》、1.8万张统保示范项目宣传折页、1.25万张统保示范项目封套、2万册《2016年度旅行社业风险白皮书（含案例汇编）》、2万册《旅游者案件处理手册》、5000册《旅行社责任保险统保示范项目典型案例100例》，向全国参保旅行社发放。

（三）案件处理

1. 2017年案件情况

2017年统保示范项目共接报案11035起，较2016年的10519起增加了4.91%。截至2017年12月31日，2017年结案率为88.36%，已决赔款34711083.84元，未决估损33932355.24元（见表1）。

表1 2017年出险明细

案件类型	案件数(起)	结案数(起)	未决数(起)	赔款(元)	估损(元)
意外伤害	5092	3644	1428	10576840.98	14839047.19
突发疾病	1599	1217	382	8279081.08	6592818.73
交通事故	314	173	141	2255116.09	8472516
食物中毒	239	204	35	294071.02	173120
其他人伤	69	63	6	2000	10000
旅程延误	2691	2281	400	9831394.78	2780011.15
旅行取消	654	549	105	3096229.36	825080.17
财产损失	291	250	41	222372.03	209762
其他非人伤	86	78	8	153978.5	30000

注：有些案件已结案但客户仍在治疗中，此类案件未计入"结案数"中。

2.重大案件处理情况

2017年,统保示范项目共处理重大案件558起,包括"7·6"围场重大交通事故、"8·8"四川九寨沟地震、"10·15"湖北宜昌景区落石事故等,通过统保示范项目专项保证金垫付和协调共保公司预付两种方式,为统保示范项目重大案件处理提供及时、充足的资金支持,保障了游客权益,减轻了旅游企业负担,成为旅游部门处理重大案件的有力抓手。

(四)"互联网+"新业态

根据《关于推进中小学生研学旅行的意见》,江泰经纪先后在北京、上海、重庆、江苏、安徽、江西、广东、河北、陕西、新疆等地拜访教育局、研学机构,了解中小学校开展研学活动的意愿、研学活动安全方面的需求、对建立全国中小学生研学旅行安全保障示范平台的看法,设计开发了研学专属保险产品,为旅游新业态不断丰富保险产品,构筑旅游安全保障网。

为更好地契合"互联网+"时代特色,满足旅游业移动化、异地化、零散化的行业需求,江泰经纪不断对"我游保"App(江泰经济旅游保险产品、互联网移动投保工具)进行功能提升和系统优化,通过App不仅可以购买各类旅游保险产品,还实现了旅游案件在线快速理赔。在不断开展市场调研和风险分析的基础上,细分用户群,强化旅游、保险交易功能,实现在线签署电子合同、扫描身份证快速投保、拍摄图片清单便捷投保、一键分享省流量投保、电子发票在线申请等特色功能,配套推出旅行社从业人员专属保险、个人境内游保险、景区意外险等产品,从旅游行业的角度出发,为行业定制产品、管理风险,通过移动互联手段提升客户体验,精简投保流程和理赔环节,构建数字化旅游安全与发展的全新图景,实现"看到即知道",完成向客户导向、全球资源、数据驱动、智能运营、实时商业的转变,为行业和企业提供敏经营、轻管理、易融资和简发展的数字化服务。

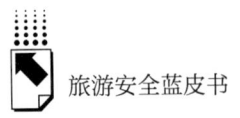

四 旅游救援保险体系建设

2017年我国国内旅游人数50.01亿人次,出境旅游人数1.30亿人次,旅游保险对于游客安全出行的保障力量不可低估。在统保示范项目深化发展的基础上,开发、梳理与之配套的、利于提升旅游行业抗风险、减损失、化纠纷、强盈利能力的意外险、健康险、救援险产品,融保险于行业安全管理、企业资源计划管理和客户关系管理平台之中,就显得尤为重要。

1. 大力发展"大救星"平台

2010年推出统保示范项目之时,江泰经纪开发了配套的游客团体意外保险,确保旅行社、游客的保险保障更充足。旅行社责任保险、旅游意外伤害保险的双重保障,在出险后更体现了并案处理、快速赔付、降低旅行社经营成本等诸多作用,也切实保障了旅行社、游客的合法利益。江泰经纪各分支机构建立客服QQ群和微信群,每天进行投保操作、服务指引,坚持上门沟通,旅行社需要时不分大小社无偿提供培训。在理赔方面,通过和"大救星"App对接,实现全自动电子化快速索赔;细心为旅行社分析事故发生后如何规避风险,用服务赢得了旅行社的依赖和好感。

在旅行社责任保险、旅游意外伤害保险双重保障的基础上,根据旅游市场线路、出行人群、出行方式细分的趋势,在推动覆盖"吃、住、行、游、购、娱"旅游六个基本要素的全产业链旅游保险保障体系的基础上,重点布局中国公民走出去海外紧急救援网络建设,开发中国公民走出去救援保险产品,推出"大救星"App,通过全球资源整合,运用互联网科技优势形成合力,实现平台化、市场化、保险化、国际化,在政府救援和商业救援之外,在中国境外公民、救援机构以及海外个人服务者之间构建了新的救援服务生态,为中国公民在海外营造了一个安全的旅行环境。

2. 大力拓展"大救星"服务范围

全天候救援,海外寻求救助服务只需"按一键",是"大救星"的核心功能。"大救星"更是借助移动互联网建成的"中国公民走出去全球救援服务第一平台"。通过"大救星"App，实现了从单一式的赔付保险变为救援保障和风险防范的一体化救援；从一般性综合服务变为救命、救治、救护和救助；从单一电话救援变为平台式一键救援。为了实现"大救星"落地服务，江泰经纪寻找和整合了全球各类救援服务商和"星使"。中国公民出境旅行、商务、劳务、留学、探亲等，由于语言、法律、习俗等不同，难免会遭遇意外、突发情况或有其他特殊需求，通过"大救星"综合平台呼叫的"星使"，可以在当地提供全程陪伴服务。2016年3月以来，江泰经纪全球救援联盟已在全球103个国家与近200家救援服务商达成合作协议，确保"大救星"国际救援项目的服务范围覆盖"一带一路"64个国家、中国主要投资目的地国家、中国主要旅游目的地国家、中国主要工程承包目的地国家。"大救星"的核心交互"一键救援"，实现了求助方与服务方的快速连接、信息沟通及救援和救助服务的开展，能够同时为海量的用户同时提供高效的救援服务。只要有中国人的地方，就能拿出手机使用"大救星"App；中国人的脚步和中国的海外利益走到哪里，江泰经纪的保护与服务就跟到哪里。

在2018年的全国旅游工作会议上，国家旅游局局长李金早提出，国家旅游局将推动"华游"（即全国全域旅游）、"世游"（即全球旅游）两大全息信息系统建设，通过大平台、大网络、大数据来推动旅游发展数字化转型，打破信息孤岛，实现数据共享，实现旅游服务、旅游管理、旅游营销、旅游体验、景区流量调控智能化，让游客"一机在手，说走就走，说游就游"。"大救星"平台建设和"华游""世游"两大平台建设不谋而合。

五 2018年江泰旅游保险的发展形势与展望

（一）加快提升保险服务质量

通过"大救星"App，旅行社和游客可以在线实时申请保险理赔，只需输入证件号码即可关联保单号，在线提交索赔材料，在线查询理赔进度，航

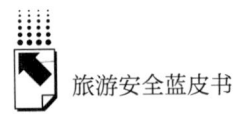

班延误类案件直接调取"飞常准"航班数据,最大程度降低索赔材料复杂度,实现理赔款项快速到账。同时,对小额人伤案件理赔进行创新性突破,未就医的情况下仅需提供伤情照片和证件照片,即可进行申请理赔。依靠并充分发挥互联网技术力量,提升案件处理速度,协同保险公司革新理赔模式,提高服务效率。

(二)强化旅游救援服务体系

随着经济持续稳定发展,中国的出境旅游越来越活跃和频繁,2017年我国出境人数连续5年蝉联全球第一,人员流动的增多必定会伴随着各种风险的增加。针对中国公民出境规模大和分布广的特点,应该有一支反应快速、动作及时和运转高效的救援服务体系。在传统的全球救援服务模式已经无法满足上述需求的背景下,互联网的技术特性和优势可以给出解决方案。江泰经纪每年坚持举办"全球救援服务论坛",就是希望借此对全球救援服务体系的革新与发展产生影响。同时,江泰经纪的全球救援体系是开放性的,即这一平台不仅为江泰经纪的客户提供服务,而且为投保其他保险产品或没有购买任何保险产品的客户在需要时提供救援服务。

第三方公民全球救援服务和救援保险是公民海外救助的基础,未来我国首部领事保护法推出后,在领事保护中政府、单位和个人将各尽其责,共同努力形成强大合力,使走出国门的每一个中国公民都能够得到更充分、更有效的领事保护。救援服务既是保险产品的组成部分,又能起到提升保险产品价值的作用。救援服务深化保险价值,保险为救援提供支付保障,随着"一带一路"倡议、旅游先行战略的实施,我们有理由相信,中国对外交往的人数会持续增加,旅游救援类的保险产品体系的建设也迫在眉睫,需更好地在国内旅游、出入境旅游等各专业市场提供具有针对性的旅游救援保险产品,推动旅游救援业务的健康发展。

(三)推动旅游保险服务平台的优化

2018年是"一带一路"倡议提出五周年,随着"一带一路"倡议不断深化，加上我国经济转型升级的迫切需求，更多民营企业、中小企业"出海"成为势所必然。江泰经纪将在现有国内游、出境游基础上，细分小众与大众、高端与中低端、团队游与自由行市场，形成与客户业态相匹配的产品体系，向客户上下游、游客家庭与生活延伸，为客户提供全面、全程保障，建立起面向旅游产业的安全、安康、安心之服务。

江泰经纪将不断推进和完善中国公民赴韩医疗美容观光项目、赴泰辅助生育项目、赴日体检项目、赴美医疗项目等高端定制产品，配套保险保障产品和全球救援服务。江泰经纪将运用互联网技术，做好触达端（游客、旅游场景、旅游平台）、赋能端（产品、供应链、运营等）和基础设施（完善供应链合约、交易服务和线下服务团队的服务基础设施，人工智能、大数据和区块链的技术基础设施）建设，为旅游场景赋予更多商业机会和安全管理能力，融保险于安全管理、旅游场景之中，实现场景赋能、技术赋能、服务赋能和产品赋能。通过智能化数据运营平台，为行业提供决策依据，包括用户画像、客户行为智能分析、行为监控、预测判断、智能分流、流控决策，提高用户、客户购买安全管理、救援和保险服务的决策能力和购买效率。

B.19 2017~2018年我国旅游保险的发展形势与展望

李勇泉 孙瑾瑾 陈璐*

摘 要： 2017年，我国旅游保险总体发展平稳，出现"互联网+旅游+保险"等诸多创新尝试，表现出旅游保险合作突出、产品类型丰富、销售渠道多样等特点。大数据的应用、全域旅游的推进改变了人们的出游及消费方式，旅游保险迎来创新与变革时期。首先，本文分析了现阶段旅游保险总体发展形势，概括了其总体发展特点，分析了影响我国2018年旅游保险发展的主要因素，进而预测与展望2018年旅游保险发展形势。本文认为，大众旅游时代，旅游保险的发展将突破传统的模式，呈现跨界融合、模式创新的新局面。保险产品需要变革，以适应游客对旅游保险的个性化、灵活化的需求。旅游保险应充分利用大数据互联网平台，实现数据共享、平台共建、联合共治，从而推动我国旅游保险业健康稳定发展。

关键词： 旅游保险 形势 展望

---

* 李勇泉，华侨大学旅游与服务管理研究中心主任，研究方向为旅游产业发展、旅游创新管理等；孙瑾瑾，华侨大学旅游管理专业硕士研究生，研究方向为旅游创新管理；陈璐，华侨大学旅游管理专业硕士研究生，研究方向为旅游产业发展。

导　言

当前，我国社会的主要矛盾已经转化为人民日益增长的美好生活需要和不平衡不充分的发展之间的矛盾。旅游作为现代服务业的重要组成部分，是满足人民美好生活需求的幸福产业，旅游安全则是旅游作为幸福产业得以发展的重要保障。各级政府和旅游企业都高度重视旅游安全保障与旅游保险业的发展。总体来看，我国旅游市场更加多元化，旅游方式日趋自由化，旅游保险的重要性日益凸显。在回望2017年度我国旅游保险发展形势与特点的同时，本文分析了影响我国旅游保险发展的主要因素，并指出2018年旅游保险的发展方向。

一　2017年我国旅游保险的总体发展形势

总体而言，2017年我国旅游保险发展形势良好，呈现政策支持、产品创新、形式变革等特点。作为"515战略"和"厕所革命"新三年行动计划的收官之年，2017年旅游业发展的新模式、新思想凸显。一方面，"互联网+旅游+保险"的新时代来临，大数据与智慧技术的发展能够更为精准、全方位地获取游客信息，搭建数据共享平台，从而推动旅游保险产品的针对性定制，满足当前游客的具体场景化需求；另一方面，游客对旅游保险的需求倒逼旅游保险的供给与模式创新，旅游保险险种亟须更新，要求多主体联动，实现共建共治共享的开放式合作系统。

二　2017年我国旅游保险的发展概况与特点

（一）保险类型的发展概况与特点

1. 统保示范项目运行良好，保障力度仍需加大

统保示范项目是为保障旅行社和游客合法权益、提升其安全风险防范能

力做出的一项重要举措。在国家旅游局和各省市相关部门的大力推动下，统保示范项目从2010年运行以来，全国旅游纠纷、事故处理和保险理赔工作均有显著进步，参保旅行社的利益得到有力保障、抵御风险的能力进一步增强。据统计，统保示范项目已涵盖我国全境和104个中国公民旅游目的地国家①。2017年统保示范项目积极开展，全国统保率和出险率较2016年均有所提高。仅第一季度，统保示范项目受理案件2262起②，境内出险高发地区主要分布于旅游资源丰富、地域条件复杂及沿海地区，出险旅行社集中于四川、云南、海南、广东地区；境外出险较多的地区主要分布于东南亚地区。从理赔数量上看，出险案件最多的是旅程延误类案件，其次是旅程取消和财产损失类案件。虽然旅行社责任保险统保率呈逐年上升趋势，但现有旅行社责任保险仍面临有利作用尚未充分发挥的问题。一些国内旅行社为降低运营成本，降低投保金额，导致意外事故发生后理赔不到位。

2. 旅游意外险涵盖范围扩大，个性化保险产品涌现

2017年我国旅游市场蓬勃发展，旅游意外险整体呈良好发展态势，但我国长期存在旅游保险规模与旅游业的总体发展程度不相称的问题。对此，各家保险机构和旅游企业积极拓展旅游意外险新领域，推出各种定制化旅游保险产品，扩大保障范围。针对长期存在的高海拔地区旅行安全与救援问题，四川省率先推出"四川高海拔地区旅游救援保险保障体系"，有效结合政府公共资源与企业资源，创新打造"政府+市场"模式③。此外，国家政策的开展落实往往对旅游保险产品开发具有导向作用。例如，2017年"旅游扶贫""乡村旅游"是行业关注的热点话题，多家保险企业积极介入国家旅游扶贫项目，拓展新型旅游保险产品，助力旅游扶贫。对于"乡村旅游"发展问题，北京市在全国率先启动

---

① 《旅游保险》，中国旅游新闻网，http：//www.ctnews.com.cn/art/2017/9/8/art_223_10825.html，2017年9月8日。
② 《2017年第一季度案件情况分析及风险管控建议报告》，旅游保险网，http：//lvyou.jiangtai.com/news/2017-07-05/jt0000020171.shtml，2017年7月5日。
③ 《四川省在全国率先推出"高海拔地区旅游意外险"》，人民网，http：//sc.people.com.cn/n2/2017/0906/c345167-30699325.html，2017年9月6日。

了"京郊旅游政策性保险"项目,该类保险主要针对民俗旅游,在我国尚属首例。截至目前,已有4000多星级民俗户纳入保险范围①。2017年国内出境旅游快速发展,海外医疗旅游的市场需求不断增加,相关旅游保险纠纷也随之出现。据预测,2019年中国跨境医疗旅游市场规模将突破100亿美元②。华泰保险公司推出"泰然至臻"系列高端境外医疗保险产品,该产品承担游客赴日医疗中产生的交通、住宿、翻译等费用,无须患者自己垫付③。该旅游保险的推广使用,弥补了当前国内在境外医疗旅游保险这一领域的产品空白。

3. 顺应旅游发展新潮流,旅游保险投保形式创新

"互联网+""大数据"等时代背景下,旅游保险公司与互联网技术企业积极开展跨界合作,融入科技元素开发个性化旅游保险产品。2017年,苏州爱购保网络科技有限公司与天圆地方保险代理有限公司达成战略合作,双方推出爱购保保险分销平台,为旅行社收客投保提供了全套解决方案,同时为旅行社量身定制个性化的保险产品。爱购保保险平台依靠强大的技术能力,完成了证件智能识别和智能投保,包括为解决旅行社在收客过程中烦琐的资料收集和整理问题,开发了智能收客小程序——"云收客"。

2017年3月,武汉"旅游保险超市"成功上线,在国内首次实现统一报案、统一经纪人协调处理赔案、统一准备索赔材料、确定赔付金额及领取赔款。与过去相比,投保者可以是旅行社等企业,也可以是自由行、自驾游的游客,投保者不再面对单一的保险公司、单一的服务、单一的品种。目前该超市已有四家保险公司提供保险产品,除旅行社的保险产品外,还有景区、酒店等涉及旅游各环节的九大险种④。

---

① 赵超越:《北京:推国内首个乡村游政策性保险体系》,品橙旅游,http://www.pinchain.com/article/111757,2017年3月9日。
② 杨帆:《出国求医热情高涨 海外医疗中介服务市场井喷》,前瞻产业研究院,https://bg.qianzhan.com/report/detail/459/170426-919b95c9.html,2017年4月26日。
③ 郭伟莹:《华泰保险将"拼图式"布局健康险,高端赴日癌症医疗保险面市》,中国网财经,http://finance.china.com.cn/news/20171206/4461910.shtml,2017年12月6日。
④ 《武汉有了"旅游保险超市"》,国家旅游局官方网站,http://www.cnta.gov.cn/xxfb/jdxwnew2/201703/t20170322_819401.shtml,2017年3月22日。

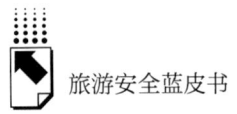

4. 出境旅游险市场规模呈现扩大态势，开启旅游保险国际合作新篇章

我国作为世界第一大出境旅游国，出境游的市场规模仍在不断扩大。《2017暑期出行数据报告》显示，2017年暑期出境人次同比增长6.3%①。此外，出境旅游保险的数量也呈现快速增长趋势。据慧择网统计，2017年1月，出境游保费比上一年同期猛增285%，2017年最受欢迎的泰国、日本、美国等国家人均保费309元，订单数量远超国内游保险购买数量的10倍。平安保险根据地域旅游市场的特点，开发了"平安泰日韩东南亚保险""平安全球旅游美澳非欧"等一系列旅游保险新产品②。国内首家互联网保险公司众安保险与日本财产保险（中国）有限公司、日本专业救援公司Prime Assistance三方联合推出的一款赴日旅游保险产品，为投保人在日本旅游期间提供安全保障③。近年来，国家"一带一路"倡议稳步推进，我国与"一带一路"沿线国家的旅游往来不断加深，旅游保险的作用日益凸显。随着2017年"一带一路"国际合作高峰论坛在北京召开，"一带一路"参与国家成为国人出游的热点目的地，也成了国家开展跨境旅游保险合作以及旅游保险企业发力的重点区域。国内相关部门正着力建立旅游安全合作机制，并积极开展跨国旅游保险工作④。

（二）相关主体的发展情况以及特点

1. 各级旅游管理部门积极开展投保工作，着力完善旅游保险体系

2017年国内外旅游安全事故频发。国家旅游局高度重视旅游安全，多次对全行业进行安全检查，要求完善旅行社责任保险，加强国内与出境旅游保障体系，着力丰富各类旅游保险产品，为旅游企业正常经营和持续发展提

---

① 《游客保险意识提高旅行保险复购率达83%》，同花顺财经，http://invest.10jqka.com.cn/20170902/c600267483.shtml，2017年9月2日。
② 王丽颖：《推荐费太高　旅游意外伤害险"伤"了保险公司?》，人民网，http://paper.people.com.cn/gjrb/html/2017-10/02/content_1808972.htm，2017年10月2日。
③ 郭ես轩：《互联网险企推出日本旅行保险》，南方网，http://kb.southcn.com/content/2017-06/19/content_172863526.htm，2017年6月19日。
④ 王珂：《织就一带一路民心相通的亮丽纽带（一带一路·高端访谈）——访国家旅游局局长李金早》，人民网，http://world.people.com.cn/n1/2017/0511/c1002-29267088.html，2017年5月11日。

供保障①。为适应旅游业发展新的现实需要，2018年将修订《旅行社责任保险管理办法》，主要目的在于提升旅行社风险管理和保险保障水平，进一步指导并优化统保示范项目②。各省（自治区、直辖市）的相关部门也积极响应旅行社责任保险统保工作。广东、湖南等30个省（自治区、直辖市）先后发布续保、投保的相关文件，获全行业积极响应。2017年，湖北省统保率比2016年增长5.93%，达到80.04%③。截至2017年年底，青海省统保示范项目统保率达到100%④。广东省汕头市召开"《安全生产法》宣传周"动员会，要求旅行社强化安全生产和保险意识，推动旅行社行业安全生产形势持续稳定和旅行社责任保险续保工作⑤。

2. 旅游企业与保险企业积极开展合作交流，投保意识仍待加强

2017年"全域旅游"首次写入政府工作报告，提至国家战略高度，其核心价值是"旅游+"，"旅游+"基本覆盖了旅游产业融合的所有领域，通过"旅游+保险"促进产业融合，从而带动经济社会协同发展。江泰专业旅游有限公司等三家公司联合开发"江泰爱的旅程"系列专业旅游产品，与国内外政府机构、协会、商会和供应商积极开展合作，推出日本健康体检游、日本海外慢病医疗游、泰国人工辅助生育游等保险产品，并为外国游客开发中国境内的高风险、主题和私人定制专业旅游系列产品⑥。总体来看，

---

① 王洋：《国家旅游局：四大专项整治保障旅游安全》，中国旅游新闻网，http://www.ctnews.com.cn/art/2017/4/27/art_113_6934.html，2017年4月27日。
② 薛枫：《〈旅行社责任保险管理办法〉将修订，旅游遇天灾将获赔》，新华网，http://travel.news.cn/2018-01/08/c_1122227024.htm，2018年1月8日。
③ 韩广德：《关于做好2018年旅行社责任险统保示范项目续保投保工作的通知》，天门市人民政府网，http://www.tianmen.gov.cn/root10/szbm/0034/201711/t20171113_406459.shtml，2017年11月13日。
④ 韩广德：《关于认真做好2018年旅行社责任保险统保示范项目续保投保工作的通知》，青海省旅游发展委员会，http://www.qhly.gov.cn/qhgovement/html/tzgg/20171205/14734.html，2017年12月5日。
⑤ 《我市召开〈安全生产法〉宣传周动员暨旅行社责任保险统保示范项目续保工作》，汕头市旅游局，http://www.shantou.gov.cn/00035/0300/201712/fefe46aa1e3e453ab2d8e9844ec99f80.shtml，2017年12月11日。
⑥ 《"江泰爱的旅程"系列专业旅游产品上市》，中国旅游新闻网，http://www.ctnews.com.cn/art/2017/1/9/art_148_5433.html，2017年1月9日。

我国旅游企业与保险企业合作密切，但仍存在多家旅游企业因为未续旅行社责任保险而被吊销旅行社业务经营许可证的问题①。

3. 游客自我安全意识逐步增强，互联网保险成为投保重要平台

近年来国内外旅游存在各种不确定风险因素，我国游客保险意识明显增强，国人旅游时主动购买保险的比例逐年上升。在互联网迅猛发展的"互联网+"时代背景下，我国保险网络平台也日益专业化。专业的网络平台为游客投保提供了便利，越来越多的人出游主动投保，保险成为出游的重要环节之一，游客网上预订、选择、主动购买保险的比例较高。2017年旅游意外险投保的游客人数创历史新高。慧择网发布的《2017暑期出行数据报告》显示，我国在网上主动购买旅游保险的游客在过去3年间复购率为83%②。

三 影响我国2018年旅游保险发展的主要因素及趋势预测

（一）移动支付时代，推动旅游保险产品变革

"科技保险"成为2017年保险业广泛提及的热词。互联网的发展与移动设备的高度普及使得人们出游消费方式发生改变，游客的消费习惯正在趋向网络化。2017年，我国互联网用户比例由2016年的95.1%提升至96.3%。手机等移动设备终端的使用极大改变游客出行及旅游方式。以酒店业为例，2017年，超过79%的自由行游客通过移动设备终端预订酒店③。

---

① 王远征：《旅行社未续保遭吊销营业许可证　行业认知尚存误区》，新浪网，http：//finance.sina.com.cn/chanjing/cyxw/2017-07-26/doc-ifyihrit1438438.shtml，2017年7月26日。
② 《2017暑期出行数据报告》，品橙旅游，http：//www.pinchain.com/article/131404，2017年8月29日。
③ 马根：《移动支付改变中国人旅游消费习惯》，渤海早报，http：//epaper.jwb.com.cn/bhzb/html/2017-12/28/content_8_1.htm，2017年12月28日。

游客的消费习惯变革，致使旅游保险产品出现多种形式的创新。各大保险公司纷纷推出电子保单，保险销售方式发生变革，线上销售方式成为趋势。旅游保险利用高科技、大数据共享平台，满足旅游保险对接场景化、规模化、个性化的消费需求[1]。

（二）幸福产业发展，要求旅游保险险种更新

我国已进入大众旅游时代，旅游成为全民大众化的消费休闲活动。旅游业位居"五大幸福产业"之首。人民对于幸福生活的追求与需要可以通过旅行度假的形式得以满足，旅游能够在一定程度上满足人们物质与精神文化双重需求，使人们获得幸福感。旅游保险则是人们出行时的基本保障，是使人们旅行更幸福的重要条件。携程旅游统计发现，我国2016年旅游意外险投保的游客人数创历史新高，特别是在出境游上，70%以上的游客主动购买意外险。这些保险费用从几十元到数百元不等，最高能够赔付200万元[2]。

（三）全域旅游推进，加速旅游保险供给变革

相关数据显示，目前全域旅游示范区创建单位已超过500家，覆盖了我国31个省（区市）和新疆生产建设兵团，海南、宁夏等7个省份先后被确定为省级全域旅游示范区创建单位[3]。当前旅游景点的边际效益降低，旅游产业出现全域空间发展的特征；游客的个性化出游需求使得游客的旅游空间行为出现全域化特征，人们的出行选择多样。相应地，旅游保险产品供给也需要变革，满足旅游供给的全域化要求。保险公司未来势必会积极发展多种多样的销售渠道，满足自由行游客的投保需求，建设、优化线上平台，建立

---

[1] 《保险业的2017年：回归保障定位服务实体渐成规模》，凤凰网财经，http：//finance.ifeng.com/a/20171228/15892825_o.dntml，2017年12月28日。
[2] 《保险让旅行更幸福——2016~2017旅游意外险报告》，迈点，http：//res.meadin.com/HotelData/140130_1.shtml，2017年3月4日。
[3] 《2017年全域旅游发展报告》，国家旅游局规划财务司，2017。

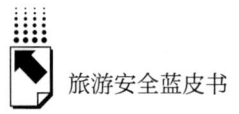

网上旅游保险自助投保服务,充分利用互联网的优势,实现全域布局、全域保障。

(四)"一带一路"倡议推进,旅游保险国际合作加强

2017年,我国承办了多场国际重要会议,包括G20峰会、金砖五国会议等。2017年9月,中国发起成立了世界旅游联盟。中国在世界旅游舞台绽放异彩,其角色逐渐由参与者转变为重要的主导者,中国也正在从世界客源大国转变为世界旅游的责任担当大国。"一带一路"倡议的推进,带来两方面的变化。一方面,国家倡议的推进带来新的发展机遇。大背景下的有利形势将我国的保险业推向更广阔的市场。另一方面,旅游保险行业面临挑战,如何在国与国的广泛合作中发挥旅游保险的优势、适应国际旅游保险市场是重要议题。合作共赢依旧是2018年我国旅游保险行业强劲发展的重要途径,旅游保险应该能够适应我国旅游发展特点,服务于国家重大战略。实现更为广泛的国与国之间互利共赢,从政策上指导旅游保险业的更好发展。

(五)共享理念下,新业态呼吁保险机制创新

共享经济是我国当前经济发展中备受关注的新业态。预计到2010年,共享出行领域的保险市场将达到1000亿元①。旅游产业也涌现诸多旅游新常态、新特点。在这种新形势下,法律法规及相关政策无法适应共享经济发展需要,旅游保险行业主要表现为共享经济模式下的旅游保险产品的责任界定问题、平台性质认定、行业归类等,目前尚无明确的规定。尽管各大共享平台积极以保险产品服务配套共享平台运营,但是目前多数平台无详细保险条款与保障内容说明,且游客对于共享出行等形式的保险意识缺乏。这需要保险行业多方努力,创新旅游保险机制,建立统一标准,如通过应用先进技术,借鉴共享经济发展模式建设旅游保险理赔服务平台,顺应社会发展。

---

① 《共享出行平台背后保险支持千亿市场蛋糕怎么分?》,澎湃新闻,http://tech.163.com/17/1212/19/D5FT9LQ100097U7R.html,2017年12月12日。

四 2018年促进我国旅游保险发展的措施建议

（一）强化科技助力保险，优化旅游保险服务流程

新业态、新时代提出新要求。"互联网+"时代大背景下的保险产业也应该走向供给变革、产品更新。当前，旅游发展出现旅游空间边界模糊、游客消费习惯改变、旅游保险个性化需求增多、旅游销售方式转变等特点，而与旅游活动息息相关的旅游保险也需要顺应时代的要求，应用科技助力保险业的发展。首先，旅游保险未来应结合物联网、云技术等高科技手段，实现游客的保险数据采集系统化、数据挖掘深度化、产品研发细分化，运用科技手段使旅游保险投保索赔等流程更为高效、精准。其次，应摆脱传统销售、监管观念，应用引流模式引导消费者提高旅游保险投保率。2017年盈科旅游与保准牛保险定制平台签署战略合作协议，充分利用双方的优势及资源展开全面合作，这一典型案例体现了当下科技助力保险产业的创新式发展。先进技术能够助力旅游保险服务定制化、场景化，优化旅游保险的服务流程。

（二）积极引导保险需求，增强游客投保意识

相关报告显示，我国游客的保险意识不断增强，投保人数及投保比例也达历史新高。但通过具体分析购买形式发现，我国游客旅游险主动购买率仅约20%，一些主要的OTA平台上，购买旅游产品时选择默认勾选旅游险的游客比例不超过30%，若不是默认勾选，则选择旅游险产品的游客不超过10%。由此可见，我国游客的投保意识仍有待增强。首先，应加大宣传推广力度，提高游客对旅游保险的认识，帮助游客理解购买保险是规避出行风险的重要方式；其次，旅游保险行业应该加大旅游险种开发力度，将旅游保险的范围覆盖到旅游活动的各个环节，针对不同的客户群研发不同的产品，形成系统的旅游保险链。

（三）加强国际保险合作，切实保障游客的安全

作为旅游大国，我国积极加强国际交流互动。2017年全年国际旅游市场保持平稳发展，出境旅游市场保持稳定增长（比上年同期增长7.0%），入境旅游市场处于全面恢复增长状态（比上年同期增长0.8%）。有关报告指出，未来中国入境旅游也将有新的发展，如海外白领将成为中国入境旅游亟待发掘的潜在市场。入境旅游是中国向世界展示"美丽中国"独特魅力的重要方式，也应引起旅游保险行业的关注。从国家层面上来看，国际旅游的合作日益加强，旅游保险作为旅游活动的重要保障，应思考未来如何适应旅游发展及我国国际合作重要方针战略。旅游保险业应考虑国际合作问题，积极建立保险行业的国际合作联盟与救援联盟，覆盖多范围、多主体、多类型、全方位的旅游活动。

（四）适应旅游发展新常态，推动旅游保险供给改革

全域旅游不断推进，共享开放的旅游空间对旅游保险行业提出了新的要求。大众旅游时代，我国国民旅游日趋呈现"频次高、品质优、重休闲"等特征，我国旅游人数逐年增长，旅游已成为全民参与的消费选项。这种社会发展更迭下的新常态旅游催生诸多新型旅游产品。旅游保险的供给改革需要建立在大数据的理性分析上，发现目前旅游新常态下潜在的保险需求，覆盖更多的旅游消费活动，包括老年旅游、毕业旅行、探险类旅游等。除此之外，国内近几年兴起的民宿、短租等共享经济形式无不对旅游保险的供给提出新的挑战，对于共享经济交易、消费中存在的风险及相关的安全隐患，保险行业应适时地进行供给调整，提供相应的旅游保险保障。

B.20
2017~2018年中国旅游安全预警形势分析与展望*

罗景峰**

摘　要： 本文在对2017年中国旅游安全预警相关信息进行系统梳理的基础上，分析了2017年中国旅游安全预警的总体形势和存在的问题，并对2018年中国旅游安全预警总体形势进行了展望和建议。2017年，中国旅游安全预警工作成效显著，旅游不文明现象明显减少，全域旅游预警模式初步建立，但仍存在如下不足：旅游安全预警内容单一，缺乏全面综合预警发布机制；旅游安全预警工作进展迟缓，缺乏超前预防的创新机制；旅游安全预警建设后劲不足，缺乏长效可持续发展机制。2018年，政府景区应通力合作，共同推进全域旅游预警模式全覆盖工程；各地各方应积极应对，有序推动旅游新业态预警机制建设；全社会应高度重视，依法依规建立实时反恐预警机制。

关键词： 旅游安全　预警　分析与展望　2017~2018年

---

* 华侨大学中央高校基本科研业务费·华侨大学哲学社会科学青年学者成长工程项目(14SKGC-QG16)。
** 罗景峰，华侨大学旅游学院教师，博士，主要研究旅游风险分析与安全评价、乡村旅游安全管理等。

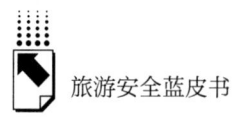

本文根据我国各级旅游局、旅游发展委员会官方网站、249家5A级景区官方网站所公布的旅游安全预警资料，对2017年我国旅游安全预警工作进行了回顾、总结和分析，并对2018年我国旅游安全预警工作的形势进行了展望。

一 2017年中国旅游安全预警形势分析

（一）国家层面旅游安全预警形势分析

《"十三五"全国旅游公共服务规划》（旅办发〔2016〕345号）将构筑旅游安全保障网络列为"十三五"主要任务，要求建立健全旅游目的地安全风险提示制度，规范旅游安全风险级别划分及风险提示，及时向游客发布旅游安全警示，并将"12301"国家智慧旅游公共服务平台提升工程纳入"十三五"期间十六大重点工程之一，其中景区门票预约与客流预警平台和旅游气象信息服务平台项目被列为重点开发项目，旅游安全预警工作迎来了其发展的最佳机遇期。《国家旅游局关于加快国家旅游产业运行监测与应急指挥平台4A级景区数据对接工作的通知》（旅办发〔2017〕98号）加快了全域旅游安全预警工作的步伐，全域旅游安全预警模式逐渐清晰。《景区游客高峰时段应对规范》（LB/T 068-2017）建立了景区高峰时段游客量红橙黄三级预警模式。

在国家旅游局官方网站，以表示旅游安全预警的词语"提示"、"劝告"、"警告"、"警示"、"提醒"、"劝诫"、"忠告"以及"建议"为关键词进行检索，获得旅游安全预警信息27条，较2016年减少了12条。将这些预警信息分别按预警关键词、月份、内容进行统计分析，结果如图1、2、3所示。由图1可知，国家旅游局官方网站发布的预警信息以"提醒""提示"两种形式为主，与2016年相比少了"警示"这一形式。由图2可知，旅游安全预警信息发布数量由多到少依次为3月、4月、5月、7月、11月、1月、8月、9月、6月、10月、12月以及2月，其中，3月受韩国济州岛受阻事件影响预警信息发布最多,其次为清明、"五一"、暑假等节假日,这与我国节假日公众出游状况基本吻合,且与 2016 年相比各月预警信息数量更趋均衡。由图 3 可知,预警内容主要集中在政治/治安预警、节假日预警、自然灾害预警及反恐预警四个方面,与 2016 年相比,自然灾害预警、消费预警、反恐预警发布数量均有不同程度下降,而健康预警、高风险旅游预警、文明旅游预警、容量预警、交通安全预警及综合预警未见发布,预警内容发布不均衡态势凸显。

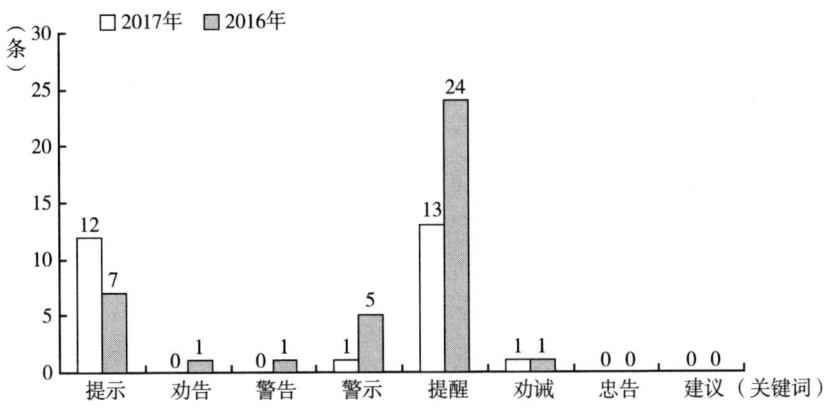

图 1 预警信息按不同旅游安全预警关键词统计

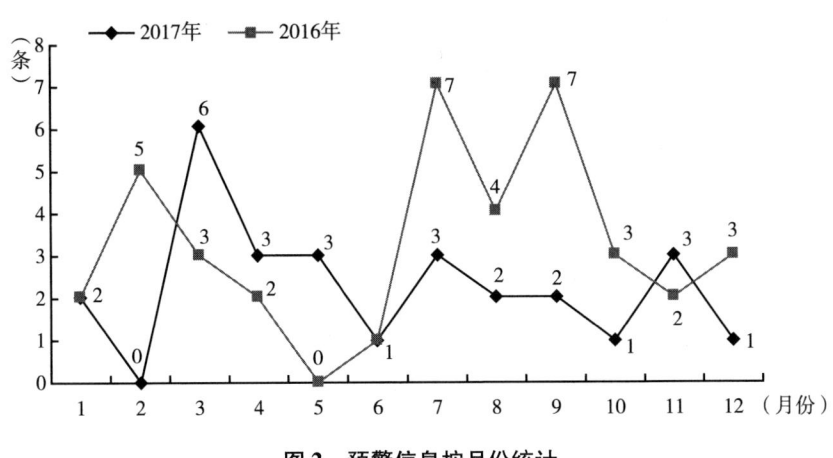

图 2 预警信息按月份统计

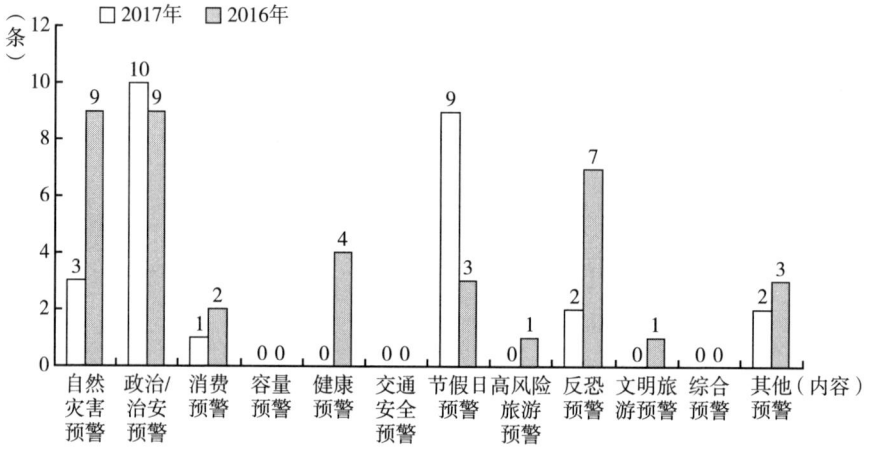

图 3 预警信息按内容统计

（二）省、自治区、直辖市层面旅游安全预警形势分析

2017年新增《黑龙江省涉旅突发事件应急预案》，至此我国31个省、自治区、直辖市（不含港澳台地区）中，仅剩江苏、贵州两省尚未制定本地区的旅游突发事件应急预案。其中值得关注的是，自主发布预警信息机制初现，如安徽省的景区游客量预警信息发布机制、四川省的旅游气象预警服务机制。

在各省、自治区、直辖市旅游局或旅游发展委员会官方网站，以表示旅游安全预警的词语"提示"、"劝告"、"警告"、"警示"、"提醒"、"劝诫"、"忠告"以及"建议"为关键词进行检索，或在"旅游安全提示"栏目中进行搜索，并加以整理，结果如图4所示。

由图4可知，2017年，在旅游安全预警信息发布数量方面，前五名依次为四川、安徽、辽宁、广东和云南（并列第四名），后四名依次为吉林和山西（并列倒数第三名）、黑龙江、海南，且海南未发布预警信息。与2016年相比，西藏预警信息发布从无到有，安徽、四川、贵州、青海四省预警信息发布数量增长趋势显著，北京、天津、广东、广西、云南预警信息发布数量减少趋势明显，各省份预警信息发布数量仍处于一种不平衡状态。另外，旅游

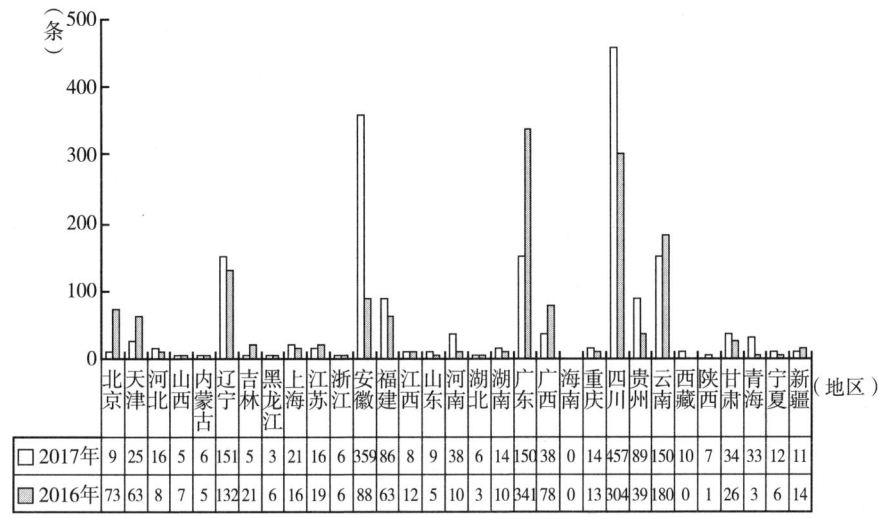

图 4 我国各省、自治区及直辖市旅游安全预警信息发布统计

安全预警信息发布日趋规范化,在旅游政务网或旅游发展委员会网站中设置专属预警栏目的省份有所增加,如河北省("出行提示"栏目)、山西省("安全提示"栏目)、辽宁省("出行提示"栏目)、吉林省("旅游安全"栏目)、黑龙江省("出行提示"栏目)、江苏省("出行提示"栏目)、广东省("出行提示"栏目)、云南省("出行提示"栏目)。

(三)地市级层面旅游安全预警形势分析

对各省、自治区所辖334个市、盟、自治州及地区旅游局预警状况进行统计可知,已经建立预警机制的有170个,占50.9%。本年度新增5个城市中,石嘴山市、绵阳市、内江市、信阳市预警分级为四级[特别严重(Ⅰ级)、严重(Ⅱ级)、较重(Ⅲ级)、一般(Ⅳ级)],安康市仅建立了简单预警机制。与2016年相比,本年度地市级层面旅游安全预警机制建设仍进展缓慢,且分级标准不统一状况依旧存在,与日益严峻的旅游安全预警形势极不相称。

(四)旅游景区层面旅游安全预警形势分析

对我国249个5A级景区以"预警"为关键词进行检索统计,预警内容

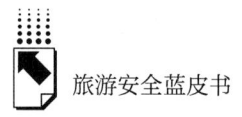

主要包括景区容量预警、旅游气象风险预警、空气质量预警等。其中，景区容量预警仍是各大景区旅游安全预警的主要内容，且部分景区容量预警中除了传统游客接待量预警外，新增景区停车场停车位预警，使景区容量预警更符合旅游预警实际需求，部分景区推出的空气质量预警也让人眼前一亮。预警机制建立健全方面进展缓慢，仅有淄川各景区的联合交通预警机制、北京多家景区的暑期暴雨联合预警机制、黄山景区的资源环境承载力监测预警长效机制等。在预警系统建设方面，乐山大佛世界文化遗产监测预警体系建设项目竣工验收，黄陂推出智慧旅游与新媒体深度融合预警平台，平遥古城世界文化遗产监测预警体系建设项目监理招标，趵突泉景区建立防恐人脸识别预警系统，大足石刻世界文化遗产监测预警系统建设（二期）监理中标，横溪镇的乡村旅游智能监测预警系统投入使用，玉龙雪山森林防火监测预警系统建设项目公开招标，等等。与2016年相比，2017年旅游景区层面安全预警工作进展仍趋缓慢，且多为单一内容预警，综合内容预警匮乏，总体预警状况不容乐观。

二　2017年中国旅游安全预警存在的问题

（一）旅游安全预警内容单一，缺乏全面综合预警发布机制

无论是国家层面、省级层面，还是地市级层面，抑或是景区层面，发布的预警信息基本上为单一内容预警，缺乏全面综合预警发布机制，三级政府层面发布的预警信息以政治/治安预警、节假日预警、自然灾害预警、反恐预警为主，景区层面发布的预警信息则以容量预警为主。旅游安全是旅游主体（游客）安全、旅游客体（旅游资源、旅游地社区）安全及旅游媒体（旅游从业者、旅游交通）安全的总和，仅凭单一内容预警提示是不能规避或降低全部旅游风险的，因此，建立国家、省、地市、景区多层联动的涵盖旅游主体、客体及媒体的旅游安全预警机制才是实现科学有效预警的必由之路。

（二）旅游安全预警工作进展迟缓，缺乏超前预防的创新机制

自2000年至今，我国旅游安全预警工作从无到有，从不规范到走上正轨，取得了可喜的成绩，在全面保障游客安全方面功不可没。但同时，旅游安全预警工作"进展迟缓、缺乏超前预防"的不足也逐渐显现，如最大承载量预警仍停留在传统的游客容量预警层面（对于环境承载力预警、停车场停车位预警等考虑不足）、旅游安全预警机制仍未实现全覆盖（省级层面覆盖率为93.6%、地市级层面覆盖率为49.1%）、针对"旅游+"的旅游新业态专项旅游安全预警机制建设方面仍无相关进展、共享经济背景下的旅游安全预警滞后（共享单车挤爆西湖突显共享单车预警机制的缺失）、全域旅游安全预警机制尚未建立等。上述一系列新老问题能否及时解决，事关我国旅游安全预警工作的成败。为此，各级政府及景区均应予以高度重视，避免拖拉，积极作为，以创新和超前的眼光，加大力度推进我国旅游安全预警工作的又好又快发展。

（三）旅游安全预警建设后劲不足，缺乏长效可持续发展机制

最大承载量预警、智慧预警、文明旅游预警及多级联动预警机制建设是近年来我国旅游安全预警工作的主要发展方向，但通过对2017年我国旅游安全预警工作成效的分析可知，上述旅游安全预警相关建设明显后劲不足，热度降低，可持续性较差，甚至出现停滞状况。最大承载量预警方面，各5A级景区中在官方网站发布预警信息的仅占16.9%；智慧预警方面，国家、省、地市和景区四个层面相关报道明显减少，热度有所降低；文明旅游预警方面，预警信息发布数量走低，国家旅游局层面未见相关预警信息发布，游客不文明行为依旧上演，如中国领队为救扯象尾游客不幸死亡事件、贵州游客踢断景区钟乳石事件等；多级联动预警机制建设后续乏力，缺乏延续性，信息不对称导致游客不能进入景区或景区爆棚现象依然存在。旅游安全预警建设是一项长期且艰巨的系统工程，为确保旅游全过程全要素的安全，建立长效可持续发展的旅游安全预警机制势在必行。

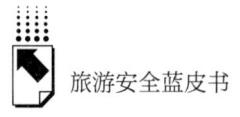

三 2018年中国旅游安全预警形势展望与管理建议

（一）形势展望

1. 全域旅游安全预警必将快速发展

"大力发展全域旅游"写入2017年政府工作报告，全域旅游成为2017年国家重点工作任务之一。全域旅游亟须全域服务支撑，全域旅游安全预警作为全域服务的重要内容必将快速发展。国家旅游局局长李金早在2017旅游安全宣传咨询日活动上的讲话再次强调了全域旅游时代旅游安全预警工作的重要性。国家旅游产业运行监测与应急指挥平台在高峰时段游客疏导调控方面成效显著，其覆盖全国高A级景区的工作有序进行，全域旅游安全预警模式逐渐清晰。全域旅游安全预警已经成为新时期旅游安全预警的主流和实现共建共治共享大旅游安全治理格局的有效途径。

2. 旅游新业态预警将成为旅游安全预警的新趋势

伴随"旅游+"战略的深入开展，旅游新业态安全问题日益突出，呈现多样性、复杂性、新颖性等特点。如老年旅游中游客被诱导买高价商品、参加低价团、猝死等；乡村旅游中家禽家畜伤人、野浴溺亡等；体育旅游中马拉松赛猝死、滑雪身亡、漂流遇难、"驴友"登山摔伤等；温泉旅游中的窒息、突发疾病等。为保障"旅游+"战略的顺利实施，相关行业相继推出旅游安全预警措施，如《旅行社老年旅游服务规范》对老年旅游安全预警进行了详细阐述；《关于大力发展体育旅游的指导意见》（旅发〔2016〕172号）指出加强体育旅游项目的市场监管和安全管理，健全体育旅游安全风险预警体系。这表明旅游新业态预警正在受到相关行政管理部门的高度重视，旅游新业态预警将成为旅游安全预警的新趋势。

3. 反恐预警形势依旧严峻

2017年，全球发生多起恐怖袭击事件，如"1·1"土耳其伊斯坦布尔恐怖袭击事件、"4·3"俄罗斯圣彼得堡地铁爆炸事件、"8·17"巴塞罗那恐怖袭击事件、"12·29"埃及开罗教堂恐怖袭击案等。2017年全球反恐形势异常严峻，虽然各个国家采取高压政策严厉打击恐怖袭击活动，但恐怖袭击威胁仍在蔓延，使全球旅游业遭受重创。为应对全球性恐怖袭击浪潮对我国旅游业的影响，本着预防为主的原则，继《中华人民共和国反恐怖主义法》之后，我国相继推出《中国旅游景区反恐怖防范规范》《中国旅游饭店反恐怖防范规范》等相关法规，足见对反恐形势的重视。尤其是我国众多游客高聚集景区景点要根据自身情况特点，及时制定相应反恐预警机制，并加以演练，做到防患于未然。

（二）管理建议

1. 政府景区应通力合作，共同推进全域旅游预警模式全覆盖工程

全域旅游发展带来了空间域、时间域、产业域、交通域、要素域、功能域、价值域、体验域、管理域等"域变"，全域旅游的"域变"给旅游目的地带来了社会性的安全问题和新的安全治理需求。《全域旅游示范区创建工作导则》（旅发〔2017〕79号）指出加强景点景区最大承载量警示，加大出游安全风险提示。为此，政府和景区应通力合作，共同推进国家旅游产业运行监测与应急指挥平台预警模式对于全国高A级景区的全覆盖工程，并以此为契机，带动周边一定区域内旅游安全预警工作有序开展，逐步形成符合现代大旅游安全观的基于共建共治共享的新型全域旅游安全预警机制。并且，这种新型全域旅游安全预警机制要实现一个转变，即单一内容预警向综合内容预警的转变。

2. 各地各方应积极应对，有序推动旅游新业态预警机制建设

"旅游+""+旅游"的迅猛发展，要求各地各方应积极应对，及时根据各旅游新业态安全问题的特点，有针对性地制定旅游安全风险提示制度，有序推动旅游信息业态动态预警机制建设。其中，山东淄川的乡村旅游流量预警、浙江金华的游客游玩安全提醒、中国消费者协会的老年旅游消费提醒、中国驻越南大使馆的老年游客防走失提醒、上海国际马拉松组委会的健康真爱生命参赛提示、福建武夷山的漂流暴雨预警、富龙滑雪场的滑雪安全

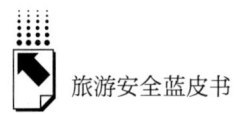

提示、中国登山协会的海外登山提醒等,都是旅游新业态预警可供借鉴的模式和经验。另外,为有序推动旅游新业态预警机制建设,各旅游新业态相关管理部门应及时出台相关政策规范或指导意见等。

3. 全社会应高度重视,依法依规建立实时反恐预警机制

恐怖袭击威胁已经成为全球化问题,其对旅游业的影响越发突出。为此,全社会应高度重视,借鉴国外反恐预警经验和做法,如美国的两级反恐警报系统、西班牙的五级反恐预警机制、韩国的四级预警机制等,依法依规建立适合我国特色的实时反恐预警机制,该机制应该包括反恐预警法律机制、反恐预警组织机制、反恐预警情报机制和反恐预警保障机制。目前,我国济南趵突泉景区的防恐人脸识别系统即可根据每位入园游客脸部特征进行预警,即时发现人群中可能潜藏的不安全因素,为现阶段旅游景区反恐预警提供新思路。

参考文献

1. 郑向敏、谢朝武:《中国旅游安全报告(2016)》,社会科学文献出版社,2016。
2. 郑向敏:《旅游安全概论》,中国旅游出版社,2009。
3. 刘甜:《完善我国预警机制研究》,燕山大学硕士学位论文,2016。

B.21
2017~2018年中国女性旅游的安全形势分析与展望[*]

范向丽 覃海丽[**]

摘　要： 2017年，中国女性旅游的安全形势总体平稳。女性旅游安全事件主要涉及人身安全和财产安全，覆盖了自然灾害、涉旅事故灾难、公共卫生事件、社会安全事件及其他安全事件，其中出境游及自助游女性旅游安全事件突出，这主要是由女性游客风险意识不够、安全知识技能欠缺，相关安全管理制度和政策不完善等造成的。同时，旅游相关管理部门对旅游安全管理问题的重视、对旅游安全事件有效的处理等在一定程度上保障了2017年女性旅游安全形势的平稳。

关键词： 女性旅游　旅游安全　安全事件

一　2017年女性旅游安全的总体形势分析

本文在百度搜索、360搜索、佰佰安全网等平台收集到女性旅游安全相关案例82起。总体来看，2017年我国女性出游数量和频次依旧保持稳步增

---

[*] 基金项目：福建省社科规划青年项目（FJ2017C034），华侨大学高层次人才引进项目（15SKBS104）。
[**] 范向丽，华侨大学旅游学院副教授、博士，主要研究方向为性别与旅游；覃海丽，华侨大学硕士研究生。

长的趋势。从游客构成来看，单身未婚女性出游比例增长明显，女性游客年轻化趋势明显。据"驴妈妈"《2017女生出游趋势报告》统计，20～30岁人群占女性游客总数的45.5%；2017年单人预订出游比例占出游订单总量的40%，双人出游订单占31%，三人以上出游订单占29%；同时，数据显示，在女性游客中单人门票的预订比例为55.3%。从出游方式看，女性更倾向于自由行，自由行预订量占女性总预订量的65%。旅游消费方面，女性旅游消费远高于男性，钟爱购物，而对住宿要求相对较低；从目的地偏好看，除游园赏花类路线订购量猛涨外，主题乐园类亲子线路依然是女性最为喜爱的线路之一。

从旅游安全整体状况看来，2017年女性旅游安全形势良好，网络使很多旅游安全事件得以迅速曝光，政府及各相关管理部门给予了女性旅游安全更多的关注和重视，相关的旅游事件也大多得到了有效得当的处理。

二 2017年女性旅游安全的概况与特点

（一）女性旅游安全事件的分布类型

本文共收集2017年1～12月发生的女性旅游安全事件82起，2017年女性旅游安全事件主要体现为人身安全和财产安全两大类，其中人身安全类事件71起、财产安全类事件10起，人身、财产安全都涉及的案件1起。如图1所示，本文按照事件诱因将女性旅游安全事件划分为自然灾害、涉旅事故灾难、社会安全事件、公共卫生事件、其他安全事件五个类型来进行分析。

1. 自然灾害类事件

自然灾害主要是指自然界中所发生的异常现象给人类社会构成的伤害或灾难，一般与天气、水和气候事件有关，分为地质灾害、气象灾害、气候灾害、水文灾害、生态灾害、天文灾害。如表1所示，自然灾害类女性旅游安全事件以地质灾害和水文灾害引起的安全事件为主。2017年1～12月发生的由自然灾害引起的女性旅游安全事件11起，造成损失和伤害的自然灾害

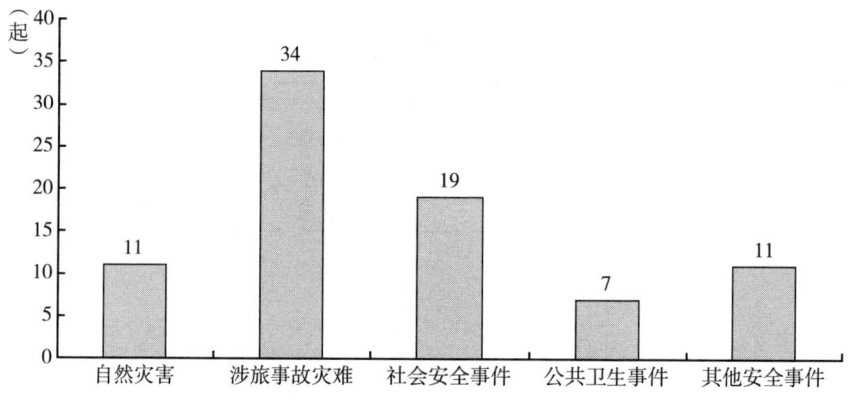

图1 2017年我国女性旅游安全事件类型分布

主要表现为洪涝、大风以及地质灾害，这些自然灾害主要出现在我国的夏季，因此，由自然灾害引起的女性旅游安全事件主要发生在6月、7月、8月、9月、10月这五个月份。尤其是2017年8月在四川省九寨沟县发生的7.0级地震，给当地的民众和游客带来了很大的人身伤害和财产损失。有研究表明，受教育水平的差异是女性与男性在自然灾害中的死亡率不同的原因之一，女性教育水平的提高与自然灾害中死亡人数的减少明显相关，教育水平的提高可以增强人们面对自然灾害的抵抗能力。当然，女性游客自身的生理结构特点，如体力和耐力比较有限、自我保护能力较差、自救效率低等也可能让女性在遭遇自然灾害时更容易受到伤害。

表1 2017年1~12月全国由自然灾害引起的女性旅游安全事件

序号	时间	自然灾害	发生地点	事件经过
1	6月18日	泥石流	河北省怀来县	因突遇泥石流，轿车内5人（4男1女）失踪遇难
2	7月2日	山洪	广东省清远市观音山自然保护区	突发强降雨造成山洪暴发，81人被困，3人遇难（2男1女）
3	7月27日	大风巨浪	泰国普吉岛某一海滩上	1名中国女游客在海边岩石拍照时被巨浪卷入海中后溺水身亡
4	8月8日	地震	四川省九寨沟县	发生7.0级地震，1名10岁女童地震中遇难
5	8月8日	地震	四川省九寨沟县	发生7.0级地震，1名10岁女童头部受伤严重
6	8月8日	地震	四川省九寨沟县	发生7.0级地震，1名50岁的女性"驴友"失联60小时后被救援人员带出震区

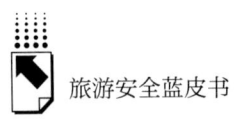

续表

序号	时间	自然灾害	发生地点	事件经过
7	8月8日	泥石流	四川省九寨沟县	2名37岁武汉游客（1男1女）在大巴车上因泥石流灾害遇难
8	8月8日	地震	四川省九寨沟县	1位29岁的女游客被地震时的巨石砸中腿部和后背，不幸遇难
9	8月13日	大风巨浪	山东省日照市灯塔风景区	2名女游客登礁石拍照被卷入海中遇难
10	9月5日	山洪	泰国清迈	徒步旅行时突遇山洪，12人被冲进急流中，1名26岁的中国女游客溺水身亡
11	10月15日	泥石流	湖北省宜昌市长江三峡景区	发生山崩土石流意外，致3名游客死亡（2男1女）、2名游客受伤（1男1女）

2. 涉旅事故灾难类事件

涉旅事故灾难包括旅游交通事故、登山户外运动事故、娱乐项目事故、酒店安全事故、低空旅游事故，以及漂流、游船、游艇事故。本文收集的34起案例中，旅游交通事故7起，酒店安全事故13起，登山户外运动事故11起，娱乐项目事故3起。

旅游交通事故发生频率较高，且易造成大规模的人员伤亡。从收集的案例来看，女性旅游交通意外事件多数为旅游大巴的交通意外事故，这类事故易造成严重后果。近年来，随着路况的改善、自驾路线的丰富以及有车的家庭的增多，越来越多人选择自驾游，由于驾驶技术不过硬、体能不足等问题，女游客自驾游的旅游交通事故也时有出现。本文共收集旅游交通事故7起，其中5起发生在国内。例如，9月25日，一辆香港旅游团的大巴在途经广州番禺时与货车碰撞，事故造成1名60岁的女子及1名男子死亡，12人受伤。12月31日，9名女学生包车去黑龙江雪乡国家森林公园毕业游，路上遭遇车祸，4死5伤，另有2名同乘女生亦受伤。

酒店安全事故主要包括消防事故、设施事故、施工事故以及其他意外事故。本文收集到2017年女性游客在酒店发生的事故13起，多数为电梯设施事故以及意外摔伤等，另外，酒店浴室玻璃碎裂造成女性游客受伤的案件也时有发生，一方面是由于酒店本身设施问题，另一方面与女性在浴室停留时间较长也有关系。例如，5月16日，在云南省昆明世博温泉酒店，1名女游客在吃自助餐时，被煤气灶蹿出的大火烧伤了面部和腿部。7月29日，在上海海神诺富特大酒店，1名15岁的女孩在酒店洗澡时，浴室的玻璃门爆裂，女孩被划伤20余处。9月5日，广东省中山市东凤镇一家旅馆因液化石油泄漏发生爆炸，1名女性受伤。

登山户外运动事故是指登山、探险、穿越、攀岩、溯溪等山地户外运动中发生的事故灾难，主要表现为摔倒、滑落、坠落、物体高空坠落等导致的人身伤害事件，主要发生在较为恶劣的自然环境、交通环境、气候环境中，受害的多为女性、老人等群体，夏天因雨水较多，是这类事故的高发时间段，本文共收集此类事件11起。例如，3月12日，1名女性"驴友"在安徽黄山市黟县宏村镇境内徒步古道时，因下雨路滑不慎跌下几十米深的山沟，经近3小时的救援，被送到医院救治。4月20日，在四川凉山州木里县，1名31岁的女"驴友"在独自徒步穿越洛克线时失联。7月中旬，1名中国女游客在美国约塞米蒂国家公园徒步旅行时失踪并被确认遇难身亡。10月2日，在河南濮阳市，1名女"驴友"在爬山时从高处坠落，不幸身亡。10月5日，3名"驴友"在准备穿越四川卧龙自然保护区时迷路，1名女子出现身体不适，经过6天5夜被救援队营救出山。

娱乐项目事故共有3起。2月3日，重庆丰都朝华文化公园游乐场1名14岁女孩在参加"遨游太空"游乐项目时，安全带突然断裂，女孩从高空落下来砸到了护栏上，后抢救无效身亡。7月30日，北京昌平乐多港游乐场1名女游客从10米高座椅坠落身亡。8月18日，北京房山十渡景区内，1名年轻女子蹦极时发生意外，坠落后掉入水中。

3. 公共卫生事件

公共卫生事件包括溺水、突发疾病、高原反应、食物中毒、猝死等突发事件。本文收集到的案例主要是溺水和突发疾病事件。溺水是因为淹没或浸入在液体中呼吸受阻的过程；其结果分为死亡、发病和安然无恙。发生溺水事件的原因主要是游客自身的安全意识不强，虽然有研究表明，男性溺水总

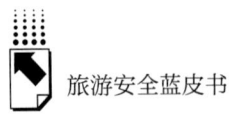

死亡率为女性的两倍，主要是因为男性接触水的机会多，但是，女性在旅游过程中出于看"美景"和娱乐，比较喜欢靠近水域或接触水，由于不熟悉当地水域的环境和特点，在旅游过程中女性游客溺水事件时有发生。

本文共收集女性公共卫生事件7起，其中突发疾病事件1起。1月31日，在浙江宁波方特东方神画游乐园，1名女游客在排队区等待时突感身体不适，送医抢救无效后身亡。收集到溺水事件6起。例如，4月4日，1名30岁中国女游客在泰国甲米宏岛潜水拍照时不幸溺亡。6月12日，在泰国普吉芭东海滩，4名中国女游客冒着高强度海浪下水游玩导致溺水。11月4日，1名52岁的中国女游客在泰国芭提雅的格兰岛参加"海底漫步"旅游项目时溺亡。11月16日，1名75岁的中国女游客与家人在泰国攀牙游玩时，不慎掉落度假酒店池塘，最终抢救无效死亡。

4. 社会安全事件

社会安全事件包括盗窃、抢劫、诈骗、恐怖袭击、他杀、威胁恐吓、性侵犯、性骚扰、强奸等事件。本文共收集到女性旅游社会安全事件19起，其中发生在境外的有11起，主要表现为抢劫（6起）、强奸（1起）和恐怖袭击（1起）等。抢劫是指行为人对公私财物的所有人、保管人、看护人或者持有人当场使用暴力、威胁或者其他方法，迫使其立即交出财物或者立即将其财物抢走的行为。抢劫因严重危害到被害人的人身安全及财产安全而被认为是侵犯财产罪中最为严重的犯罪。尤其是女性，在旅游过程中，因为对当地环境和语言不熟悉，加上女性出行经常带包或者一些贵重首饰，以及女性本身给人的柔弱印象，出游女性被抢劫的风险增加。同时，女性在被抢劫过程中很容易受到人身的伤害，甚至有可能被强奸。例如，5月14日，在安徽合肥金寨路和绩溪路交口的格林豪泰酒店，1名女子在酒店客房内被人用刀捅伤遇害。6月28日，在泰国曼谷，1名中国女游客在乘坐出租车时被司机持刀强奸，手机和2000泰铢现金被劫走。8月17日，西班牙巴塞罗那市发生货车撞人的恐怖袭击事件，至少13人遇难、100人受伤，其中1名中国香港游客受轻伤，1对台湾母女受轻伤。8月17日，1名女生在云南昆明旅游时遭殴打。11月20日，在西班牙马德里一家五星级酒店大堂内，1名中国旅行团女性领队的挎包被抢走，内有5000欧元现金及若干财物。

5.其他安全事件

其他安全事件包括购物纠纷、自杀、偷拍、迷路、动物袭击、雷击、非正常死亡等。本文共收集到案例11起。例如，1月27日，黄女士在陵水南湾猴岛生态旅游区游玩时，被猴子咬伤了大腿。7月22日，1名女教师从日本北海道的旅馆出发后失踪，8月27日遗体被发现。8月16日，在广东中山市某酒店，1名女子在其房间电视机下角发现了微型摄像头，后报警处理。8月21日，在陕西西安大庆西路的一家宾馆，1名女子在宾馆里洗澡意外身亡，事故疑似由热水器漏电导致。9月7日，1名女子与丈夫在东莞银瓶山景区山顶被雷电击中。9月25日，1名66岁的大陆女游客在游览台湾太鲁阁公园时走失。

（二）女性旅游安全事件的发生特点

根据收集的相关案例，2017年女性旅游安全事件主要有以下几个方面的特点。

1.人身安全类事件偏多

从上文可以看出，2017年我国女性旅游安全事件以由泥石流、地震、旅游交通事故、酒店安全事故、跌落、溺水、性侵犯、动物袭击、殴打、恐怖袭击、他杀等原因造成的人身安全事件为主。这与女性本身的生理结构特点、冒险心理、风险与安全意识以及安全知识等主观因素有关，同时，也受到气候条件、交通、社会治安、旅游地环境等客观因素的影响。近年来，随着各种女性旅游产品和服务的推出，越来越多的女性选择出去旅游，女性游客出游率大大提高，但在市场上对女性出游安全的保障措施做得很少，给予女性旅游安全的关注和重视仍远远不够，女性旅游人身安全事件时有发生。

2.境外女性旅游安全事件频发

随着人们生活水平的提高，选择出境旅游的女性人数增多，境外女性旅游安全事件频发（25起），主要有抢劫、强奸、恐怖袭击、盗窃、交通事故、失踪、溺水等，其中抢劫（7起）和溺水事件（5起）最多。在境外，

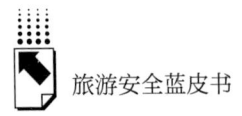

女性游客由于打扮以及语言特点，较容易引起不法分子的注意，加上女性游客对当地自然环境和社会环境的不了解，其人身和财产安全容易受到威胁，出现事故之后，由于语言的局限，也不能及时求救和得到当地人的帮助，救援不及时造成了更大的伤害。

3. 自助游女性旅游安全事件较多

"驴妈妈"发布的《2017女生出游趋势报告》显示，单身女性游客出游比例明显增多，且从出游方式来看，女性游客对于自由行的偏爱远远超出跟团游。越来越多的女性选择和几个好友自由行，更有很多女性选择单独自助游或进行户外运动，如徒步、自驾游、穿越等，这也造成了自助游女性旅游安全事件较多发生（23起）。据上文不完全统计，女性"驴友"由于摔倒、滑落、坠落、迷路、失踪而受到人身伤害的事件有12起。女性本身的体质特点、出游路线复杂、对野外环境认识不足和野外生存知识不足等是造成此类事件的主要原因。

（三）2017年女性旅游安全管理的主要进展与特点

1. 安全事件处理效率明显提高

与过去几年发生的女性旅游安全事件相比，2017年发生的事件大部分都得到了及时有效的处理。如女性"驴友"徒步古道时跌下山沟，警民冒雨历经3小时的努力将其救出并安全抬下山送到医院救治；在四川九寨沟发生7.0级地震后，1名50岁的女性"驴友"失联60小时后获救并被救援人员带出了震区；等等。相比之下，我国政府及各相关部门在旅游安全事件中的应急处理能力有了明显的提高，在信息收集、反馈，反应的速度，处理手段的执行力度以及事件处理结果方面都有了很大的进步。各地方旅游相关管理部门对旅游安全问题也更加重视，旅游相关的安全管理条例、规章制度和标准也日益完善，在中国公民的境外安全方面也做了相关工作，如北京市旅游发展委员会在2017年6月26日发布了《关于加强境外游客安全保护工作的通知》，为游客在境外旅游提供了多一份保障。

2. 安全事件发生形式更为多元复杂

如今，随着女性收入逐年增长，女性出游频率增加，女性旅游市场成为景区、酒店、旅行社等旅游企业关注的焦点。女性出游方式、服务产品以及旅游线路的多样化等造成了女性游客事故的复杂多元性，安全隐患的形式更加多元复杂，安全管控难度随之加大。首先，新型旅游产品的出现带来了一些新型旅游事故，如康养旅游的兴起导致游客医疗美容事故时有发生。据《2017中国医美行业白皮书》统计，2017年中国医美市场增速超过40%，总量逾1000万例，超过巴西成为仅次于美国的全球医美第二大国，市场总量约占全球11%。据韩国官方统计，2017年我国约有56000名游客赴韩国整形。因为是横跨国境且涉及医疗与旅游两个领域，出境医疗旅游一旦发生医疗事故，其中的权益纠纷非常难处理。其次，旅游路线的自由化和随意性趋势也增加了女性游客的安全风险，如自助游、自驾游等出游方式的流行，导致交通事故发生频率上升。如6月18日，两名驾驶经验不足的女游客在洱海租赁电动观光车，在行驶过程中意外坠入洱海，造成1死1伤。最后，女性游客群体的兴起也使其他的旅游安全事件频发，尤其是一些单身女性越来越倾向于选择单独出游，抢劫、强奸甚至是不正常死亡等事故多数发生在这些群体中。如，2017年4月19日，来自山东的1名女"驴友"在徒步穿越洛克线到稻城亚丁的旅途中受伤失踪失联，9天后被民警找到，抢救无效死亡。

三 2017年影响女性旅游安全的主要原因

（一）主观原因

1. 旅游主体欠缺旅游安全意识

随着女性社会地位的提高及其收入的增加，很多女性选择了单独出行。但这是缺乏旅游安全意识的体现，是一种非常不理智的选择。女性本身在体能和体质上会和男性有区别，单独进入一些未经成熟开发的、少人的旅游区

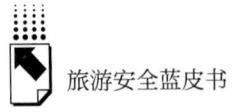

域,很容易发生意外,且在发生意外后自救的能力较弱。

近年来,越来越多的女性选择到境外旅游,但由于其缺乏足够的安全常识、自我保护意识、风险意识,欠缺对当地自然环境和社会环境的了解和考虑,往往容易发生抢劫、强奸等社会安全事件。在一些政府、旅游网站上也会有很多境外安全预警信息,但很少有人关注和搜索这类信息。女性游客在进行旅游地或者出游方式的选择时,应该把安全放在首位来考虑。

2. 户外旅游经验不足

近年来,随着社会的开放、旅游大环境和旅游服务的改善以及我国社会环境安全形象的逐步深入人心,女性的独立性日益彰显出来,越来越多的女性选择自助游,尤其喜欢单独或者跟随一些"驴友"进行一些户外运动,如徒步、穿越等。这些女性往往缺乏野外求生技能,没有充分的设备准备,也没有进行专业的学习,在野外复杂的地理环境、多变的气候条件下,意外经常发生。一些单独旅游的女性尤其危险,发生意外时自救和求救的条件和能力都是比较缺乏的。即使有同伴同行,由于自身户外旅游经验不足,女性游客也较容易发生迷路、失踪、跌落等意外。

(二)客观原因

1. 境外旅游安全保障及应急管理机制不健全

目前,虽然我国部分省份的外事、旅游、公安等相关部门建立了境外中国公民安全保护工作机制,但从国家层面、各地方政府层面上来看,在境外旅游安全规章制度、境外风险信息预警以及境外旅游安全应急机制等方面的建设仍有待完善。很多女性在境外旅游时遭受溺水、抢劫或性侵等意外时,后续的定责、赔偿等工作都会持续相当长的一段时间,受害者不能及时得到赔偿,因有关的规章制度的不健全,在索赔的过程中也容易产生各种纠纷。

2. 安全管理缺乏性别意识

目前,国内外的社会治安管理、企业安全管理均缺乏性别意识。然而,随着女性旅游市场在整个旅游市场所占据的地位越来越重要,同时考虑到女性在旅游过程中的需求的个性化以及女性行为、消费的特点,性别化的管理和服务需求日益明显。意识决定行为，没有安全管理性别意识，就没有分性别的安全管理。在本次收集的案例中有19起在酒店内发生的旅游安全事件，其中抢劫事件2起，偷拍事件1起，考虑到在酒店内女性往往更容易成为这类事件的受害者，酒店应给予女性更细心、更谨慎的特殊照顾。另有5起浴室玻璃门破裂致伤事件，玻璃破裂一部分原因是玻璃质量或玻璃安装不当，但在这类事件中女性受害者明显较多，不排除是因为女性在洗浴时一般会比男性用时更长，酒店应为入住的女性游客充分考虑到这点。

另外，在案例中，有1名孕妇在爬华山途中身体不适，后通过执勤民警帮助将其护送下山并送医就诊才脱离危险，由此可看出，某些景区或景区内的某些项目对一些特殊女性人群来说并不适合，景区管理人员应该考虑到其中的差异性，提供特殊的服务。

四 2018年女性旅游安全管理的建议与形势展望

（一）2018年女性旅游安全形势展望

1. 女性旅游群体规模继续扩大，相关的安全管理条例逐渐完善

《女性生活蓝皮书：中国女性生活状况报告No.11（2017）》显示，70%以上女性在过去1年内曾外出旅游，以家庭为单位，其用于旅游的平均花销为1.15万元，日益扩大的女性旅游市场要求整个旅游行业完善女性旅游安全管理，相关的安全管理条例和规章制度应逐渐完善，为游客安全出行保驾护航。为适应我国旅游安全新形势，自2016年12月1日起施行的《旅游安全管理办法》提出了新要求，其中新增了"风险提示"这一条，在管理旅游安全工作时从事后处理、被动管理转变为事先防范、主动介入。另外，经过这些年对各种突发旅游安全事件的处理，无论是国家政府部门，还是旅行社、景区、酒店、旅游保险公司等各相关的旅游企业，都对旅游安全管理有了一定的经验积累和新的理解、认识，对于发生的各种旅游安全事件也将采取更妥善的处理方式。对于一些女性游客事故频发的活动项目，政府相关部门将给予更多的关注和重视。如针对频发的医美事故，中国整形美容协会受国家卫生行政部门的委托制定了"医疗美容机构评价标准"，并于2017年评出了国内第一批5A医疗整形美容机构，引导女性明白消费，以免误入黑诊所，降低医美事故发生率。韩国旅游发展局针对医疗观光游客推出了安全保险服务（Safety Insurance）。在正规诊所购买此类保险后，若在诊疗过程中出现医疗问题，可以从韩国相关机构得到和保险相应补偿。

2. 女性自由行游客持续增加，安全形势依然严峻

如今，越来越多的女性追求更个性化的旅游，喜欢参加更具挑战性的户外旅游活动，这也使得户外旅游安全事件频繁发生。虽然互联网等众多媒体平台为公众提供了发声的渠道，越来越多旅游安全事件的曝光引起了大众的关注，女性游客的权益得到了更多的保障，国家和各地方政府也更加重视旅游安全问题，但女性游客应该"防患于未然"，在旅游前通过在微信、微博等平台对旅游地的自然环境及社会环境安全情况进行了解，做好相关的准备与防范。

（二）2018年女性旅游安全管理建议

1. 加强行前教育，增强女性游客安全意识

行前教育，即旅游活动发生前对游客行为的教育。一直以来，国家政府部门及各相关企业都致力于把旅游安全工作的重点放在事前，而不仅仅是事后的应急处置，尽量规避旅游风险，避免造成更大的损失。如旅游目的地发生自然灾害、流行疾病或某些区域社会安全问题比较突出的，应及时发布旅游安全预警信息。防患于未然，在旅游意外发生前做好预防工作，通过事先的学习尽量避免进行危险的活动和行为。尤其是针对自驾游、自助游的女性游客，在境外旅游或在进行户外登山、徒步等运动时，很容易发生旅游安全事件。各级旅游相关部门、旅游企业，以及电视、广播、报纸、杂志等大众媒体，微信、微博等新型社交媒体需要给予旅游安全更多的关注和重视，积极向大众普及各个方面的旅游安全常识，针对女性游客进行商品真伪辨别、野外生存技巧、徒手自救、紧急救助、正当防卫、紧急避险、自卫防身等知识

教育,在增强其安全意识的同时,也使其掌握一定的安全知识和技能。

2. 开发针对性旅游险种

如今在旅游保险市场上,旅游意外险覆盖的对象范围日益扩大,但针对女性这一出游群体仍未有太多的关注。然而,女性在旅游过程中容易发生意外伤害且女性本身敏感、细腻的特点使其追求一个更加安全的旅游环境,追求更有安全保障的旅游。针对女性的旅游动机、消费习惯、目的地偏好等出游特点推出女性旅游商业保险产品,不仅可以满足女性旅游安全的需求,而且是旅游保险市场上一个新的产品开发思路。

3. 建立有性别意识的游客安全管理体系

旅游安全管理应有性别意识,关注性别因素,如随着境外女性旅游市场份额的扩大,为保证女性的人身和财产安全,要重视境外女性旅游安全管理体系的完善工作。一方面,女性游客应主动参与到自身的安全保障工作中去,在出境前,可通过互联网关注旅游目的地的安全预警信息,尽量避开女性旅游安全事件频发的国家。另一方面,旅行社等旅游企业应对出境的游客进行事先的知识普及工作,明确禁止有可能威胁到游客安全的行为,尤其针对女性游客,在某些国家(地区)旅游要提醒其注意穿着、言行举止等,以免引起不法分子的注意。此外,安全管理要满足女性的旅游安全需求还应该从旅游目的地自然环境、社会治安、酒店住宿设施、交通工具、活动项目等方面多加考虑。

参考文献

[1] 韩湘景:《女性生活蓝皮书:中国女性生活状况报告 No.11 (2017)》,社会科学文献出版社,2017。

[2] 何一枫、姚升厚:《境外旅游安全问题亟需引起关注》,《政策瞭望》2011年第12期。

[3] 范向丽:《2014~2015年中国女性旅游的安全形势分析与展望》,《中国旅游安全报告 (2015)》,社会科学文献出版社,2015。

[4] 范向丽、林佳青:《2015~2016年中国女性旅游的安全形势分析与展望》,《中

国旅游安全报告（2016）》，社会科学文献出版社，2016。

［5］范向丽、李定可：《2016～2017年中国女性旅游的安全形势分析与展望》，《中国旅游安全报告（2017）》，社会科学文献出版社，2017。

［6］殷凌燕、王新建：《2016～2017年中国涉旅事故灾难的安全形势分析与展望》，《中国旅游安全报告（2017）》，社会科学文献出版社，2017。

［7］刘佳、连品洁：《2017女生出游趋势报告：半数女生是"独行侠"》，人民网，http：//travel.people.com.cn/n1/2017/0308/c41570 - 29131107.html，2017年3月8日。

［8］董文博：《2017国庆旅游趋势：女性成出游主力 出境游客预计600万人次》，中国网财经，http：//finance.china.com.cn/consume/20170928/4408496.shtml，2017年9月28日。

［9］伍策、一丁：《中国休闲度假大会发布〈2017中国休闲度假指数〉》，中国网，http：//www.china.com.cn/travel/txt/2017 - 10/29/content _ 41810451.htm，2017年10月29日。

B.22 2017~2018年我国旅游安全的新闻传播与公众舆论分析与展望

代姗姗 赵嘉盈*

摘 要： 2017年以微博为平台的新闻传播力量不断加强，微博及各种自媒体将成为旅游安全新闻传播的主要载体。旅游商品经营的诚信问题与旅行中的人身安全问题持续受到民众的关注。本文以新浪微博为研究对象，运用文本挖掘法对新浪微博中与旅游安全事故相关的博文进行分析，总结出2017年旅游安全新闻传播与公众舆论的特征与总体趋势如下：博文的主要功能为信息传播，具有一定的健康引导作用，舆论引导技巧不断提升；新浪微博提供了多方利益主体参与讨论的平台；在短期内提供的海量信息良莠不齐，公众媒介素养还有待提升。为实现我国旅游安全新闻传播和公众舆论的健康引导与优化管理，应持续增强我国主流媒体旅游安全新闻传播的健康引导功能；掌握舆论引导技巧，提高舆论引导能力；充分发挥新闻传播的沟通交流作用；积极建立公众媒介素养提升机制。

关键词： 新闻传播 公众舆论 旅游安全管理

---

* 代姗姗，中山大学旅游学院，讲师，主要研究方向为旅游经济、旅游恢复力与可持续发展；赵嘉盈，中山大学旅游学院，2015级本科生。

旅游安全的新闻传播直接决定旅游安全影响的深度和广度。目前，我国旅游安全的新闻传播途径包括传统媒体（广播电视、报社杂志等）和新媒体（景区官网、新闻类网站、微信、微博等）。其中，新浪微博是由新浪网推出的提供微博服务的信息分享与交流平台。自2009年成立以来，新浪微博凭借其在中国的领先地位和影响力，以及其开放性、包容性等特点，成为人气最旺、最具影响力的社交平台之一①。它是一个交流信息的工具，也是旅游安全新闻传播的主要平台。根据新浪微博数据中心发布的《2017微博用户发展报告》②，截至2017年9月30日，微博月活跃用户3.76亿，日活跃用户1.65亿，移动端占比92%。其用户身份亦非常广泛，包括大量政府机构、官员、企业、娱乐明星和媒体工作者等用户群体，也涵盖了学生和工作人群。本文选取新浪微博作为研究对象，运用文本挖掘法对新浪微博中与旅游安全事故相关的博文进行筛选，挑选2017年评论数大于20的博文与评论进行分析，共计筛选博文29条（见表1）。

表1 通过文本挖掘法筛选的博文基本信息一览

	公众号	时间	主题	地点	评论（条）	转发（次）	点赞（次）
1	央视新闻	1月30日	旅游安全贴士	—	302	2909	970
2	李继锋公众号	1月14日	雪乡宰客	黑龙江	31114	28443	23309
3	中国新闻网	1月4日	雪乡宰客	黑龙江	16607	2883	14803
4	凤凰新闻客户端	12月28日	大象践踏	泰国	31	8	17
5	央视新闻	12月27日	车祸	冰岛	805	503	888
6	今晚报	12月25日	大象践踏	泰国	43	49	67
7	中国新闻网	12月22日	大象践踏	泰国	85	106	117
8	北京青年报	12月22日	大象践踏	泰国	210	70	119
9	中国新闻网	12月19日	八达岭老虎咬人案开庭	北京	358	42	111
10	西门町吃在宁波	10月10日	交通事故	宁波	46	13	38
11	人民网	10月8日	漂流事故	贵州铜仁	182	44	261

---

① 李凯强：《新浪微博的运营特点及发展趋势分析》，《视听》2018年第1期。
② 新浪微博数据中心：《2017年微博用户发展报告》，新浪网，http://data.weibo.com/report/reportDetail? id=404&sudaref=www.baidu.com，2017年12月25日。

续表

	公众号	时间	主题	地点	评论（条）	转发（次）	点赞（次）
12	财经网	10月6日	漂流事故	贵州铜仁	774	142	567
13	中国之声	10月6日	漂流事故	贵州铜仁	480	63	434
14	澎湃新闻	10月5日	漂流事故	贵州铜仁	410	201	289
15	财经网	9月4日	缆车事故	中国台湾	197	28	217
16	中国经济网	8月17日	高原反应	甘肃敦煌	134	187	142
17	新浪四川	8月12日	地震	四川九寨沟	26	2	30
18	大连微博广场	8月12日	交通事故	大连	440	35	136
19	北京晨报	8月12日	地震	四川九寨沟	1523	226	1866
20	辽宁晚报	8月12日	地震	四川九寨沟	65	12	36
21	时间视频	8月11日	地震	四川九寨沟	15528	2332	31295
22	湖北日报	8月9日	地震	四川九寨沟	170	53	302
23	大连54青年	7月25日	被蛰身亡	大连	874	651	4480
24	泰国网	7月13日	坠海事故	泰国	168	80	78
25	京华时报	6月21日	旅游车祸	广西	101	46	61
26	界面	2月2日	登山坠崖	四川四姑娘山	78	33	31
27	紫光阁	12月26日	火山爆发	巴厘岛	94	83	438
28	陕西消防	8月15日	失踪	美国	11	61	28
29	北京晚报北晚新视觉网	—	溺水	毛里求斯	21	24	42

一 2017年我国旅游安全新闻的特征

（一）我国旅游安全新闻传播的热点问题

2017年，一系列的旅游安全问题在微博中得到广泛的传播与热议。与往年相比，微博的数量与评论的数量均有明显的增加。公众的旅游安全意识不断增强。博文内容涵盖了各类安全宣传报道；旅游自然灾害，如地震、火山爆发等；旅游供应商导致的人为事故，如商业欺诈、缆车事故等；由个人

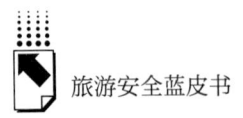

原因导致的事故，如高血压疾病、溺水、高原反应、坠崖等；以及各种公共交通事故。从新闻的内容来看，旅游安全问题已经得到了广泛的重视。

2017年公众主要聚焦于旅游自然灾害和由旅游供应商导致的安全事故，如最受热议的事件为黑龙江雪乡宰客事件。2018年1月4日，中国新闻网发布了黑龙江雪乡宰客博文，其评论量为16607条，有2883次转发。而1月14日微博用户李继锋发布的黑龙江雪乡宰客博文，其评论量高达31114条，有28443次转发。此次的转发量是中国新闻网博文转发量的约10倍。可见，黑龙江雪乡宰客事件已经得到了民众的广泛关注，成为中国新闻的焦点事件。"时间视频"发布的关于四川九寨沟地震事件的博文，其评论量为15528条，得到了2332次转发。安全宣传报道也受到了民众的关注。外交部发布的旅游安全消息，尽管评论数仅为302条，但转发次数为2909次，这显示了民众对出境游安全的关注。而由个人原因导致的事故和较为普遍发生的车祸，均没有引起广泛的关注。

（二）我国旅游安全新闻传播的内容

2017年我国旅游安全新闻传播的内容呈现两方面的特征。其一，引发关注的旅游事故均与特定的人物有较强的联系，鲜活的人物引起公众的共情。如，雪乡宰客事件中，李继锋公众号发布的博文主要聚焦于黑导游打人事件。四川九寨沟地震事件中，受到热议的博文内容均为"女儿为尽孝心带父母旅游遇地震不幸身亡"。而由个人原因导致的漂流事故中，溺亡漂流者的硕士身份引发了公众的讨论。其二，微博开始成为政府与企业及公众沟通的渠道。对事件进行了描述性记录、对事故的处理过程与结果进行了陈述的博文数量在不断增加。如，北京晚报北晚新视觉网公众号在报道男子浮潜溺亡事故的同时，给出关于游泳安全的提示："溺水不分深与浅，外出游玩千万小心。"在泰国的大象踩踏事件中，有博文强调"象园提醒游客不要随意触碰大象，不要照相，因为闪光灯可能会刺激大象"。在雪乡宰客事件中，有博文指出，政府"将采取多项措施整肃市场引导游客理性消费，誓还游客'纯白雪乡'"。

2017年我国旅游安全新闻传播出现以下四方面的趋势。第一，以微博为平台的新闻传播力量将不断加强。微博及各种自媒体将成为旅游安全新闻传播的主要载体。第二，新闻传播主题的舆论引导技巧在不断提升。第三，旅游商品经营的诚信问题将持续受到关注。第四，旅行中的人身安全问题将受到越来越广泛的关注。

二 我国旅游安全新闻传播的公众舆论导向

2017年新浪微博博文的公众舆论主要包括三类：第一类为信息的接收，为博文所引发的共情或共鸣；第二类为信息的判断；第三类为信息的加工，如针对事情的处理建议。本部分以2017年三大热点事件——东北雪乡宰客事件、四川九寨沟地震事件、贵州铜仁漂流溺亡事件为例，选择博文评论中获得点赞量较高的博文进行分析。评论中有点赞机制，获得的点赞量越高，表明公众对该评论的认同度越高。其中，东北雪乡宰客事件为旅游商业欺诈事件的典型代表，四川九寨沟地震事件为自然灾害事件的典型代表，贵州铜仁漂流溺亡事件为非常规旅游安全事故的典型代表。

（一）东北雪乡宰客事件的公众舆论

东北雪乡宰客事件为旅游商业欺诈事件的典型代表。旅游本质上是一个消费的过程，消费是旅游中必不可少的要素之一，旅游商业欺诈也相伴而生，成为旅游安全问题的主要表现形式之一。旅游消费欺诈问题是2017年备受游客诟病的话题之一，不仅影响游客的旅游体验，还降低游客的心理安全感，甚至直接影响游客的人身安全，阻碍旅游业的健康发展。

2017年12月29日，一名游客在微信平台发文《雪乡的雪再白也掩盖不掉纯黑的人心！别再去雪乡了！》，描述其于雪乡的旅游经历，引起了网民的广泛热议。对于此事，中国新闻网于2018年1月4日发表微博博文公布了景区管理部门对此事件的处理意见。李继锋公众号于2018年1月14日在雪乡宰客话题下公布了女游客在雪乡被大巴车乘务员数次勒索、威胁，甚至扇耳光的音频。

雪乡宰客事件引发了舆论共情。如该事件引发了黑龙江本地人、东北人以及去过雪乡游客的共同关注。点赞量高于1000次的评论有56条，累计获得点赞量13.45万次，其中28%的评论引述了自己的亲身经历为事件的真实性提供了第三方佐证。如黑龙江本地人和东北人评论："才知道吗""都这样""不是第一次了"。有过亲身经历的游客则对自己的遭遇进行描述，包括被迫多交团费、花巨额的餐饮住宿费等。

雪乡商业欺诈事件的鲜活呈现，引发了公众的负面评论。占据点赞量前5的评论均为消极评论。前5条评论的点赞量占点赞总数的29.6%。33条事件评论中，有20条为消极评论。这些消极评论多为一般性的负面评论，来抵制东北旅游，如本地人劝告游客"别来了""不要来"，本地人认为这一事件"丢人""过分""不作为"；外地人的评论则是"黑""狠""名声不行""心比天气冷"。但亦有一些较为中立的评论，如"不能以偏概全"等。此外，还有部分评论给出了处理建议，如提出需要政府、公安或警察介入，进行整顿等。

积极评论为事件处理和黑龙江未来的发展提供了自己的建议。33条事件评论中，有8条为积极评论。如楼主身为黑龙江人，"为家乡做一个微不足道的道歉，多多包容"。积极评论多支持相关事件的曝光，认为相关事件的曝光可以提升公众的认知，从而加大当地解决问题的决心与行动力，并呼吁"救救我们东北吧，旅游问题只是冰山一角"，以期旅游安全问题可以成为东北获得重视，并重新发展与崛起的救命绳。亦有少量中立评论，探讨黑龙江与东北的地域差异。

（二）四川九寨沟地震事件的公众舆论

四川九寨沟地震事件为自然灾害事件的典型代表。部分景区因其地理位置、自然地形和气候条件等成为自然灾害的多发区。自然灾害会对旅游资源、旅游基础设施和旅游活动等造成破坏，而旅游资源又是旅游业赖以生存的基础，且大多数旅游资源是不可再生资源，这种破坏往往是致命性的[①]。2017年

---

① 陈金华、秦耀辰、何巧华：《自然灾害对海岛旅游安全的影响研究——以平潭岛为例》，《未来与发展》2007年第8期。

自然灾害的突发性与不确定性更是给旅游安全管理带来巨大挑战。

2017年8月8日21时19分46秒，四川九寨沟发生7.0级地震，截至2017年8月13日20时，地震造成25人死亡、525人受伤、6人失联、176492人（含游客）受灾、73671间房屋不同程度受损。事件发生后，九寨天堂酒店一中年女子昏厥不醒的视频在微博上广泛流传。这名女子与其丈夫和26岁的女儿来四川度假，震后该女子与其丈夫躲过一劫，在发现女儿遗体后，女子因过度悲伤而当场昏厥。对此次事件的评论中，点赞量高于1000的评论有34条，累计获得点赞量13.08万次。

第一类共情的评论比例不高，34条中仅有5条，为"天下父母心""逝者安息，生者如斯""一路走好孝顺的孩子""白发人送黑发人""我想回家陪父母"。共情的讨论让讨论者更珍惜亲情。第二类讨论围绕"是否应该去地震带旅行"展开。相关讨论获得了7.1万次的点赞。这一讨论由微博用户"浅夏"的评论引发："明明知道那边是地震多发地，还往那边（旅游）！"这一评论获得点赞2049次。之后，公众围绕这一话题进行了深入的探讨。在点赞量超过1000的34条评论中，12条与之相关。累计获得点赞6.89万次。来自四川本地的讨论者指出，"我们四川本来就在地震带上，难道全部都要移居吗？"来自其他地区的评论则引用大量其他例子，如"天灾人祸无法避免""景色很美，去一次也无可厚非"，这些评论也得到了广泛转发。第三类讨论围绕该如何对昏厥的病人进行急救展开。372条评论讨论了掐人中是否可以救醒昏厥的病人。

（三）贵州铜仁漂流溺亡事件的公众舆论

贵州铜仁漂流溺亡事件为非常规旅游安全事故的典型代表。随着公众参与旅游的数量不断增加，公众对旅游目的地和旅游活动的追求也越来越丰富多样。然而，这也给旅游安全管理带来更多的挑战。同时，2017年更多的旅游安全管理的挑战来自于非常规景区和非常规线路的旅游活动。

2017年10月2日，贵州铜仁发生一起漂流溺亡事故，4人不幸遇难，其中两人为硕士夫妻，女子毕业于北京大学，男子毕业于中国政法大学。国

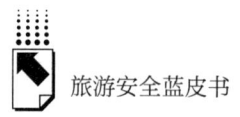

庆期间，两人回乡探望父母，并带着父母和妹妹体验漂流项目，发生意外。新闻记者对死者家属进行采访，发表相关博文，在网上引起了热议。

贵州铜仁漂流溺亡事件的相关讨论主要集中于对事件的评议和处理方案的探讨，主要包括以下几类舆论导向。第一类评论聚焦于溺亡者的学历。一部分评论对高学历的溺亡者感到惋惜，这类评论最能反映公众的心理，点赞量排第二至四位的评论均属于这一类，表示"考上北大非常不容易""高学历的培养成本更大""高才生死了可惜""国家的损失"。另一部分评论则为针对高学历评论的反驳，"低学历的不想玩吗？只是没钱而已"。第二类评论聚焦于漂流的地点。因此次漂流者溺亡的地点不在景区范围内，公众对溺亡者的野漂行为进行了探讨。对事件较为熟悉的评论者不断地为事件还原了更多的信息，如反复强调"漂流地点不在景区"。有6%的评论中出现了"野漂"。第三类评论针对漂流项目的防护措施进行了探讨，如救生衣是否可以防止意外发生，是否应该挑选更为安全的漂流地点等。

三 我国旅游安全新闻传播的公众舆论趋势

（一）目前旅游安全新闻的主要功能为信息传播，并逐渐增强其健康引导功能

2017年旅游安全新闻报道主要聚焦于对事件的传播，报道主题均以事件为中心，把事件直接呈现在受众面前，对事件进行描述性记录。例如东北雪乡宰客事件的两条热门博文中，一条博文呈现了女游客被大巴车乘务员威胁并扇耳光的音频[1]，另一条博文陈述了相关部门如何处理雪乡宰客事件[2]，两条博文均客观呈现事实，未对事件进行点评。也有部分媒体开始展开科普

---

[1] 微博博文网址：https://weibo.com/1670116584/FElMo5gN7?refer_flag=1001030103_&type=comment.

[2] 微博博文网址：https://weibo.com/1784473157/FCLtB4XiX?refer_flag=1001030103_&type=comment#_rnd1519745209182.

性报道,如对旅游安全事故的预警、灾后应急措施的科普、规范引导商业行为等相关报道。例如,中国经济网就某教授高原游身亡事件,指出七类不适宜高原游的人群,并建议游客去高原以前先做个体检[①]。但总体上,2017年新浪微博官方的科普性报道较少,由于缺乏专业背景知识,其健康引导功能仍有待加强。

(二)新闻传播主题的舆论引导技巧在不断提升

2017年旅游安全新闻报道善于从群众的视角看问题,挖掘与群众切身利益相关的、为其所关心的人物或事件,并用通俗易懂的方式阐述事件与观点,使大多数群众能很快理解报道想传达的信息。同时,大多数报道会借助鲜活的人物,将话题聚焦于未来可能发生在其他公众身上的事件,让公众产生代入感,从而引起公众的共鸣。例如,随着大众旅游的发展,每位游客都可能面临"被宰"的风险,在雪乡宰客事件中,李继锋发布的博文主要聚焦于黑导游打人事件,激发了公众的兴趣与不满的情绪。也有一些报道聚焦于容易吸引公众注意的话题,例如,贵州铜仁漂流弱亡事件热门博文《硕士夫妇漂流遇意外,一家4人死亡》,溺亡漂流者的硕士身份引发了公众的讨论。还有一些报道的标题对公众具有较大的吸引力。总的来说,2017年新闻传播主题的舆论引导技巧不断提升,但部分媒体为了博取受众的注意,故意"夸大"事件、渲染悲情等以制造噱头,甚至制造恐慌。

(三)新浪微博提供了多方利益主体参与讨论的平台

2017年新浪微博提供了政府、公众和媒体等多方利益主体参与的互动交流平台,为每个个体提供了一个自由开放的空间,使他们能够借助平台发表自己的意见和想法,甚至成为新闻信息传播环节中的生产者、决策者和引

---

① 微博博文网址:https://m.weibo.cn/status/4141826833205641?wm = 3333 _ 2001&from = 1082093010&sourcetype = weixin&featurecode = newtitle。

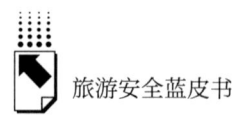

导者①。公众从被动的接受者转为主动的参与者，主动选择接受的信息，发布新闻报道，并监督和制约媒体和政府的传播行为。例如，东北雪乡宰客事件中李继锋的个人博文引起了群众的热议。公众还可能对官方的报道产生怀疑，发起广泛讨论，直至获得令其满意的结果。另外，新浪微博具有极强的交互性，通过点赞、转发和评论的功能，受众能够针对传播者提供的信息给出反馈，促进主体间的有效沟通与互动。

（四）新浪微博短期内提供的海量信息良莠不齐，公众媒介素养有待提升

2017年新浪微博未制定用户准入标准，除对网站设置的敏感词以及造成恶劣影响的一些内容进行删除外，个体可以在新浪微博平台上发布任何信息。再加上新浪微博的信息传播的即时性和网状式的传播路径，用户能在短时间内获得大量信息，但大部分信息的真实性与客观性有待进一步探究。当公众对事件的猎奇心理无法完全得到满足时，他们可能会对官方媒体的报道产生怀疑，受制于自身的媒介素养，他们可能选择相信由非官方个体发出的"谣言"或者被夸大的事实，不理会信息的真伪，进而产生过激的负面情绪。例如，在东北雪乡宰客事件中，一名博主指出游客服务中心一盒泡面60元，后经核实"60"并非一盒泡面的价格，而是商品的编号，但仍有部分用户对该调查结果表示怀疑，并表示雪乡在食品上的宰客现象必然存在。简而言之，2017年大多数新浪微博用户对于海量信息仍处于被动接收的状态，对信息的质疑和评估的能力有待提升。

四 我国旅游安全的新闻传播和公众舆论的展望与管理建议

我国旅游安全的新闻传播与公众舆论的健康发展，是旅游业可持续发展的保障。以下是新闻传播和公共舆论的四点展望与对应的管理建议。

---

① 杜蓉：《自媒体新闻传播对传统新闻传播的解构与重塑》，渤海大学，2013。

（一）持续增强我国主流媒体旅游安全新闻传播的健康引导功能

"主流媒体"指承载主流意识形态，在社会上具有较大品牌影响力和较高知名度的新闻媒体[①]。强化我国主流媒体旅游安全新闻传播的健康引导功能，使主流媒体不仅能发挥传递信息的作用，为群众增添"谈资"，而且能让受众从报道中增长知识，避免同类事故的发生，以期让主流媒体承担新闻传播更高的社会职责，实现新闻传播经济效益与社会效益的统一，并提高舆论引导工作的效率。

首先，提升报道科普性。如加强高风险旅游活动安全意识，加强旅游人身财产安全意识。其次，加强旅游从业人员的安全信息传播意识。如增强旅游安全知识的专业培训，严格考核旅游安全知识相关的专业素养。另外，还可与相关专业机构和个人合作。如邀请各地区地震局、知名科学科普博主等，在微博上发布科普性报道地震的讯息，提升报道的公信力与准确性，并借助主流媒体的影响力和权威性，扩大传播影响力。

（二）掌握舆论引导技巧，提高舆论引导能力

第一，旅游安全新闻传播主体应严格保证新闻报道的真实性。传播主体不得为了博取受众的眼球，"夸大"事件，制造噱头，应当做到实事求是，坚守职业道德。第二，旅游安全新闻传播影响范围广，应建立规范制度，确保新闻报道通俗易懂、言简意赅，平等交流，以吸引公众的注意力，易于公众对旅游安全知识的理解与吸收，进而增强公众旅游安全意识。第三，建立健全旅游安全新闻传播机制，应适当引导群众正确看待旅游安全事故，进而提升民众应对旅游安全的综合能力。

---

① 李明德、李靖宇：《论政府、媒体、公众舆论引导新格局的建立及其互交影响措施创新》，《甘肃社会科学》2013年第4期。

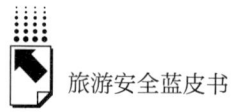

（三）充分发挥新闻传播的沟通交流作用

随着网络社交平台的发展，媒体从单向的自上而下的信息传递工具逐渐转为多方利益主体参与的互动交流平台，但当前旅游安全信息传播仅停留在信息传递的阶段，未真正重视民众对事件的建议与看法。如东北雪乡宰客事件发生之后，人民网积极呼吁发挥网络的沟通作用。一起宰客事件，对雪乡的成长来说是危机，也是转机[1]。

首先，将新浪微博作为信息实时发布和群众建议收集的渠道。政府应充分利用微博较大的群众基数及其影响力，如利用已有官方微博账号（如新浪旅游、微博旅游、中国旅游）或建立新的官方微博账号，定期在微博上发布征集意见的博文，与群众在评论区就旅游安全问题进行交流。其次，可以在新浪微博中发起旅游安全相关微话题，让多方利益主体参与讨论，有利于促进公众对旅游安全事件的全面评估，从旅游安全事件中吸取经验与教训，促进旅游业健康发展。同时，还需保持官方账号的活跃度，如发布安全小知识、最新安全提示、旅游相关知识等。

（四）积极建立公众媒介素养提升机制

媒介素养是指人们对于媒介信息的选择、理解、质疑、评估能力，以及制作和生产媒介信息的能力。公众对于旅游安全信息的选择、理解、质疑、评估能力则直接决定旅游安全事故的影响力。一方面，相关旅游政府机构与单位，可以通过积极宣传，提升公众对旅游安全新闻的真实性以及影响力的识别能力。另一方面，网络作为沟通交流的平台，鼓励公众对旅游安全事故预警与处理方面的问题进行探讨，将网络作为旅游安全知识整合的有效平台。

---

[1] 杨思琪：《守护洁白雪乡，莫再如此经商！》，人民网，http://travel.people.com.cn/n1/2018/0105/c41570-29746837.html，2018年1月5日。

参考文献

［1］陈金华、秦耀辰、何巧华：《自然灾害对海岛旅游安全的影响研究——以平潭岛为例》，《未来与发展》2007年第8期。

［2］杜蓉：《自媒体新闻传播对传统新闻传播的解构与重塑》，渤海大学，2013。

［3］李凯强：《新浪微博的运营特点及发展趋势分析》，《视听》2018年第1期。

［4］李明德、李靖宇：《论政府、媒体、公众舆论引导新格局的建立及其互交影响措施创新》，《甘肃社会科学》2013年第4期。

B.23
"一带一路"沿线旅游投资安全分析与展望

厉新建 刘国荣*

摘　要： 本文对2017年我国"一带一路"沿线旅游投资安全的现状进行阐述，深度剖析旅游投资安全问题并提出相关对策及建议。目前，我国对"一带一路"沿线国家的旅游投资主要集中于东南亚地区，投资领域以住宿、餐饮和公共交通为主。这种投资地域集中、投资行业扎堆的原因主要包括路径依赖、投资环境、风险评估、人口红利等。2017年全球经济形势稳健发展，但仍面临诸多不确定因素的困扰，逆全球化思潮、贸易保护主义等问题不容忽视。未来中国对"一带一路"沿线各国的旅游投资的业态、领域、主体都有待进一步均衡化、多样化。中国如何在逆全球化思潮的涌动下正确把握投资环境和东道国国情、促进贸易自由化发展、降低旅游投资安全风险、推进中国对外旅游投资多元化成为重要研究课题。

关键词： "一带一路"　旅游投资　安全

"一带一路"沿线多为发展中国家，经济技术发展水平相对较低，国际话语权相对较弱。我国发起的"一带一路"倡议使得沿线各国能够搭乘中

---

* 厉新建，北京第二外国语学院旅游管理学院院长、博士、教授，研究方向为旅游经济发展战略等；刘国荣，北京第二外国语学院旅游管理专业在读研究生。

国发展中的列车,以共商、共建、共享为原则,以统筹国内外、海陆空为发展路径,促进中国与沿线各国深度融合发展与共同繁荣。

一 我国对"一带一路"沿线国家旅游投资的现状

随着对外开放深化和对外投资优化,我国对"一带一路"沿线国家的投资稳步发展。根据商务部的数据统计,2017年我国企业对"一带一路"沿线的59个国家非金融类直接投资金额达143.6亿美元,同比下降1.2%,主要流向新加坡、马来西亚、老挝、印度尼西亚、巴基斯坦、越南、俄罗斯、阿联酋和柬埔寨等国家。对外承包工程方面,我国企业在"一带一路"沿线的61个国家新签对外承包工程项目合同7217份,新签合同额1443.2亿美元,同比增长14.5%;完成营业额855.3亿美元,同比增长12.6%①。2017年1月至12月的具体投资情况见表1。

表1 2017年中国对"一带一路"沿线国家的投资情况

	非金融类直接投资金额 (亿美元)	新签对外承包工程 项目合同(份)	新签合同额 (亿美元)	营业额 (亿美元)
1月	8.2	339	56.7	37
2月	9.7	320	57	41.4
3月	11.6	293	109	65.4
4月	10.3	910	95.8	45.7
5月	10.1	266	66.2	50.5
6月	16.2	303	329.5	90.7
7月	10.4	515	66.7	51.6
8月	9	218	64.2	50.1
9月	10.5	321	122.1	61.4
10月	15.8	2461	53.5	81.4
11月	11.9	255	114.5	78.7
12月	19.9	1016	308	201.4
总计	143.6	7217	1443.2	855.3

注:笔者按照中华人民共和国商务部对外投资和经济合作司相关数据计算所得。

---

① 数据来源:商务部对外投资和经济合作司,http://hzs.mofcom.gov.cn/article/date/201801/20180102699459.shtml。

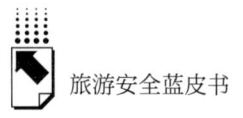

具体到旅游领域，出于游客偏好及目的地资金回收周期的考虑，中国对外旅游投资领域主要分布于欧美发达地区，而对"一带一路"沿线国家的旅游投资相对较少。在"一带一路"倡议的推动作用下，近年来我国对"一带一路"沿线国家的旅游投资有所增加，但在"一带一路"沿线国家的旅游投资上存在投资业态单一、总体规模较小、领域分布集中与业态形式单调的问题。

就具体企业而言，除了对美国、英国等发达经济体的酒店、旅行社等进行投资和并购以外，中国旅游企业对"一带一路"沿线国家的旅游投资行为也在不断增强。根据现有资料可知，携程近两年的海外扩张业务得到持续推进，国际化扩张动作频发。继2016年年初斥资1.8亿美元投资印度最大的在线旅游公司Make My Trip之后，2018年初携程旗下途风网收购了印度B2B（企业对企业）旅游预订平台Travstarz Global Group，又迈出了其国家化战略的步伐。华住酒店集团于2017年9月以股权投资形式，对印度经济型酒店平台OYO投资1000万美元，并与其签订了合作备忘录，为期5年。锦江作为首个打入印度市场的中资酒店集团，收购了印度最大的独立酒店连锁集团Sarovar。凯撒和众信等旅游企业也紧绕"一带一路"倡议，深挖沿线各国独特的历史文化资源，打造独一无二的丝路旅游路线，为丝路之旅输送客流。除旅游企业外，非旅游企业也增强了对"一带一路"沿线国家的旅游投资来响应"一带一路"倡议。腾讯于2017年7月对印度尼西亚打车服务公司Go-Jek投资约1.5亿美元来扩大其东南亚市场业务。阿里巴巴6月宣布将对东南亚在线零售商Lazada Group投资10亿美元，增持Lazada股权以达到其扩展东南亚市场的目标。中国云南省投资控股集团投资8.8亿美元用以建设柬埔寨暹粒新国际机场，以便迎合旅游业快速发展的需求。可见，投资主体方面，海外扩张业务较为频繁的企业集中于旅游业和酒店业的巨头，以酒店集团和线上旅行社为首，包括海航、携程、华住、锦江、凯撒和众信等，此外，非旅游企业也逐步加强对于沿线国家的旅游投资，投资主体有所丰富，但投资业态仍比较单一；总体规模和领域分布方面，大部分企业对沿线国家的旅游投资金额普遍偏低，投资领域仍存在扎堆现象，主要集中在东南亚地区；业态形式方面，以旅游基础设施投资为主，涉及酒店民宿、打车出行、铁路运输等。

二 "一带一路"沿线国家旅游投资的安全分析

（一）"一带一路"沿线国家旅游投资的安全类型

"一带一路"倡议为促进中国对沿线国家的投资提供了机遇，但这并不意味着中国对沿线国家的投资安全问题有所减少或安全风险水平有所下降，相反，这可能使得中国海外投资面临更多的难题与挑战。值得一提的是，旅游业作为一种综合性产业，在带动国民就业、发展本国经济、传播本国文化等方面都具有不可比拟的优势，"一带一路"沿线国家将对中国对自身的旅游投资持积极主动的态度。但是，从投资收益的角度来看，中国对"一带一路"沿线国家的旅游投资安全问题仍是一个不容忽视的话题。中国对"一带一路"沿线国家的旅游投资安全问题主要包括"一带一路"沿线各国的政治安全、社会安全以及旅游投资行为的决策安全等。

1. 政治安全

一个旅游投资项目的成功与东道国的政治环境有着密不可分的关系，东道国政局稳定是进行旅游投资的前提与基础。沿线国家的政治安全主要表现为本国的政局稳定性。沿线大多数国家发展相对落后，政治局势存在极大的不确定性，各政党之间的斗争相对激烈，政府官员存在腐败风气，这都给中国对"一带一路"沿线国家的旅游投资安全带来了巨大压力与挑战。比如，晋非经贸合作区项目的推进因毛里求斯大选而受到阻碍，毛里求斯单方面要求收回土地，给该项目的实施与落地造成重大打击，本来计划很好的项目正是因为东道国政权更替而产生一系列阻力，安全风险水平显著提升。

2. 社会安全

社会安全与社会稳定性相对应。一般而言，"一带一路"沿线国家的社会环境越稳定，中国对其的旅游投资安全水平则越高，反之则越低。影响中

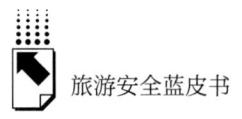

国对"一带一路"沿线国家的旅游投资安全的社会安全问题主要表现在以下几个方面。

首先,沿线国家的社会若经常出现抢劫、枪杀、拐卖人口等恶性社会事件,则说明东道国社会治安混乱,社会犯罪率偏高,无法保障中资企业及中外游客的安全,为后期项目运营与资金回收带来难度,难以保障项目的收益风险。

其次,沿线国家社会恐怖事件频发、教派冲突激烈,导致局部地区社会秩序紊乱、监管控制难度大,投资项目的建设活动可能受到不可抗因素的干扰与破坏,造成投资资本流失,提升由资金短缺、资源浪费等造成的成本风险。

再次,由于价值观念差异、文化差异、语言障碍等鸿沟,沿线国家国民对于外来企业进入本国的行为产生反感心理及阻碍行为,投资活动得不到当地社区的积极响应与参与,难以促进双方的人文互动,使得旅游投资行为存在社会风险。

最后,沿线国家的流行性疾病、社会习俗与社会禁忌等也应该纳入投资决策的考虑范围,以最大限度地规避与控制中国对"一带一路"沿线国家的旅游投资的安全隐患。

3. 决策安全

相较于国内投资,海外投资面临更复杂的挑战与风险,这对旅游投资的决策者提出了更高的要求。旅游投资决策者需掌握全面且具体的国际化知识,具备更高层次的概念技能,能够紧密结合国家政策、制度,准确判断国际投资环境与发展趋势,灵活应对旅游投资的突发事件,严格控制旅游投资风险与安全,特别是从旅游投资的决策端控制投资风险。

影响决策安全的因素主要涉及两个方面。一是旅游决策者对于国际化知识的熟练掌握程度与投资国环境的整体把握力度。通过对"一带一路"沿线国家国情与投资环境的全面了解与分析,旅游决策者能够很好地判断旅游投资项目的市场可进入性,从宏观层面来权衡投资成本与收益,减少由对投资环境浅层次、单方面了解造成的投资决策失误,降低中国对"一带一路"

沿线国家旅游投资的安全风险。二是旅游决策者的综合能力,包括知识水平、价值观念、概念技能、危机意识、危机处理等。中国旅游业快速发展,出境游日益成为越来越多游客的选择,而旅游管理专业的人才输出相对于快速发展的旅游市场需求而言相对滞后,导致目前中国对"一带一路"沿线国家的旅游投资从决策阶段到建设阶段、从管理阶段到运营阶段都存在着或多或少的安全问题。

(二)中国对"一带一路"沿线国家旅游投资的安全局势

旅游投资安全主要是指旅游企业在对外投资的过程中,由领导者的决策风格,项目本身的科学性以及东道国政治、经济、金融、社会、法律等的不确定性带来的旅游投资风险。"一带一路"沿线国家投资风险较高、我国政府对海外投资管控力度加大等因素都对我国在沿线国家的旅游投资活动有所影响,但是旅游是国家交往与合作的重要方式,中国对"一带一路"沿线国家的旅游投资活动所受阻力较少。

1. "一带一路"沿线国家的投资风险普遍较高

《2018年度中国海外投资国家风险评级》(见表2)显示,中国企业海外投资外部风险显著提升,在"一带一路"沿线国家风险评级中,仅新加坡一国为低风险级别[①],阿联酋、以色列、波兰、匈牙利紧随其后。此评级体系包括经济基础、偿债能力、社会弹性、政治风险、对华关系5个维度,从政治、经济、社会等多角度对"一带一路"沿线国家的投资风险进行评估,为中国对"一带一路"沿线国家的旅游投资提供参考,提升旅游投资的成功率。从表2可以明显看到,"一带一路"沿线国家的投资风险是普遍偏高的,出现这种情况的原因可能包括以下几个方面。一是"一带一路"沿线国家对于中国的投资行为十分警惕,过度揣摩我国的投资意图,加大了中国对沿线国家进行旅游投资的外部阻力。二是"一带一路"沿线大多为发展中国家,经济发展水平相对落后,市场化程度较低,社会局势不稳定,

---

① 资料来源:中国社会科学院世界经济与政治研究所国际投资研究室。

存在极大的不确定性投资风险。三是随着沿线各国的不断发展，其自身经济实力不断增强，对于外来投资的依赖程度逐步下降，因而对于中国的投资行为的要求与条件更为严格。鉴于以上原因，中国在对"一带一路"沿线国家进行旅游投资时，在优化旅游投资项目自身的科学性与发展性的同时，应该重点关注"一带一路"沿线国家的投资风险级别，从宏观上把握其投资环境，深入了解东道国国情以及其对于外来投资的基本态度与政策，最大限度地规避中国对沿线国家旅游投资的可控风险，提升中国对"一带一路"沿线国家旅游投资的成功率。

表2 "一带一路"国家风险评级结果

排名	国家	是否发达国家	排名变化	2018年评级结果	2017年评级结果
1	新加坡	1	—	AA	AA
2	阿联酋	0	—	A	A
3	以色列	1	—	A	A
4	波兰	0	↑	A	A
5	匈牙利	1	↓	A	A
6	捷克	1	↓	A	A
7	马来西亚	0	↑	A	A
8	罗马尼亚	0	↓	A	BBB
9	保加利亚	0	↑	BBB	A
10	沙特阿拉伯	0	↓	BBB	BBB
11	哈萨克斯坦	0	↓	BBB	BBB
12	菲律宾	0	↑	BBB	BBB
13	俄罗斯	0	↓	BBB	BBB
14	印度尼西亚	0	—	BBB	BBB
15	泰国	0	↑	BBB	BBB
16	土耳其	0	↑	BBB	BBB
17	土库曼斯坦	0	↓	BBB	BBB
18	巴基斯坦	0	↑	BBB	BBB
19	老挝	0	↓	BBB	BBB
20	塔吉克斯坦	0	↑	BBB	BB
21	乌兹别克斯坦	0	↑	BBB	BB

续表

排名	国家	是否发达国家	排名变化	2018年评级结果	2017年评级结果
22	印度	0	↓	BBB	BBB
23	希腊	1	↓	BBB	BBB
24	柬埔寨	0	↓	BBB	BBB
25	斯里兰卡	0	↑	BBB	BBB
26	越南	0	↑	BBB	BBB
27	缅甸	0	↑	BBB	BBB
28	伊朗	0	↓	BBB	BBB
29	孟加拉国	0	↑	BB	BB
30	蒙古	0	↓	BB	BBB
31	乌克兰	0	↑	BB	B
32	白俄罗斯	0	↓	BB	BB
33	吉尔吉斯斯坦	0	↓	BB	BB
34	埃及	0	↓	BB	BB
35	伊拉克	0	—	B	B

注：该评价体系仅纳入35个"一带一路"沿线国家，占中国对"一带一路"沿线国家海外直接投资规模的99.89%。0表示否，1表示是；—表示与上年相比，相对排名没有变化；↑表示与上年比，相对排名上升；↓表示与上年比，相对排名下降。评级结果分为低风险级别（AAA–AA）、中等风险级别（A–BBB）、高风险级别（BB–B）。

但是，在对沿线国家进行旅游投资的过程当中，除了关注投资国的风险等级以外，更应该根据旅游投资项目自身的特点判断投资风险与安全的相关信息，做出科学理性的投资决策。

2. 中国政府加大对海外投资的管控力度

由于近几年我国出现房地产、酒店、影城、娱乐业等领域的"非理性交易"行为，造成巨大的投资损失，2017年中国政府加大了对海外投资的监管力度，国家发展改革委、商务部等于8月4日在《关于进一步引导和规范境外投资方向的指导意见》中明确表示，鼓励推进利于"一带一路"倡议和周边基础设施互联互通的境外投资，限制房地产、酒店、影城、娱乐业、体育俱乐部等境外投资。显然，所鼓励的基础设施建设能够有效地推进"一带一路"沿线国家旅游基础设施建设，为中国与沿线国家的旅游交往提供基础，同时也为中国对"一带一路"沿线国家的旅游投资带来便利。所限制的业态在一定程度上扼制了中国对"一带一路"沿线国家的投资热潮，防止盲目跟风而造成中国资金外流，为我国旅游企业营造一个安全、有序的投资环境。该指导意见为海外投资提供方向，管控在投资过程中可能出现的资产转移风险，为投资活动的理性化提供了最有效的保障。在中国政府的严厉监管之下，旅游企业能够最大限度地了解和防范旅游投资风险，减少或杜绝不科学、非理性的旅游项目投资，并营造出一种安全有序的旅游投资环境，确保旅游投资安全；与此同时亦使得中国的发展能够稳中求进，遏制人民币外流，减少由地缘政治、宗教文化冲突、东道国国情复杂等因素造成的项目停滞、资金回收滞后等后果，放缓旅游投资流量，盘活旅游投资存量，推动企业的可持续健康发展。此外，旅游企业在加大对"一带一路"沿线国家的旅游投资力度的同时，还应注意到政府对投资活动的相关政策变动，灵活调整投资规模、领域和业态形式，确保旅游投资活动的安全开展。

3. 中国对"一带一路"沿线国家的旅游投资阻力较低

根据中国在"一带一路"沿线投资受挫的大型项目的行业分布来看，旅游行业的投资受阻风险较低[①]。造成这种结果的原因可能有以下几点。首先，中国对"一带一路"沿线国家的投资主要集中于能源、交通和金属矿石等方面，对旅游的投资规模相对较小，风险管控相对容易；其次，"一带一路"沿线国家的旅游资源丰富，自然文化景观迥异，历史文化遗产弥足珍贵，具有发展旅游业的先天资源优势和区位优势；最后，旅游业作为综合性产业，其所带来的经济增长及其产生的空间溢出效应能够促进东道国交通运输、餐饮住宿、信息科技等领域的快速发展，进而增强东道国国家实力，提升其国际话语权，扩大其国际影响力和竞争力，是国家之家双赢的必然选择。旅游投资阻力较低表明中国对"一带一路"沿线国家的旅游投资发展前景良好，未来应扩大旅游投资规模，以安全投资为底线，以新科技新技术

---

① 王永中、宋爽、李曦晨：《"一带一路"沿线国家投资风险分析及政策建议》，《中国财政》2017年第16期。

为引领,以优质旅游为目标,为各国的融合发展提供动力,为"一带一路"倡议贡献更多的中国力量。

三 中国对"一带一路"沿线国家旅游投资的安全水平提升对策及展望

(一)中国对"一带一路"沿线国家的旅游投资安全水平的提升对策

1.建立旅游投资风险评估机构,提升投资决策科学性

准确把握旅游投资风险是旅游投资项目获取成功的关键。旅游投资风险评估机构应该聘请中国对外旅游投资领域以及风险投资领域的专家学者,根据科学性的风险评估方法,重点从我国旅游投资项目主体、金额、区位、业态等方面对投资行为进行分析与评估,并最终形成旅游投资风险评级报告。其中,旅游投资风险评级报告的主要内容应该包括对中国与"一带一路"沿线国家间的贸易交往、金融合作、国际关系以及旅游投资规模、区位、业态、主体等多角度、全方位、深层次的系统风险评估,结合东道国政治、经济、文化、法律等特点对项目实施与落地过程中可能受到的阻力进行整理,为提升中国企业的旅游投资决策的科学性提供参考依据。通过专业化的旅游投资风险评估,从全局上把握旅游投资项目的可行性,从事前、事中、事后三阶段对旅游投资进行实时监管,了解和掌握旅游投资存在的安全隐患,有效控制中国资金外流,减少投入损失,降低旅游投资管理运营成本,规避可预见性风险。

2.设立"一带一路"旅游投资基金,实现企业共担风险与责任

所谓"一带一路"旅游投资基金,是由旅游企业牵首设立旅游投资基金,公开向社会募集投资伙伴,通过集体合作的方式使中国对"一带一路"沿线国家的旅游投资资金集中化,并将资金用以"一带一路"沿线国家的旅游项目建设。企业按照个人意愿投入一定比例的资金,以共商、共担、共享为原则,通过企业间的通力合作,达到资源配置最优化、

所获利润最大化、安全风险最小化的目标,这将给中国对"一带一路"沿线国家的旅游投资提供强有力的支持。在此过程中,参与各方需签订合作协议,根据自身经济实力决定各自出资金额,并按照相应的比例来共同承担旅游投资的利益、风险与责任。一方面,多企业联手达成合作易于扩大旅游投资规模,提升旅游对"一带一路"倡议的影响和贡献,企业间形成优势互补,加大旅游投资的管控力度,确保旅游投资的回报率;另一方面,旅游企业间紧密协作,降低各方在投资过程中的经济负担和各自所承担的风险,提高了投资的合理性与科学性。相异于丝路基金,该旅游投资基金更具有针对性和灵活性。针对性是指该基金是用于中国对"一带一路"沿线国家的旅游投资,是针对具体的旅游投资项目设立的,该旅游项目所包括的投资区位、业态、具体项目等详细内容都是明确的。灵活性是指针对不同的旅游投资项目,"一带一路"旅游投资基金应该由不同的旅游企业设立,采取不同投资模式,吸引不同领域的投资伙伴,灵活调整该基金所涉及的各方参与主体,实现优势互补,努力将投资风险降至最低。

3. 设置信用公示制度,增强中国与"一带一路"沿线国家旅游互信

互信是国家进行深化合作与交往的重要前提条件。中国提出"一带一路"倡议旨在实现与沿线国家的互利共赢发展,而沿线区域涉及面广,国家间因文化差异、社会环境差异、政权变动等可能出现沟通与交流障碍,使得双方不互信,为中国对"一带一路"沿线国家的投资带来安全隐患。细化到旅游领域,旅游作为综合性产业能够带动旅游目的地国的经济发展,在"一带一路"倡议中具有"先联先通"的巨大优势,沿线国家均愿意通过旅游来加强与中国的交流与合作。因此,通过旅游来加强中国与"一带一路"沿线各国的人文交流和经济交流的过程中,中国应该设置信用公示制度,根据中国游客在目的地国的旅游消费与旅游体验的实际情况,对目的地国的国民可靠度、消费与服务价格公正度、游玩环境安全度等方面进行信度考量,判断是否存在欺骗、歧视、辱骂甚至是殴打中国游客的现象,综合国家相关的信用评价机制对目的地国进行信用结果公示。通过对沿线国家的旅游安全

类事件的综合评估和判断，对沿线各国的信用进行打分评级，在提示游客慎重选择旅游目的地的同时，有助于旅游企业综合考虑旅游投资计划，为确保旅游投资安全提供依据，使旅游投资更趋于理性。信用公示将揭开中国与"一带一路"沿线国家旅游交往过程中的"黑匣子"，为监督沿线各国营造与维护公平公正、安全可靠的旅游环境提供有力工具，增强了中国与"一带一路"沿线国家的旅游互信。

4. 成立"一带一路"沿线国家旅游安全研究机构，实时掌握东道国旅游安全局势

"一带一路"沿线国家的旅游安全局势是影响中国游客出游决策的重要因素，也是影响旅游企业进行旅游投资决策的关键因素。为更好地促进"一带一路"倡议以及对沿线国家的旅游投资，国家旅游局应该牵头成立"一带一路"沿线国家旅游安全研究机构，以便时刻关注沿线国家的旅游安全局势。"一带一路"沿线国家安全研究机构应以分析沿线国家的旅游安全局势为重点，剖析东道国存在的旅游安全隐患，并预测未来一段时间内东道国旅游安全局势的发展方向，为中国对"一带一路"沿线国家的旅游投资提供信息参考，提高旅游投资的成功率。众所周知，"一带一路"沿线的部分国家一直存在不确定性的安全隐患，恐怖主义、分裂主义、自然灾害等时有发生，这给中国对"一带一路"沿线国家的旅游投资带来了巨大挑战，实时掌握东道国旅游安全局势成为中国对"一带一路"沿线国家旅游投资的关键所在。近年来，南亚和中东地区的政局动荡，恐怖主义盛行，直接影响到中国与该地区国家之间的旅游交往，而这必将引发旅游投资安全问题，给中国对"一带一路"沿线国家的旅游投资带来难解之题。"一带一路"沿线国家旅游安全研究机构的成立，为中国准确把握沿线国家的国情政策、政权更替、社会稳定等旅游安全局势信息提供支持，为降低对沿线国家的旅游投资风险提供可能。

（二）未来中国对"一带一路"沿线国家的旅游投资安全局势

"一带一路"倡议为中国对外旅游投资提供政策保障、消费市场和金

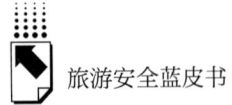

融支持①,未来中国对"一带一路"沿线国家的旅游投资前景将十分乐观。2017年5月"一带一路"国际合作高峰论坛的顺利举行意味着中国与沿线国家的政策沟通、设施联通、贸易畅通、资金融通和民心相通更上一层楼。会上厘清了自"一带一路"倡议提出以来的众多成果,展现了中国以及其他国家在"一带一路"倡议下的累累硕果。显然,旅游业作为"一带一路"倡议中的先导性产业,更是拥有巨大的发展潜力和带动力量,中国对"一带一路"沿线国家的旅游投资迎来巨大的机遇。

随着经济全球化的发展,中国对外开放呈现新的格局,对外投资速度放缓,但仍保持投资大国地位。随着旅游日益常态化的发展趋势,中国对沿线国家的旅游投资将得到进一步的发展,适度加大对沿线国家的旅游投资规模,兼顾C端与B端,实现旅游投资的提档升级与业态丰富,为游客提供优质旅游产品与服务。2017年沿线国家的整体局势趋于平稳,这为中国对外的旅游投资提供了安全保障,未来中国对"一带一路"沿线国家的旅游投资安全水平将比较稳定。总的来说,在"一带一路"倡议下,中国在加大对"一带一路"沿线国家的旅游投资的同时,也应当关注东道国政治局势、贸易政策、风险等级等问题,合理做出旅游投资决策,保障旅游投资安全。

---

① 宋昌耀、厉新建:《"一带一路"倡议与中国对外旅游投资》,《旅游学刊》2017年第5期。

B.24
中国潜在旅游者对韩国医疗旅游的感知风险研究

陈楠 沙强[*]

摘 要： 发达国家人口社会出现了老龄化现象，医疗服务水平、医疗价格、各类新型疾病等因素导致选择外出医疗旅游的人数每年都在激增。韩国作为亚洲技术较发达的国家，具有较高的医疗水平和相对低廉的医疗价格，特别是在美容、整形和牙科医疗等专业领域有较高的竞争力。近年来到韩国的医疗旅游者人数不断激增，其中中国医疗旅游者占了近30%。本研究选择韩国为医疗旅游目的地，以没有韩国医疗旅游经验的中国潜在旅游者为调查对象进行问卷调查，对获得的689份有效问卷进行了数据分析。分析结果显示，中国潜在旅游者对韩国医疗旅游的感知风险整体较高，除旅游绩效风险因子外，其余5个因子——医疗绩效风险因子、医疗财务风险因子、旅游健康风险因子、旅游财务风险因子和医疗心理风险因子均对医疗旅游期待产生显著性负向影响，特别是医疗绩效的风险感知最为敏感。站在潜在旅游者的立场，如果能确保高水准的韩国医疗服务水平，就能最小化顾客风险感知，提升潜在旅游者对医疗旅游的期待价值。

---

[*] 陈楠，河南大学旅游管理系主任、副教授、博士、硕士生导师，主要研究方向为旅游者行为、节事旅游、旅游统计；沙强，河南牧业经济学院旅游管理系讲师，韩国培材大学博士研究生，主要研究方向为医疗旅游。

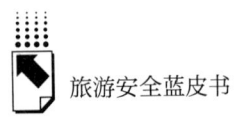

关键词： 医疗旅游　感知风险　期待价值　中国潜在旅游者

本研究选择韩国作为医疗旅游目的地，分析探讨中国潜在旅游者对韩国医疗旅游的感知风险和期待价值。通过实证调查了解中国潜在旅游者对韩国医疗旅游的风险感知，确定感知风险的构成因素，并分析感知风险与期待价值之间的关系，根据研究结果制定相应营销策略为医疗旅游战略提供建议和启示。

一　理论回顾

（一）医疗旅游

医疗旅游的需求的增加，是由于本国的治疗成本高昂、治疗等待时间过长、国际机票价格和汇率波动带来的好处，以及婴儿潮的效应。也就是说在国外旅游过程中，能够获得比本国低价且便捷优质的医疗服务，因此才出现了医疗旅游现象。[①] 韩国被列为新兴的医疗旅游目的地，在亚洲9个医疗旅游国家中排名第7，在医疗水平和技术方面都是属于先进行列，为了更好地开发韩国的医疗旅游的潜力，进行战略型发展和培育势在必行。[②]

有学者认为医疗旅游是有意地在旅游目的地宣传本国医疗服务和设施，从而吸引游客来到本国相应的设施（如酒店）或目的地。[③] Goodrich 认为人们正在将医疗服务设施和普通旅游设施相结合，[④] Laws 将医疗旅游定义为旨

---

① Connell, J. Medical Tourism: Sea, Sun, Sand and Surgery. *Tourism Management*, 2006, 27: 1093 – 1100.
② RNCOS. *Tourism Industry-Asian Medical Tourism Analysis (2008 – 2012)*. RNCOS E – Service Pvt. Ltd. India, 2010.
③ Goodrich, G. & Goodrich J. Health Care Tourism-An Exploratory Study. *Tourism Management*, 1987, 3 (3): 217 – 222.
④ Goodrich, J. N. Socialist Cuba: A Study of Health Tourism. *Journal of Travel Research*, 1993, 32 (1): 36 – 42.

在改善健康状况的休闲活动。① Mueller 和 Kaufmann 在健康旅游的领域根据不同需求，从私人医疗服务、健康服务、医疗服务三方面区分游客类型。② 韩国旅游发展局将医疗旅游定义为一种包含旅游活动，疗养、休闲和文化活动的新型旅游形式，③ 韩国保健产业振兴院认为医疗旅游是在医疗卫生领域，挖掘并开发旅游资源，使旅游商品化，提供产品和服务的产业。通过将优秀的医疗卫生服务和旅游相结合，向包含在外韩国人的外国人提供医疗卫生旅游项目，同时，通过外国游客消费，为国民经济做出贡献。④ Connell 建议在特别的医疗干预（specific medical interventions）下，使用"医疗旅游"这个术语。⑤ 医疗旅游是指将医疗服务与疗养、休闲、文化活动等相结合的新型旅游形式，是具有价格优势，同时拥有与先进国家相似的医疗水平的医疗旅游，正在亚洲地区活跃地发展。

韩国有两种主流的医疗旅游研究类型。第一种是以搞活医疗旅游为基础探索医疗旅游策略的研究；第二种调查了目前医疗旅游存在的问题，研究商业化可行性和产品构成因素，并提出韩国医疗旅游产品开发和营销策略。

本研究将医疗旅游定义为"一种医疗服务和旅游服务融合的新服务形式"，根据游客期待价值的不同，可分为以医疗为中心的医疗旅游和以旅游为中心的医疗旅游。

（二）感知风险

Mitchell 解释了为什么许多研究人员对感知风险理论感兴趣，他认为以下四个方面体现了感知风险理论的重要性：感知风险理论主要站在消费者看问题的

---

① Laws E. Health Tourism: A Business Opportunity Approach. In: Clift & J. Page (eds), *Health and the International Tourist*, London: Rout‐ledge. 1996.
② Mueller, H. & Kaufmann, E. L. Wellness Tourism: Market Analysis of A Special Health Tourism Segment and Implications for the Hotel Industry. *Journal of Vacation Marketing*, 2001, 7 (1): 5‐17.
③ 韩国旅游发展局：《韩国观光发展年度报告》，韩国首尔，2005。
④ 保健产业振兴院：《保健产业振兴院年度报告》，韩国首尔，2006。
⑤ Connell, J. Medical Tourism: Sea, Sun, Sand and Surgery. *Tourism Management*, 2006, 27: 1093‐1100.

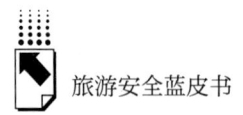

角度来开展营销、能被广泛证明和普遍应用、可以解释消费者的行为驱动因素、分配营销资源时可被应用于决策。① Bauer 首先在市场营销文献中介绍了"感知风险"的概念,把消费者的冒险行为和风险降低行为作为证明感知风险存在的依据,指出消费者的某些行为可能涉及某种程度的不确定性,导致不可预知的结果和不可预期的风险,从而得出感知风险不确定性的概念。感知风险是指消费者对所提供服务的不确定性和负面结果的感受和消费者对损害的主观预期。这种感知风险是影响购买决策的主要因素。② 陈楠等针对出境游客进行了旅游风险感知调查,将其分为旅游外部因素感知及旅游内部因素感知。③

本文将医疗旅游者的感知风险定义为"消费者对损害的主观臆测感受",在前人研究的基础上,将感知风险分为财务风险、绩效风险、社会/心理风险和健康风险四个要素。

(三)期待价值

价值最普遍的定义一般遵从 Zeithaml 的定义,将价值概念分为"价值是价格""价值就是我想要的产品""价值就是我为我付出的价格获得的品质""价值就是我得到的东西"四种顾客价值感知。④ 这些概念被认为是"消费者通过购买产品或服务获得相应的感知,对产品总体效用进行整体评价"的过程。一些研究者将购买者的期待价值定义为对产品的质量或效用的感知与公平价格之间的权衡关系⑤⑥。感知价值归结于总体性的损益对比效用,

---

① Mitchell, V. W. Consumer Perceived Risk: Conceptualizations and Models. *European Journal of Marketing*, 1999, 33 (1/2): 163 – 195.
② Bauer, R. A. Consumer Behavior as Risk Taking. In: Hancock, R. S., Ed., *Dynamic Marketing for A Changing World*, American Marketing Association, Chicago, 1960.
③ 陈楠、乔光辉、刘力:《出境游客的旅游风险感知及旅游偏好关联研究——以北京游客为例》,《人文地理》2009 年第 6 期。
④ Zeithaml, V. A. Consumer Perception of Price, Quality, and Value: A Means-End Modal and Synthesis of Evidence. *Journal of Marketing*, 1988, 52 (3): 2 – 22.
⑤ Monroe, Kent B.. *Pricing: Making Profitable Decisions*. New York: McGraw – Hill., 1990.
⑥ Sweeney, J. C., Soutar, G. N. & Johnson L. W. The Role of Perceived Risk in the Quality-Value Relationship: A Study in a Retail Environment. *Journal of Retailing*, 1999, 75 (1): 77 – 105.

换句话说，价值感知可以在没有购买或使用产品或服务的经验的情况下发生，同时，满意度取决于使用产品或服务的经验。本研究将价值期待作为感知风险和购买意图之间的媒介变量，韩国医疗旅游的潜在旅游者购买商品和服务时，通过全面的损益比较，对感知的风险进行整体的评价，即医疗旅游服务期待价值。

三　研究设计

（一）问卷的构成

本研究调查问卷共由三部分构成，分别是医疗旅游感知风险、期待价值和人口统计学调查问项。基于以往研究的结果并结合韩国医疗旅游的特点，感知风险测量指标从医疗绩效风险、医疗财务风险、医疗心理风险、旅游绩效风险、旅游财务风险和旅游健康风险6个方面出发设计了23个调查问项；期待价值从医疗服务和旅游服务两方面设计了6个问项。所有的测量问项都采用了李克特5点量表尺度，1到5分别代表"完全不同意"到"非常同意"。

（二）资料收集和分析

本研究使用的原始数据与信息通过问卷调查的方式收集，运用spss16.0和AMOS统计分析软件对所得的数据进行统计分析并得出结论。本研究选择韩国为医疗旅游目的地，以没有韩国医疗旅游经验的中国潜在旅游者为调查对象，对获得的有效问卷进行了数据分析。为提升研究的质量，研究者于2016年11月5日至2016年11月10日利用手机、互联网等发送问卷进行了预调查，收回了85份问卷，根据收回问卷的分析结果，对问卷的结构进行了再次调整，并对一些问项的语言表述进行了修改。正式调查时间为2017年3月1日至3月30日，采取了线上和线下两种调查方式。线下选取了北京和上海两地，共发放问卷600份，收回587份；线上通过手机、互联网收集了327份电子问卷。在收到的914份问卷中，排除回答不完全及真实性较低的样本后,最终使用有效样本共计689份(其中纸质有效问卷529份,网络问卷160份)。

四 研究分析结果

(一)样本人口统计学分析

样本的特征如表1所示。在689名受访者中,有461名女性,占受访者的66.9%,半数以上的受访者年龄在29岁以下(含29岁),约93%(641人)的受访者从未接受过医疗服务(整容整形等)。

(二)医疗旅游感知风险描述性分析

为了解潜在旅游者对韩国医疗旅游的感知风险,将23个测量指标进行了描述性分析,结果如表2所示。23个测量指标均值为3.89,从整体上来看,中国的潜在旅游者对韩国医疗旅游的感知风险较高。其中有15项测量指标的均值都超过3.89,按照分值高低来看,"担心韩国的医疗旅游服务外国人比当地人差很多"分值最高(4.42),其次是"担心韩国医疗旅游产品

表1 调查对象的人口统计学特征

项目		频数	频率(%)	项目		频数	频率(%)
性别	男	228	33.1	医疗服务经历	0次	641	93.0
	女	461	66.9		1次	39	5.7
学历	高中及以下	72	10.4		2次及以上	9	1.3
	大专	193	28.0	年龄	29岁及以下	367	53.3
	本科	286	41.5		30~39岁	169	24.5
	研究生	55	8.0		40~49岁	98	14.2
	其他	83	12.1		50~59岁	42	6.1
调查方式	线上	529	76.8		60岁及以上	13	1.9
	线下	160	23.2	样本总量:689人			

数据来源:研究数据分析所得。

价格外国人比当地人贵很多"(4.38)、"担心在韩国医疗旅游期间无法按照计划完成医疗项目"(4.32)、"担心购买韩国医疗旅游产品后,后期会支付较多的费用"(4.24)、"担心在韩国医疗旅游期间语言沟通不方便"(4.20)。

表2 医疗旅游感知风险描述性分析

序号	测量指标	均值	标准差	排序
1	担心购买韩国医疗旅游产品后不能享受到适当的服务	4.01	0.99	12
2	担心韩国医疗旅游产品与自己期待的相距较大	4.00	0.94	13
3	担心韩国医疗旅游产品的费用会比其他国家的贵	3.78	0.94	17
4	担心韩国的医疗旅游服务外国人比当地人差很多	4.42	0.91	1
5	担心韩国医疗旅游产品价格外国人比当地人贵很多	4.38	0.90	2
6	担心购买韩国医疗旅游产品后,后期会支付较多的费用	4.24	0.93	4
7	担心购买韩国医疗旅游产品是一种金钱上的浪费	3.90	0.99	15
8	购买使用韩国医疗旅游产品心理会觉得不安	4.03	1.01	11
9	购买使用韩国医疗旅游产品时会有莫名的紧张感	4.09	0.93	7
10	购买使用韩国医疗旅游产品时会有犹豫	4.13	1.03	6
11	担心在韩国医疗旅游期间语言沟通不方便	4.20	1.02	5
12	担心在韩国医疗旅游期间服务不好	4.05	0.98	10
13	担心在韩国医疗旅游期间日程安排不合理	3.97	0.98	14
14	担心在韩国医疗旅游期间无法按照计划完成医疗项目	4.32	0.99	3
15	担心在韩国遇到小偷抢劫等犯罪活动	3.62	0.97	18
16	担心韩国国内(朝鲜半岛)发生战争	4.08	1.06	8
17	担心中韩关系发展不顺利影响在韩国的医疗旅游	4.07	1.01	9
18	担心在韩国旅游时不适应当地的餐饮	3.23	1.10	21
19	担心购买使用韩国医疗旅游产品时出入境不方便	3.79	0.94	16
20	担心在韩国旅游时发生欺诈事件	3.57	0.97	19
21	担心当地韩国人对中国有排外	3.49	0.96	20
22	担心韩国旅游费用比其他国家贵	3.02	0.99	23
23	担心在韩国消费是一种金钱的浪费行为	3.09	0.98	22

数据来源:研究数据分析所得。

(三)医疗旅游感知风险探索性因子分析

为了进一步分析测量指标之间的联系,将23个测量指标进行了探索性因子分析。探索性因子分析结果如表3所示,从医疗旅游感知风险相关的23个因素中萃取出了6个公因子,剔除影响因子有效性的个别因素(如医疗财务风险2项、旅游绩效风险1项、旅游财务风险1项、旅游健康风险2项)。概念的有效性可以通过特征根值来确定,所有的6个公因子概念特征根值均在数值1以上。每个公因子的内在一致性可以通过克隆巴赫系数(Cronbach α)值检验,根据分析结果显示,所有因子都≥0.6值,所以可以认为所有因子具有内在一致性。

从各个因子的均值来看,中国的潜在旅游者对韩国医疗旅游的感知风险因子中"医疗财务风险"数值最高(4.235),其次分别是"医疗心理风险"(4.083)、"医疗绩效风险"(3.930)、"旅游财务风险"(3.921)、"旅游绩效风险"(3.743)、"旅游健康风险"(3.640)。

表3 探索性因子分析

新提取因子	旋转后问项数	因子载荷	特征根值	分散度(%)	均值(标准差)	信度
FX1:医疗财务风险	4	0.689 0.663 0.634 0.609	4.097	23.108	4.235	0.804
FX2:医疗绩效风险	3	0.749 0.730 0.714	2.673	15.076	3.930	0.823
FX3:医疗心理风险	3	0.722 0.687 0.500	1.915	10.759	4.083	0.711
FX4:旅游健康风险	3	0.763 0.725 0.624	1.404	7.919	3.640	0.681
FX5:旅游财务风险	2	0.754 0.728	1.215	6.853	3.921	0.632
FX6:旅游绩效风险	2	0.775 0.678	1.067	6.018	3.743	0.607

KMO = 0.824　Bartlett = 2167.132　自由度 = 91　Sig. = 0.000

数据来源:研究数据分析所得。

(四)医疗旅游感知风险与期待价值回归分析

为揭示潜在旅游者的感知风险与期待价值之间的关系,本研究把医疗旅游感知风险的六个因子作为自变量,把期待价值作为因变量进行一般线性多元回归(Stepwise)分析,研究结果发现回归方程的显著性较高,多元回归分析的结果如表4所示。

表4 医疗旅游感知风险因子与期待价值的回归分析

自变量 (感知风险因子)	期待价值			F值(p值)	R^2(修正后R^2)
	标准β系数	T值	p值		
医疗绩效风险	-0.473	-5.861	0.000**		
医疗财务风险	-0.341	-4.487	0.000**		
医疗心理风险	-0.187	-2.615	0.009**	12.39 (0.000**)	0.45 (0.42)
旅游绩效风险	-0.104	-1.838	0.066		
旅游财务风险	-0.192	-2.687	0.007**		
旅游健康风险	-0.277	-3.219	0.000**		

* $p<0.05$ ** $p<0.01$

根据表4的检验,除旅游绩效风险因子外,其余五个因子——医疗绩效风险因子($p=0.000$)、医疗财务风险因子($p=0.000$)、旅游健康风险因子($p=0.000$)、旅游财务风险因子($p=0.007$)、医疗心理风险因子($p=0.009$)均产生显著性影响。在R^2为0.45的条件下,医疗绩效风险因子、医疗财务风险因子、旅游健康风险因子、旅游财务风险因子、医疗心理风险因子所得出的期待价值与实际测得的医疗旅游期待价值比较接近,此五项是医疗旅游期待价值的重要指示器。根据β值,其相关系数分别是:-0.473、-0.341、-0.277、-0.192、-0.187,由此可知,医疗绩效风险因子对医疗旅游期待价值的影响力最大,其次是医疗财务风险因子和旅游健康风险因子,五项风险因子与期待价值成负(-)相关关系。

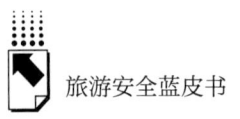

五 结论和建议

本研究的目的是调查中国潜在旅游者对韩国医疗旅游的感知风险,以及潜在旅游者的感知风险与期待价值之间的关系,试图通过实证调查研究揭示各因子之间的关系,并通过对风险因子和价值因子的管理,扩大医疗旅游市场基数和增加医疗旅游游客的数量。通过689份调查问卷分析,研究结论如下。

第一,中国的潜在旅游者对韩国医疗旅游的感知风险较高。23个测量指标中有15个测量指标的均值都超过3.89。

第二,通过分子分析萃取出了六个韩国医疗旅游感知风险因子,分别是医疗绩效风险、医疗财务风险、医疗心理风险、旅游财务风险、旅游健康风险和旅游绩效风险。

第三,潜在旅游者的医疗绩效风险感知对医疗旅游期待价值有显著的影响,所以可以认为绩效在韩国医疗旅游方面有重要的影响作用,医疗绩效风险对医疗价值产生负面的影响,这与Sweeny等的研究结果一致,即绩效风险对期待价值有负面影响。[1]

第四,潜在旅游者的感知风险因子中,除了旅游绩效风险因子不显著外,医疗绩效风险因子、医疗财务风险因子、旅游健康风险因子、旅游财务风险因子、医疗心理风险因子均对期待价值产生显著的负向影响,其中医疗绩效风险因子、医疗财务风险因子和旅游健康风险因子的影响最强,旅游财务风险因子作为感知风险最敏感的影响因素之一,也对旅游期待价值有显著的负向影响。

本研究的意义主要表现如下。第一,分析出中国潜在旅游者的六个感知风险因素(医疗绩效、医疗财政、医疗心理、旅游绩效、旅游财务和旅游

---

[1] Sweeney, J. C., Soutar, G. N. & Johnson L. W. The Role of Perceived Risk in the Quality-Value Relationship: A Study in a Retail Environment. *Journal of Retailing*, 1999, 75 (1): 77–105.

健康)与医疗旅游期待价值的关系。第二,研究发现感知风险会影响医疗价值和旅游价值,特别是医疗风险与期待价值存在负向(-)关系。从感知风险因子分析中各个因子的均值可以判断出中国潜在旅游者对韩国医疗水平和医疗旅游产品缺乏充足的信息和认识,整体的感知风险较高。在医疗旅游的前提下,影响购买决策因素中,医疗服务业绩期待有着显著的影响,因此,在中国推销韩国医疗旅游商品时,需要满足潜在旅游者对韩国医疗服务高质量和差异化的追求以及对价格优势效益的期望。为了更好地开发韩国医疗旅游,可以利用韩国的特色文化旅游吸引物进行差别化的旅游商品开发,通过开发更多的团队医疗旅游商品,并进行更加透明的价格管理,来降低价格的感知风险。另外,通过开发高级旅游商品,提供完善的旅游保险制度,降低签证问题的忧虑和简化签证签发与复杂入境程序都是有效的商品服务竞争策略。

本研究的不足在于数据收集过程中未考虑调查对象地区人口样本的类型,造成抽样的不等概率性。每个被调查者被抽到的概率是不相同的,这在一定程度上影响了分析的结果。由于医疗旅游感知风险是一个多样性的因素,今后在研究中,可结合旅游者的心理学特征、旅游者的人口统计学特征等,对旅游风险进行更有深度、更具体的研究。

参考文献

[1] 保健产业振兴院:《韩国医疗观光发展报告》,韩国首尔,2015。

B.25 国际邮轮港口安全管理体系研究*

——以上海吴淞口国际邮轮港为例

叶欣梁 梅俊青**

摘　要： 国际邮轮港口作为邮轮服务重要的节点，也成为各类安全事件如自然灾害、事故灾难、公共卫生事件和社会安全事件等的汇聚点。在港口安全生产管理工作中，需要坚持预防为主、标本兼治的方针，不断创新出更加有效的举措和更完善的制度，完善安全生产责任制，切实落实和强化安全生产责任，筑牢安全防线。加强应急预案的建立健全工作，有效提升作业管理部的应急能力。需要建立健全安全相关制度体系，提升安全管理"法治"水平。需要注重发挥员工集体智慧，认真谋划安全生产工作思路。需要加强安全风险防控体系建设，推进事后处理向事前预防、源头治理转变。

关键词： 邮轮港口　港口安全　管理机制　防控体系

---

* ［基金项目］国家社会科学基金项目"供给结构调整下的我国本土邮轮旅游开发研究"（编号：16BGL110）；上海市人民政府决策咨询项目"中国近海邮轮旅游产品开发研究"（编号：2016 - Z - J07）、"邮轮港口并购模式及运营管理策略研究"（编号：2014 - Z - J02）、"吴淞口国际邮轮母港服务标准研究"（编号：2012 - Z - 58 - A）。
** 叶欣梁，上海工程技术大学副教授、硕士生导师，上海吴淞口国际邮轮港副总经理，上海国际邮轮经济研究中心副主任，研究方向为邮轮经济、旅游安全管理；梅俊青，上海工程技术大学硕士研究生，研究方向为邮轮经济。

从2006年中国母港邮轮市场出现开始，截至2017年年底，中国邮轮港口接待邮轮总量达到5807艘次，接待出入境游客达到1813.54万人次。在中国邮轮市场快速发展的过程中，邮轮港口作为邮轮产业发展的重要基础设施，在区域邮轮经济的发展中起着重要的支撑作用，我国各沿海区域纷纷打造现代化的邮轮港口。作为安全事件的易发地，邮轮港口需要深入推进安全管理，建立健全安全管理体系。

一 中国邮轮港口发展的形势分析

2015年《全国沿海邮轮港口布局规划方案》提出，2030年前，全国沿海形成以2~3个邮轮母港为引领、始发港为主体、访问港为补充的港口布局；在始发港布局中提出，辽宁沿海重点发展大连港，津冀沿海以天津港为始发港，山东沿海以青岛港和烟台港为始发港，长江三角洲以上海港为始发港，相应发展宁波－舟山港，东南沿海以厦门港为始发港，珠江三角洲近期重点发展深圳港，相应发展广州港，西南沿海以三亚港为始发港，相应发展海口港和北海港。我国目前在使用的邮轮港口共15家，其中邮轮专用码头8家，分别是上海吴淞口国际邮轮港、上海港国际客运中心、天津国际邮轮母港、青岛邮轮母港、深圳招商蛇口国际邮轮母港、三亚凤凰岛国际邮轮港、舟山群岛国际邮轮港、厦门国际邮轮中心；进而有通过将货运码头改造成邮轮码头的大连港国际邮轮中心、广州港国际邮轮母港、烟台港、秀英港、温州国际邮轮港、防城港、北海港7家港口；未来还要继续规划建设大连国际邮轮母港、广州南沙邮轮母港、北海国际邮轮港、海口南海明珠国际邮轮港、厦门国际邮轮母港、烟台国际邮轮母港等多家新型专业邮轮港口，宁波、秦皇岛计划兴建国际邮轮港，并且大多以母港为发展定位（见表1、表2）。

表1 我国正在使用的国际邮轮港口

序号	邮轮港口	企业名称
1	上海吴淞口国际邮轮港	上海吴淞口国际邮轮港发展有限公司
2	上海港国际客运中心	上海港国际客运中心开发有限公司

续表

序号	邮轮港口	企业名称
3	天津国际邮轮母港	天津国际邮轮母港有限公司
4	青岛邮轮母港	青岛国际邮轮有限公司
5	大连港国际邮轮中心	大连港客运总公司
6	广州港国际邮轮母港	广州港国际邮轮母港有限公司
7	深圳招商蛇口国际邮轮母港	深圳招商蛇口国际邮轮母港有限公司
8	厦门国际邮轮中心	厦门国际邮轮母港集团有限公司
9	三亚凤凰岛国际邮轮港	三亚凤凰岛国际邮轮港有限公司
10	舟山群岛国际邮轮港	舟山群岛国际邮轮港有限公司
11	烟台港	烟台港客运总公司
12	秀英港	海南港航控股有限公司
13	温州国际邮轮港	温州状元岙码头有限公司
14	防城港	广西防城港港务集团有限公司
15	北海港	广西北部湾邮轮码头有限公司

表2 规划建设的邮轮港口

序号	邮轮港口	企业名称
1	大连国际邮轮母港	大连港客运总公司
2	广州南沙邮轮母港	广州中交邮轮母港投资发展有限公司
3	北海国际邮轮港	广西北部湾邮轮码头有限公司
4	海口南海明珠国际邮轮港	海航基础海南金海湾投资开发有限公司
5	厦门国际邮轮母港	厦门国际邮轮母港集团有限公司
6	烟台国际邮轮母港	烟台港客运总公司

二 国际邮轮港口安全管理措施

（一）建立安全管理预案体系

邮轮港口的安全事件主要包含几大类，一是气象灾害、地震灾害、地质灾害等自然安全事件；二是公共设施和设备事故、环境污染和交通运输事故；三是重大疫情、疾病等对民众健康以及生命安全造成不良影响的事件；四是恐怖袭击事件、民族宗教事件、涉外突发事件和群体性事件等社会安全事件①。建立安全管理预案体系是保障邮轮港口安全的重要措施。建立公共安全事件总体应急预案，主要是应对邮轮港区突发公共事件的整体计划、规范程序和行动指南，是指导相关港区各单位、邮轮港公司、各第三方服务和施工单位编制应急预案的规范性文件。构建专门针对邮轮港区的应急预案，对邮轮港区的几种类型的突发事件制定具体的专项处理办法②。建立突发公共事件部门现场应急预案，部门应急预案是根据邮轮港区总体应急预案，为了应对本部门突发公共事件制定的具体计划和操作流程，是有效组织各相关部门实施行动的指导性文件③。

各类各级预案应当根据实际情况变化，由制定单位及时修订并报上级审定、备案。各类各级预案构成种类应不断补充、完善。按照"条块结合、属地管理"的要求，逐步建立横向到边、纵向到底、全覆盖的应急预案体系框架、预案数据库和管理平台。

（二）构建邮轮港区安全预警系统

构建全面的港区安全预警系统，并定期对邮轮港区进行风险评估与研究，及时发现邮轮港区存在的隐患，并及时向相关部门及人员做好通知，使隐患能够在较短的时间内得到有效解决。强化邮轮港口安全事件的预测与预警，港区各单位针对各种可能发生的突发公共事件，开展风险分析，做到早发现、早报告、早预警、早处置④。要充分利用各类资源，积极与有

---

① 雷伟宗：《港口安全生产应急行政管理体系和制度研究》，《当代化工研究》2017 年第 11 期。
② 柴政、屈莉莉：《港口安全与应急物流管理信息系统研究综述》，《中国管理信息化》，2017 年第 11 期。
③ 李丽、马巍巍、王静：《港口危险化学品安全监管信息化发展思考》，《水运管理》，2016 年第 11 期。
④ 车程怡、刘家国、李健：《基于熵权 – TOPSIS 的港口安全评价》，《大连海事大学学报》，2016 年第 4 期。

关部门沟通,做好对各类突发公共事件的预测、预警工作。充分发挥公共安全隐患举报奖励机制和城市网格化管理作用,构建全面的公共安全预警体系①。

加强横向部门之间的沟通,建立信息的排摸、互通和联动机制。港区各相关单位、邮轮港公司和港区应急管理领导小组要及时、准确地将上级发布、调整和解除的预警信息通过各种方式告知港区员工,同时宣传应急避险和防灾减灾常识。对老、弱、病、残、孕等特殊旅客以及警报盲区应当采取有针对性的公告方式。

(三)强化员工安全培训体系构建

为有效推进国际邮轮港口的安全发展,要根据实际的需要开展相应的安全制度学习与安全技能的演练,并且提供相应的资金支持。强化邮轮港口的安全监管体系建设,需要严格按照国家的规定、按照职业要求坚持持证上岗,没有相应的职业资格证书的不能上岗,并且对新入职的员工进行系统的安全制度培训,加强员工安全培训的信息化管理,以提升管理的系统化②。

在新的安全形势和要求下,需要邮轮港口企业根据实际情况的变化不断调整安全培训的要求,并对安全培训制度进行不断完善,使邮轮港口员工的安全意识能够紧密跟着形势的发展需要,这也对邮轮港口的长远发展具有重要的价值,有利于推动邮轮港口安全建设的制度化、规范化、系统化、体系化。为使邮轮港口安全制度得到全面落实,需要对各个职能部门的安全要求进行有效的明确,并持续地完善邮轮港口的各项安全制度,确保每项安全管理制度能够得到有效的实施,使得邮轮港口的安全建设能够完全地满足现实发展的需要③。

---

① 张广进、陈波、陈全、崔新明、张超:《我国港口安全管理机制研究探讨》,《中国安全生产科学技术》,2012年第8期。
② 胡大正:《广西港口安全及保安管理信息系统的设计与实现》,北京交通大学,2012。
③ 潘空谷:《危险货物港口安全监管机制研究》,宁波大学,2012。

三 吴淞口国际邮轮港安全管理机制构建

（一）构建全面系统的安全管理制度

制度体系的建设对于推动安全形势良好发展的常态化具有重要作用，必须强化安全管理制度体系和基本流程的建立健全。必须以现代邮轮港口的安全形势为制定安全制度最重要的基础，在安全制度的建立健全过程中，需要涵盖总体目标设计、安全部门设置、安全费用预算、安全培训计划、作业安全、隐患整治、危险源管理、应急救援、事故处理和绩效评定等方面；还要根据岗位、设备设施的特点建立有风险分析、防范的安全操作规程。

推进安全生产标准化管理体系建设。根据邮轮港区的实际情况，建立适合邮轮港的安全生产标准化标准和评分细则，并列入创建、评审和达标的范围，进一步规范企业安全标准体系，实现岗位达标、专业达标和企业达标的安全生产标准化[1]。

完善邮轮港区统一协调的应急预案。针对邮轮港区的特点制定统一的应急预案，内容包括火灾、反恐防暴、工伤事故、大客流形成的人员踩踏事故、特种设备事故、游客过度维权、防汛防台、突发性公共卫生事件等应急预案。预案要与政府应急预案相衔接，规定每年的固定时间开展应急训练，检验各单位、各部门的协调情况。

（二）建立健全安全隐患排查治理的制度

在对邮轮港区危险源评估的基础上，建立健全安全隐患排查治理的制度，制订排查方案、排查计划。通过日常检查、专项检查、季节检查、综合检查和节假日检查，组织人员对邮轮港重点部位、关键岗位和特种设备进行检查和复查，并要求各单位主要领导每年参加安全检查不少于2次。对较大

---

[1] 黄然：《港口安全管理研究》，重庆交通大学，2011。

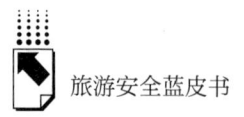

的隐患事件建立整改办法,并且做到每个方案都落实到位,并建立安全隐患评估和治理后续评价制度,确保整改措施得到有效落实[1]。建立从上至下的安全隐患治理机制和监管机制,常态化地举行安全隐患检查,对隐患排查整改不力造成事故的,依法追究相关负责人的责任。

(三)建立常态化的安全教育机制

建立邮轮港完善的安全培训体系,并且有效地保障各项培训得到有效实施。特种作业人员如码头操作人员必须通过考核持证上岗[2]。码头操作新员工要通过三级安全教育考核后才可上岗操作,转岗、离岗人员应进行再培训后再上岗。员工培训的内容应包括安全目标指标、安全责任制、规章制度、法律法规、职业健康、案例教育、四新安全和应急培训等内容。邮轮港公司利用宣传画廊、宣传橱窗、宣传展示牌和电子屏等进行安全生产宣传;尤其严格督促落实三级安全教育,坚持开展班前、班后安全教育,"反三违"和"三不伤害教育",以及岗位应知应会教育,不断增强从业人员安全意识,提升安全防范能力。

以安全文化建设为目标,扎实开展安全生产月活动。紧紧围绕安全工作任务目标,利用多种形式和方法,强化邮轮港员工对安全理论的学习并加强推广,让员工必须深度理解安全,并将安全观念深入日常的工作中。提高安全防范能力,努力营造良好的安全氛围。

(四)通过安委会推动各部门安全管理协调

安委会成员由邮轮港公司、政府监管部门及口岸单位等相关单位负责人组成。安委会主要讨论邮轮港区安全规划、计划和实施细则,审查邮轮港区的安全规章制度,讨论和批准邮轮港区的安全投入计划,传达和布置宝山区安委会的精神,听取邮轮港公司季度性的安全生产情况和监管情况汇报,研

---

[1] 张树奎、鲁子爱:《基于 AHP 的港口安全风险模糊评判方法》,《江苏科技大学学报》(自然科学版),2011 年第 1 期。
[2] 张树奎、鲁子爱:《一种港口安全风险灰色评价方法》,《水运工程》2009 年第 8 期。

究邮轮港区带倾向性的安全问题，筹备与实施重大安全活动，讨论其他较大安全问题，等等。有效地推进邮轮港口安全生产监管的系统化和体系化，协调各部门、整合各种资源、解决重大问题，持续推进邮轮港区安全建设、安全管理的标准化建设。督促加强安全教育与培训工作，组织领导、安监人员参加培训，完善特种作业人员的安全培训和持证上岗制度；组织协调邮轮港区的安全生产大检查和专项整治工作，协调推进重大事故隐患治理工作。

其他相关部门通过履行职责支持邮轮港安全管理，如海关部门应做好通关监管环节海关维稳、防扩散、知识产权保护和毒品等违禁品查缉工作，配合和支持邮轮港区反恐、大客流疏散、防台防汛等应急处置工作。海事局在邮轮港口安全中起到重要的作用，主要包括港口区域水域安全的监管、邮轮污染事件的处理，并且负有对邮轮港区各类水上事件的处理责任，如管理沉船沉物的打捞、强制清除碍航物体等；海事局应防止各类不良现象的出现，并且负有监督管理各类违法事件的责任。

（五）建立邮轮港安全责任目标考核体系

制定完善的考核体系，制定安全目标指标，建立安全考核制度。根据邮轮港区的实际情况，建立适合邮轮港的安全生产标准化标准和评分细则，并列入创建、评审和达标的范围，进一步规范企业安全标准体系，实现岗位达标、专业达标和企业达标的安全生产标准化。与邮轮港安全生产主体签署生产责任书。严格实施企业岗位责任制，延伸细化到具体岗位、落实到具体操作人员，推动企业"五落实五到位"。

四 构建邮轮港口安全管理机制

（一）建立安全约谈机制

邮轮港口是邮轮产业发展重要的基础，必须强化邮轮港区的安全管理，推进安全管理的全面优化，保障邮轮港区游客、财产、员工的安全，从而为邮轮港的正常运行提供坚实的基础。因此在邮轮港的日常运营过程中，需要积极开展邮轮港的安全检查及隐患排查工作，对检查发现的各项安全隐患，包括人员、消防、施工安全隐患等，按照"谁主管谁负责"的原则，追究到相关责任部门，对责任部门负责人进行安全约谈，督促落实整改。

（二）建立有效的事故处理机制

强化邮轮港的安全生产事故管理体系，建立邮轮港更加完善有效的安全生产事故处理机制，全面落实邮轮港的安全生产事故责任追究制度。全面积极贯彻"三不放过"的原则，及时、全面、准确地查清邮轮港区发生安全事故的经过、事故产生的原因以及所造成的财产损失，并深入查明安全事故的性质，详细查清楚原因与责任，总结邮轮港安全事故所带来的安全管理教训，提出相应的整改方案，并对安全生产事故相关责任人依据相关的规定进行责任追究。

（三）建立邮轮港口安控中心

建立安控中心队伍，健全安全监控管理制度，实现港区运营过程的全时段、全覆盖监控；掌握进出港区人员、车辆的实时情况，提升邮轮港安全防范能力，将安全监控与防台防汛、交通安全、反恐防暴等各项安全工作有机结合，实现远程、集中、统一的安保管理，维护港区安全、稳定。

（四）完善邮轮港各项应急预案

针对邮轮港的特点制定专项应急预案，内容包括火灾、反恐防暴、工伤事故、大客流形成的人员踩踏事故、特种设备事故、游客过度维权、防汛防台、突发性公共卫生事件等应急预案。预案与政府相关部门的应急预案进行全面衔接，并定期进行应急训练、演练，针对应急演练中存在的问题进行全面整改，并及时对应急预案进行完善和补充。

B.26
景区游客安全教育体系的构建

吴春安 黄 锐*

摘 要： 当前我国旅游业快速发展，但游客旅游安全素质显然没能跟上旅游业发展的速度，因此针对游客的安全教育显得尤为重要。本文以景区游客为主要研究对象，分析了景区旅游安全教育的必要性，提出当前我国在景区安全教育过程中存在的困境和难题，并构建了景区游客安全教育体系。本文旨在为景区游客安全教育工作提供借鉴，进一步提高景区游客的安全素质。

关键词： 景区游客 安全教育 体系构建

景区作为旅游业的基本构成要素，是游客开展旅游活动的最终目的地和重要的集散地，由于面临的内部环境较为复杂且游客自身安全意识缺乏，近年来我国景区安全事故频发。要确保游客的游览安全和景区长期持续发展，针对游客的安全教育是不可忽视的重要环节。目前，相关文献对于景区游客安全教育的系统性研究不足，且对于景区旅游安全教育缺乏清晰的定义。本文将景区游客安全教育界定为政府、景区管理部门、旅游企业等机构主体有组织、有计划地提醒游客加强自身安全防范，并引导其规范个体言行，而不给景区及其他游客安全带来危害的过程。景区安全教育的主体是多层面的，

---

* 吴春安，华侨大学旅游学院研究员，主要研究方向为教育管理；黄锐，华侨大学旅游学院研究生。

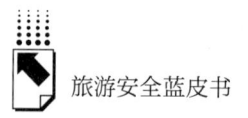

教育的客体是各类游客群体，教育的目的是保障景区游客的生命财产安全和景区的稳定发展。基于此定义，本文探讨了景区安全教育的必要性、困境和体系构建。

一 景区游客安全教育的必要性

近年来，我国旅游业发展速度较快，游客规模已经达到45亿人次。但是，我国游客的安全素质参差不齐，给景区的安全管理工作带来诸多挑战。大力强化景区的游客安全教育，是景区开展安全管理的重要手段。

（一）景区旅游安全现状和形势要求

根据世界旅游城市联合会和中国社会科学院旅游研究中心的数据统计，2017年我国旅游总人数达到45.3亿人次，排世界首位①。随着我国旅游人次的高速增长，各大景区的客流量也不断增多，旅游安全事故的发生率也不断攀升。在国内旅游方面，2017年1月，浙江宁波雅戈尔动物园1名游客为逃票翻墙进入虎区内被咬身亡②；2017年5月，1名游客在贵州潜龙洞景区旅游时，故意将景区钟乳石踢断，给景区旅游景观带来永久性损失③；2017年10月，3名"驴友"违规穿越卧龙自然保护区被困，大量搜救人员参与救援④。在出境旅游方面，2017年6月，4名中国女游客无视警示牌，在泰国芭东海滩附近溺水⑤；2017年12月，中国导游在泰国象园内为救团

---

① 《图解世界旅游经济趋势报告》，世界旅游城市联合会网站，http://cn.wtcf.org.cn/gylhh/mtbd/201801242458624.html，2018年1月24日。
② 《浙江一动物园发生老虎咬人事件》，凤凰网，http://news.ifeng.com/a/20170129/50636744_0.shtml#p=6，2017年1月29日。
③ 《贵州省2017年首例旅游不文明行为曝光》，国家旅游局官方网站，http://www.cnta.gov.cn/xxfb/jdxwnew2/201706/t20170608_827894.shtml，2017年6月8日。
④ 杜玉全：《"三驴友违规穿越卧龙被困"续：14名接应队伍出发》，凤凰网，http://wemedia.ifeng.com/32377422/wemedia.shtml，2017年10月8日。
⑤ 《无视警示标语 4名中国游客在泰国溺水受伤》，央视网，http://news.cctv.com/2017/06/13/ARTI24QThdoI1LhFyx9zmBVn170613.shtml，2017年6月1日。

队游客不幸被大象踩死①。这些安全事故仅仅是 2017 年景区全部旅游安全事故的冰山一角,而仔细研读这些案例发现,景区游客安全意识和安全素质的缺乏往往是安全事故发生的主要原因,当前我国旅游业处在飞速发展期,当景区旅游活动达到一定界限的时候,针对游客的安全教育的形势也变得更加严峻和迫切。

(二)景区游客安全知觉"失真"和不良旅游心理

游客是景区中的有机构成要素,同时也是旅游安全风险的承担者。游客的旅游活动具有异地性的特征,由于掌握的安全信息不对称,且离开惯常居住环境,游客对旅游地的安全知觉往往"失真"②。这种"失真"现象易导致游客警惕性下降,漠视景区安全风险。同时,求新求异心理是游客的旅游行为的根本动机③,游客在探索未知的活动区间时受好奇心理的影响,对于各类危险地区都想猎奇尝试,不顾个人安全。而部分游客明知自己的行为可能存在安全隐患,却抱有侥幸心理,相信事故不会发生在自己身上,结果酿成悲剧。还有些游客存在冒险心理,其旅游动机之一就是追求刺激和快感,如近两年我国探险事故高发,这类游客对于自己从事的探险旅游行为没有清醒的认识,由于探险旅游承担的社会风险较小,这类游客做事往往不考虑后果。此外,发泄心理和逆反心理也是游客安全事故发生的重要原因,存在发泄心理的游客由于工作生活中的压力,常常做出动物园袭击动物、破坏娱乐设施等不安全行为。而存在逆反心理的游客,则更加肆意妄为,对于景区禁止类的标志标识,他们反而更不愿意去遵守,"明知山有虎偏向虎山行",行径鲁莽,以身试验。这些不健康的旅游心理都是安全事故多发的重要原因,有必要对其进行正确引导。

---

① 李晟:《重庆导游在泰国救人被大象踩踏致死》,新浪网,http://news.sina.com.cn/s/wh/2017-12-23/doc-ifypvuqf2480148.shtml,2017 年 12 月 23 日。
② 刘纯:《旅游心理学》,高等教育出版社,2002。
③ 李天元:《旅游学概论》,南开大学出版社,2002。

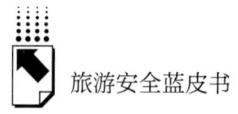

（三）景区安全教育重视度不够

游客在景区发生安全事故，其自身的生命财产安全受到危害，同时也会使景区的形象受损、声誉下降，在一些事故中由于缺乏对游客的安全提醒和教育，景区还需付出巨额赔偿。而当前政府和景区管理单位把主要精力投入旅游安全应急指挥系统、旅游监测和预警系统的建设中去，而忽视对游客这一安全承载对象进行教育。由于游客的旅游活动具有复杂性和不可控性，若只重视对游客不安全行为的防范和监测，难免会产生各种漏洞。只有从游客这一影响安全事故的主体出发，才能纲举目张，即使景区存在某种安全隐患，游客自身也能有效避免。目前，全国大部分景区只有等到安全事故发生后，才注意到对游客安全教育的重要性，导致大量建设资金被用于对游客的赔偿，景区旅游安全教育却存在真空，本末倒置，形成"只赔不教"的恶性循环。各地亟须建立"防重于治""教重于防"的景区管理理念。

二 景区游客安全教育的困境和难题

我国地域辽阔，景区的数量规模巨大，在性质类型上丰富而多元。同时，不同类型的景区具有不同的风险隐患，采取了不同类型的管理机制，面对游客的安全管理体制和机制千差万别。由于观念缺乏、知识积累少、资金安排少等问题的存在，景区安全教育面临诸多困境和难题。

（一）景区安全事故的多样性和复杂性

不同类型的景区由于拥有差异化的旅游吸引物和旅游服务种类，其安全风险类别有所不同。一般来说，人文资源类景区多发生社会安全事故，而自然资源类景区多发生自然灾害等事故[1]，针对不同类型的景区事故的安全教

---

[1] 郑向敏：《旅游安全概论》，中国旅游出版社，2009。

育也没有明确统一的标准。同一景区在景区管理和服务接待过程中的每个环节的安全事故风险也具有差异性：景区停车服务中，存在车辆丢失、车辆剐蹭、财物被盗等安全事故；售票服务中，踩踏挤压、主客冲突等事故高发；导游服务中，强制购物、增加自费景点等是主要安全事故。此外，景区内旅游各要素间也潜藏着不同的风险隐患：景区餐饮中，存在食物中毒、宰客等事故；景区内住宿中，存在火灾、黄赌毒、意外摔倒等安全事故；景区交通中，存在缆车事故、翻船、飞行器坠落等事故；景区游览中，探险失踪、动物袭击、溺水、盗窃等事故高发；景区购物中，欺诈、宰客、强迫消费等是主要安全事故；景区娱乐中，主要为设施设备故障、意外坠落、突发疾病、排队冲突等事故。如此复杂多样的事故类型给景区安全教育带来巨大挑战。

（二）游客教育群体的内部差异性

景区游客群体广泛且层次众多，针对不同群体所采取的安全教育内容和教育方式也有所不同。游客的年龄是游客行为的重要区分要素，青少年游客群体精力充沛且自制力差，在景区游览时不受约束，不遵守景区游客的安全行为准则，易做出破坏景区环境或危及自己和他人安全的行为和举动，是景区安全教育的重点对象。中年群体处事成熟稳重，具有较强的风险防范意识，但中年游客常以自我为中心，在某些问题上坚持自己的行事标准。老年游客对周围的环境和安全提示不是很敏感，且老年游客往往固执己见，教育和沟通起来更加困难[1]。不同文化水平的游客教育方式也有所差别，文化水平较低的游客往往盲目无知，做事不考虑风险和后果，对安全教育的内容的理解度和接受度较差，对其进行教育应浅显易懂。而文化水平较高的游客则过于自信，容易犯经验主义错误，需注重教育的语言和措辞。此外，不同性别、职业的游客对待安全的态度和行为也有差别，需要因人而异，分梯级教育。

---

[1] 刘纯：《旅游心理学》，高等教育出版社，2002。

(三)景区安全教育供给的系统性和连续性

景区安全教育涉及整个景区的空间区域并贯穿于游客游览过程的始末,是一项长期的系统性工程。游客在景区游览每一景点都有发生安全事故的可能性,游客在游前、游中和游后每一阶段都需接受安全教育。旅游安全教育涉及食品卫生安全知识、消防知识、道路安全知识等诸多方面,需要整合各行业、各部门的教育资源,同时,政府、企业从业人员等教育主体需相互协调,在教育的内容形式、手段途径方面也需因地制宜,因此针对游客的安全教育需要构建一套全面有效的教育体系;从长期发展角度来看,景区安全教育不是一朝一夕的管理工作,需要常抓不懈,建立常态化的景区游客教育机制和常设的旅游教育机构;同时,教育的内容也不是一成不变的,需根据游客的安全反馈和景区管理的实际情况动态调整。在现阶段,没有连续性、高强度和系统化的景区安全教育方式,中国游客的安全素质很难在短时间内得到提高。

三 景区游客安全教育体系构建

(一)景区安全教育的主体

1. 政府及景区主管单位

政府是公共安全教育的主要提供者,景区主管单位承担着景区的日常管理工作。对于游客的安全教育,政府和景区主管单位发挥着不可替代的主导作用。从政府层面来看,随着我国旅游业的飞速发展,政府亟须将旅游安全教育纳入国家公共安全教育的体系中,推动游客安全教育的普及。在监管方面,要将景区的安全教育作为景区评星的重要考核指标,对于安全教育不到位的景区应予以批评警告。在资金方面,相比我国如此巨大的旅游体量,我国旅游公共安全教育的投入明显不足,应加大对旅游公共安全教育资源的投资。在人才方面,政府需加强专业化的旅游安全人才培养,并在各大旅游院校开设旅游安全教育专业。在培训方面，政府应加强旅游景区、旅游企业从业人员安全培训，提高其教育水平。此外，旅游安全教育工作不仅涉及旅游管理部门，也需要媒体、交通、公安、林业、医疗部门共同参与，政府应整合各部门的教育资源，对游客开展针对性的安全教育。

从景区主管单位层面来看，应重视旅游安全教育工作，将游客的安全教育摆在景区建设的突出位置。景区应利用经营收入的一部分建立游客安全教育专项资金，对景区内的教育宣传标志、标识等工具定时更新维护。同时，在景区管委会下设立游客安全教育部门，专门负责景区工作人员的安全知识培训以及对游客危险行为进行监督和教育。

2. 旅游企业及从业人员

旅游企业是旅游活动的组织者，也是旅游安全事故重要的风险责任人。在产品营销时，企业应明确告知游客旅游产品和线路存在的安全风险，并通过旅游合同、游客意外保险等方式提醒游客注意安全，针对境外高风险旅游国家，旅行社应提前对游客开展出国安全知识培训；游客在进入陌生的环境时，对周边事物的信任感普遍降低，而旅行社的导游、领队以及景区的讲解员的劝说往往更容易被游客接受。因此在游客游览活动中，景区一线工作人员有责任和义务对游客进行较为全面的安全教育。首先，在游览过程前，从业人员等应详细介绍景区可能存在的安全风险并提醒游客游览时的注意事项。其次，在游览中旅游从业人员应该以实际行动为游客做出示范，发挥安全示范作用。同时对于划船、高空缆车、过山车等高风险项目要重点指导，使游客掌握基本的安全操作方法和技巧。对于毒品、色情、赌博等不良的项目，从业人员应教导游客主动规避，防止安全事故的发生。

3. 旅游社区及旅游地居民

旅游社区及旅游地居民对游客的安全教育作用不可忽视。旅游地居民在当地生产、生活多年，对当地的风土人情及安全问题了解程度较高，发现和察觉旅游安全问题的概率亦高于当地旅游从业人员及游客。鼓励当地居民对游客进行监督教育，能够充分调动社区居民参与景区管理的积极性。政府和景区管理单位应赋予当地居民一定的监督权，鼓励成立社区公益安全教育组

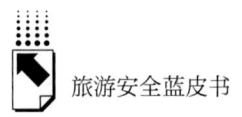

织,对于危害景区安全的游客进行批评教育,引导社区居民自发参与到景区安全教育工作中来,进一步推动景区旅游安全共建、共享。

(二)景区安全教育的内容

1. 安全知识教育

各教育主体要引导游客了解基本的旅游安全常识,包括认识灾难、风险识别、行为规避、防范措施、应对策略等。对于山岳型旅游景区,应指导游客识别洪水、滑坡、泥石流、火灾等灾害的发生征兆,并结合实际情况帮助游客了解基本防灾知识。对于治安较差的旅游景区,应加强防盗知识的宣传,提高游客防盗警惕性。对于境外旅游景区,应帮助游客掌握目的地国的政治法律、风俗习惯、宗教信仰、社会治安和文化禁忌等与安全相关的知识,提高游客安全知识储备。

2. 安全技能教育

各教育主体要引导游客掌握一定的应急自救技能,包括紧急逃生、紧急医疗、紧急呼救等。在景区进行探险旅游时,有丰富经验的领队需帮助游客学习装备使用、露营、消毒、方向辨别等基本野外生存技能。游客在滨海景区游览时,导游应帮助游客掌握必要的游泳溺水自救和急救技能。游客在极端天气旅游时,景区应加强对中暑紧急救护、冻伤紧急处理技能的宣传。同时,游客在景区参加漂流、攀岩、崖降、跳伞等高风险项目时,各教育主体还需帮助游客掌握各种意外受伤的救护技能,如伤口处理、脚扭处理、骨折急救等安全技能。

3. 安全文化教育

除了知识和技能的安全教育外,安全文化教育也是重中之重。景区应营造尊重生命、珍视健康的安全文化氛围,让游客充分认识到生命的脆弱性和其自身行为可能给景区和其他游客带来的危害,帮助游客树立"没有安全就没有旅游"的意识,形成人人关注旅游安全的良好氛围。此外,景区还需加强安全法制教育,引导游客遵纪守法,加强安全道德教育,引导游客礼貌谦让,行为举止符合安全规范。

(三)景区安全教育的形式

1. 引导性教育

引导性安全教育是景区最为常见的安全教育形式,也是游客比较能接受的较为委婉的表达方式。大多数景区旅游安全事故是由游客没有发现旅游风险导致的,因此景区安全教育应以引导式安全教育为主,使游客认识到存在的安全隐患。如加强标志引导,在景区显要位置粘贴引导性标语,如"景色奇绝,勿忘安全""景区风景美,开车莫陶醉""移步不看景,看景不移步""旅途漫漫,平安相伴""留意头上景,当心脚下路"等,景区工作人员提醒游客注意安全时应以委婉劝告式为主,注意与游客的交流沟通。

2. 警示性教育

在实际旅游活动中,部分游客往往很清楚在景区游览时的不安全行为,但是在实际中往往做出相反的行径。当引导式劝告失效时,需要采取具体的警示性教育措施。如在较为危险的地区悬挂或摆放规范的旅游警示标志,如"禁止攀爬""禁止吸烟""禁止泊车""绕行"等,限制游客的危险行为。

3. 惩罚性教育

在旅游中,一些游客态度行为顽固恶劣,屡次做出危险性的破坏行为,这时需要动用景区管委会工作人员、旅游警察等对其进行批评教育,并予以罚款,通过强制其承担违背景区安全的社会责任,以达到警示目的。此外还可以让肇事者在一段时间内负责巡逻,监督他人的不安全行为,既增加了旅游景区的安全巡逻力量,又让肇事者吸取了教训,认识到不安全行为的危害。

4. 公众参与性教育

景区内的各种不安全行为虽是极少数游客所为,但有危害广大游客和整个景区安全的潜在可能性,因此发动广大游客群体对部分游客的不安全行为进行监督至关重要。通过公众参与性教育方式让游客等参加到景区安全教育中来,可聘请部分游客作为义务监督员,发给他们一次性使用标志,监督和制止游客的不安全行为,旅游结束后可发给他们一定的纪念品,形成公众监

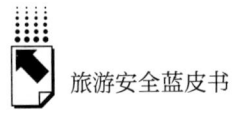

督式的教育机制。同时，还可以开展面向公众的旅游安全知识竞赛、实战模拟演练等教育活动，让游客通过亲身参与感受到旅游危险情境，掌握安全应急技能，从而达到教育目的。

（四）旅游安全教育的途径和工具

除了景区从业人员的口头教育和宣讲以外，还可以通过多种途径、利用多种工具对景区旅游安全进行宣传教育。在公共媒体方面，国家旅游局应加强与电视、广播、报纸等的合作，宣传安全文明出行的理念，促进国民旅游安全素质的提高。在自媒体方面，各个景区应在官网、微博、微信公众号或景区自主开发的 App 等平台上及时发布旅游安全信息，提醒游客注意安全防范。同时，在景区内部，可以在交通工具、景区安全宣传栏上投放景区安全宣传画、宣传标语等，在游客集散中心、休息室等地可利用视频和音频播放设备循环播放景区安全动画短片、事故灾难视频，提醒游客注意安全。此外，景区还可以通过免费发放旅游安全小册子以及在门票背面印制旅游安全注意事项等方式加强对游客的安全教育。

参考文献

[1] 刘纯：《旅游心理学》，高等教育出版社，2002。
[2] 李天元：《旅游学概论》，南开大学出版社，2002。
[3] 郑向敏：《旅游安全概论》，中国旅游出版社，2009。
[4] 谢朝武：《旅游应急管理》，中国旅游出版社，2013。

B.27
2017年中国旅游安全的热点与新问题*

邹永广 何月美 朱尧**

摘　要： 2017年中国旅游安全形势出现许多热点和新问题。本文甄选了2017年中国旅游安全的四个热点事件与三个新问题进行剖析和探讨。2017年中国旅游安全的热点事件包括：①"1·28"马来西亚船只失联事件；②"8·8"四川九寨沟地震；③旅游警察为全域旅游保驾护航；④世界旅行风险地图发布。2017年中国旅游安全形势的新问题包括：①旅游市场秩序混乱问题；②游客安全意识不足导致安全事故频发问题；③"共享旅游"安全隐患问题。剖析这些热点事件与新问题的现状和蕴含的内在原因，有利于指导我国2018年旅游安全管理工作的顺利开展。

关键词： 旅游安全　热点　新问题

2017年，中国旅游业的发展和中国游客的境外旅游安全受到了各类突发事件不同程度的影响，但在以政府领导部门牵头，相关政府部门与非政府组织通力协作的局势下，我国各类旅游安全事件的管理水平较以往有了很大的提高，中国的旅游环境获得了众多中外游客的赞赏。2017年中国旅游安

---

* 本研究受国家社会科学基金项目"旅游目的地游客安全感测评与提升路径研究"（16CGL027）资助。
** 邹永广，华侨大学旅游学院副教授、硕士研究生导师；何月美、朱尧，华侨大学旅游学院硕士研究生。

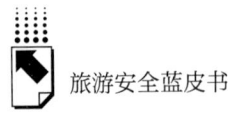

全也出现诸多热点事件与新问题，本文甄选了以下具有代表性的四个热点事件与三个新问题进行剖析和探讨。

一 2017年中国旅游安全的热点事件

本文甄选的四个中国旅游安全热点事件是2017年反响强烈、引发广大民众响应和网络评论的热点事件。

（一）"1·28"马来西亚船只失联事件，中马文三国合力处置

1. 事件回放

2017年1月28日，一艘载有28名中国游客的游艇在从马来西亚哥打基纳巴卢市前往沙巴著名旅游景点环滩岛途中失联，习近平总书记和李克强总理分别对此事件做出了重要的指示和批示①。中国驻马来西亚大使馆、中国驻哥打基纳巴卢总领事馆则立即启动应急响应机制，及时联系马来西亚外交部、马来西亚海军、沙巴州旅游文化及环境部、沙巴州海事搜救局等相关部门开展救援工作②。获知信息后，国家旅游局也第一时间启动应急响应机制，派出驻新加坡办事处负责人协助中国驻马来西亚大使馆和马来西亚相关部门做好游客救援和善后处置工作③。此次事件中，当地中资机构、华人社团及志愿者积极主动为受伤游客及其家属提供帮助，为救援工作的顺利开展提供了有力的支持④。在中国、马来西亚、文莱等多方力量的努力下，最终

---

① 《习近平对载有中国游客的游艇在马来西亚失联作出重要指示》，中国旅游新闻网，http：//news. ctnews. com. cn/zglyb/html/2017 - 01/30/content_ 140465. htm? div = - 1，2017年1月30日。
② 《黄惠康大使敦促马方全力搜寻失联游艇》，中华人民共和国驻马来西亚大使馆官网，http：//www. fmprc. gov. cn/ce/cemy/chn/sgxw/t1434814. htm，2017年1月29日。
③ 《国家旅游局积极处置马来西亚中国游客船只失联事件》，国家旅游局官方网站，http：//www. cnta. gov. cn/xxfb/jdxwnew2/201702/t20170201_ 813651. shtml，2017年2月1日。
④ 《驻哥打基纳巴卢总领馆举办"1.28沉船事件"志愿者总结会》，中华人民共和国驻哥打基纳巴卢总领事馆官网，http：//kotakinabalu. china - consulate. org/chn/zlgxw/t1440972. htm，2017年2月20日。

有20名中国游客获救,4名中国游客不幸遇难,还有4名中国游客仍然失踪①。

2. 事件启示

(1) 构建跨国旅游安全合作救援网络,发挥海外华侨华人作用

从马来西亚船只失联事件中可看出,跨国旅游安全合作救援网络的建立对游客境外旅游安全的保障至关重要。旅游突发事件表明,时间即为生命。为了能够为境外出现突发状况的游客争取宝贵的救援时间,迫切需要建立中国与各旅游目的地国家间的旅游安全合作救援网络。利用旅游目的地国家的救援资源,为游客提供第一时间的救助,是减少游客伤亡和损失的关键。而我国拥有众多的海外华侨华人,他们也是旅游目的地的重要救援资源。发动华侨华人参与中国游客的救援与善后处置工作,有利于延伸和巩固跨国旅游安全的合作救援网络,为中国游客境外旅游安全提供保障。

(2) 马来西亚船只失联事件,警示游客出行应谨慎选择

马来西亚船只失联事件,敲响了游客境外旅游安全的警钟。游客应谨慎选择海上乘船项目,将个人安全放在首位。选择正规、合法、有经营资质的公司,出游前检查船上是否具备配套的救生设施设备。境外旅游不能掉以轻心,要为自己的生命安全负责。了解旅游目的地国家使领馆的救助热线和国际通用的求救信号,及时准确地向外界发出求救信息。掌握基本的求生技能,可以在境外旅游突发状况发生时延长等待救援的时间。

(二) "8·8"四川九寨沟地震,旅游救援体系越趋完善

1. 事件回放

2017年8月8日,四川省阿坝州九寨沟县发生7.0级地震,九寨沟景区多处景点受灾严重。地震发生后,我国相关部门及时组成联合工作组赶赴灾

---

① 《马来西亚沙巴州1·28沉船事件处置进展(七)》,中华人民共和国驻哥打基纳巴卢总领事馆官网,http://www.fmprc.gov.cn/ce/cgkotakinabalu/chn/zlgxw/t1436742.htm,2017年2月7日。

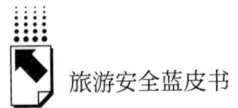

区指导救灾工作①。九寨沟是知名旅游胜地,又值旅游旺季,地震时有6万多名游客聚集,受灾游客规模庞大②。获知地震信息后,国家旅游局第一时间启动应急预案,指导当地旅游部门和旅行社、景区、星级宾馆饭店等涉旅企业开展游客安全排查、救助和善后工作③。与汶川地震、雅安地震相比,九寨沟地震的人员伤亡最轻,救援整体上呈现了快速、高效、有序等特征④。

2. 事件启示

(1) 四川九寨沟地震的高效处置,表明我国旅游救援体系越趋完善

在四川九寨沟地震中,我国政府组织与社会各界的合作救援处置过程表明,我国社会参与救援机制更加成熟,旅游救援体系更加完善。从国家依次到省、州、县、乡镇等行政组织机构,再到社会公益组织和企业,整个地震处置过程涉及众多的救援主体。不同救援主体间的协调配合、信息交流,凝聚了来自各个方面的专业救援资源,促使救援效率得以提高,在短时间内完成了大规模游客的转移和安置工作。

(2) 九寨沟景区受灾严重,需要建立社区与景区的综合治理方案

九寨沟景区受到此次地震的影响较大,景区内部很多景点受灾严重。景区亟须建立恢复方案,尽快修复受损的旅游资源。管理部门需要将景区与社区的恢复治理结合起来,恢复景区受灾居民的正常生活,联合居民共同参与景区的恢复重建工作。社区居民是景区恢复重建的重要组成力量,因此在整个治理过程中应该以人为本,把社区居民的权益放在首位。社区

---

① 罗争光:《国家减灾委、民政部启动国家Ⅲ级救灾应急响应》,新华网,http://news.xinhuanet.com/politics/2017-08/09/c_1121452906.htm,2017年8月9日。

② 中国旅游报采访组:《心系游客安全旅游管理部门迅速反应》,中国旅游新闻网,http://news.ctnews.com.cn/zglyb/html/2017-08/10/content_149997.htm?div=-1,2017年8月10日。

③ 吕文白骅:《国家旅游局紧急行动部署抗震救灾应急工作》,中国旅游新闻网,http://news.ctnews.com.cn/zglyb/html/2017-08/10/content_149999.htm?div=-1,2017年8月10日。

④ 张天潘:《从地震救灾变化看国家治理中的社会力量参与》,南方都市报·奥一网官网,http://epaper.oeeee.com/epaper/A/html/2017-08/20/content_62706.htm#article,2017年8月20日。

居民的积极参与，有助于推动景区恢复重建工作的开展，加快景区后期的治理进程。

（三）旅游警察为全域旅游保驾护航，旅游治理成效显著

1. 事件回放

我国旅游业正经历着从景点旅游向全域旅游的转变，全域旅游对旅游安全的治理提出了更高的要求。旅游警察的出现顺应了全域旅游发展的时代要求，改变了过去单一部门管理的格局。截至2017年年底，全国共成立了205家旅游警察[①]。三亚市是我国第一个设立旅游警察的城市，从2015年10月10日成立至今，三亚旅游警察在处理旅游纠纷事件、处置旅游违法行为等方面取得了很好的成效[②]。在三亚的带领下，多地市旅游警察在旅游市场整治中也取得了很多实质性的成效。以张家界为例，旅游警察支队自成立以来，共办理涉旅案件76起，处理涉旅纠纷468起，救助游客829人次[③]。

2. 事件启示

（1）构建全域旅游安全治理体系，顺应全域旅游发展需求

全域旅游的出现为我国旅游业的发展创建了良好机遇，但也给旅游部门的安全管理工作带来了巨大的挑战。伴随着全域旅游的出现，如何保障游客在全域旅游中的安全以及游客在全域旅游过程中发生纠纷时谁来负责等问题成为当下讨论的热点话题。构建区域旅游安全治理体系是全域旅游可持续发展的基础保障，而旅游警察的出现则顺应了全域旅游发展的需求。三亚市旅游警察与其他旅游监管部门的联合执法模式值得向中国其他区域的旅游目的地推广。

---

① 《2018年全国旅游工作报告！直播实录》，中国旅游报微信公众号，2018年1月8日。
② 《旅游警察为全域旅游保驾护航》，中国海口政府门户网站，http://haikou.gov.cn/zfdt/hkyw/201706/t20170609_1080607.html，2017年6月9日。
③ 《试水"旅游警察"各地成效显著》，国家旅游局官方网站，http://www.cnta.gov.cn/zwgk/scjd/201706/t20170605_827464.shtml，2017年6月5日。

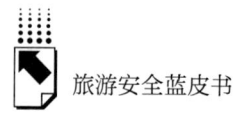

（2）树立旅游警察权威，提升目的地旅游安全形象

旅游警察已成为了目的地旅游的一道风景线，为保障旅游警察的权威，需要政府管理部门给予更多的支持，避免旅游警察在执法过程中有名无权的现象，加大旅游警察的执法力度，树立旅游警察的权威。旅游警察的执法活动可以为目的地营造旅游安全氛围，塑造旅游安全形象，提升游客在目的地的旅游安全体验。

（四）世界旅行风险地图发布，中国旅游安全受到高度肯定

1. 事件回放

国际 SOS 救援中心和化险集团（International SOS and Control Risks）发布了 2018 年旅行风险地图，该地图从道路安全、安全和医疗问题三个方面将各国旅游安全程度划分为非常危险、高危、中等、低危险和不定风险五个级别。其中，中国被划分为低风险国家①。中国的旅游安全系数高，得到了众多外国游客的肯定。外国游客表示不仅在中国的一线城市感到安全，在其他城市也如此②。旅游安全是最基础的保障，也是最难管控的问题。中国旅游安全形象的成功塑造离不开政府部门一直致力于旅游安全问题的治理。目前为止，我国旅游安全治理取得了一系列的成绩，但仍有地方存在旅游风险，旅游安全还需要进行全域、全方位提升。

2. 事件启示

（1）将安全元素融入旅游宣传，吸引更多境外游客到中国旅游

没有安全，就没有旅游。安全是游客选择到目的地旅游的重要前提。将中国的旅游安全元素融入旅游宣传中，势必会成为推动中国入境旅游发展的催化剂。强化游客的安全感，有助于提高游客的满意度和推荐意愿。游客积极情感的螺旋式上升将会潜移默化地促进中国良好旅游形象的口碑宣传。口

---

① 《中国是旅游安全国！国际组织发报告展示世界旅行风险地图》，环球网，http://world.huanqiu.com/exclusive/2017-11/11384740.html，2017 年 11 月 18 日。
② 尹婕：《到中国旅游很安全（中国入境旅游新亮点①)》，人民网，http://paper.people.com.cn/rmrbhwb/html/2018-01/03/content_1827362.htm，2018 年 1 月 3 日。

碑宣传和社交媒体宣传的方式将会拓宽中国旅游业通往世界的大门,吸引更多的境外游客了解中国。

(2) 建立旅游安全示范点,以点带动中国旅游安全的整体发展

选取游客安全评价较高的旅游地作为旅游安全示范点,根据旅游地的经验建立一套符合我国国情的旅游安全示范点评价体系。落实评价体系的每一项标准,确保评价方案具有可推广性。将旅游安全评价体系纳入星级酒店、A级景区、优秀城市等的评审标准中,以旅游安全示范点为引领,以点带线、以线带面,全面提高我国旅游安全的整体发展水平。以安全保障作为旅游业发展的出发点,为游客提供优质、舒适的旅游环境。

二 2017年中国旅游安全的新问题

根据2017年中国旅游安全形势分析,本文甄选出三个2017年广大民众反响强烈、各级政府及相关部门关注的新问题。

(一)旅游市场秩序混乱问题

2017年12月20日,一名网友通过微博爆料称在云南游玩时,云南一名女导游嫌游客购物少,怒骂游客来骗吃骗喝并将其赶下车,某视频媒体迅速对该微博进行转载,引起人民和政府密切关注。云南省旅游发展委员会迅速采取应急措施,对相应旅行社和购物企业责令停改,并对涉事导游李某进行立案调查[①]。导游骂游客事件屡见不鲜,每年均会出现类似情况,每次严惩之后并未得到根治。自2013年颁布《中华人民共和国旅游法》以来,旅游市场整治效果初显,如目前旅行社基本均与导游人员签订正式合同,但旅行社只提供导游人员最低工资,与导游人员付出明显不成正比,这使得游客购物提成依旧是导游人员最主要的收入来源。因此其背后存在的旅游市场秩

---

① 《国家旅游局关注云南导游辱骂游客事件》,中国旅游新闻网,http://www.cnta.gov.cn/xxfb/jdxw_new2/201712/t20171221_850861.shtml,2018年1月10日。

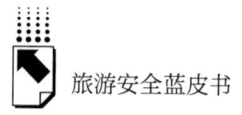

序混乱等问题亟待解决。

一是应加大相关法律法规的实施力度。行政部门应根据《中华人民共和国旅游法》第41条和第60条相关规定，对旅行社组织低价团进行彻查，加大对旅游价格的市场监管力度；对导游人员在旅游过程中欺骗、强迫或者变相强迫游客购物或者参加另行付费旅游项目的行为进行严厉处罚，落实政府职能部门的监管责任和旅游企业的主体责任，并建立以政府为主体、旅游企业和导游人员相互监督、游客检验多位一体的旅游市场监管机制。

二是加强导游人员职业道德素质的培养。旅游行政部门应定期开展导游职业技能、综合素质培训活动并进行考核。目前电子导游证正在实施，应创建全国和地区范围内的导游人员服务质量查询系统，借以加强对导游人员在从业过程中的监督。旅游企业应严格执行内部激励机制和导游人员服务质量反馈机制，而不是浮于表面，对表现优秀的导游人员给予相应物质奖励和精神奖励。导游人员应加强自身综合素质，通过带团不断学习，有什么意见和建议通过正常渠道和流程向旅游企业、旅游行业协会和旅游行政部门反馈。

三是游客应理性消费，保持自重。目前出现类似情况最主要的原因是旅行社通过组织低价团获取利益，而导游人员无法获得正常报酬。因此游客在参团前，应评估自己的旅游行程价格，面对明显低于行程的价格自己应谨慎，以免在旅游过程中给自己带来不悦。

（二）游客安全意识不足导致安全事故频发问题

2017年12月21日，一重庆旅游团在泰国芭堤雅象园内游览时，象园内大象受刺激不受控制发生大象踩踏事故，1名重庆旅游团领队为救游客被大象踩踏致死，同团2名游客轻伤、1名游客重伤。事故原因是游客不听导游和领队提醒，执意去找大象合照并最终导致大象受刺激；此外，象夫操作不当未能及时控制大象，最终致使悲剧发生[1]。可以看出，游客安全意识不

---

[1] 《国家旅游局高度关注重庆领队在泰遇难及游客受伤事件》，中国旅游新闻网，http://www.cnta.com/xxfb/jdxwnew2/201712/t20171222_850959.shtml，2018年1月12日。

足、景区管理人员专业水平低等多方面因素耦合是游客安全事故频发的原因。

旅游活动越来越成为大众休闲娱乐的活动方式，并且旅游方式由传统的观光型游览向体验性旅游发展，这导致游客安全问题频出，因此更应加强旅游预警工作。

其一，旅游行政部门应加强对旅游企业的安全警示工作，通过开展安全知识培训提高工作人员安全应急反应能力；针对具有高风险的旅游项目的工作人员应提高其就业门槛，设立相关准入资格考核制度，进一步促进旅游行业规范。此外，旅行社应加强游客行前安全教育，如旅游前召开行前会议，向游客普及旅游过程中的注意事项、当地风俗禁忌，在旅游过程中，导游和领队应随时提醒游客注意安全并强调具体注意事项。就游客而言，旅游前应通过查询相关旅游网站与阅读旅游目的地手册，详细了解目的地的特殊环境和旅游现状；旅游过程中听从导游和领队安排，自觉遵守当地风俗习惯和景区相关规定，以保护自身安全为主。

其二，景区应建立预警防控机制，景区管理人员上岗前，景区应对其进行专业技能培训以提高其专业能力，并设立相应考核制度，旨在提高员工实际操作能力；游客在进入景区前，应派专人负责讲解景区注意事项；在游客体验危险程度较高的旅游活动时，应派专业人员进行协助与监督。

（三）"共享旅游"悄然流行，旅游安全隐患不容小视

近几年来，共享经济在国内越来越流行，最典型的莫过于共享单车、滴滴打车和各类短租平台。2017年7月，一则关于"共享旅游"的新闻报道引起大家关注，来自宁夏的一对年轻夫妻出发前通过社交网站和厦门当地人小吴取得联系，到达厦门后小吴负责这对年轻夫妻在当地的接送机、陪玩、景点讲解和排队买票等一系列事宜①。随后，在重庆、上海和北京等地也出

---

① 《不是所有旅游都能"共享"》，中国旅游报，http://news.ctnews.com.cn/zglyb/html/2017-07/19/content_149164.htm? div = -1，2017年7月19日。

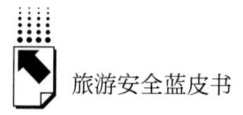

现类似的旅游模式。目前比较普遍的共享旅游模式是游客到目的地旅游，通过各种渠道选择当地人作为向导而不选择旅行社作为中介，该向导会帮助游客解决住宿、门票等问题，然后游客付给该向导相应费用。这种共享旅游模式可谓互惠互利，但其存在的旅游安全隐患也不容小视。

首先，相应法律不够完善，存在监管空白。目前共享旅游模式的主要工作人员是处于监管之外的一批市民"导游"，他们并没有旅游部门颁发的导游资格证书，犯罪分子可能借此漏洞对游客实施强迫交易、抢劫等违法犯罪活动。其次，一对一的服务使得游客个性化需求增加，导致旅游过程中安全引致因素多元化；但目前许多从事"共享旅游"的工作人员并不是旅游服务专业人士，有的专职有的兼职，素质参差不齐，会存在应对能力不足等状况。最后，游客维权难度高。多数情况下，游客和陪同人员并未签订正规旅游合同，若发生纠纷，无相应证据，游客举证难度大，往往处于弱势①。因此该类共享旅游模式的安全防控和治理至关重要。

关于共享旅游模式的安全治理与防控，首先，政府部门要完善相关法律法规。明确共享模式工作人员从业门槛，制定"共享旅游"工作人员从业标准和规范，对无导游证而私下联系游客的工作人员进行管理。其次，加快对在线预约导游平台资质的审核和考察，并进一步明确游客、平台、工作人员三方之间的旅游服务关系，完善纠纷解决途径。在线预约平台应严格审核共享旅游模式工作人员的资质，与工作人员签订相应劳动合同，确认各自权利与义务。再次，工作人员应加强自身综合素质培养，事先对要游览旅游景点进行踩点和对环境状况进行分析，一对一服务可能有更多的突发性和随机性，应严格按照旅游合同执行，必要时请求协助。最后，游客出游前应通过正规官方网站寻找预约平台，通过预约平台与对接工作人员签订旅游合同，合同中详细说明各自的权利与义务；旅游过程中，将相应游玩凭证留存，发生纠纷时，应通过正当途径协商解决。

---

① 《"共享旅游"也有风险，你知道如何维权吗？》，中国经济网，http://finance.ce.cn/rolling/201710/21/t20171021_26602402.shtml，2017年10月21日。

·区域安全篇·

B.28
2017~2018年北京市旅游安全形势分析与展望*

韩玉灵　崔言超　周航　陈学友**

摘　要： 2017年北京市旅游安全形势总体保持良好，北京市旅游发展委员会以确保党的十九大安全稳定为中心，严格落实北京市委市政府安全生产工作要求和市旅游发展委员会总体工作思路，统筹谋划、明确责任、精心组织、狠抓落实，全方位建设、全系统推进，进一步夯实了行业安全管理基础，各项工作有序开展，旅游安全突发事件处置及时有效。展望2018年，北京市将以党的十九大精神为指引，全面提升旅游行业安全生产主体责任落实质量，进一步夯实基础工作，努力减少一般涉旅事故，坚决遏制较大以上涉旅事故，加快提升行业安全管理整体水平，为发展优质旅游提供保障。

关键词： 北京市　旅游安全　旅游突发事件

---

* 本研究由北京旅游发展研究基地与北京市旅游发展委员会合作完成；受到国家社科基金项目"我国旅游立法重大问题研究"（12BGL069）的支持。
** 韩玉灵，北京第二外国语学院北京旅游发展研究基地教授、北京法学会旅游法研究会副会长；崔言超，北京市旅游发展委员会安全与应急处（假日办）处长；周航，北京财贸职业学院助教；陈学友，北京市旅游发展委员会安全与应急处（假日办）主任科员。

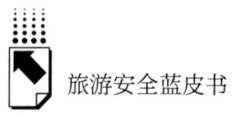

一 2017年北京市旅游安全的总体形势

2017年,北京市旅游业以转型升级、提质增效为主题,实现平稳发展。数据显示,全年全市旅游总收入5469亿元,较2016年增长8.9%;接待游客总人数29746万人次,较2016年增长4.3%。其中,国内旅游总收入5122亿元,较2016年增长9.4%;国内旅游总人数29354万人次,较2016年增长4.4%,国内旅游保持稳定增长态势。接待入境游客392.6万人次,较2016年下降5.8%,韩国游客减少14.4万人次是入境游客量下降的主要原因;入境旅游人数下降,但外汇收入小幅增长,旅游外汇收入51.3亿美元,较2016年增长1.2%。全市拥有出境经营许可权的旅行社组织公民出境游511.5万人次,较2016年下降10.5%,减少了60万人次,主要是由于赴韩国和泰国游客分别减少68万人次和28万人次。旅游餐饮和购物总额2891亿元,较2016年增长8%,占全市社会消费品零售额的25.0%,较2016年提高0.7个百分点。[1] 随着旅游消费不断升级,北京市旅游市场稳中有进,旅游线路越来越广,游客的脚步越来越远,消费的环节越来越多,做好新形势下旅游安全工作,成为不可回避且必须高度重视的新挑战。

2017年全年共收到本市各区及旅游企事业单位报送的旅游安全突发事件74起,按事件级别均属于"一般事件"。全部事件共造成38人死亡,42人受伤,34人滞留、失踪或走失。北京市旅游发展委员会始终把"安全是旅游工作的生命线、没有安全就没有旅游"的工作目标列入重要议事日程,各旅游安全突发事件发生后均得到高度重视并予以及时、妥善处理。

---

[1] 《2017年北京旅游市场稳中有进》,北京市旅游发展委员会网站,http://www.bjta.gov.cn/xxgk/tjxx/397582.htm,2018年2月24日。

二 2017年北京市旅游安全形势的概况与特点

(一)旅游安全突发事件概况

1. 类型分析

依据旅游安全突发事件的性质,旅游安全突发事件分为自然灾害、事故灾难、公共卫生事件、社会安全事件四种类型,2017年北京市旅游安全突发事件四种类型均有所涉及,各类型统计情况如表1所示。

表1 2017年北京市旅游安全突发事件类型分析

事件分类	事件数量(起)	占比(%)	伤亡情况
自然灾害	1	1.35	1人死亡,3人受伤
事故灾难	25	33.78	12人死亡,36人受伤
公共卫生事件	22	29.73	21人死亡,1人受伤
社会安全事件	26	35.14	4人死亡,2人受伤,34人滞留、失踪或走失
总计	74	100	38人死亡,42人受伤,34人滞留、失踪或走失

(1)自然灾害,包含气象灾害(雨雪、暴风、冰冻、雷电等)、地质灾害(泥石流、滑坡、落石等)、水文灾害(山洪等)、地震灾害、其他灾害。2017年全市共发生1起自然灾害类旅游安全突发事件,较2016年同类事件发生数量有所减少,占全年旅游安全突发事件总数的1.35%。该事件为景区落石伤人事件,共导致1人死亡,占全部事件导致死亡总人数的2.63%;砸伤3人,占全部事件导致受伤总人数的7.14%。

(2)事故灾难,包括道路交通事故、铁路交通事故、水上交通事故、民航交通事故、火灾事故、坠落事故、淹溺事故、特种设备事故、其他事故。全年全市共发生25起事故灾难类旅游安全突发事件,较2016年同类事件发生数量小幅上升,占全年旅游安全突发事件总数的33.78%。该类事件共导致12人死亡,占全部事件导致死亡总人数的31.58%;导致36人受伤,占全部事件导致受伤总人数的85.71%。其中,淹溺事故7起,导致7人死亡;坠落事故6起,导致1人死亡、10人受伤;道路交通事故5起,导致2人死亡、21人受伤;火灾事故2起,导致4人受伤;特种设备事故2起,无人员伤亡;触电事故1起,导致1人死亡;动物伤人事故1起,导致1人受伤;民航交通事故1起,导致1人死亡。

(3)公共卫生事件,包括食物中毒、突发疾病、传染病疫情、其他事件。全年全市共发生22起公共卫生类旅游安全突发事件,较2016年同类事件发生数量有所减少,占全年旅游安全突发事件总数的29.73%,均为游客突发疾病事件。共导致21人死亡,占全部事件导致死亡总人数的55.26%;1人身体不适,占全部事件导致受伤总人数的2.38%。

(4)社会安全事件,包括刑事案件,群体性事件,滞留、失踪或走失事件,其他事件。全年全市共发生26起社会安全类旅游安全突发事件,占旅游安全突发事件总数的35.14%,较2016年同类事件发生数量有所减少,尤其是滞留、失踪或走失事件大幅减少。共导致4人死亡,占全部事件导致死亡总人数的10.53%;导致2人受伤,占全部事件导致受伤总人数的4.76%;导致34人滞留、失踪或走失。其中,刑事案件6起,导致4人死亡,2人受伤;滞留、失踪或走失事件20起,导致29人滞留,3人走失,2人失踪。

2. 时间分布

将旅游安全突发事件按照发生的时间归类,全年四个季度情况如下(见图1)。

第一季度共发生旅游安全突发事件19起,占全年旅游安全突发事件总数的25.68%。其中,事故灾难类旅游安全突发事件4起,公共卫生类旅游安全突发事件3起,社会安全类旅游安全突发事件12起。共导致7人死亡、8人受伤、18人滞留。

第二季度共发生旅游安全突发事件23起,占全年旅游安全突发事件总数的31.08%。其中,事故灾难类旅游安全突发事件6起,公共卫生类旅游安全突发事件12起,社会安全类旅游安全突发事件5起。共导致14人死

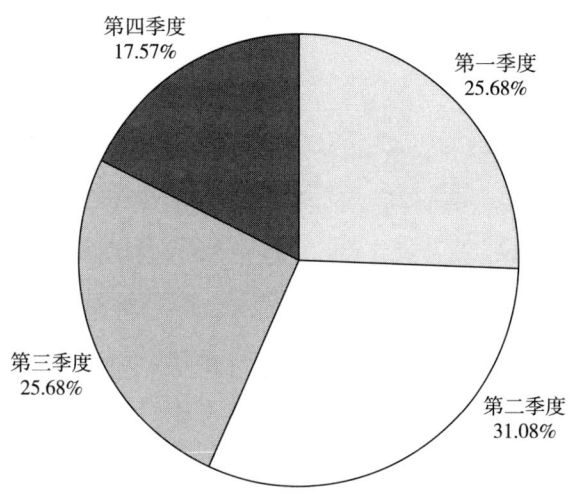

图 1　2017 年北京市旅游安全突发事件时间分布情况

亡、4 人受伤、4 人滞留、1 人走失。

第三季度共发生旅游安全突发事件 19 起，占全年旅游安全突发事件总数的 25.68%。其中，自然灾害类旅游安全突发事件 1 起，事故灾难类旅游安全突发事件 9 起，公共卫生类旅游安全突发事件 4 起，社会安全类旅游安全突发事件 5 起。共导致 11 人死亡、8 人受伤、5 人滞留、1 人走失。

第四季度共发生旅游安全突发事件 13 起，占全年旅游安全突发事件总数的 17.57%。其中，事故灾难类旅游安全突发事件 6 起，公共卫生类旅游安全突发事件 3 起，社会安全类旅游安全突发事件 4 起。共导致 6 人死亡、22 人受伤、2 人滞留、2 人失踪、1 人走失。

3. 空间分布

将旅游安全突发事件按照发生的地点分类，可分为境外和境内两类，其中境外旅游安全突发事件主要指北京市民在境外发生的旅游安全突发事件，境内旅游安全突发事件又可进一步划分为外国籍游客在北京旅游发生的安全突发事件、北京市民在境内旅游发生的安全突发事件以及外省市游客来北京旅游发生的旅游安全突发事件（见图 2）。

全年境外共发生旅游安全突发事件 39 起，占全年旅游安全突发事件总

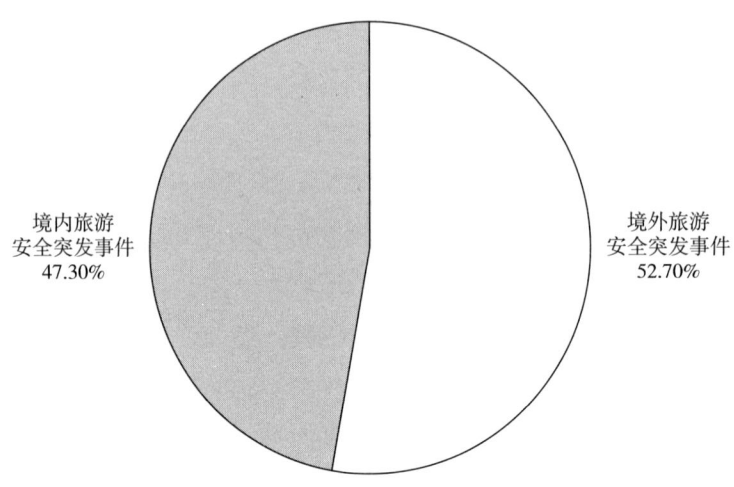

图 2 2017 年北京市旅游安全突发事件空间分布情况

数的 52.70%。其中,事故灾难类旅游安全突发事件 11 起、公共卫生类旅游安全突发事件 8 起、社会安全类旅游安全突发事件 20 起,共导致 16 人死亡、28 人受伤、29 人境外滞留、2 人失踪。

全年境内共发生旅游安全突发事件 35 起,占全年旅游安全突发事件总数的 47.30%。其中,自然灾害类旅游安全突发事件 1 起、事故灾难类旅游安全突发事件 14 起、公共卫生类旅游安全突发事件 14 起、社会安全类旅游安全突发事件 6 起,共导致 22 人死亡、14 人受伤、3 人走失。

(二)旅游安全突发事件的特点

1. 公共卫生事件和事故灾难导致的伤亡率最高

2017 年北京市发生的公共卫生类旅游安全突发事件共 22 起,占全年旅游安全突发事件总数不到三分之一,但伤亡人数占比最高,共导致 21 人死亡,占到了全部事件导致死亡总人数的 55% 以上,且全部为游客突发疾病致死。死亡率次高的旅游安全突发事件是事故灾难类旅游安全突发事件,25 起事件导致 12 人死亡,占全部事件导致死亡总人数的 31.58%,主要是淹溺事故、坠落事故和道路交通事故;导致 36 人受伤,致伤率在全部事件中最高，达到85.71%。

2.旅游安全突发事件各季度发生频率较为均匀

2017年各季度均有旅游安全突发事件发生，各季度事件数量相差不大。但各季度发生的旅游安全突发事件类型略有差异：第一季度社会安全类旅游安全突发事件占比最高，第二季度公共卫生类旅游安全突发事件占比最高，第三季度和第四季度事故灾难类旅游安全突发事件占比最高。

3.境内旅游安全突发事件占比较往年提高

2017年境内旅游安全突发事件占比较往年提高，占到了全年旅游安全突发事件总数的47.30%，这与国内旅游市场繁荣发展、旅游人数逐年增加、安全管理难度加大不无相关。

4.旅游安全突发事件多发生在景区游览环节

从旅游安全突发事件发生的环节上看，2017年旅游安全突发事件发生在景区游览环节的共有39起，占全年旅游安全突发事件总数的52.70%，主要表现为游客游览过程中突发疾病、发生淹溺事故、发生坠落事故以及其他突发事件。共导致23人死亡，占全部事件导致死亡总人数的60.53%；导致17人受伤，占全部事件导致受伤总人数的40.48%；有5人滞留或走失。

三 2017年北京市旅游安全工作的主要进展与特点

（一）强化工作统筹部署，夯实各级安全生产责任

北京市旅游发展委员会以落实《中共中央国务院关于推进安全生产领域改革发展的意见》为契机，按照"党政同责、一岗双责、失职追责"要求，严格落实行业管理责任和企业主体责任。通过安全生产标准化建设、隐患排查治理、风险辨识评估、专项整治行动，以及签订安全生产责任书等措施，全面建立了行业安全工作"层层负责、人人有责、各负其责"的工作体系。始终把市委市政府关于安全生产工作的重要精神、要求及文件作为行

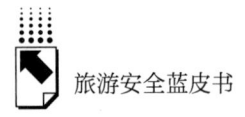

业安全建设发展的指导思想和重要目标，严格部署好、筹划好、落实好，确保上级精神在行业安全管理中落地生根、开花结果。加快推进了星级饭店、A级景区、旅行社三个安全生产等级技术评定规范建设，启动了社会旅馆、京郊旅游两个地标项目申报，编制了《北京市星级饭店安全风险辨识评估标准》和《北京市旅游企业落实安全生产主体责任情况检查评估工作方案》，印发了《北京市旅游发展委员会关于加强行业旅游景区玻璃栈道等旅游项目安全管理的通知》（京旅发〔2017〕31号），进一步完善制度建设。

（二）深入开展隐患排查治理工作，提升安全服务保障能力

为做好全市旅游行业的安全工作，北京市旅游发展委员会持续开展行业安全生产大检查工作，严防各类旅游安全突发事件的发生，全年市区两级共出动检查组977个、检查人员5907人次，检查旅游企业4506家次，并先后迎接国务院安委会督查组3次检查。安全月期间，相继开展了警示教育、隐患排查治理、法规制度学习、应急预案修订和演练等13项活动，落实"把握特点、开拓创新、注重实效、以月促年"的工作要求。全面做好行业防汛、防火等重点工作，建立了大型游乐设备设施和高风险旅游项目基础台账，与多个部门联动执法排查治理景区隐患。对星级饭店开展安全风险评估工作，建立了全市旅游行业星级饭店安全风险管控机制。组织了旅游包车安全整治、高风险项目安全规范、景区流量控制治理、出境游安全提升"四大专项整治行动"，开展了"两检查一整治专项行动"，围绕景区大型游乐设施、高风险旅游项目、景区流量控制、旅游运营车辆，以及重点景区的消防开展安全大检查，开展了"安全隐患大排查大清理大整治"专项行动，有效遏制重特大涉旅安全事故发生，防止涉旅矛盾向安全事故转化，努力营造良好的旅游环境。

（三）加强教育培训和宣传活动，提高管理能力和公众意识

北京市旅游发展委员会以安全技能大赛为重要载体，全面提高旅游从业人员安全意识和应急救援能力，全市旅游行业有3000多人参加了各个层次

的比赛，经过层层选拔，16个区和全市重点旅游企业约700名选手参加了决赛，切实达到了以赛促学、以赛促练的目的。为做好防汛准备，北京市旅游发展委员会4月举办了防汛暨安全生产工作培训班，全市各级200余人参加培训。9月，北京市旅游发展委员会还对各区专职人员在如何发现隐患、如何进行安全检查等方面邀请专家进行了培训。除此之外，积极开展旅游安全社会化宣传，在元旦、春节、清明、端午等假日，以及汛期、暑期期间，通过广播媒体、电视媒体、城市灯箱广告等，对游客进行安全宣传和提示，提高公众参与旅游安全工作的意识。协同推进安全生产责任保险工作，印发了《关于在全市旅游行业旅游景区、宾馆饭店推行安全生产责任保险制度的通知》，转发了《北京市全面推行安全生产责任保险制度工作的实施意见》《北京市安全生产责任保险事故预防费提取使用办法》，登录使用了安责险运营中心安责险管理平台。截至2017年年底，全市旅游企业购买安全生产责任保险的达到1202家，进一步健全了安全事故发生后的经济保障机制。

（四）推进应急能力建设，全面提高旅游安全突发事件处置能力

北京市旅游发展委员会组织开展了各区旅游发展委员会、各旅游企事业单位应急预案修订和完善工作，强化应急值守，全面做好旅游安全突发事件处置各项准备工作。积极开展行业安全应急演练，2017年共组织消防、防汛、防爆、水上救援等各类安全应急演练60余次，参加演练人数6000余人，全面提高了行业旅游安全突发事件应急处置能力。启动行业公共安全视频监控建设联网应用工作，进一步升级改造北京市旅游发展委员会视频图像监控平台，提高A级景区、重点酒店重点部位视频监控图像清晰度，接入全部A级景区、重点酒店重点部位视频监控图像，与有关部门实现图像共享。假日期间，北京市旅游发展委员会全面细化安全保障措施，先后组织召开了全市假日旅游工作会议和环京周边八省市（区）假日联动工作会议，下发了《关于做好2017年"五一"、"端午"假日旅游安全工作的通知》，牵头组织了节前安全检查，并会同有关部门严厉打击了旅游市场非法违法行为。全国"两会"、"一带一路"高峰论坛、党的十九大等重大活动期间，采取了排查安全生产隐患、启动战时会商机制、加强敏感信息舆情监测、加强应急演练和值守、有效处置突发事件等管控措施。

四 2018年北京市旅游安全形势的展望

（一）旅游安全突发事件形势

从旅游安全突发事件类型来看，事故灾难、公共卫生事件和社会安全事件将仍是北京旅游安全突发事件的主要类型，尤其是游客突发疾病事件、淹溺事故、坠落事故、道路交通事故以及游客滞留事件仍将占较大比重，游客因突发疾病死亡的风险仍然较大。从旅游安全突发事件发生的时间来看，由于元旦、清明节、端午节、劳动节、暑假、国庆节、中秋节等小长假的全年分布，预计2018年各季度旅游安全突发事件发生的频率仍保持分布较为均匀的态势。从旅游安全突发事件发生的空间来看，由于出境旅游市场的发展速度显著放缓、国内旅游市场快速发展，境内旅游安全突发事件所占比重可能进一步增大。从旅游安全突发事件发生的环节来看，游览和住宿是最重要的两个环节，类型多样，风险隐患较多，仍是旅游安全突发事件容易发生的环节。

（二）旅游安全管理工作要点

1. 严格落实各级责任，完善制度体系建设

严格落实"党政同责、一岗双责、齐抓共管、失职追责"和"管行业必须管安全、管经营必须管安全、管业务必须管安全"要求，切实推动行业各级安全生产主体责任落实。进一步梳理行业安全管理（监管）职责，明确行业管理（监管）职责、范围，建立责任分解机制，主动协调相关部门落实监管职责。明确企业从主要负责人到一线从业人员的安全生产责任，并加强企业全员安全生产责任制公示、教育培训、考核管理等工作，全面推

进企业安全生产主体责任制落实。按照市委市政府以及属地要求，签订安全生产责任书，层层压实安全生产责任。制度建设方面，进一步完善人员密集场所安全管理制度、行业安全生产标准化建设管理办法，协调推进社会旅馆、京郊旅游安全生产等级评定技术规范两个地标项目的编制、专家评审等工作。

2. 强化风险分级管控，深化隐患排查治理

按照北京市城市安全风险评估工作要求，指导各区旅游发展委员会开展安全风险评估及管控工作，按时完成对行业星级饭店的安全风险评估。按照全市企业落实安全生产主体责任情况检查评估要求，研究制定旅游企业落实安全生产主体责任情况检查评估制度规范，指导行业从2018年开始，利用3~5年的时间，对星级饭店、A级景区、旅行社等旅游企业落实安全生产主体责任情况开展评估。做好行业公共安全视频监控建设联网应用工作，进一步拓展行业安全管理信息化手段，多措施开展北京市旅游安全与应急管理系统应用工作。继续推进行业安全生产标准化建设工作，持续督导星级饭店、A级景区和旅行社开展达标建设，确保企业建立风险分级管控和隐患排查治理体系双重预防机制。着力解决行业安全管理与建设中不平衡、不充分问题，协调国家旅游局、各级政府加快研究制定新兴旅游产品（高风险旅游项目）风险管理和隐患排查治理办法。采取专项督查、暗访暗查、联合检查等方式，对各区旅游发展委员会、相关旅游企业进行督导检查。持续推进"四大专项整治行动"，进一步推进政府购买服务查隐患工作，变查为帮、变查为教。同时做好上一年各类安全检查、专项活动挂账隐患治理工作。

3. 加强宣传教育培训，提高公众旅游安全意识

进一步提高行业管理部门安全管理水平，着力开展行业风险分级管控、隐患排查治理、旅游安全管理干部、专职安全员等教育培训。要求各旅游企业定期对从业人员进行安全生产教育和培训，建立从业人员培训教育档案，考核不合格不得上岗。开展导游领队人员旅游安全培训，落实导游领队等一线工作人员安全提示、安全防范、紧急救助等安全保障义务。星级饭店、A

级景区、旅行社安全生产等级评定技术规范（地方标准）即将落地实施，积极做好宣传贯彻工作，拓展培训广度和深度，确保行业学习落实到位。开展旅游安全社会化宣传，针对假日、汛期、暑期、冬防等重点时段，利用各类媒体，采取不同形式，丰富宣传内容，加大对旅游企业、市民、游客旅游安全宣传力度，进一步提高公众旅游安全意识。

4. 提高应急能力，全面做好安全服务保障

加强旅游应急预案体系建设，强化应急预案的上下衔接、部门衔接、政企衔接，提高预案科学性、针对性和实战性。完善旅游安全突发事件信息报送制度，提高旅游安全突发事件信息报送的主动性、敏感性、时效性，强化首报意识。严格落实 24 小时应急值守和领导带班制度，确保联络畅通、信息上报畅通。市区两级在重要时段、重点区域开展示范性演练活动，各旅游企业每年至少组织一次综合应急预案演练或者专项应急预案演练，每半年至少组织一次现场处置方案演练，切实提升旅游管理部门以及旅游企业的实战处置能力。采取多措施、利用多媒体，加大境外旅游安全及国内汛期、暑期、冬季极端天气预警预报，确保游客人身和财产安全。加强消防能力建设，做好用电安全、高层建筑消防安全、社会面火灾防控、冬防等工作，切实提高旅游行业消除火灾隐患、扑救初期火灾、组织人员疏散、消防宣传教育的"四个能力"。认真研判假日旅游安全形势，协调相关部门开展大型活动、景区特种设备、高风险旅游项目等安全检查，督查企业开展安全隐患自查自改自报工作，确保假日、重大活动以及各类大型活动安全。做好行业安全生产大检查及其他日常检查工作，配合相关部门开展安全生产工作，持续协调推进"一企一标准、一岗一清单"编制、购买安全生产责任保险等工作。

B.29
2017~2018年吉林省旅游安全形势分析与展望

张宝 杭伟*

摘 要： 2017年吉林省旅游产业增长势头强劲，旅游总人数和总收入增长幅度高于全国平均水平，旅游部门加强安全生产领域改革发展工作，不断健全安全监管防控体系，全省旅游安全形势稳定有序。吉林省旅游部门强化旅游安全工作的计划性，重视专项整治行动，加大督导检查力度，加强安全生产宣传与培训演练，完成基础预案编制评审，强化应急值守，发挥保险服务功能，实现吉林省旅游安全形势的整体稳定。展望2018年，吉林省旅游系统将注重旅游安全工作的全面性，加大安全检查力度，做好重点领域的专项整治工作，提升培训教育的成效，提升旅游安全综合应急能力。

关键词： 吉林省 旅游安全 管理建议

一 2017年吉林省旅游安全总体形势

2017年是吉林省旅游的"改革"之年，全省旅游系统忠诚践行习近平总书记的"两山理论"，率先推动旅游业供给侧结构性改革，旅游经济保持

---

* 张宝，吉林省旅游发展委员会监督管理处调研员；杭伟，吉林省旅游发展委员会监督管理处主任科员。

持续快速增长的强劲势头,成为全省稳定经济增长、推进转型升级、加快动能转换最大的亮点。全年接待游客总数 19241.33 万人次,同比增长 16.06%,实现旅游总收入 3507.04 亿元,同比增长 21.04%,分别高于全国平均水平 4.98% 和 5.90%,全面完成了省政府确定的发展目标。

吉林省旅游发展委员会严格按照"党政同责、一岗双责"规定,始终坚持"管行业必须管安全"的原则,以安全生产领域改革发展工作为引领,以"安全生产责任深化年"活动为中心,以遏制重特大涉旅安全事故为重点,不断健全安全监管防控体系,扎实推进隐患排查治理工作,着力提升应急管理水平,全省旅游安全形势稳定有序。

二 吉林省旅游安全管理工作进展

(一)主要工作完成情况

1. 强化旅游安全工作的部署与计划性

2017 年,吉林省旅游发展委员会强化旅游安全工作的计划性,旅游发展委员会既严格按照省委、省政府以及省安委会的工作要求开展旅游安全管理工作,又积极对重点时段、重点任务强化计划部署。"五一""十一"等节假日、旅游旺季、汛期、敏感阶段等时间节点是旅游安全工作的重点时段,旅游发展委员会均提前做好旅游安全检查的工作部署,并积极督促各地针对节点时段的旅游安全工作做好检查与预防工作。2017 年全年制定下发各类安全管理工作通知及方案共计 20 余份,及时有效地指导了各地旅游安全管理工作的开展。松原燃气爆炸事故发生后,吉林省旅游发展委员会立即下发了《关于做好旺季旅游安全管理工作的紧急通知》《关于做好汛期旅游安全工作的通知》,要求全行业吸取教训,举一反三,全面开展安全生产隐患大排查大整改工作。按照省安委会关于安全生产大检查的工作部署与要求,吉林省旅游发展委员会及时制定下发了《全省旅游行业安全生产大检查实施方案》,要求各地认真组织开展安全生产大检查工作。6 月中旬在通化市召开了全省旅游安全工作会议暨应急演练现场会，会上对2016年旅游安全工作进行了总结，并对2017年旅游安全重点工作做出了明确部署。

2. 深入开展旅游安全专项整治行动

按照国家旅游局要求，结合吉林省安全生产大检查工作，吉林省旅游发展委员会集中组织开展了旅游安全"四大专项整治行动"。一是组织开展"旅游包车安全整治行动"。吉林省旅游发展委员会会同相关部门对旅游汽车公司安全责任、制度落实情况和交通违法行为以及车辆技术状况等进行专项检查治理；与旅行社签订责任状，督促旅行社选用正规的旅游汽车公司，签订规范的租车协议。旅游包车按规定设置"导游专座"，并配发《游客乘车安全须知》和《游客安全乘车温馨提示》；督促司机、导游提醒游客系好安全带。二是组织开展"高风险项目安全规范行动"。吉林省旅游发展委员会协调高风险项目主管部门制定管理办法及安全标准，实施经营许可，制定旅游突发事件应急预案，并加强应急演练。督促旅行社加强对旅游团队的安全提示，督促景区加强从业人员安全培训，完善医疗救助设施建设。三是组织开展"景区流量控制治理行动"。吉林省旅游发展委员会督促旅游景区核定游客最大承载量，建立客流预报预警制度，制定游客分流预案、流量控制方案、超过最大承载量应急预案和防拥挤踩踏应急预案，加强危险地段管理。四是组织开展"出境游安全提升行动"。吉林省旅游发展委员会加强出境游的安全风险提示和旅游保险保障，加大对出境游游客的安全宣传力度和对出境游组团社的安全管理力度，强化与境外相关机构合作，及时妥善处置涉吉林省游客的境外突发事件。

3. 加大旅游安全督导检查力度

吉林省旅游发展委员会按照全省安全生产大检查工作部署，结合旅游安全"四大专项整治行动"要求和吉林省旅游旺季、汛期以及重大节假日安全形势的需要，加大旅游安全督导检查力度。截至目前，吉林省旅游发展委员会共出动督导检查人员95人次，共检查旅游企业185家。在春节、"五一"和"十一"期间各组织一次分别由旅游发展委员会领导带队参加的大型旅游安全督导检查。安全生产大检查期间，吉林省旅游发展委员会成立5个督导组，于7月12日开始对各地旅游安全管理工作进行了督导检查，共

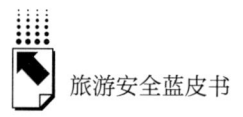

督导检查28家旅游企业，同时对10个旅游管理部门的安全管理工作进行了督导检查。检查组通过听取部门、企业工作汇报，调阅相关资料，实地查看企业重要场所和重点部位，全面了解安全管理情况，重点检查旅游部门的的安全生产工作部署和责任的落实情况以及旅行社、A级景区和星级饭店等旅游企业的安全生产教育培训、隐患排查与整改、安全机构设置及人员配备、应急预案及演练、特种设备管理等制度的落实以及旅行社租车合同、旅游包车安全运营及导游专座设置情况等。旅游企业对督导检查出的问题当面做出反馈，当地旅游管理部门督促整改落实。7月24~27日，国家旅游局对吉林省长春市和长白山地区部分旅游企业的安全生产工作进行了督导检查，并给予了充分肯定。

4. 加强安全生产宣传教育

安全生产月和安全生产大检查期间，吉林省旅游发展委员会印制下发《游客安全乘车温馨提示》、《游客乘车安全须知》、《文明旅游，理性消费》、《文明旅游出行指南》、《旅游安全管理办法》、《安全信息卡》以及《安全管理规范》等各类安全宣传资料共计20万份。"6·16"安全生产宣传咨询日当天，吉林省旅游发展委员会督促各地旅游管理部门现场发放旅游宣传资料，引导教育公众文明出行，安全旅游。吉林省旅游发展委员会充分发挥门户网站和省内主流媒体功能，对大型活动进行宣传报道。组织的大型安全检查、联合安全检查、领导带队安全检查、关键时间节点安全检查及大型安全教育培训等活动均在吉林旅游政务网上及时发布。2017年全省旅游安全培训和应急演练情况在《中国旅游报》和《吉林日报》上刊登。

5. 组织旅游安全培训和应急演练

按照年度安全培训计划，在全省旅游安全工作会议期间，吉林省旅游发展委员会邀请了国家旅游安全研究中心（华侨大学旅游安全研究院）和江泰保险公司（旅责险全国调解处理中心）旅游安全专家就《旅游安全管理办法》与旅游安全治理、旅责险事故应急处理等进行了安全培训。通过培训使旅游部门安全监管人员、企业主要负责人和安全管理人员的能力水平得到进一步提升。同时吉林省旅游发展委员会还参加了省安监局在清华大学和华北科技学院举办的安全监管干部专题培训班，学到了知识，开阔了视野，对抓好全行业安全管理工作具有很大的帮助。为达到检验预案、磨合机制、锻炼队伍，提高公众防范意识和自救互救能力的目的，吉林省旅游发展委员会在通化县召开了全省旅游安全工作会议暨应急演练现场会，组织了景区承载量预警、宾馆消防和水上救援三个科目的应急演练，演练场景逼真，演练程序正规，演练效果显著。各地旅游管理部门负责人和部分旅游企业负责人，省安委会办公室、省体育局、江泰保险公司、新闻媒体等单位的相关人员应邀参加了会议。当地消防、海事及卫生等部门参加了应急演练。

6. 完成应急预案编制和评审工作

吉林省旅游发展委员会与华侨大学旅游安全研究院共同编制完成了《吉林省旅游突发事件应急预案》、《吉林省旅游业非人伤安全事件应急预案》和《安全风险评估与预警体系》等预案文件，同时邀请国家旅游局、省安监局、省应急办、省安科院专家亲临指导完成评审工作。《吉林省旅游突发事件应急预案》以吉林省旅游发展委员会作为预案主体，针对不同级别旅游突发事件，按照应急预案的规范，阐明吉林省旅游发展委员会相应的应急职责和应急行动方案。《吉林省旅游业非人伤安全事件应急预案》梳理了旅游"吃、住、行、游、购、娱"六要素环节影响吉林省旅游业发展的各类非人伤安全事件，并对其进行合理分类，形成相应的应急预案。《安全风险评估与预警体系》重点对旅游线路产品和旅游景区场所等存在的风险隐患和可能危及游客生命安全的风险因素，提出旅游安全风险评估的环节、方法和基础标准，明确各级风险的预警形式和基本处置策略，为企业制定有针对性的安全防控措施提供依据。

7. 强化应急值守，及时应对突发事件

吉林省旅游发展委员会认真贯彻落实省安委会和省政府应急办要求，始终强化应急值守工作，确保信息传递手段畅通，及时应对各种涉旅突发事件。在国家法定节日、汛期、"两会"以及党的十九大等重要时段、敏感时期，严格执行领导带班、干部24小时值班制度，并坚持值班"零报告"制度。值班人员认真履行职责，遇有情况，及时报告，妥善处理。1月28日马来西亚中国游客船只失联事件和8月8日四川九寨沟地震事件发生后，吉林省旅游发展委员会积极应对，快速反应，通过旅行社团队管理系统查询是否有吉林省游客组团前往马来西亚旅游并与国家旅游局进行沟通确认，调动省内旅行社了解在九寨沟组团旅游的相关情况，并要求各地旅游部门指导相关旅行社做好游客有序撤离工作，确保游客安全。

8.积极发挥保险服务功能

注重加强旅行社统保示范项目管理工作，充分发挥保险经纪服务、调处作用，为妥善处理旅游安全应急事故提供有力保障。截至目前旅行社责任保险共计受理案件127起，其中，人伤意外类事故31起、疾病与死亡类事故4起、食物中毒类事故5起、第三方责任类事故4起、延误损失类事故80起、财产损失类事故3起。旅行社责任保险及时有效地进行了赔偿，降低了旅行社的损失。

三 2018年旅游安全工作展望

2018年，吉林省旅游发展委员会将坚持以习近平新时代中国特色社会主义思想为指导，全面贯彻落实党的十九大精神，认真贯彻落实党中央、国务院和省委省政府关于安全生产工作的各项决策部署，做好旅游安全的各项工作。主要包括以下几点。

（一）注重旅游安全工作的全面性

强调牢固树立安全发展理念，弘扬生命至上、安全第一的思想，以推进安全生产领域改革发展为抓手，以全面落实"安全生产治理年"工作为主线，以有效防范和坚决遏制重特大事故为重点，坚持问题引领，坚持标本兼治，深化体系建设，狠抓隐患治理，开展加大安全检查和隐患排查力度、旅游安全整治、旅游安全宣传培训、旅游安全应急能力提升等工作来提供基础支撑，全面推动吉林省旅游安全工作的务实有效开展。

（二）加大安全检查和隐患排查力度

继续强化对小长假、黄金周、学生假期、汛期等重要时期、重要阶段的旅游安全检查工作,集中开展专项整治检查和监督管理工作,推动重点时段和重点时期旅游安全工作的平稳发展;继续强化旅游部门的协调职能,主动联合安监、质监、消防、交通、交警等部门开展旅游安全领域的联合检查工作,提升联合检查的频率和成效;加强旅游安全隐患排查的系统性、科学性和常规性,推动全省旅游风险隐患排查工作的开展。

(三)面向重点领域开展安全整治专项行动

积极落实国家安委会提出的双预防机制,按照国家旅游局要求进一步落实属地管理责任、部门监管责任和企业主体责任,采取有力措施,强化旅游包车、景区流量、高风险项目等重点领域的安全监管,对这些领域的风险隐患进行集中排查,把重点领域的安全整治专项行动与常态化的安全管理工作进行有机结合,实现重点领域旅游安全工作的科学化和有效化,避免重特大安全事故的发生。

(四)提升旅游安全宣传培训的力度和成效

加强旅游安全管理培训,拟于上半年在白城组织一期针对全省旅游安全管理人员、旅游企业负责人的培训班。印发安全生产宣传资料,在旅游政务网站设立旅游安全生产宣传栏目,及时发布相关旅游安全信息。深入开展安全生产月活动,提高安全意识,推动行业安全管理。开展出境旅游安全宣传活动。

(五)提升旅游安全综合应急能力

吉林省旅游发展委员会将围绕旅游安全应急能力的系统提升做出基础建设工作。旅游发展委员会将做好新编制应急预案的备案工作,提升全行业对旅游应急预案的认识程度。旅游发展委员会将进一步完善旅游风险提示制度,强化对旅游安全风险的警示管理。同时,旅游发展委员会将积极开展旅游安全应急演练,提升旅游应急工作的系统性、规范性和科学性。旅游发展委员会将严格落实24小时应急值守和领导带班制度,确保联络畅通、信息报送畅通。

B.30
2017~2018年山西省旅游安全形势分析与展望

梁瑞廉 艾献计 罗海英*

摘　要：2017年，山西省明确旅游业在全省经济社会发展中战略性支柱产业的新定位。旅游部门通过建立健全安全责任体系、加强法规制度建设、扎实开展安全大检查、建立旅游安全综合监管机制、构建旅游安全风险防范体系等措施，为全省旅游业安全、稳定、和谐发展创造了良好的环境。2018年是山西省锻造黄河、长城、太行新三大旅游板块的开局之年，山西省旅游系统将依法治旅，持续健全安全责任体系，进一步完善旅游安全风险分级管控体系，加大监管力度，狠抓隐患排查治理，扎实推进安全生产工作。

关键词：山西省　旅游安全　形势分析与展望

一　2017年山西省旅游安全总体形势

近年来，山西省委、省政府高度重视旅游业，举全省之力大力发展文化旅游业，谋求资源型经济转型。2017年，山西省旅游发展委员会（以下简称省旅发委）以及11市旅游发展委员会（以下简称市派发委）的成立，标

---

* 梁瑞廉，山西省旅游发展委员会安全监管处处长；艾献计，山西省旅游发展委员会安全监管处副处长；罗海英，太原旅游职业学院讲师。

志着旅游体制机制改革的引擎已经发动，山西省旅游业进入了新的发展时期。全省149家重点景区（景点）开始管理权和经营权分离为重点的体制机制改革，全面激发了市场主体活力。2017年，山西省接待入境游客95.71万人次，海外旅游创汇3.5亿美元，同比分别增长6.38%、10.32%。累计接待国内游客5.6亿人次，实现国内旅游收入5338.61亿元，同比分别增长26.49%、26.27%。实现旅游总收入5360.21亿元，同比增长26.21%。

2017年全省旅游业深入贯彻落实中共中央国务院《关于推进安全生产领域改革发展的意见》，牢固树立安全发展理念，坚持以保障游客生命财产安全、杜绝旅游安全事故为目标，进一步强化"红线意识"，强化法律和制度保障，狠抓旅游安全责任的落实，加强旅游市场综合监管和机制创新，组织实施《2017年山西省旅游市场秩序综合治理工作行动方案》，开展了"春季行动""暑期整顿""秋冬会战"三次行动，首次开展了全省旅游市场秩序综合监管专项督查考评工作，为推动全省旅游业安全、稳定、和谐发展创造良好的环境。全年未发生旅游安全责任事故。

二 2017年山西省旅游安全工作概况

（一）建立健全安全责任体系，狠抓安全生产责任落实

1. 强化安全生产领导责任

省旅发委高度重视旅游安全工作，定期召开安委会会议，研究部署旅游安全工作，制定了《2017年全省旅游安全工作实施意见》《关于推进全省旅游安全生产改革发展的实施方案》《关于落实旅游安全责任"党政同责、一岗双责"实施意见》。各处室将旅游安全与业务工作同规划、同部署、同推进，全委上下形成了各负其责、各司其职、齐抓共管的旅游安全工作格局。

2. 严格落实部门监管责任

省旅发委督促指导各市旅游管理部门认真落实旅游安全监管责任，与所监管旅游企业签订旅游安全目标责任书，做到层层传导工作压力，形成上下

贯通、有机衔接的责任链条。开展旅游安全"知责履责、失职追责"活动，推动建立"人人知责、人人履责、人人尽责、失职追责"的安全责任落实机制。各级旅游管理部门严格落实山西省人民政府安全生产委员会办公室《关于进一步推进安全生产挂牌责任制工作的通知》要求，在当地政府的统一领导下，顺利完成了安全生产挂牌责任制工作，实现了挂牌责任制常态化、制度化，并制定了《山西省旅游安全监管工作考核标准（试行）》，对各市旅发委安全监管工作的落实情况和各市的安全责任事故进行年度考核。

3. 狠抓企业主体责任落实

各级旅游管理部门把旅游企业落实安全生产主体责任作为安全监管工作的重点，以"五到位、五落实"为标准，坚持抓企业主要负责人、实际控制人为旅游安全第一责任人，督促企业建立健全由法人或总经理担任负责人的安全管理机构。指导企业落实员工岗位责任制、加大安全生产投入力度、提高安全培训质量、夯实基础管理、做好应急救援等工作。要求企业配备专兼职安全管理人员，制定和完善安全生产管理制度和业务操作流程，层层签订安全目标责任书，建立健全全员、全过程、全方位安全生产责任制。

（二）加强法规制度建设，加大依法治理力度

1. 进一步完善旅游安全法规标准

省旅发委修订完善了旅游安全管理制度和相关配套措施，对《山西省旅游条例》进行了修订，把安全工作全面纳入旅游产业发展框架，明确县级以上人民政府要建立旅游安全综合监管机制，加强旅游安全公共服务设施建设；明确旅游经营者的安全管理责任和对高风险旅游项目的安全要求。省旅发委与省安监局共同制定了《山西省景区安全评估导则》，从安全制度、安全管理、安全措施、应急救援、保险保障五个方面规范旅游景区的安全管理。另外，按照省安委办制定安全生产分级属地监管办法的要求，起草制定了《山西省旅游安全管理办法（征求意见稿）》。《山西省旅游条例》、《山西省景区安全评估导则》和《山西省旅游安全管理办法（征求意见稿）》计划2018年在全省试行，将为进一步加强全省旅游安全管理工作奠定良好的

法规制度保障基础。

2. 严格落实安全生产规范和标准

对各类旅游企业安全工作实施分类指导，研究制定了《山西省旅行社安全管理规范》和《山西省旅行社安全工作考核办法》，对旅行社的安全管理从安全职责、组织机构、日常管理、制度建设、教育培训、应急处置及旅游产品与服务的安全标准方面提出了具体要求，明确了考核评价旅行社安全工作的方法和标准。指导 A 级景区和星级饭店严格落实《旅游景区质量等级的划分与评定》和《旅游饭店星级的划分与评定》的安全要求。同时要严格执行消防、公安、食药、质监、体育、国土等相关部门的安全管理要求，全面规范安全管理，确保广大游客生命财产安全。

3. 严格安全生产准入制度

省旅发委建立了安全监管权力清单和责任清单，严格执行安全准入制度，在旅行社设立审批、星级饭店和 A 级景区评定、旅游奖励政策和评先评优活动中，把安全条件、安全标准、安全要求作为必要条件。对安全生产工作考核不合格或年度内发生较大以上安全生产责任事故的企业实行"一票否决"，取消该企业本年度各类评先评优资格和各种奖励。

（三）强化重点时段监管，扎实开展安全大检查

1. 加强重点时段督导检查

2017 年，紧盯旅游节假日、"两会"、暑期、汛期以及十九大等重点时段，严格落实 2017 年旅游安全执法检查工作计划，把预防旅游包车安全事故、食物中毒、自然灾害、特种设备、人员密集场所踩踏事故等作为工作重点，组织开展旅游安全督导检查。全年共开展安全督导检查和调研 22 次，出动检查人员 150 人次，检查旅游管理部门、旅行社、星级饭店、A 级景区 168 家次。通过督导检查，有力地促进了各级旅游部门和旅游企业强化安全责任、规范安全管理、消除安全风险，有效防范了旅游安全事故。

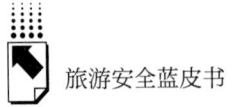

2. 扎实开展旅游安全大检查工作

2017年6月开始，根据旅游行业安全大检查工作方案，坚持问题导向，深入开展了旅游安全大排查大整治专项行动。全省各级旅游部门共组织开展安全督导检查1568家次，出动检查人员11687人次，检查旅游企业5172家次。通过开展旅游安全大排查大整治专项行动，深入开展安全隐患排查治理，推动了两个主体责任落实，进一步完善了安全生产制度，有效防范和减少一般旅游安全事故，坚决遏制重特大旅游安全事故，为党的十九大胜利召开创造了安全稳定的旅游环境。

（四）加强相关部门联动，建立旅游安全综合监管机制

1. 建立部门联动机制

针对旅游行业涉及面广、安全监管涉及部门多的特点，省旅发委主动与公安、交通、食药、水利、体育、安监等部门对接沟通，探索建立旅游安全综合监管工作机制。省旅发委与省卫计委联合下发了《山西省优化旅游环境医疗卫生保障工作预案》；与省食药监局联合下发了《关于开展2017年旅游景区餐饮服务食品安全专项整治工作的通知》；与省防汛办联合下发了《关于进一步加强旅游防汛安全工作的通知》。9月26日，省旅发委与省交管局联合召开"十九大安保决战决胜暨国庆旅游交通安全工作动员部署会"，对"两节一会"期间旅游交通安全工作进行了安排部署。

2. 开展旅游安全专项整治

按照《国家旅游局办公室关于开展旅游安全四大专项行动的通知》要求，制定了《山西省旅游安全"四大专项整治行动"实施方案》，就旅游包车安全整治行动、高风险旅游项目安全规范行动、景区流量控制治理行动和出境游安全提升行动做了安排部署。为扎实推进"四大专项整治行动"的深入开展，省旅发委分别与省安监局、省运管局、省交管局和省体育局召开座谈会，沟通协调达成了联合开展旅游包车和水上漂流项目专项整治的意见，并联合下发了《关于组织开展A级旅游景区漂流项目专项整治工作的通知》和《关于开展旅游包车客运安全专项整治行动的通知》。

3. 深入开展"打非治违"专项行动

2017年4~7月,全省旅游行业集中开展"反对违章指挥、违章作业和违反劳动纪律"专项行动。将"反三违"与旅游市场秩序整治工作相结合,联合省公安厅、省交通厅、省工商局、省宗教局等部门有关工作人员组成检查组进行暗访检查,针对问题,责成整治解决和跟踪落实。同时将"反三违"与"打非治违"相结合,重点开展了旅游景区周边环境集中整治行动、旅游市场联合执法大检查行动、"黑导""黑社"专项整治行动、旅游客运市场专项整治行动、旅行社和旅游从业人员专项整治行动、旅游景区专项督导检查行动、"文明旅游、理性消费、诚信经营"专项行动、在线旅游企业的"清网"行动等旅游市场秩序整治行动。省旅发委在旅游市场监管工作中始终保持对旅游行业"反三违"的高压态势,采取联合执法机制,做到露头就打,常抓不懈,严厉打击非法违法行为,进一步规范旅游市场秩序。

4. 强化旅游包车安全监管

针对近年来入晋旅游人数快速增长、旅游包车安全隐患较大的问题,省旅发委加强了旅游包车安全管理,下发了《关于进一步加强旅行社租用15座以下旅游客运车辆安全监管工作的通知》,把规范15座以下旅游客运车辆作为安全监管工作重点,加大政策扶持和监督管理力度,严厉打击非法违法租用旅游客运车辆的行为,有效预防和遏制涉旅交通事故。

(五)以隐患排查治理为着力点,抓好旅游安全风险防范

1. 全面排查和消除安全隐患

根据省安委办《关于构建安全风险分级管控和隐患排查治理双重预防机制的通知》精神,省旅发委下发了《关于构建旅游安全风险管控和隐患排查治理双重预防机制的通知》,研究制定了《山西省景区安全评估导则》。各级旅游管理部门指导旅游企业组织开展了旅游安全风险管控培训,研究制定有针对性的防控措施与防范机制。全省共排查出各类安全隐患2023条,整改完成2023条,整改率100%,提升了安全风险防控能力。

2. 及时发布安全风险预警信息

各级旅游管理部门密切关注外交部和国家旅游局发布的境外旅游目的地安全风险提示信息，主动与气象、交通、国土等相关部门联系，利用网络、微信群、QQ群、短信等多种方式，及时做好针对突发事件、恶劣天气、道路交通、自然灾害等方面的预警防范工作。2017年"5·19"中国旅游日和"9·27"世界旅游日期间，省旅发委组织相关媒体开展旅游安全提示和预警工作，与11个市建立预警信息平台。通过游客提前预约、及时发布分流信息等措施有效控制了游客流量，确保了"5·19"中国旅游日和"9·27"世界旅游日平稳度汛。

3. 加强旅游安全应急管理

省旅发委进一步完善了旅游安全应急预案并组织开展了旅游安全应急演练。按照"预案不完善就是隐患、培训不到位就是隐患、演练不到位就是隐患"的标准，全省旅游行业针对道路交通事故，火灾、地震、涉恐涉暴、特种设备、人员密集场所应急疏散等内容进行了演练。演练加深了企业员工对安全知识的理解，帮助企业员工掌握了正确使用急救器材的实战技能，提高了其应急救援和应急处置能力，行业应急管理工作上了新高度。

（六）强化宣传教育，提高安全防范意识

1. 扎实开展"安全生产月"活动

6月，全省旅游行业开展了以"全面落实企业安全生产主体责任"为主题的"安全生产月"活动。各级旅游部门和旅游企业积极参与了"安全生产宣传咨询日"、"三晋安全行"、"安康杯"、青年安全生产示范岗等活动。省旅发委印制了《旅游突发事件应急手册》和《旅游安全出行手册》等宣传资料，编制了旅游安全宣传口号，通过电子显示屏滚动播放。多家旅行社通过安全生产知识竞赛、宣传展板、发放旅游安全宣传资料、现场解读政策法规等方式宣传旅游安全知识及相关法律法规，让安全深入人心。"安全生产月"期间，全省旅游行业共发放安全宣传资料20万余份，解答群众关心的旅游问题5000余条，进一步强化了公众的安全出行意识，形成了人人关注安全、人人确保安全的良好氛围。

2. 举办安全培训

省旅发委对2800余名导游领队人员进行了"旅行团游客常见疾病与意外伤害急救"和"导游风险分析以及管控建议"培训。培训内容涉及带团过程中安全风险管控、突发事件处置、突发疾病应急救援等问题，进一步增强了导游领队人员的安全防范意识，大力提升了导游领队人员的应急处置能力。

省旅发委举办了"全省旅游安全与应急管理培训班"，对各市旅发委分管安全工作的领导，安全科室负责人，部分4A、5A级景区和重点旅行社管理人员300余人进行了培训。采取"专题培训"与"演练观摩"相结合的模式，深度解读了《山西省安全生产条例》，实地观摩了旅游大巴和人员密集场所突发事件应急演练，提升了旅游安全管理人员的安全监管水平和旅游行业风险管控及应急管理能力。

三 2018年山西省旅游安全形势展望

2018年1月18日召开的"2018年山西省旅游发展工作会议"提出，2020年初步建成国家全域旅游示范区，五年初步建成国内一流、国际知名的旅游目的地，文化旅游产业增加值提高3%，加快把文化旅游业培育成战略性支柱产业，早日建成富有特色和魅力的文化旅游强省。山西省旅游发展已进入快车道，在促进全省转型发展中的作用愈加凸显。

2018年是贯彻党的十九大精神，贯彻落实省委、省政府提出的举全省之力锻造黄河、长城、太行新三大旅游板块工作部署的开局之年。全省旅游行业要深入贯彻习近平新时代中国特色社会主义思想，牢固树立发展决不能以牺牲安全为代价的红线意识；按照省委"一个指引、两手硬"的重大思路和要求，认真贯彻落实省委、省政府的《关于做好2018年安全生产工作的通知》精神和各项决策部署；坚持"安全第一、预防为主、综合治理"的方针和改革创新、依法监管、源头治理的原则，狠抓安全责任落实和隐患排查治理，强化安全工作基础，提高安全管理水平，有效防范和坚决遏制重

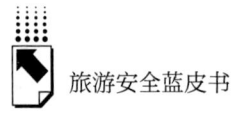

特大涉旅安全事故；健全旅游市场综合监管机制，加强旅游诚信体系建设；以"安、顺、诚、特、需、愉"六字要诀为根本要求，着力提升旅游品质，为全省旅游产业提档升级创造高效稳定的安全环境。

（一）依法治旅，持续健全安全责任体系

新修订的《山西省旅游条例》在法规层面上对山西省旅游业统筹协调、综合监管、政策支持、规划引领、产业促进等方面做出了重要的制度性安排，于2018年1月1日正式施行。省旅发委要以此为契机，全面推进依法治旅，在全省旅游行业认真贯彻落实《中华人民共和国旅游法》《中华人民共和国安全生产法》《旅游安全管理办法》《旅行社条例》《山西省安全生产条例》等法律法规，各地要组织旅游部门安全监管人员和企业从业人员进行专题培训，进一步强化全行业安全发展理念和安全生产红线意识，修订完善各项旅游安全管理制度和配套措施。加强旅游企业安全标准化建设，在全省旅行社推行《旅行社安全规范》行业标准创建工作，在全省5A级景区试行《山西省景区安全评估导则》，鼓励景区通过开展安全生产标准化创建活动，提升安全管理水平。力争2020年底前全省所有A级景区全部通过安全评估，推动企业全员、全过程、全方位进行安全生产标准化建设，实现岗位达标、部门达标、企业达标。

（二）落实督查，扎实推进安全生产工作

各级旅游管理部门要把旅游安全贯彻于规划、许可、评审、备案、奖励等工作中，严格执行安全生产"一票否决"制度。按照省安委办《关于印发全面加强和落实企业全员安全生产责任制实施方案的通知》精神，进一步强化旅游企业全员安全生产责任，确保做到安全责任、投入、培训、管理、应急救援"五到位"。旅行社要对其设立的分公司和营业网点等分支机构履行安全管理职责，承担安全生产责任，督促其分支机构严格执行旅游安全法律法规和标准。其分支机构应自觉接受所在地旅游管理部门的安全监管。

（三）加强监管，强化旅游安全综合治理

各级旅游管理部门要按照监管职责，科学编制并严格落实年度安全监督检查计划，明确检查对象、检查时段、检查频次，采取计划检查与随机抽查、明察暗访、巡查督查、"四不两直"、"双随机"等相结合的方式，加大旅游安全监督检查力度。要加强重点时段的安全监管，适时组织开展安全生产大检查和专项监督检查。

要持续配合交通运输、公安交管和安监等部门联合规范旅行社租用车辆事宜，严厉打击非法违法租用旅游车辆的行为；开展A级旅游景区容量控制专项检查，推动A级景区进行核定最大承载量工作，并督查其严格执行，重点检查景区人员密集场所游客分流方案和安全保障措施等；开展旅游行业"打非治违"和"反三违"专项行动，采取明察暗访、鼓励群众举报等多种形式，及时发现并严厉打击和严肃查处各类非法经营、违规经营、违章指挥、违章作业、违反劳动纪律等行为，严格执行旅游安全"黑名单"制度，进一步规范旅游市场秩序。

要进一步完善旅游安全综合监管工作机制，建立健全与涉旅相关部门联合监督检查的协作机制，充分发挥相关职能部门的涉旅安全监管职能作用，加大专业检查力度。进一步加强与公安、消防、交通、安监、质监、食药、体育、国土等部门的沟通协调，建立旅游安全信息互通、联席会议和联合检查工作机制。定期召开旅游安全工作协调会议，组织开展联合检查和专项整治，实现旅游安全信息互通、隐患问题移送和联合督导检查，对旅游安全实施综合治理。

（四）狠抓防范，完善旅游安全风险管控体系

指导旅游企业抓好《旅行社安全规范》和《山西省景区安全评估导则》的落实工作，加快构建旅游行业安全风险分级管控和隐患排查治理双重预防工作机制。拟订旅游企业危险有害因素辨识标准、安全风险分级管控办法、隐患排查治理制度和重大安全事故隐患判定标准，指导旅游企业全面排查各

个经营环节和场所的安全风险。建立安全风险清单、管控责任和措施清单，做到对标治理、责任到人、措施到位、验收销号，实现闭环管理。

加强涉旅公共突发事件的应急管理，不断完善涉旅突发事件应急预案，与有关部门、机构建立应急救援机制，加强应急演练，切实提高应急响应和处置能力。监督旅行社制定切实有效的应急预案，加强演练，提高突发事件应急救援和处置能力。指导 A 级景区和星级饭店科学编制应急预案，强化应急演练和培训，有效提升应对突发事件的处置能力。

针对部分县级旅游部门改为旅发委后，部分安全监管人员对旅游安全法律法规和业务知识不熟悉的状况，要加大旅游安全培训力度，进一步提升基层旅游安全监管人员的业务能力，规范行业安全管理工作，提高旅游安全监管水平。指导旅游企业做好全员安全知识、岗位技能和应急处置培训，健全培训档案，提升企业安全保障、风险管控和应急管理能力。

B.31
2017~2018年重庆市旅游安全形势分析与展望

潘文亮 冯建国 罗 祺*

摘 要: 2017年,重庆市旅游系统严格落实"党政同责、一岗双责",强化安全隐患大排查大整治大执法,不断提升应急处置能力,大力推进旅游安全管理工作提档升级、提质增效,确保了旅游行业安全稳定。展望2018年,重庆市将积极适应社会主要矛盾新变化,牢固树立和践行新发展理念,突出抓重点、补短板、强弱项,全面提升旅游行业安全管理整体水平。

关键词: 重庆市 旅游安全 旅游安全形势

2017年,重庆市旅游发展委员会在重庆市委、市政府和国家旅游局正确领导下,认真贯彻落实习近平新时代中国特色社会主义思想和党的十九大精神,全面贯彻落实安全生产工作部署及总体要求,坚持以人民为中心的发展理念,紧紧围绕全域旅游这条主线,突出安全生产这个主题,在工作部署上扣扣子、责任履行上担担子、任务落实上钉钉子,确保了全市旅游安全生产总体形势平稳有序。

---

* 潘文亮,重庆市旅游发展委员会旅游安全处处长;冯建国,重庆市旅游发展委员会旅游安全处调研员;罗祺,重庆市旅游发展委员会旅游安全处副调研员。

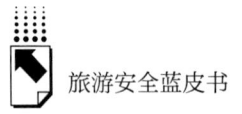

一 2017年重庆市旅游安全总体形势

2017年,全市共有旅行社622家,其中出境旅行社95家,一般旅行社527家,持有电子导游证导游10323人;星级饭店210家,其中五星级28家、四星级54家、三星级105家、二星级23家。旅游星级饭店共拥有客房28078间,床位46630张;A级景区223个,其中5A级8个、4A级83个、3A级78个、2A级52个、1A级2个。创建命名"重庆市级平安示范景区"25个;拥有五星级游轮22艘,"两江游"游船7艘。

2017年全市接待游客5.42亿人次,实现旅游总收入3308亿元,比2016年分别增长20.3%和25.1%。完成旅游投资1800亿元。全年接待入境游客358.35万人次,旅游外汇收入19.48亿美元,比2016年分别增长13.2%和15.5%;入境旅游人数前3位的区域为港澳台地区、亚洲、美洲;入境旅游人数前5位的国家为韩国、美国、日本、泰国、加拿大。全年通过出境旅行社出境的游客206.30万人次,比2016年增长5.1%。出境游目的地前5位国家为泰国、新加坡、越南、日本、马来西亚。

二 2017年重庆市旅游安全概况

(一)2017年旅游行业安全风险概况

2017年,重庆市未发生旅游安全生产责任事故。

从旅行社责任保险(以下简称旅责险)数据来看,2017年共接到本市各区、县及旅游企事业单位报告的旅责险案件426件(人伤案件392件,非人伤案件34件),同比2016年增加16.71%。各类旅游安全突发事件均受到了旅游管理部门的高度重视,得到妥善处理。通过统保示范项目的实施,江泰保险经纪公司会同相关保险公司及时办理保险理赔,为涉事旅游企业降低风险损失,推动了行业整体风险管理水平的进一步提升。

（二）特点分析

全年旅游安全突发事件呈现事件类型繁多、风险结构复杂、风险来源多样等特点。

1. 按发生地区分析

全年共接报境内旅责险案件253件（人伤案件229件，非人伤案件24件）。死亡16人，受伤295人。其中重庆市内发生139件（人伤案件116件，非人伤案件23件），死亡7人（突发疾病死亡、猝死5人，第三方责任交通意外死亡2人），受伤169人（见图1）。

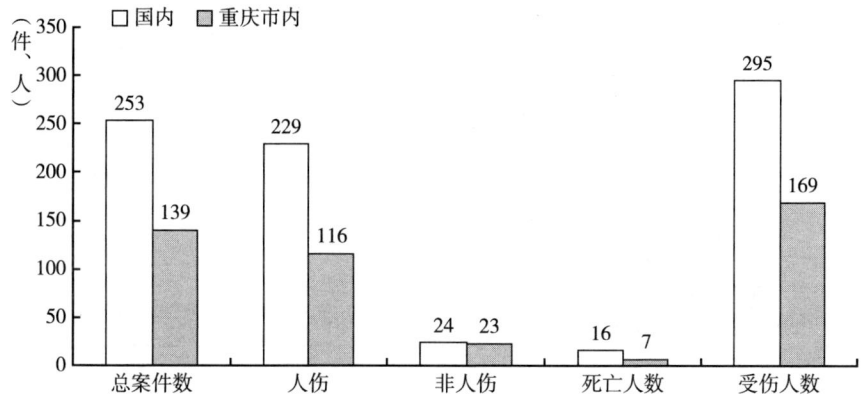

图1　2017年境内旅责险案件分布结构

全年共接报境外旅责险案件173件（人伤案件163件，非人伤案件10件）。死亡9人，受伤244人。其中泰国发生112件，占64.74%；死亡5人，占55.56%；受伤110人，占45.08%（见表1）。

表1　2017年境外旅责险案件分析

国家或地区	总案件数(件)	人伤(件)	非人伤(件)	死亡人数(人)	受伤人数(人)
泰国	112	110	2	5	173
越南	12	12	0	0	16
印度尼西亚	10	9	1	1	9

续表

国家或地区	总案件数(件)	人伤(件)	非人伤(件)	死亡人数(人)	受伤人数(人)
马来西亚	10	10	0	1	11
俄罗斯	4	4	0	1	3
法国	3	1	2	1	0
柬埔寨	3	3	0	0	3
斯里兰卡	3	3	0	0	3
土耳其	2	2	0	0	2
尼泊尔	1	1	0	0	16
日本	1	1	0	0	1
新西兰	1	0	1	0	0
奥地利	1	0	1	0	0
阿拉伯联合酋长国	1	1	0	0	1
新加坡	1	1	0	0	1
意大利	1	1	0	0	1
美国	1	1	0	0	1
澳大利亚	1	0	1	0	0
埃及	1	1	0	0	1
毛里求斯	1	0	1	0	0
中国台湾	3	2	1	0	2
合计	173	163	10	9	244

2. 按发生类型分析

重庆市内发生的139件旅责险案件主要包括事故灾难类、公共卫生事件类和社会安全事件类3种类型。全年全市共发生事故灾难类案件5件（占全市案件总数的3.60%），均为交通意外，受伤5人，因第三方责任死亡2人。全年全市共发生公共卫生事件13件，占全市总数的9.35%。其中突发疾病9件，死亡5人（占全市全部事件导致死亡人数的71.43%），受伤5人；动物咬伤1件，受伤1人；食物中毒3件，导致51人腹泻（占全市全部事件导致受伤人数的30.18%）。全年全市共发生社会安全事件121件，占全市总数的87.05%。未导致人员死亡，导致106人受伤（占全市全部事件导致受伤人数的62.72%），1人失踪。其中，扭伤、摔伤等一般事件101

件（占全市案件总数的72.66%），导致106人受伤。因旅行社工作失误导致的延误事件17件，未出现负面舆情。

（三）综合判断

2017年整体形势依然严峻，具体表现在以下几方面。第一，旅游车驾驶者违规操作或操作不当占比较高，成为旅游交通安全的较大隐患；第二，游客突发疾病死亡、猝死占比较高，同时涉旅社会安全事件隐患增多，游客自身安全意识亟待提高；第三，内河游轮公共卫生事件数量增加，存在企业管理不到位、责任意识薄弱等问题。

三 2017年重庆市旅游安全工作的主要特点

2017年，重庆市旅游发展委员会针对旅游行业突发事件的特点、旅游活动过程中各种可预见和不可预见的安全风险，以及旅游业不断出现的新业态、新方式给游客带来的安全隐患，以防止重特大事故为目标，针对可能突发的泥石流、山体滑坡、暴雨洪灾等自然灾害，道路交通事故、水运事故、火灾、拥挤、踩踏事故等事故灾难，恐怖事件、抢劫等社会安全事件，食物中毒、禽流感等公共卫生事件及涉水旅游、高空旅游、滑雪旅游等特殊旅游项目安全，持续开展旅游企业安全标准化建设和旅游安全大排查、大整治、大执法、大督查专项行动，强化责任落实和措施落实，规范安全生产法治秩序，维护旅游发展的大好局面。

（一）旅游安全生产责任制有效落实

一是结合旅游实际，明确重庆市旅游局领导旅游安全工作职责分工，建立旅游安全工作责任清单、权力清单，细化明晰"党政同责、一岗双责、齐抓共管、失职追责"履职清单。局党组会、局长办公会定期研究部署旅游行业安全生产工作，专题分析旅游汛期、旅游旺季、夏季和节假日等重点时段旅游安全生产形势，及时解决工作中的重点难点问题。局党组书记、局

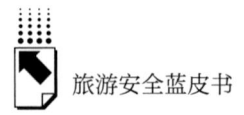

长与局机关各处室（单位）签订《2017年旅游安全稳定责任书》。

二是实行局领导、处室负责人带班制，政务值班和安全稳定值班"双值守"，对外公布咨询和投诉电话，保证24小时受理游客投诉，保持辖区内各旅游接待单位和相关部门的通信畅通，及时有效处理各类投诉和出现的各种问题。导游和领队人员在带团期间，手机24小时开机，保持通信畅通。

三是召开全市旅游安全稳定工作、全市旅游安全和市场秩序工作、星级游船反恐工作、平安示范景区建设工作会议，进一步压紧压实全市旅游行业安全生产责任。

（二）旅游安全监督检查成效显著

一是深入贯彻党的十九大精神，围绕人民美好生活需要，坚持问题导向、目标导向，建立并实施旅游安全生产督查巡查制度，每季度组织开展安全生产督查（巡查）。组织9个暗访组督查17个景区旅游安全工作责任落实和重大风险隐患管控情况。全市34位区县委书记（区长），110位区县党政、人大、政协领导检查辖区旅游安全工作。

二是下发《重庆市2017年旅游安全执法督查检查计划暨工作要点的通知》（渝旅〔2016〕58号）、《重庆市旅游局2017年春夏季旅游安全专项督查工作方案》等20余份关于旅游安全生产工作的文件通知。组织开展"旅游安全四大专项整治行动"等12个专项检查督查工作，重点从十九大、暑期、高温汛期、冬季、节假日等特殊时段开展督查暗访；从"行"和"游"等重点领域，从政府监管、企业生产、消费者等关键环节找风险、出对策。局领导带队督查100余家旅游企业，分解落实147个主要旅游安全隐患到有关区县政府、市级部门、旅游企业闭环整改。统计备案全市270个高风险旅游项目，处罚7家涉旅单位的安全违法违规行为。

三是提高部门横向协调能力，协同市食药监局、市卫计委、市交委等部门积极做好涉旅餐饮卫生工作，指导星级饭店（星级游船、温泉）和A级景区严格落实食品安全有关法规制度。与市交委、市公安局、市港航局密切配合，组织旅游客运道路交通安全、"导游专座"设置情况和长江三峡水上旅游安全督查，切实堵塞漏洞、消除盲区，编牢编实旅游安全网。

（三）保障旅游安全和处置突发事件应急能力稳步提升

一是始终围绕中心、服务大局，不断创新管理理念，完善管理机制，拓展管理手段，着力补齐制度上的缺陷、工作上的短板、思想上的漏洞和素质上的弱项。加强旅责险投保督查，要求各区县旅游管理部门加强监管并将保单上报市旅游局备案，2017年全市在营旅行社投保率达到100%。重庆旅责险工作经验被全国旅游安全与应急管理工作会议推广。

二是坚持"无事防出事"，重点抓好旅游突发事件应急预案修订、旅游行业年度应急演练（渝中区洲际酒店、涪陵区大裂谷景区、南川区金佛山索道等单位开展应急救援演练）和安全风险评估（两江新区重庆华侨城欢乐谷旅游项目开展开业前安全风险评估）。组织实施全市所有A级景区依法开展安评工作。创新建立主城区、渝东北、渝东南、城市发展新区、旅游安全"4+1"微信群指挥调度机制。修订完善"重庆市平安示范景区"创建标准，积极推进"渝云景安"景区安全视频系统、智能化门禁系统、智能消防系统"三基"基础设施建设。会同市综治办对"重庆市平安示范景区"实行动态管理，强化景区安全、消防和反恐工作。新评定酉阳县龚滩4A级景区、江津区陈独秀旧居陈列馆4A级景区两家市级平安示范景区。开通重点景区视频监控网络，畅通指挥保障通信网络，及时协调处置景情、水情、路情、险情、暗访问题和涉旅负面舆情。

三是重点抓好应急处置、舆情应对和善后处理，妥善应对四川九寨沟地震灾情，处置湖北境内三峡人家景区滑坡造成途径重庆的台湾游客伤亡事件、何永杰援救游客遇难事件等8起涉旅突发事件，受到国家旅游局书面通报表扬。全年未发生上访集访事件。

（四）旅游安全宣传培训取得实效

一是深入开展"旅游安全生产月"和"旅游安全生产万里行"活动，

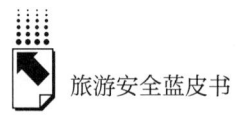

采取多种措施丰富"6·16"安全生产宣传咨询日、首个安全生产活动周的活动形式和内容，向广大游客发放旅游安全宣传资料，开展旅游安全咨询服务。组织全局干部职工集中收看《生产安全事故典型案例盘点（2017版）》等事故警示教育片。

二是先后举办了3期区县旅游管理部门及乡镇领导旅游安全监管培训班、1期景区安全管理培训班和4期导游领队安全理论及操作技能培训班。组织西南博物馆联盟暨三峡博物馆开展青少年研学旅行安全与风险管理专题培训；为歇台子小学学生开展文明旅游、安全旅游培训。进一步提高旅游企业、旅游从业人员、机关工作人员、乡镇社区群众、青年学生等的安全意识、应急处置能力和安全管理能力。

三是向全市旅游车公司免费发放3000个导游专座座套和350余张旅游交通安全提示光碟。发布旅游安全生产宣传标语60条，并组织旅游景区、饭店悬挂张贴旅游安全标语200余幅。中央人民政府官网刊发《重庆：全力做好汛期旅游安全工作》，重庆市政府办公厅《昨日简况》刊发重庆市旅游发展委员会多条旅游安全工作信息。重庆市旅游政务网、重庆旅游杂志专栏发布旅游安全信息。重庆市旅游发展委员会向市委提交《当前旅游景区安全存在的问题及建议》调研报告，为领导决策提供意见建议。1名同志被市消安委评为"重庆市2017年度消防工作成绩突出个人"。

四　2018年重庆市旅游安全风险预判及应对措施

重庆市旅游发展委员会坚持每年开展年度涉旅突发事件趋势分析并制定应对措施。经综合分析研判，2018年重庆市旅游行业可能面对的突发事件风险包括自然灾害风险、事故灾难风险、社会安全风险和公共卫生风险等。旅游业是一个涉及面广的综合性产业，包括食、住、行、游、购、娱六要素，从事旅游经营的企业有旅行社、旅游景区以及为游客提供交通、住宿、餐饮、购物、娱乐等服务的经营者，分属于不同管理部门。依据《中华人民共和国旅游法》规定，旅游安全由旅游、交通、质检、治安、消防、卫生等部门监管。

2018年，重庆市将以习近平新时代中国特色社会主义思想和党的十九大精神为指引，全面落实习近平总书记视察重庆市重要讲话精神，深入贯彻《重庆市人民政府关于印发2018年全市安全生产工作要点的通知》（渝府发〔2018〕1号）和全市经济工作会议、安全生产工作电视电话会议精神，坚持问题引领，坚持标本兼治，以监管执法"强化年"为主题，以大排查大整治大执法为主线，深化体系建设、强化监管执法、狠抓专项治理、夯实安全基础，加快提升安全生产主体责任落实质量，着力解决行业安全管理与建设中不平衡、不充分问题，全面提升行业安全管理整体水平。

（一）加强旅游安全宣传教育，增强旅游安全意识

一是开展旅游安全警示教育活动。结合各区县和旅游企业实际，在全市旅游系统开展旅游安全警示教育活动，进一步增强旅游安全意识，强化企业主体责任。通过典型案例剖析，分析原因，查找漏洞，举一反三，解决突出问题，对薄弱环节着力进行整顿。在春节、"五一"、"十一"等各个重要时段，及时向社会公布重庆市旅游安全应急救援电话，要求全行业高度重视并切实抓好旅游安全工作，把旅游安全具体布置和落实到各项相关工作中。

二是提高旅游经营者安全保障能力。重点抓好重要时段、旅游高峰、旅游设施、旅游企业及从业人员等的旅游安全防范措施的检查工作，确保经营者具备安全保障能力。建立健全旅游突发事件监测、预测、预警系统，加强对有关信息的收集、风险分析和动态的监测预测，对可能发生的旅游安全事件做到早发现、早报告、早处置。特别是对于旅游行程中安排的高空、高速、水上、探险等高风险旅游项目，要求旅游经营单位充分评估旅游项目安全风险，并就旅游项目安全风险对游客做出明确提示，切实增强旅游从业人员的安全意识。

三是增强旅游安全意识和游客自救能力。加强旅游安全与应急知识宣传，积极参与市安委会开展的"安全生产月"活动，向游客和市民广泛宣传旅游安全、应急、保险知识，免费发放《旅游突发事件应急手

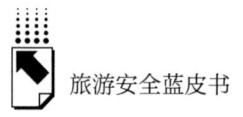

册》，不断增强游客的安全意识，提高自救互救的能力。通过提升旅游管理部门安全监管能力、旅游企业安全保障能力、社会公众参与能力，不断健全安全投入保障体系，完善安全生产应急救援体系，加强旅游安全生产教育培训，编制《旅游突发事件应急手册》，并免费向各景区、饭店、旅行社、旅游汽车和游客发放，推广和传播旅游突发事件避险和应急处置方法，提高广大游客安全意识和自救互救能力，切实保障游客生命财产安全。

（二）加大旅游安全督查检查力度，消除旅游安全隐患

一是重大节日、重要活动、旅游高峰重点检查。重点抓好重要时段、旅游高峰、旅游设施、旅游企业及从业人员等的旅游安全防范措施的检查工作。坚持日常检查与重要时段检查相结合，特别是对春节、"五一"、"十一"、清明、端午等重要节日和旅游旺季游客出游高峰期，重庆市旅游发展委员会领导要亲自带队，对全市重点旅游企业进行检查，实行各区县旅游安全工作分片包干制，对于发现的安全隐患要及时处理。各区县旅游管理部门、各旅游企业要会同当地有关职能部门，对本区域、本单位的安全工作开展拉网式安全隐患排查。

对游客意见较大、发生过安全问题的旅行社按相关规定进行严肃处理，对不达标、安全隐患较多的饭店进行降级和摘星处理。

二是重点景区、重点设施设备检查。督促旅游企业加强安全管理，强化旅游设施和重点项目日常检查。主要检查各类高风险旅游项目安全措施落实情况，如漂流、滑雪、滑翔等特殊旅游项目和大型游乐设备；重点检查旅游汽车、游船、缆车等游客运载工具是否安全有效，重点关注星级饭店消防和食品卫生，冬季冰雪旅游安全，旅行社租用车辆、自驾车旅游的交通组织等旅游接待的主要环节。

三是相关部门开展联合检查。联合公安、交通、林业、卫生、环保、安监等相关部门，对全市旅游安全工作进行全面检查。通过安全检查，进一步提升重庆旅游服务质量和游客满意度。

（三）加强突发事件预防和处置，保障游客生命财产安全

目前，重庆旅游系统预防处置突发事件的情况总体良好，但一些单位应急准备不充分，安全投入不够，应急设备陈旧老化，没有专门应急队伍，缺乏专业应急管理人员。一些景区、旅游饭店安全防范能力不足，还有少数单位安排员工值班较为随意，甚至无人值班，一旦发生突发事件，难以保证信息及时上报，错过了有效处理的宝贵时间。为此，市区（县）两级旅游管理部门和重点旅游企业要进一步健全监管主体和责任主体，及时掌握突发事件信息，做好突发事件的预防工作，做到遇有情况及时妥善处理，游客生命财产得到及时救助。

一是完善应急救援机制。根据《中华人民共和国突发事件应对法》、《重庆市突发公共事件总体应急预案》和《重庆市旅游突发公共事件应急预案》，指导监督区县旅游部门和旅游企业完善应急救援机制，严格落实节假日值班制度、信息报告制度，旅游安全定岗定人，落实责任，一旦有突发紧急事件，立即报告，提高突发事件的监测预警和应急处置能力。

二是开展应急救援演练。督促旅游景区、饭店切实开展应急演练，及时修订应急预案，提高旅游企业自身应急处置能力。指导南川区金佛山索道、渝中区洲际酒店、涪陵区大裂谷景区、彭水阿依河景区、武隆喀斯特景区等旅游企业开展应急救援演练。

三是建立景区智能监控系统和突发事件微信群。全面建立全市79家4A级以上景区视频监控系统，对景区主要出入口以及安全风险系数较大的参观点和位置进行自动化、智能化实时监测监控，并接入了重庆市旅游应急指挥平台。加强重庆旅游团队系统监管工作，实时接收境内外旅游团队突发事件报送信息，强化旅游团队应急管理。充分发挥区县旅游部门、旅游景区、星级游船等应急管理微信群、QQ群应急处置功能，实时处置涉旅突发事件。

四是加强应急值守。市区（县）两级旅游管理部门严格落实双岗值守制度，安排定岗和领导轮流值班，确保24小时通信联络畅通；对外公布咨询和投诉电话，确保24小时受理游客投诉，及时有效处理各类投诉和出现的各种问题。要求导游和领队人员在带团期间手机24小时开机，保持通信畅通。

B.32
2017~2018年宁夏回族自治区旅游安全形势分析与展望

王光华 王文江 景云鹏*

摘　要： 2017年，宁夏回族自治区旅游业安全生产形势稳中向好。全区旅游行业在自治区党委、政府的坚强领导下，在自治区安委会的具体指导下，以落实安全生产责任为主线，积极践行安全发展理念，坚守安全生产红线，凝心聚力、统筹谋划，深查细纠、狠抓整治，强基固本、夯实内功，有效遏制了重特大旅游安全生产事故。2018年，自治区旅游行业继续认真贯彻落实党的十九大精神以及自治区第十二次党代会精神，推动责任落实制度化，压实安全生产责任，加强执法检查常态化，夯实安全生产根基，注重安全管控信息化，提升应急管理能力，持续创新方式方法，完善安全公共服务，为创建国家全域旅游示范（省）区、推进旅游业转型升级营造良好环境。

关键词： 宁夏旅游　旅游安全　全域旅游

一　2017年宁夏旅游安全总体形势

2017年是党的十九大的召开之年，也是宁夏回族自治区创建国家全域

---

* 王光华，宁夏旅游执法总队总队长；王文江，宁夏旅游学校副校长；景云鹏，宁夏旅游执法总队副主任科员。

旅游示范（省）区、推进旅游业转型升级的攻坚之年。在自治区党委、政府的坚强领导下，在自治区安委会的具体指导下，全区旅游行业深入贯彻党的十九大和自治区第十二次党代会精神，持续落实"三个必须"和"党政同责、一岗双责、齐抓共管、失职追责"指示要求，按照自治区全域旅游发展推进大会和年度全区旅游工作会议安排部署，以落实安全生产责任为主线，积极践行安全发展理念，坚守安全生产红线，突出"三化一服务"（制度化、常态化、信息化、公共服务）具体举措，同心同德、扎实作为、开拓进取，有效遏制了重特大旅游安全生产事故，全区旅游行业安全生产形势稳中向好，为开创全域旅游发展新局面提供坚强的安全保障。

二 2017年宁夏旅游安全概况与特征

2017年是自治区全域旅游起步发展壮大极不平凡的一年，自治区经受住了国际国内诸多挑战和不确定因素的严峻考验，较为顺利地完成了旅游安全生产的各项工作，为旅游业发展营造了安全环境，全区旅游工作水平和旅游业实力连续跃上新台阶。同时，自治区党委、政府高度重视旅游安全生产工作，对旅游安全生产工作做出了系列重大决策部署和指示要求，推动全区旅游安全生产工作取得积极进展，全区旅游安全生产形势持续平稳发展，守住了无重特大旅游安全生产责任事故底线，为创建国家全域旅游示范（省）区、推进旅游业转型升级营造了良好环境。

（一）凝心聚力、统筹谋划，推动安全生产工作全面展开

通过会议传达、专题研讨等多种形式，认真学习贯彻党中央、国务院及自治区党委、政府关于安全生产工作的指示精神，严格落实安全生产领域的改革，注重顶层设计，及时召开安全生产大检查工作会议，审定安全生产大检查工作方案，安排部署全区旅游安全生产大检查工作，持续督导督办，跟踪问效，狠抓工作落地。

坚持高位推进，及时调整全区旅游行业安全生产委员会，成立防范遏制

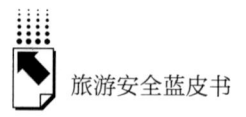

重特大安全生产事故工作领导小组,明确职责划分,强化组织保障。自治区旅游发展委先后8次召开党组会、委务会、主任办公会,3次组织召开全区旅游行业安全生产工作专门会议,研究安排部署旅游安全生产专题工作。细化调整全区旅游安全生产管理职责,理顺旅游"纵向"监管责任。召开全区旅游安全生产工作会议,动员部署年度重点工作。与五市旅游管部门签订安全生产目标责任书,层层传导压力。认真制定全区旅游行业安全生产、消防、宣传教育工作要点,分解目标任务,明确工作重点。注重日常、精心准备,圆满完成了国务院安委会年度考核、消防考核、安全巡查、安全大检查督查等工作任务。深刻吸取事故教训,召开关于中卫市腾格里金沙海旅游有限公司"5·3"高处坠落较大事故处理情况通报会,对全区旅游安全生产工作进行再动员、再部署。

(二)深查细纠、狠抓整治,切实消除安全问题隐患

坚持联合执法、综合施策,结合自治区安委办关于全区安全生产专项整治要求,会同公安、交通、质监、食药监等部门,积极开展六大专项整治(旅游车辆、特种设备、消防、食品安全、人员密集场所、旅行社)和国家旅游局四大专项行动(旅游包车安全整治行动、高风险项目安全规范行动、景区流量控制治理行动、出境游安全提升行动)等各类安全隐患整治活动,累计出动执法人员576人次,检查旅游企业598家次,下达《安全生产督办(整改)通知书》13份。狠抓国务院巡查组、安全生产大检查工作组等指出的问题隐患整改工作,制定详细整改方案,形成闭环管控,推动工作有序有效开展。按照台账清晰完备、工作痕迹可查真实的要求,建立安全生产大检查"五个一批"工作台账,及时统计报送工作信息。先后抽调各市、县(区)旅游执法人员,开展旅游安全生产暨市场秩序交叉互检互学互促活动,整饬安全秩序、查治安全隐患。

坚持扭住关键,紧盯"春节""两会""自治区第十二次党代会""十一""十九大"等重点时段旅游安全,突出沙与海的对话、中阿博览会、中阿旅行商大会、自治区全域旅游发展推进大会等重大活动期间旅游安全,加大执法督查力度,狠抓安全工作落实。积极做好极端天气和汛期旅游安全应

对工作，加强预警，有效防范。结合中卫市"5·3"事故，扎实开展预防高处坠落专项整治行动，明确在建旅游场所、项目和高空、高风险旅游设施、项目等重点工作内容和具体要求。

（三）强基固本、夯实内功，提高安全生产保障水平

积极发挥保险兜底作用，加强旅行社责任险统保，率先在全区推动旅游景区责任保险。积极协调公安、交通等有关部门组织开展水上救援、消防等应急演练，不断提高应急处置能力。自治区先后举办安全生产培训班6期，培训1000余人，建强安全骨干队伍。充分利用宁夏智慧旅游运行监测管理服务平台，结合旅游大巴GPS定位，及时掌握区内旅游团队运行动态；结合主要A级景区视频监控和周边道路收费站视频监控，对高峰时段和重点区域客流进行监测，提前预判，及时预警。建立完善宁夏旅游政务网、宁夏旅游资讯网、宁夏旅游微信、宁夏旅游微博、宁夏旅游广播FM103.7以及新闻媒体等载体，拓展预警信息发布渠道，提高安全预警水平。在《新消息报》上开辟"质监执法"专栏，发布游客安全提醒、注意事项、工作动态、法规宣传等信息5篇；同时在建立的"宁夏旅游执法""宁夏旅游安全"微信群设置"质监执法""安全宝典"专栏，开展普法宣传。邀请宁夏电视台《直播60分》栏目组报道旅游安全生产督导检查、跟踪问效、整改进展等情况，加大媒体曝光力度。认真落实安全生产月各项工作任务，开展"6·16安全生产宣传咨询日"活动，发放宣传资料5000余份，受众面过万人。8月8日，四川九寨沟7.0级地震发生后，自治区旅游发展委员会第一时间启动应急预案，召开会议安排部署应急处置工作，对通过我区旅行社前往地震灾区的游客数量进行摸排统计，指导旅行社做好游客撤离和安抚工作。

三 2017年宁夏旅游安全存在的主要问题

纵观全局、审时度势，自治区旅游安全生产工作还面临一些挑战、存在一些问题。

（一）影响旅游业发展的环境复杂

一方面，国际上街头示威、武装冲突、恐怖袭击等社会安全事件频发，影响旅游安全的非传统因素增多；另一方面，国内台风、地震、山体滑坡、极端天气等不可抗的自然灾害较多，给旅游安全带来不可预见的影响。

（二）全域旅游给旅游安全管理带来压力

全域旅游已经成为一项国策，旅游业进入自治区战略性支柱产业行列，加之 2017 年全区接待游客已突破 3000 万人次大关，全区旅游总收入已达到 278 亿元，两项指标 10 年内首次双双实现 20% 以上增长，但这些都给旅游安全工作带来了新课题、新要求。

（三）旅游安全监管体制机制有待完善

因旅游涉及行业领域多，自治区旅游安全监管职责还不够清晰完善，法律法规还不够健全，市、县（区）两级旅游监管执法机构和人员还不健全，安全监管的方法手段还比较单一，市、县（区）旅游管理部门抓安全工作的力量不足，科技手段运用不够。

（四）旅游经营主体安全投入不足

旅游企业多为微小企业，重经济效益，轻社会效益，思想认识不到位，安全管理水平不高，安全基础比较薄弱，安全生产资金投入不足，安全防护装备设备还不够完善，技术支撑推广应用不足，导致事故的突发性和不确定性加大。

（五）游客的安全意识还有待提高

大众游客安全宣传教育不到位，游客旅游安全意识有待继续提高，还存在自我防护观念不强、遵守安全规定不严格等问题。

四 2018年宁夏旅游安全形势与建议

2018年,自治区旅游行业继续认真贯彻落实党的十九大精神以及自治区第十二次党代会精神,以落实安全生产责任为主线,以开展企业安全生产主体责任"落实年"为主题,强化底线思维,聚焦问题短板,突出责任落实巩固化、隐患整治常态化、安全管控信息化"三化"具体举措,从严从实从细抓好各项安全生产工作的落实,持续推动全区旅游安全生产形势平稳发展,为创建全域旅游示范(省)区营造良好环境。

(一)推动责任落实制度化,压实安全生产责任

自治区党委、政府和旅游管理部门积极贯彻关于推进安全生产领域改革发展的意见,积极推动改革发展,力争形成长效机制。落实"党政同责、一岗双责"规定,及时调整安全生产组织领导机构,明确具体责任分工。各级旅游管理部门利用召开党组会、委务会等时机,每季度至少分析一次安全生产形势,研究部署一次安全生产工作;重点时段及时安排部署。推进安全生产诚信体系建设,健全落实联合惩戒和联合激励机制。落实全员安全生产责任制度,将职业健康管理纳入企业安全生产的全过程,完善职业健康管理与安全生产管理一体化的监管机制,推进安全生产与职业卫生"机制一体化、监管一体化、责任制度一体化、培训教育一体化"全面融合,加快提升职业健康监管能力和水平。完善考核方式方法和激励约束机制,每年对各市、县(区)旅游管理部门进行安全生产工作绩效考核,以考核促进工作落实。

(二)加强执法检查常态化,夯实安全生产根基

严格落实"双随机"和重点监管检查相结合的执法、管理制度,完善执法方式方法,注重事中事后监管,提升监管执法针对性和有效性。制定实施安全监管执法计划,推行执法全过程管理。推进安全生产行政执法与刑事

司法衔接，完善强制执行工作制度。加强联合执法，协同公安、交通、工商、质监、食药监、消防等部门开展旅游包车、食品、人员密集场所、特种设备、消防等专项整治行动，齐抓共管、综合治理。开展旅行社专项整治工作。组织各市旅游执法人员开展安全执法交叉互检工作，促进安全生产工作落实。突出重点时段和重大节会期间的安全执法检查，净化安全生产环境，全力做好保障。建立落实自治区旅游行业安全执法与隐患排查治理月报制度，推动安全执法与隐患治理常态化。加大安全隐患排查整治力度，形成闭环管控。

（三）注重安全管控信息化，提升应急管理能力

积极推动信息化建设，加强部门之间资源共建共享，提高安全监测预警水平。顺应信息化发展趋势，利用宁夏智慧旅游运行监测管理服务平台的流量监测系统，对主要 A 级景区进行实时客流监测分析，提前预判，及时提示、疏导游客，做好安全预警；利用该系统中的宁夏旅游应急远程会商系统，建立完善"区旅游发展委－市旅游委－景区"三位一体的宁夏旅游应急体系，当发生旅游突发事件时，快速建立与属地旅游管理部门及事发景区的应急视频通信，为事态研判、会商决策提供及时真实的数据和可靠的通信保障。认真落实防范遏制重特大事故工作措施，推进自治区旅游行业安全风险监测与隐患排查治理体系建设，加强旅游安全信息平台建设，积极通过宁夏旅游政务网、宁夏旅游资讯网、宁夏旅游微信、宁夏旅游微博、宁夏旅游广播 FM103.7 以及新闻媒体等渠道发布预警信息，做好安全预警提示。

（四）持续创新方式方法，完善安全公共服务

自治区将安全生产经费纳入财政保障范围，逐步健全监管经费保障机制，督促企业落实安全生产费用提取管理制度。加大安全教育培训力度，按照"请进来、走出去"方法，采取专家授课、参观见学、实践操作等形式，分级分类组织开展安全生产教育培训，丰富安全知识、注重实践操作、提高安全技能，有效促进安全生产队伍整体工作水平提升。持续完善旅游突发事

件应急预案，进一步细化内容，明确职责，力争做到有理有据、详细完整、贴近实际。联合相关部门，积极开展应急演练，切实提高应急处置能力。全面推行安全生产责任保险制度，持续推动旅行社责任保险统保，重点推动 A 级景区责任保险统保。借助传统媒体和新媒体加大开展旅游安全宣传力度。重点开展"安全生产月"宣传活动，进社区、进企业、进学校、进网络等，持续加强公众安全教育。高度关注涉旅安全舆情，加强涉旅安全信息收集工作，遇有情况，迅速妥善处置。

自治区旅游业到了奋力迈向优质旅游发展的新时代，借助全域旅游示范区建设的时机，自治区旅游行业将认真贯彻自治区全域旅游发展推进大会和全区安全生产工作会议精神，扑下身子、静下心思、真抓实干，促进全区旅游安全生产形势持续平稳发展，着力打造西部独具特色的旅游目的地，以优异的成绩向自治区 60 大庆献礼。

B.33
2017~2018年港澳旅游安全形势分析与展望

陈金华 李祎铭 李亚恒*

> **摘　要：** 2017年港澳旅游逐渐恢复增长态势，旅游安全形势总体稳定。经过网络数据整理、统计分析，2017年港澳地区发生旅游安全事件51起，相比2016年的95起有所减少；交通事故较多，台风影响依然较大，年轻人国家与社会认同等问题影响旅游地安全氛围及游客安全态度。展望2018年，要进一步完善重大自然灾害的应急管理机制，关注海洋邮轮、城市大型节事活动等新业态的旅游安全管理，重视旅游人才安全培训与旅游基地设施的有序更新，塑造安全舒适的国际旅游目的地形象。
>
> **关键词：** 旅游安全　应急管理　香港　澳门

近年来，"反水货客""占中""旺角暴乱"等一系列事件在一定程度上影响了香港旅游业的发展，旅游业发展有所下滑，深圳居民赴港"一签多行"变为"一周一行"、内地消费者购物习惯的改变等也使得访港人次出现负增长。在经历了连续两年的跌幅后，2017年在香港回归20周年喜庆气氛带动下以及赴韩游热潮退散等的影响下，内地赴港旅游人数恢复增长（见图1）。

---

* 陈金华，华侨大学旅游学院副教授、博士，主要研究方向为区域旅游资源开发与安全管理；李祎铭、李亚恒，华侨大学旅游学院硕士研究生。

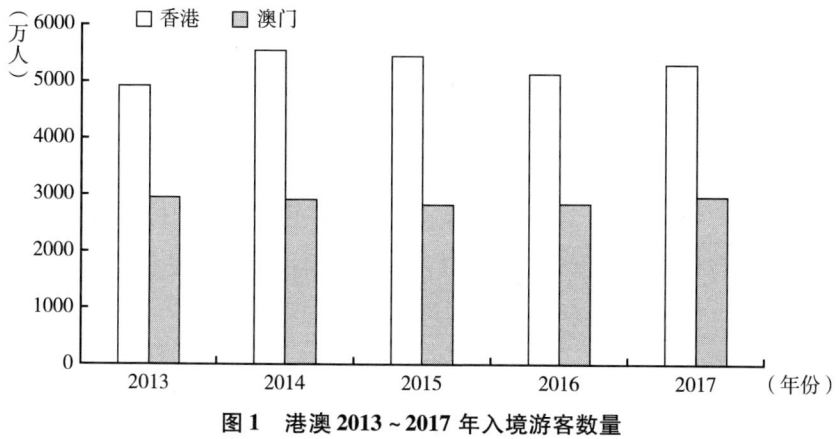

图 1　港澳 2013~2017 年入境游客数量

2017 年 1~11 月香港入境旅游总人数为 5288 万人次，与 2016 年同期相比增长了 3.05%，其中，内地游客访港 4021 万人次，占总入境游客的 76.04%。香港重新成为内地游客出境游的首选目的地。2017 年 1~11 月澳门入境旅游人数为 2955 万人，其中，内地游客 2012 万人次，占总人数的 68.09%，比 2016 年同期下降了 5.1%，相比于香港地区，澳门地区入境旅游人数变动较大。

一　2017年港澳旅游总体形势

通过百度、谷歌、搜狗等搜索引擎，以"香港/澳门+旅游/游客/旅游团+安全/受伤/事故/意外""香港/澳门+酒店/餐厅/购物/景区/交通+安全/受伤/事故/意外"等为关键词进行搜索，再通过人民网、中国新闻网、光明网、凤凰网、21CN 港澳台新闻网、新华网、香港新闻网等各大新闻门户网站，以及香港特别行政区政府官网、澳门特别行政区政府官网，对 2017 年 1~11 月发生在香港与澳门特别行政区的旅游安全事件（共收集到 51 起事件）进行整理，得出两地旅游安全形势的总体分析。

（一）社会安全事件数量减少，社会环境维持相对稳定

香港警务处公布的数据显示，2017 年 1~10 月香港特别行政区的总体

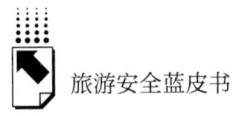

罪案为47086起，同比2016年下降6.5%。其中暴力事件为7662起，同比下降9.0%①。香港回归祖国20周年之际，港澳地区没有爆发冲突动乱，整体社会环境趋向缓和。2017年底公布的"全球城市竞争力排行榜"上，香港被评为中国最安全城市及"一带一路"沿线最开放城市。澳门特别行政区的社会治安总体较好，盗窃案件数量仍排在犯罪案件首位，且呈上升趋势；暴利及高利贷、犯罪集团、剥夺他人行动自由案件高发且发生频次逐年上升。整体来看澳门特别行政区的治安环境虽保持相对稳定状态，但未来的发展形势仍需谨慎。

（二）港澳旅游形势回暖，逐步恢复增长态势

在经历2015~2016年连续的下跌后，2017年上半年港澳旅游终于有所回温。香港特别行政区政府统计处数据显示，2017年上半年内地访港旅客达2089.2万人次，比上年同期增长2.3%，占香港入境市场的75%②。携程旅游发布的报告显示，2017年7~8月间，报名香港自由行、跟团游的人数，相比上年同期增长了30%③。这是香港旅游持续低迷之后首次恢复强劲增长态势。2017年12月25日发布的"2018元旦小长假旅游报告及人气排行榜"显示，出境目的地城市排行榜中香港在内地游客选择中排名第一，成为内地游客出境跨年游最喜爱的城市④。

（三）游客旅游需求发生转变，推动港澳旅游业转型升级

随着旅游消费需求的转变，内地居民赴澳旅游中跟团游的比例正在不断

---

① 香港特别行政区香港警务处，http://www.police.gov.hk/ppp_sc/09_statistics/index.html，2017年12月15日。
② 《香港统计数字一览》，香港特别行政区政府统计处网站，http://www.censtatd.gov.hk/gb/?param=b5uniS&url=http://www.censtatd.gov.hk/hkstat/hkif/index_tc.jsp，2017年7月20日。
③ 《携程报告：内地游客重回香港　暑期香港游恢复火爆增长30%》，TechWeb网，http://www.techweb.com.cn/news/2017-08-16/2574146.shtml，2017年8月16日。
④ 《携程旅游发布"2018元旦小长假旅游报告及人气排行榜"》，中国新闻，http://www.sh.chinanews.com.cn/chanjing/2017-12-25/33367.shtml，2017年12月25日。

降低（见图2），旅游消费越来越理性，逐渐摆脱低价购物团的困扰，旅游的私人订制也逐渐增多，旅游需求由购物、观光转向文化、生态等深度旅游，真正深入体验香港、澳门城市生活。由此引发的强迫购物、购物纠纷事件数量明显减少。内地居民赴港澳游逐渐呈现多元化，游客重游率逐渐上升，消费升级，港澳旅游迎来了新的机遇和挑战。

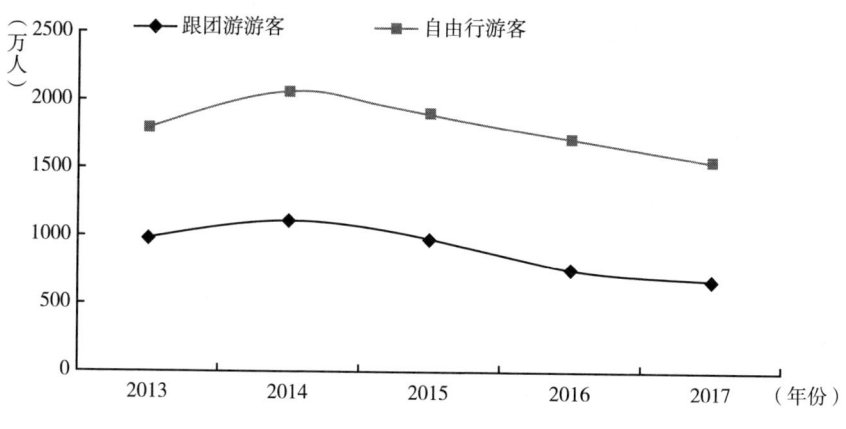

图2　澳门跟团游与自由行人数变化

（四）交通事故影响仍然较大，基础设施安全事故多发

据香港特别行政区政府统计，香港交通意外数量及伤亡人数逐年下降，但是其依然是旅游安全事件的主要类型，2017年香港交通意外事故共计14300起，其中致命意外90起，严重及以上等级意外事故达到1830起，对社会安全环境影响较为严重。香港、澳门餐饮、住宿、娱乐以及相关基础设施较为陈旧，存在不少安全隐患，如香港机场相继发生货物爆炸以及客机险撞货机事件，多个地铁站发生起火、漏水事件，由此带来了较大的安全风险。

（五）受台风冲击，澳门旅游业受损严重

2017年8月23日台风"天鸽"登陆澳门，气象部门风暴预警出现延误，致使市民和商户措手不及，未能及时做好防范措施，各部门民防协调工

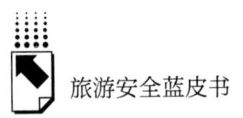

作出现混乱,电力供应出现故障进而影响了自来水及互联网服务,澳门城市秩序受到严重破坏,澳门特别行政区旅游局一度暂停接待旅游团,以集中精力做好灾后清理和恢复工作。据不完全统计此次受灾澳门经济损失达114.7亿澳门元[①]。

二 2017年港澳旅游安全特点

(一)旅游安全事件的分布类型

依据《国家突发公共事件总体应急预案》[②],参照公共安全突发事件的分类,并结合旅游活动的特点,将2017年港澳旅游安全事件分为自然灾害、事故灾难、公共卫生事件、社会安全事件四种类型。从总体形势看,2017年港澳旅游安全事件的发生率较上一年有所下降,但是形势仍然严峻,需要慎重对待。

1. 自然灾害

2017年8月23~25日台风"天鸽"袭击港澳地区,最大阵风达17级,澳门悬挂自回归以来首个十号风球(台风中心经过澳门),香港天文台发出十号飓风信号,这是香港2012年以来首次发布这一俗称"十号风球"的最高级别热带气旋警告信号。海陆空交通受到影响,香港多家航空公司宣布暂停来往的航班,多个码头暂停所有货柜接收服务,公交巴士公司宣布停止服务,海洋公园关闭。澳门海上服务暂停,航班取消或延误,公交服务暂停,澳门特别行政区旅游局一度暂停接待旅游团以做好灾后清理和恢复工作。

2. 事故灾难

事故灾难在港澳旅游安全事件中占据较大比重,2017年1~12月共发

---

① 龙土有:《"天鸽"致澳门损失逾114亿 政府公布多项应对措施》,中国新闻网,http://www.chinanews.com/ga/2017/09-06/8324327.shtml,2017年9月6日。
② 《国家突发公共事件总体应急预案》,人民网,http://politics.people.com.cn/GB/14538/4007544.html,2006年1月8日。

生事故灾难17起。其中交通事故占了绝大部分，主要交通事故类型为陆上交通事故、航空故障、海洋船舶相撞以及地铁事故等。2017年香港发生两起严重的旅游交通安全事故，致4人死亡、致49人受伤，造成了严重的社会影响。

3. 公共卫生事件

2017年港澳地区共计发生公共卫生事件10起，主要公共卫生事件是食品安全事件，以及流行疾病的传播和扩散，给当地的卫生安全带来了重大影响。2017年8月，香港流感造成315人死亡。2017年下半年，港澳相继出现登革热疫情，截至2017年12月31日，两地各出现98例和10例病例，共108例，绝大多数为输入性病例。2017年12月，香港地区猩红热个案大增，已有1682人出现不适症状，澳门地区涉及人数达到402人。全年暂无内地游客感染报道。

4. 社会安全事件

2017年港澳地区发生社会安全事件5起，相比于2016年有所下降。自2016年香港发生恶性强迫购物事件后，港澳旅游界对整个旅游市场秩序进行整顿，并出台相关政策，整体环境有所改善，但是社会骚乱的隐患仍然存在，盗窃、欺诈问题依然严峻。

（二）旅游安全事件发生的特点

1. 时空耦合性

港澳地区土地面积相对狭小，人口众多，但是每年都有大量的游客前来旅游，旅游活动具有明显的季节性。来港澳旅游的游客主要集中在夏秋季，形成旅游安全事件多发期，购物广场、娱乐场所等人口密集区域的事件发生频率较高，港澳旅游安全存在明显的时空耦合性。

2. 环境影响脆弱性

港澳地区较易受自然灾害和周边市场波动的影响。如2017年受台风"天鸽"影响，整个澳门出现停水、停电及电讯网络中断的状况，内港及低洼地区出现严重水浸，城市交通受阻，死伤百余人，影响重大，据统计此次

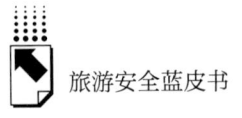

受灾澳门经济损失约占当地2016年国民生产总值的3.2%。

3. 涉事主体全域性与隐蔽性

在国家旅游局和港澳相关部门监管的高压态势下，一方面，旅行社敢碰低价、欺骗顾客的"高压线"的行为变少，但是另一方面为数不少的保健品公司、保险机构操作此类违规行为，旅游安全事件的涉事部门由旅游业内部转移到旅游业外部，保健品公司、保险代理机构等非旅游机构成为背后的"推手"。其背后运作的手段更隐蔽，更具有迷惑性。其利用各种所谓"平台"，在微信上传播拉人报名等"平台+杀熟"新套路，隐蔽性强，监管难度大。

（三）港澳旅游安全的管理措施

从宏观层面看，旅游安全管理的成败主要取决于当地政府政策法规的完善程度和执法的力度。2017年港澳地区旅游安全管理进展如下。

1. 加强旅游建设，重塑旅游形象

2017年香港特别行政区政府推出多项措施吸引游客访港，共拨款9.4亿港元予香港旅游发展局，推动香港旅游业向多元化及高增值方向迈进。香港旅游发展局除了不断加大在海外和内地的宣传力度之外，还新增一系列节事活动，完善旅游基础设施，以期增强旅游吸引力。从目前的情况来看，随着香港社会气氛渐趋平和，市面少有强迫购物问题，对内地游客来港持负面态度的声音也渐渐消失。

2. 规范旅游行业，加强监管力度

香港特别行政区政府于2017年3月向立法会正式提交《旅游业条例草案》，正在等待逐项审议，特别行政区立法会有望尽快通过有关草案，使旅游业监管局能够如期运作。《旅游业条例草案》重点打击强迫购物及"零负团费"，将来在新制度的监管下，强迫购物、恐吓谩骂游客的领队和导游不仅要面临罚款，还可能被监禁。这对香港旅游业做出整体管控、提升行业素质、促进行业健康长远发展有着重要意义。

3. 深化内地合作，融入"一带一路"倡议

2017年8月9日香港与内地签署《关于进一步深化内地与香港旅游合作协议》，进一步加强双方在旅游发展领域的交流合作。双方还将加强旅游监管合作，共同打击"不合理低价游"和其他违法违规行为，推动内地与香港旅游市场健康有序发展；在《内地与香港关于建立更紧密经贸关系的安排》框架下逐步开放香港独资旅行社经营内地居民团队出境游业务，建立定期沟通协调机制，就区域旅游合作和监管等议题进行研究和磋商。

4. 管理队伍专业化

2014年"占中"事件发生后，香港特别行政区政府加大了对人员密集区域的巡查力度和对警察的培训力度，逐渐形成了一批拥有专业素养的警队和其他优秀的执法队伍。2017年3月5日，澳门旅游警察正式亮相，驻守于人流较多的旅游观光区，对旅游景点执行治安防控、维持公共秩序及进行人群管理。2017年3月19日，"内地与港澳全域旅游暨旅游警察交流座谈会"在澳门举行，会上，三地旅游警察交流了内地与港澳旅游警察的建设和执法情况。旅游警察执勤后，大三巴区域的刑事案件数量下降了大约10%，其中盗窃案件减少最为明显。

三 影响港澳地区旅游安全的主要因素

（一）环境因素

1. 社会环境因素

近年来香港系列社会事件的发生与社会环境的脆弱性不无关系。香港本身的发展处于一个复杂多变的局势背景下，社会出现分化，社会事件发生后舆情引导不当，媒体应对不足以消减公众情绪化解矛盾，政府调控和安防措施不足，加之香港经济结构发生变化，传统服务业发展遭遇瓶颈，导致经济的脆弱性。

2. 自然环境因素

港澳地区面积狭小,海陆兼备,地形破碎,极易受到台风天气、寒潮、大雾等影响。2017年8月台风"天鸽"来袭,给澳门带来重大影响和损失。

(二)人为因素

1. 旅游业人才良莠不齐

港澳地区旅游业快速发展的同时,旅游从业人员在数量上严重不足,入行门槛低,质量上更是良莠不齐,中高级从业人员较为短缺,外来就业的旅游一线人员对港澳旅游目的地的历史背景缺乏深入了解,不能及时回答和解决游客的问题,同时,部分从业者普通话未能达标,不能满足内地游客急剧增多的需要。加之行业的竞争更加严重,填补"低价团"的压力由旅行社转移到导游身上,从而出现了导游强迫购物、谩骂客人等情况。

2. 游客消费不理性

提起港澳旅游,不少人立即会想到旅游购物。旅游从业者抓住游客贪便宜的心理,以低价为诱饵,吸引游客,然而背后藏着隐形的产业链,低价团费背后隐藏着高购物消费,游客所需要的花费都需要他们通过消费来填补,看似捡了便宜,实则把自己推向一个购物的旅程。

(三)设施设备因素

机场、地铁站点等交通设施安全关系到游客的人身安全。2017年澳门机场旅客吞吐量突破700万人次,创历年新高。而相比于香港机场,澳门机场占地面积仅1.85万平方米,地域狭小,人员密集,安检措施不够严谨,易发生旅游安全事件。澳门地区城市基础设施薄弱,城市水患多年来没有得到有效解决,短时间内易出现严重水浸,堵塞交通道路,台风来袭后出现大面积断电断水更是反映出应急供应不足。香港地铁服务近40年,设施逐渐老化,而客流量加大,近几年问题不断凸显,2017年发生了多起延误、停顿甚至地铁站起火、漏水事故。

（四）管理因素

自然灾害应急响应迟缓。此次台风"天鸽"来袭，香港第一时间悬挂"十号风球"，政府与社会及时做好准备从而避免了重大损失，而澳门继2016年台风"妮妲"之后，气象部门一直未能兑现检讨悬挂风球制度的承诺，再次延误预警，导致公众低估灾情，损失惨重。这再次反映了澳门特别行政区政府公共管理服务不到位，应急、动员能力不强，台风预警与应对机制亟待提升。

飞航安全隐患不可忽视。2017年香港机场客机起飞途中险些撞上货机，虽然没有造成较大的事故，但此类案件的发生需要引起相关部门的重视，及时排查安全隐患。

四 2018年港澳地区旅游安全形势展望与管理对策

（一）港澳地区旅游安全形势展望

2017年港澳地区总体形势趋好，旅游业发展从波动的形势趋向平和。从旅游安全发生的事故来看，涉事部门已由旅游业内向业外逐渐转变，旅游安全事件由实体向虚拟网络发展，由传统旅游形式向新业态发展。多项政策措施推进内地与香港邮轮合作。未来随着港珠澳大桥的通车，内地赴港澳将更加方便快捷，"一带一路"倡议、粤港澳大湾区合作发展等相关政策为港澳地区带来更多新机遇，但同时，社会环境脆弱性日益凸显，自然灾害管理机制有待完善，相关政策措施的落地实施需要时间，赴港澳游客消费需求发生转变，这些形势下港澳地区旅游业的发展依然面临严峻挑战。

（1）港澳旅游社会环境氛围仍处于恢复期，重大赛事安全隐患需引起主办方关注。

（2）港澳旅游"一带一路"拓展过程中旅游新业态安全不容忽视，特别要注意邮轮及海上运动过程中可能存在的安全隐患。

（3）港珠澳大桥将于2018年第二季度正式通车，自驾游港澳将在不远的将来实现，涉及大桥通行车辆管理、通关、应急救援等的各项通行政策有待完善与出台。在赴港澳自由行、自驾游的形势下，散客旅游安全、自驾游泊车及转乘公共交通工具等安全问题需引起关注。

（4）受全球变暖影响，港澳地区受台风等自然灾害影响仍然较大，粤港澳协同灾害预警、抗灾机制有待完善。

（二）港澳地区旅游安全管理对策

1. 粤港澳协同，加强自然灾害防范与应对能力

加强对自然灾害的防范、建立完善的预警与应急系统对港澳地区尤为重要。台风是港澳地区的主要自然灾害，建立健全气象观测和灾害预警系统，及时监测台风，并及时提醒公众做好防范措施，从而有效减少台风带来的危害。建立内地与港澳之间旅行社、旅游部门、气象部门之间的信息共享机制，选取有效的传播媒介向内地游客发布旅游安全风险预警信息。

2. 重视高品质旅游新业态的安全工作

邮轮旅游在港澳地区发展较为迅速并且有着良好的发展态势，成为赴港旅游新兴的业态。但邮轮乘客以老年人为主，途经的国家和地区较多，受海上自然环境变化影响大，安全隐患较大。此外，邮轮空间封闭、载客量大，活动、饮食和供水都受到了限制，会助长传染性疾病的传播。只有提高邮轮旅游安全管理意识，加强防范措施，才能有效避免潜在安全事故的发生，保障邮轮旅游的健康发展。

3. 加强重大节事活动的安全管理

港澳旅游已逐渐由传统的购物游向休闲文化体验游转变，港澳地区面对旅游消费需求的转变，大力开发节事活动旅游产品。2018年，香港澳门将举行国际马拉松、美食节、艺术节、花车巡游等多项大规模节事活动，人流更加密集，相应的安全隐患更大，因此要在节事活动开展前与过程中提高安全事故防范与应对能力，加强安全防卫工作，以保证活动的顺

利开展。

4. 正确处理与内地的关系,融入"一带一路"倡议

港澳地区与内地各省份应加强合作,建立合作平台。组织旅游从业者联合培训,提升从业者素质。建立联动机制共同应对突发灾害事故。联手打击低价旅游团,治理低价旅游新引发点。实现资源共享、优势互补,扩大旅游业发展空间与旅游腹地,提升旅游内涵。借助"一带一路"进一步扩大与沿线国家和地区人民的友好往来与合作,利用自身在"一带一路"倡议中的区位和特色优势,推出更吸引消费者的旅游产品,吸引更多游客。依托"一带一路"向外发展的同时,重视涉外旅游活动安全管控。

B.34 2017~2018年台湾旅游安全形势分析与展望

黄远水 郁敏超*

摘　要： 2017年，大陆赴台旅游人数继2016年有所回落后持续下降，并呈现断崖式下跌。但是，台湾地区旅游安全事件较2016年有大幅度增加。数据显示，2017年旅游安全事件仍以事故灾难为主，其中旅游交通安全事故伤亡最严重；时间分布以秋冬季为主，空间分布不均衡；公共卫生事件数量增多，传染病疫情有所加重；业内与业外社会安全事件态势恶化。根据事故因果连锁理论，台湾旅游环境因素、游客行为以及二者的交互影响是事件发生的主要原因。本文建议，2018年台湾当局在面临旅游观光业萧条的局面时，应持续关注和努力改善台湾旅游环境，加强两岸间的合作，重视大陆游客在台的生命财产安全，提高游客的自我安全意识，加强对游客的安全教育，真正地用心去解决一再出现的旅游安全问题，使旅游安全形势得以好转。

关键词： 旅游安全　台湾

根据台湾地区旅游部门发布的数据，继2015年赴台旅客首次突破1000

---

* 黄远水，华侨大学旅游学院院长、教授、博士；郁敏超，华侨大学旅游学院研究生。

万人次后，2016年的增长率为2.40%，这是自2004年来的最低增长率。2017年台湾"交通部观光局"统计的数据显示来台旅客达10739601人次，但2017年大陆赴台旅客总人次同比2016年呈现负增长22.19%，大陆游客的急剧减少甚至对赴台游客的总量造成了很大的影响，该现状已严重危及台湾旅游观光业的生存与发展。

一系列的旅游安全问题也不断暴露着台湾旅游业发展的短板，亟待台湾地区重视和解决。本文将对台湾2017年旅游安全形势进行总结，并在此基础上展望2018年形势，对台湾旅游安全特点和影响因素进行剖析，并提出管理层面的具体建议。

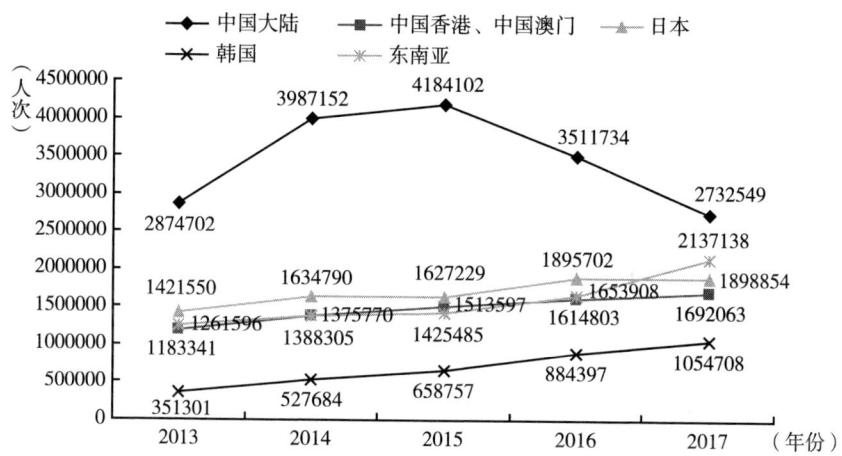

图1 2013~2017年亚洲赴台主要客源地区旅客数量变化趋势*

* 数据来源：台湾"交通部观光局"行政咨询系统，http://admin.taiwan.net.tw/public/public.aspx?no=315。

一 2017年台湾旅游安全的总体形势

本文主要通过百度新闻、澎湃新闻、必应搜索等主流新闻搜索引擎搜集台湾旅游突发事件数据，通过关键词和时间设置来获取有关台湾旅游安全的相关案例信息，同时有针对性地访问中国新闻网、新华网、海外网、中国台湾网、凤凰网资讯 – 台湾、网易新闻 – 台湾、你好台湾网、央广网、中国侨网、环球网等新闻门户网站进行进一步比对和整理，筛选出真正符合需求的案例。此外，通过访问台湾"交通部观光局"行政咨询系统来获取大数据信息以便更清晰地反映台湾旅游安全现状。在具体搜索过程中，前后使用的关键词主要有"台湾+旅游""台湾+游览""台湾+游客""台湾+旅游+安全""台湾+旅游+事故""台湾+交通+事故""台湾+景区""台湾+旅行社""台湾+酒店""台湾+食物中毒""台湾+意外""台湾+疫情""台湾+受伤""台湾+死亡""台湾+诈骗""台湾+损失"等。

继2016年大陆赴台游客数量锐减之后，2017年大陆赴台游客数量继续出现断崖式下滑，即便从8月开始止住了继续下跌的趋势，但庞大的基数仍然对赴台旅游总人数的增长率产生了深刻的影响（见图2）。2017年，赴台大陆游客与2016年相比骤减779185人次，这一数字比2017年全美洲赴台游客的总人次还多7万有余。然而旅游安全事件并未因人数下降而有所减少，2017年旅游安全形势有所恶化，共发生35起旅游安全事件，死亡或失踪42人，至少造成127人受伤。其中发生自然灾害3起，造成2人死亡，2人失踪，8人受伤；事故灾难20起，造成37人死亡，超过111人受伤；公共卫生安全事件6起，其中1人死亡，8人受伤；业务安全事故2起，社会安全事件4起，无人员伤亡。

二 近十年台湾旅游安全事件回顾

自2008年台湾对大陆居民开放赴台旅游以来，台湾旅游持续迅速发展，即使2016年后大陆赴台游遇冷，总体上赴台旅游外籍游客数仍在增长并突破千万人次，台湾成为千万观光地区。伴随着大量涌入宝岛的游客的却是日益突出的旅游安全问题。台湾有评论指出，自2008年以来，逾480名大陆游客在台湾发生死伤意外，平均每年有60名大陆游客伤亡，其中以游览车造成298人死伤的事件最为严重，近年来其他地区游客突遇意外伤亡的新闻

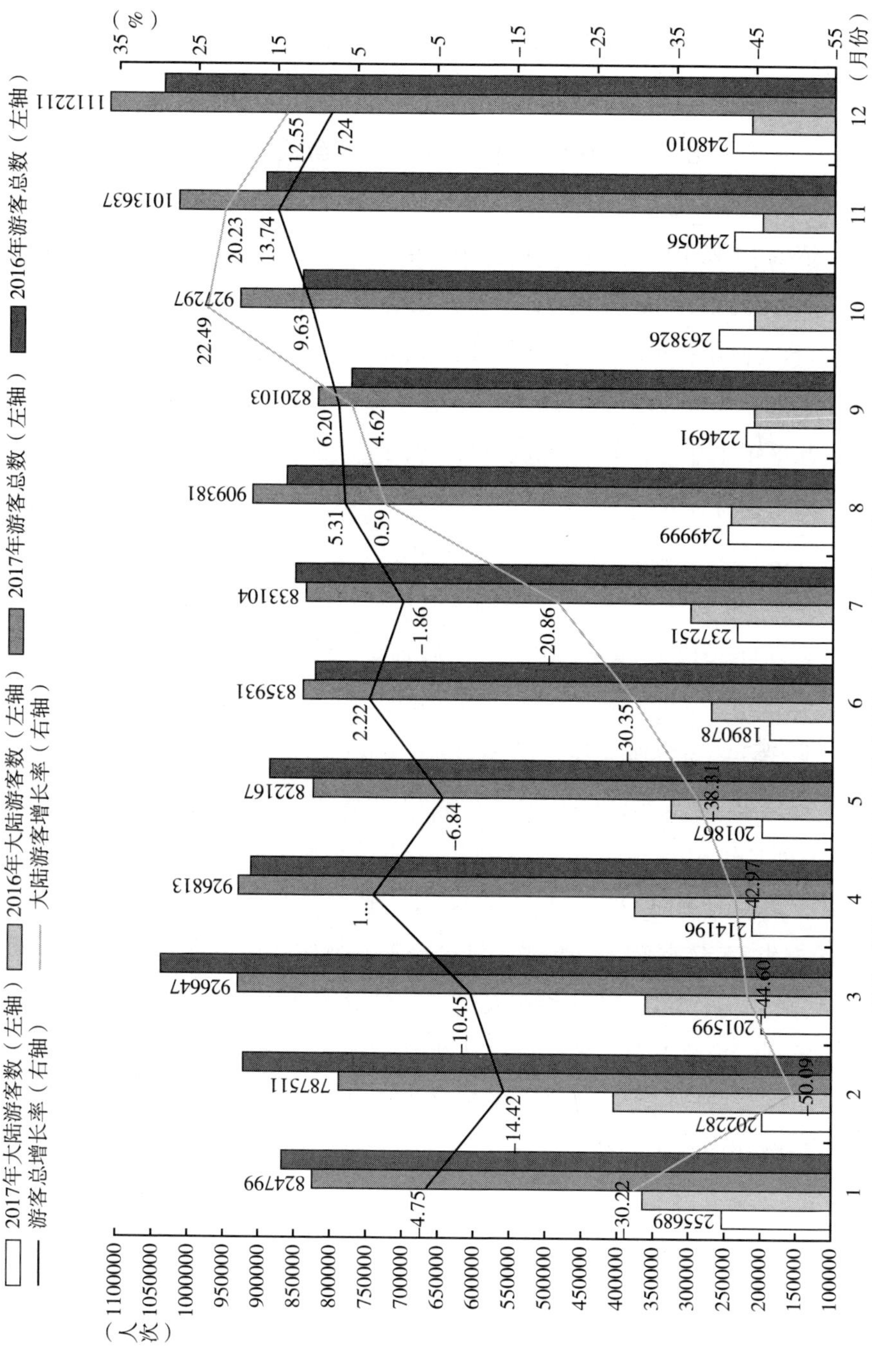

2017~2018年台湾旅游安全形势分析与展望

图2 2016~2017年各月中国大陆与全球赴台游客人数及增长率

也开始多见于报端。2006年12月3日梅岭游览车事故，车上22人死亡、24人受伤；2007年6月24日阳明山游览车坠谷事故，连同所撞轿车共造成8死25伤；2009年4月24日，一游览车行经台北市松高路，被施工起重机吊臂砸中，造成3死3伤；2010年10月21日，一游览车行经苏花公路时，遭梅姬台风土石崩塌坠海，造成20死2伤；2012年12月9日新竹尖石游览车事故，造成13死10伤；2014年、2015年复兴航空发生2起空难分别造成48人、43人遇难；2016年7月19日桃园游览车火烧车，加上司机及导游，全车共26人罹难；2017年2月13日，一游览车在台北木栅附近发生弯道侧翻重大事故导致33人遇难。近十几年来台湾旅游安全的风险防控并不尽如人意，几乎年年都会有至少一起震惊外界的重大旅游安全事件发生，台湾旅游安全水平亟待提升。

（一）旅游安全事件主要类型与伤亡情况

本文以自2012年起开始出版的"旅游安全蓝皮书"中统计的历年台湾旅游安全事件为分析依据，回顾2011年以来台湾旅游安全事件的主要伤亡情况（见图3）与分布类型。图3显示，2011年发生9起旅游安全事件，共129人受伤、5人死亡；2012年发生17起旅游安全事件，造成189人受伤、3人死亡；2013年共有22起旅游安全事件发生，造成100人受伤、7人死亡；2014年旅游安全事件达41起，造成195人受伤、55人死亡；2015年发生32起旅游安全事件，多达687人受伤、59人死亡；2016年发生12起旅游安全事件，造成86人受伤、35人死亡；2017年发生35起旅游安全事件，导致127人受伤、42人失踪或死亡。2011年以来，每年的旅游安全事件数量呈现波动趋势，除2016年外近期总体有所增加；从受伤人数看，2015年受伤人数达到峰值，远高于其他年份，其余年份受伤人数一般在100~200人徘徊；从失踪或死亡人数看近4年人数较之前大幅增加，可见重大安全事件持续出现。台湾旅游安全事件的主要类型有自然灾害、事故灾难、公共卫生事件、业务安全事故与社会安全事件，7年来旅游交通安全事故一直是最主要的旅游安全事件类型，造成的损失也最大。

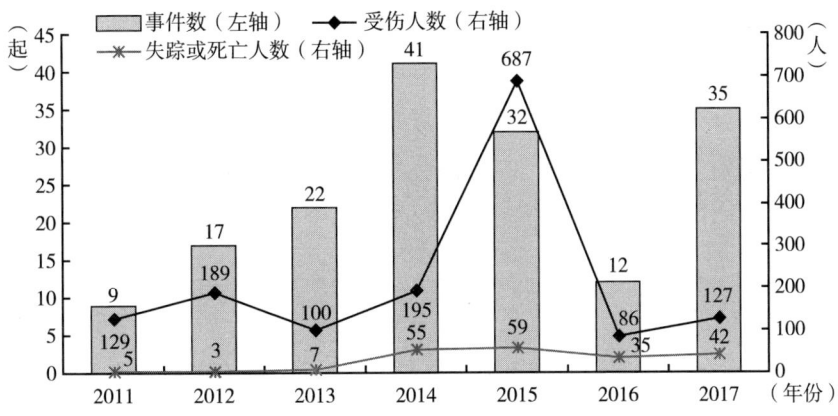

图 3　2011~2017 年台湾旅游安全事件数量与伤亡人数

（二）旅游安全事件时空特征

在时间分布上，台湾旅游安全事件季节性差异较明显，2011~2017 年每年旅游安全事件高发季节也有所不同（见表 1）。

表 1　2011~2017 年台湾旅游安全事件季节分布

单位：起

年份\季节	春季	夏季	秋季	冬季	总计
2011 年	2	3	3	1	9
2012 年	5	6	4	2	17
2013 年	5	5	7	5	22
2014 年	7	9	16	9	41
2015 年	7	8	4	13	32
2016 年	4	4	2	2	12
2017 年	8	5	10	12	35

2011 年旅游安全事件多发季节为夏秋两季，2012 年与 2016 年则为春夏两季，2013 年与 2014 年均为秋季，2015 年为冬季，2017 年为秋冬两季，总体来看呈现夏秋偏多、冬春偏少的时间特征。夏秋两季正是台风、暴雨的高发季节，自然灾害频发，容易导致事故的发生。近两年，随着大陆游客赴台旅游热度下降，许多旅行社制定密集的行程安排，期望以同样时间更多景

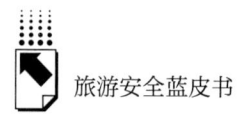

点的策略吸引游客,有时为了赶行程而导致更多旅游安全事件的发生。不过由于每年具体情况不同,事件高发季节有所波动。

在空间分布上,太鲁阁景区、日月潭景区、阿里山、阳明山、苏花公路都属于旅游安全事件高发区,阿里山公路是最常发生旅游交通事故的区域。阿里山、阳明山等由于山势陡峭、道路条件较差、空间狭窄、游客人数多且集中,游览车下山时尤其容易发生事故。苏花公路被称为"最美死亡公路",事故多发,位于其始末端的宜兰县与花莲县也常年多发旅游安全事件,此外苏花公路行经的太鲁阁公园近年来也常发生落石砸伤游客的旅游安全事件。

三 2017年台湾旅游安全形势分析

(一)旅游安全形势越趋严峻

2017年台湾发生各类旅游安全事件35起,是2016年发生起数的近3倍,伤亡人数也都有增加,其中仍然以事故灾难数量最多,且其余类型安全事件较2016年更为繁多。值得一提的是,在2016年发生了震惊两岸的"7·19"火烧车事件致使大陆游客对赴台旅游态度日益谨慎之后,在2017年2月又连续发生了两起大型游览车交通事故,其中一起造成33人死亡,事件严重程度为台湾交通事故30年之最。该事故在世界范围内引起了大量讨论,再次敲响了台湾旅游安全的警钟。

(二)旅游安全事件多发季节有所波动

与2016年旅游安全事件多发于春夏两季有所不同,2017年多发季节变成了秋冬两季,两季分别有10、12起旅游安全事件发生。具体来看(见图4),2月为事件集中高发月份,共发生了8起旅游安全事件;9月、10月、11月则分别发生了3起、4起、3起。此外,春季的3月、4月也分别发生了3起、4起旅游安全事件,全年累计35起。由于台湾已成为千万旅游观光区,并且2017年大陆赴台旅游热度严重下滑,当下台湾旅游已无明显淡旺季区别,统计显示,2017年1~10月各月游客人次都在78万~92万,其中最少的是2月的787511人次,而2月正是发生旅游安全事件数量最多的月份,这一方面反映出游客对热点旅游安全事件做出的迅速反应,另一方面表明了台湾方面对旅游安全事件应对与处理的慢热。

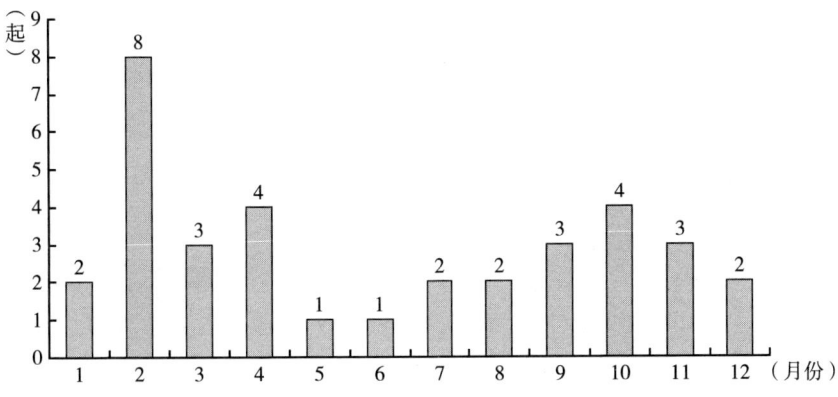

图4 2017年台湾旅游安全事件数量逐月分布情况

(三)旅游安全事件空间分布不均衡

2017年旅游安全事件的空间分布呈现出不均衡特点。除去3起覆盖全台的自然灾害、大停电与食品药品过期案件外,北部、中部与南部地区[①]各有一个旅游安全事件的高发县(市),分别是北部的基隆市(4起)、中部的花莲县(4起)以及南部的高雄市(5起)。此外,台北市也有3起旅游安全事件发生,南投县、宜兰县、云林县、嘉义县、屏东县也都各有2起旅游安全事件发生。

(四)旅游交通安全事故多发且易发

2017年事故灾难数量达到20起,是2016年的2倍,其中旅游交通

---

① 北部主要包括台北市、基隆市、新北市、桃园县、新竹县、新竹市、宜兰县、苗栗县;中部主要包括台中市、彰化县、南投县、花莲县、金门县;其余地区为南部。

安全事故 14 起，爆炸事故、踩踏事故、动物出逃与火灾各 1 起，其他意外事故 2 起（见图 5）。旅游交通安全事故总量占到事故灾难总量的 70%，也占到了全部旅游安全事件的 40%，累计造成 93 人受伤、35 人死亡。

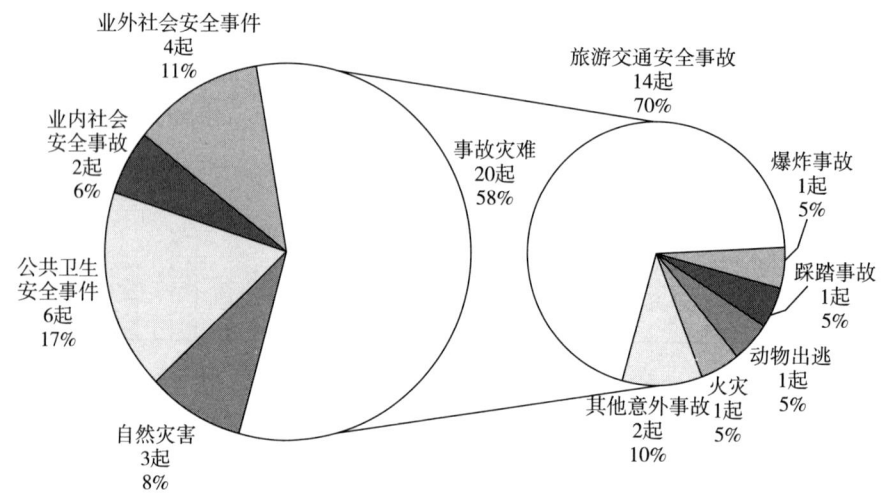

图 5　台湾旅游安全事件类型分布与所占比例

多年来台湾游览车出现交通安全事故的数量一直居高不下，除去 2 起游艇意外事故与 1 起飞机滑出跑道事故，其余 11 起交通安全事故皆为游览车事故，状况百出的交通事故已成为台湾旅游安全的最大隐患。从发生时间来看，事故主要发生在上半年（11 起），且异常集中于 2 月，这当中包括了 2 月 13 日发生在台北木栅附近的游览车翻车事故，造成 33 人死亡、11 人受伤，这是台湾近 30 年来发生的最严重的游览车车祸；此外下半年有 3 起旅游交通安全事故发生且全部集中在 10 月。从发生地点来看，14 起交通安全事故遍布全台 11 个县市，其中基隆市发生事故数量最多达到 4 起，"2·13 蝶恋花旅行团游览车车祸"发生地台北虽只有 1 起事故发生，但该事故造成的伤亡人数最多。

(五)公共卫生安全事件增多,传染病疫情抬头

2017年公共卫生安全事件大量出现,食物中毒事件发生1起,态势比较稳定。但台湾地区爆发了多起食品与药品安全问题,4月中下旬在苗栗县、彰化县等地调查检出了二噁英(毒性很强的脂溶性化学物质)超标的鸡蛋,累计预防性下架鸡蛋达7744公斤。5月中旬,整个台湾地区爆发了包括著名零食品牌"虾味先"在内的7起食品、药品过期案,涉及冷冻肉品、有机食品、布丁、凤凰酥等,致使民众对食品药品安全的信心受到严重冲击①。8月下旬,台湾再次爆发大规模氟虫腈(杀虫剂,被世界卫生组织列为"对人类有中度毒性"的化学品)残留超标的"毒鸡蛋"事件,问题蛋数量超过155万颗。

此外,2017年,台湾首次确诊1名感染H7N9流感的台湾患者,这名患者最终不治病逝。此外,台湾在年初和年末皆检测出包括H5N2、H5N6、H5N8型在内的H5系高病原性禽流感疫情,禽流感出现防疫漏洞并大规模蔓延,一定程度上影响了赴台游客的公共卫生安全。

(六)业内外社会安全事件态势恶化

2017年发生2起业内社会安全事件。9月25日太鲁阁公园发生1起大陆游客走失事件,该游客第二天被安全找回;南宁发生两家无经营台湾旅游业务资格的旅行社违反《中华人民共和国旅游法》组织大陆游客前往台湾旅游并从中牟利的业务事件,这两家旅行社最终被地方旅游管理部门惩处。

业外社会安全事件发生4起,类型多样,包括了珠宝盗窃案、侵犯隐私案、消费纠纷案等,事件影响都比较恶劣且引起了较广泛的曝光和关注,分别反映出台湾会展业、民宿业和饭店业的行业乱象,台湾旅游观光部门监管不力,需要严肃整治。

---

① 查文晔、章利新:《台湾两周内连爆7起食品药品过期案 民众痛心不满》,中国新闻网,http://www.chinanews.com/tw/2017/05-19/8228917.shtml,2017年5月19日。

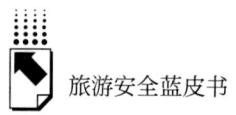

四 影响台湾旅游安全的主要因素分析

根据事故因果连锁理论（Accident Causation Sequence Theory，ACST）可知，伤亡事故的发生并非孤立事件，当人的不安全行为和环境的不安全状态发生于同一时空时，事故即发生。按照这一逻辑框架，本部分将台湾旅游安全事件成因解剖为四个同时存在的要素：不安全的自然环境因素、不安全的社会环境因素、不安全的旅游行为、不安全的旅游环境和旅游行为。

（一）自然环境因素

一般自然环境的不安全状态主要指向各种自然灾害和凶猛野生动物、有毒植物、昆虫等，以及环境污染、核辐射、传染病等环境因素。2017年，台湾发生多种类型的自然灾害，如造成人员受伤的台南里氏5.6级地震、6月2日开始持续多日的全台范围大暴雨、10月8日日月潭突发的强阵风等，这些灾害都造成了比较大的财产损失。此外，多年来都不时在太鲁阁公园发生的落石砸伤游客事故、离岛兰屿的短时强阵风导致飞机滑出跑道的意外事件，都表明了台湾在拥有得天独厚自然风光的同时面临来自自然环境的严峻挑战。

（二）社会环境因素

社会环境因素的不安全状态主要缘于社会与管理灾害，包括火灾、旅游管理差错等引起的灾难或损害。2017年台湾由社会环境因素引发的不安全事件主要包括煤气爆炸、人群踩踏、火灾、大规模停电、大量"毒鸡蛋"流入市场等食品药品安全问题、食物中毒事故、旅游管理差错等引起的旅游事故灾难。台湾2017年多次出现的人为引起的重度雾霾问题，以及8月15日遭遇的18年来最严重的大范围停电灾情，都在质疑着台湾相关管理部门的管理与执行能力，大层面的社会环境越发不稳定。此外，灯会时发生的人群踩踏事故、七星潭柴鱼博物馆的火灾事故、木栅动物园猩猩出逃事件都表明台湾旅游管理部门在管理层面存在疏忽与漏洞。2017年在台湾地区多次检测出H5阳性的禽流感疫情，二噁英含量超标、氟虫腈残留超标等"毒鸡蛋"事件以及大量食品药品过期案件都在将台湾当局相关部门与企业推向舆论的风口浪尖。特别要指出的是，随着最严重游览车事故的发生，针对台湾游览车"新娘车"问题、年久失修现象的讨论引人深思，台湾交通管理部门有不可推卸的责任。

（三）游客个人行为因素

游客个人的一些旅游行为，也是安全事件发生的主要原因之一。往年常有发生的游客骑行摩托或电动车出现意外事故而丧生的安全事件都侧面反映出游客薄弱的旅游安全意识。不过2017年仅发生了1起游客走失事件，且并未出现伤亡情况，同时接二连三发生的游览车车祸，很大程度上唤醒了游客们的安全意识，全年由游客个人行为导致的意外事故发生率降低不少。此外，游客的自身健康状况与素质修养等对其言行具有一定影响，也容易引发旅游安全事件，2017年有1起比较大型的珠宝会展盗窃案与1起海鲜消费纠纷事件发生，由此可见游客的个人行为也是诱发旅游安全事件的重要因素之一。

（四）环境因素与游客行为相互交叉影响

在实际旅游活动中，旅游环境与游客行为是相互依存、交叉影响的。不安全的旅游环境状态容易导致游客判断失误与情绪紧张，进而加大发生旅游安全事件的概率；而游客的不安全旅游行为也会加剧旅游环境状态的不安全性，进而引发新的不安全的旅游环境状态。在2017年发生的众多游览车安全事故中，不乏游览车着火、擦撞涵洞或山壁、追尾、冲撞安全岛和地标等各类事件，事发时几乎所有游客和司机领队都不能冷静处理险情，难以做出对当下险情的正确判断从而一定程度上加大了这些交通事故的严重程度。因此，旅游环境因素与游客行为是互为因果的关系，二者相互作用并对旅游安全事件产生深刻影响。

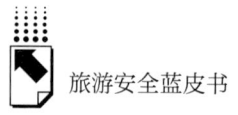

五 2018年台湾旅游安全形势展望与管理建议

（一）形势展望

根据对前文数据资料的分析，本文认为2018年台湾的旅游安全形势将有所改善，但阻力仍旧巨大，要真正完成"旅游安全"这道题，未来仍有很长一段路要走。

首先，旅游安全事件的数量会相对稳定或稍有回落。台湾地区近几年接连发生了几起非常重大的旅游事故灾难，但不可忽略的是未造成大量伤亡的小型旅游安全事件数量可观，2018年，大大小小的旅游安全事件若要完全杜绝几不可能，但随着台湾当局对旅游观光业的持续投入与关注，事件总数较并不太平的2017年将会有所下降，此外，大陆赴台游客数量短期内不会迅速回升，随着重大事故灾难的不断发生，客源量已有明显回落趋势，因此不排除旅游安全事件的绝对数量有减少的可能。

其次，旅游安全事件的时空分布多变，需提高警惕。近几年来，台湾旅游安全事件多具有显著的季节性特点，且根据现实情况常有所变动，发生地点广泛分布的同时又有所集中，未来时空格局或许会随着自然环境、社会环境、旅游市场发展等状况改变而变化。

再次，旅游安全事件的类型或仍将以旅游交通事故为主。近4年发生的两起空难与两起游览车重大事故灾难都属于旅游交通事故范畴，连续的灾难暴露出许多台湾旅游业发展的短板，除去台湾地势曲折路况险要的公路以及多变的天气，还有一系列人为管理不当造成的潜在安全隐患，这些人为因素在台湾旅游业扎根太深，直接导致了旅游交通事故的频繁发生。

最后，公共卫生事件仍有大规模爆发可能，需时刻防御不能松懈。2017年各类新型禽流感疫情持续笼罩着台湾，肠病毒大肆感染低免疫力者，H7N9流感再次出现，食品药品安全问题重创台湾食品相关部门与企业声誉。2018年，台湾当局必须对这一领域加强监管和治理，以避免更严重的危机出现。

（二）管理建议

根据2017年台湾旅游安全事件的特点以及成因分析，本文提出以下建议。

首先，台湾当局应重视大陆游客在台生命财产安全。台湾目前面临着旅游观光业的急速萧条，越来越多的旅行社与住宿单位急功近利，一定程度上增加了旅游安全事件的数量，加重了旅游安全事件的伤亡程度。持续一年多的大陆游客数量断崖式下滑正是因为良好气氛不再、安全事故频发。两岸和谐的旅游气氛既经破坏，就很难再复营造，我们只能寄望大陆赴台旅游8年的发展盛景不要成为不可复制的往事。

其次，相关部门和旅游企业应长期持续关注和改善台湾旅游环境。针对2017年发生的造成33人死亡的"2·13蝶恋花旅行团游览车车祸"，台湾社会上下都应进行深刻反思，此次事件暴露出"台湾游览车多为拼装车且安全存在极大隐患""司机和导游没有劳保并且劳动条件较差""法制保障跟不上"等一系列问题，如若痛定思痛坚定信念加大监管力度、制定合理规范、采取切实的安全保障措施，则能够很大程度上减少悲剧的发生。

最后，提高游客的自我安全意识，加强对游客的安全教育。赴台游客应具备对台湾自然环境、社会环境、各种旅游安全隐患的清醒认识并做好应对准备，合理规划、适时调整旅游体验流程和项目，以获得安全良好的旅游体验。相关部门与产业也应做好游客的旅游安全意识教育、心理训练和心理素质培养等工作，使其拥有必要的安全基础知识、自我保护意识和自救能力。

B.35
2017~2018年中国入境旅游安全形势分析与展望

吴耿安 王 璐*

摘 要： 2017年入境旅游安全形势有所好转，入境旅游安全事件总体减少。但与2016年相比，2017年入境旅游安全事件类型中财物遗失和个人疾病事件仍占较大比重，游客被困事件仍有发生，并且事件发生的区域范围有所扩大，入境旅游安全仍面临较大挑战。入境旅游安全事件发生的原因主要表现在人员、设施设备、环境和管理四方面，因此入境旅游安全管理也应从这四方面入手。展望2018年，全域旅游的推广、"一带一路"倡议的实施、国际旅游节的推广、国际会议的召开以及一系列入境优惠政策的实施将吸引更多外籍游客，入境旅游安全监管难度加大。

关键词： 入境旅游 入境旅游安全 2017~2018年

一 2017年入境旅游安全总体形势

2017年我国入境旅游已经走出萧条期，正在从全面复苏阶段转向持续增长阶段，入境旅游安全形势相对稳定，无较大的入境旅游安全事

---

* 吴耿安，华侨大学旅游学院讲师；王璐，华侨大学旅游学院旅游管理硕士研究生。

件发生，但是仍然不能忽视入境旅游安全问题。与2016年相比，2017年入境旅游安全事件总数有所减少，具体的事件类型分布有所变动，四大类安全事件中社会安全事件较2016年有所增加，事故灾难、自然灾害和公共卫生事件有所减少，这是因为2017年我国较大自然灾害发生较少；事件小类中财物遗失事件有所增多，且多发生在出租车和火车上，交通事故有所减少，但意外摔伤事故开始增多；此外，游客被困长城事件每年发生，应该引起重视。随着近年来国际会议的召开，尤其是2017年金砖会议的召开，我国的入境旅游安全管理工作也有所改进，同往年相比，2017年的入境旅游安全事件开始减少，呈现一个较好的态势，但是入境旅游安全关系到每个入境游客的切身利益，仍然不能放松警惕。

二 2017年入境旅游安全的概况和特征

本文采用关键词搜索的方法，在百度、谷歌、搜狐等搜索引擎以及新华网、人民网、新浪新闻、网易新闻、凤凰新闻等新闻网站搜索入境旅游安全事件，共收集到2017年1~12月发生的入境旅游安全事件55起，涉及省份25个。以收集的事件为基础，本文将进行入境旅游安全事件类型分布、时间分布、空间分布和环节分布的特征分析。

（一）入境旅游安全事件类型分布

根据《中华人民共和国突发事件应对法》和国家旅游局《旅游突发事件应急预案（简本）》相关规定，将旅游突发事件划分为社会安全事件、事故灾难、自然灾害和公共卫生事件四大类，本文将所收集的入境旅游安全事件按照这一分类方法进行划分，具体分布情况如图1所示。

1. 社会安全事件

入境旅游社会安全事件主要是指入境游客在旅游过程中由人为因素造成或者可能造成严重社会危害的突发事件。近年来入境旅游社会安全事件主要

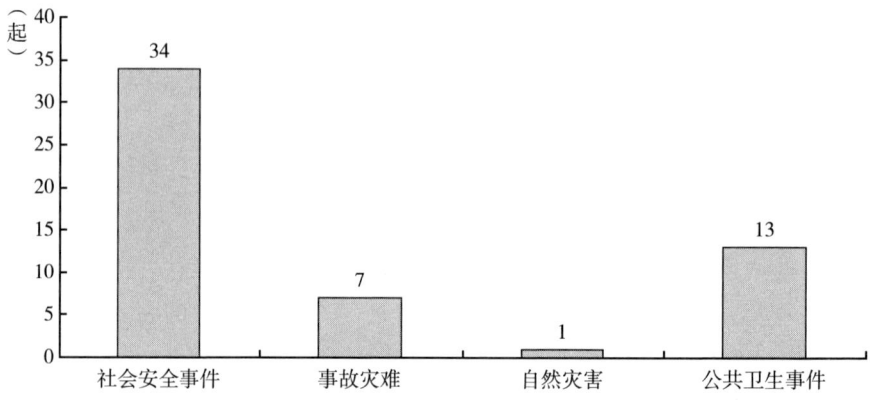

图1　2017年入境旅游安全事件类型分布

表现为迷路、被困、财物遗失等，与2016年相比，2017年入境旅游社会安全事件有所增加多，但仍然主要表现为迷路、被困和财物遗失三大类型，具体情况如表1所示。

表1　2017年入境旅游社会安全事件一览

细分类型	编号	客源	事件时间	事件地点	事件表现	事件伤亡情况(人)	
						受伤	死亡
财物遗失	1	不详	1月3日	贵州省铜仁市	护照遗失在火车上，车站值班员帮忙找回	0	0
财物遗失	2	日本	1月9日	新疆维吾尔自治区吐鲁番市	火车上现金丢失，民警帮忙找回	0	0
被困	3	美国	1月29日	北京市	深夜爬野长城被困，消防将其救出	0	0
财物遗失	4	乌克兰	2月1日	河南省淮阳县	钱包在银行丢失，民警帮忙找回	0	0
财物遗失	5	荷兰	2月3日	河南省信阳市	行李落在出租车上，交警帮忙找回	0	0
财物遗失	6	坦桑尼亚	2月7日	山东省临沂市	包遗落在出租车上，民警帮忙找回	0	0
财物遗失	7	英国	2月9日	山东省潍坊市	钱包遗落在火车站安检仪上，铁警帮忙送回	0	0

续表

细分类型	编号	客源	事件时间	事件地点	事件表现	事件伤亡情况(人)	
						受伤	死亡
被困	8	法国、德国	2月18日	北京市	攀爬野长城被困,民警将其救出	2	0
财物遗失	9	英国	不详(2月左右)	内蒙古自治区呼和浩特市	护照遗失在火车上,铁警帮忙找回	0	0
财物遗失	10	不详	3月16日	天津市	手机在公交站丢失,工作人员捡到交回	0	0
财物遗失	11	荷兰	4月15日	云南省昆明市	搭乘顺风车时将录音笔遗落,民警帮忙找回	0	0
被困	12	坦桑尼亚、尼泊尔	4月15日	山东省青岛市	流连于美景忘记涨潮时间,被困礁石,民警帮忙将其救出	0	0
财物遗失	13	巴基斯坦	4月19日	福建省厦门市	行李遗落在出租车上,民警帮忙找回	0	0
被困	14	不详	4月25日	北京市	攀爬野长城被困,民警将其救出	1	0
财物遗失	15	巴基斯坦	6月15日	河北省张家口市	将随身携带的背包落在出租车上,交警帮忙找回	0	0
财物遗失	16	不详	7月6日	贵州省贵阳市	手机丢失,民警帮忙找回	0	0
财物遗失	17	赞比亚	7月9日	山东省济南市	珠宝遗失在出租车上,民警帮忙找回	0	0
财物遗失	18	加拿大	7月22日	山西省汉阴县	在餐馆吃饭时护照丢失,民警帮忙找回	0	0
迷路	19	白俄罗斯	8月8日	四川省南充市	从越南入境徒步到兰州,在南充迷路,得到民警救助	0	0
财物遗失	20	日本	8月9日	黑龙江省哈尔滨市	行李遗落在洗手间,民警帮忙找回	0	0
财物遗失	21	缅甸	9月12日	广西壮族自治区南宁市	珠宝遗失在出租车上,民警帮忙找回	0	0
财物遗失	22	日本	9月14日	浙江省浦江县	手提包遗落在银行,民警帮忙找回	0	0

续表

细分类型	编号	客源	事件时间	事件地点	事件表现	事件伤亡情况（人）	
						受伤	死亡
迷路	23	不详	10月3日	广东省深圳市	登山时迷路	0	0
迷路	24	俄罗斯	10月8日	江西省抚州市	坐错车来到南城区管理所，在院内搭帐篷过夜	0	0
被困	25	不详	10月2日	广东省深圳市	游客进入未开发区域被困，警察展开救援	1	12
财物遗失	26	南非	10月21日	河北省石家庄市	行李遗落在出租车上，民警帮忙找回	0	0
迷路	27	不详	10月24日	甘肃省陇南市	在高速骑行时迷路，警察护送其至安全地段	0	0
财物遗失	28	新加坡	11月9日	海南省三亚市	皮包丢失，民众捡到交回	0	0
财物遗失	29	尼日利亚	11月12日	辽宁省锦州市	火车上手机遗失，工作人员帮忙找回	0	0
财物遗失	30	马来西亚	11月17日	山东省青岛市	手机遗失在出租车上，民警帮忙找回	0	0
迷路	31	菲律宾	12月4日	山东省连云港市	下船购物迷路，警察将其送回	0	0
迷路	32	德国	12月2日	吉林省四平市	拜师学艺迷路，警察将其送回	0	0
迷路	33	法国、德国	12月18日	河南省洛阳市	喝醉酒迷路，警察将其送回	0	0
财物被盗	34	不详	12月20日	海南省三亚市	乘坐公交时钱包被偷，公交车司机帮忙找回	0	0

2017年入境旅游社会安全事件中财物遗失的发生率最高，这主要是因为入境游客来到中国，这里不同于他们惯常的生活环境，他们会将注意力集中在陌生的环境上而忽视行李的保管问题，常常将行李遗落在出租车或者火车上；部分入境游客由于在陌生的环境中过度紧张也会遗落自己的财物。此外，入境游客被困野长城事件从2015年至今每年都会发生，这与他们的猎奇心理有关。长城是世界八大奇迹之一，很多入境游客是为了游长城而来中

国旅游,但他们又想体验未开发的长城,因而他们会选择去爬野长城,这就导致了在野长城迷路、被困的事件发生。

2.事故灾难

入境旅游事故灾难是指主要由人为原因导致的计划之外的事故或事件,主要表现为旅游交通事故、登山户外运动事故、娱乐项目事故、酒店安全事故、低空旅游事故等。2017年入境旅游事故灾难主要表现为意外摔伤、交通事故等,具体情况如表2所示。

表2 2017年入境旅游事故灾难一览

细分类型	编号	客源	事件时间	事件地点	事件表现	事件伤亡情况(人)	
						受伤	死亡
意外摔伤	1	不详	2月16日	广东省佛山市	飞机上使用洗手间时不小心摔伤	1	0
意外摔伤	2	不详	2月16日	广东省广州市	飞机上不慎摔倒	1	0
意外摔伤	3	乌兹别克斯坦	6月6日	山西省晋中市	表演时不慎摔到头部,脑出血昏迷	1	0
落水	4	越南	8月1日	广东省	南海水域落水,石油勘探队救援	1	0
意外摔伤	5	英国	10月14日	浙江省杭州市	游西湖不慎摔伤左膝无法行走	1	0
交通事故	6	英国	11月27日	江苏省南京市	马路上行走被电动车撞倒,交警出面沟通解决	1	0
意外摔伤	7	不详	12月22日	河北省张家口市	滑雪失衡受伤,送医就诊	1	0

与2016年相比,2017年入境旅游事故灾难减少,这与我国安全监管与防范制度逐渐完善、接待入境游客能力逐渐提高有关。但是,入境旅游事故灾难中意外摔伤仍是高发事件。入境游客对中国的景区分布以及标识不熟悉,对危险高发区域的安全意识较弱,加之注意力集中在景点,常常会忽视身边的危险源,发生摔伤落水等安全事故。

3. 自然灾害

与2016年相比，2017年入境旅游自然灾害减少，仅收集到在2017年8月8日四川九寨沟地震时发生的一起自然灾害，这一自然灾害导致来自法国和加拿大的两名游客受伤，具体情况如表3所示。

表3 2017年入境旅游自然灾害一览

细分类型	编号	客源	事件时间	事件地点	事件表现	事件伤亡情况（人）	
						受伤	死亡
地震灾害	1	法国、加拿大	8月8日	四川省九寨沟县	来自加拿大的女性游客颅骨皮下血肿，已被送医救治，目前生命体征平稳；来自法国的男性游客下肢骨折，已被送医救治，目前生命体征平稳。	2	0

4. 公共卫生事件

与2016年相比，2017年入境旅游公共卫生事件明显减少，收集到的资料显示，2017年入境旅游公共卫生事件全部为入境游客的个人疾病，没有发生较大的食物中毒和疫情传播事件，但是入境游客患急性肠胃炎的较多，多数是由水土不服造成的，具体情况如表4所示。

表4 2017年入境旅游公共卫生事件一览

细分类型	编号	客源	事件时间	事件地点	事件表现	事件伤亡情况（人）	
						受伤	死亡
个人疾病	1	荷兰	2月3日	广西壮族自治区南宁市	火车上突发急性肠胃炎，导致呕吐、手脚发麻、四肢无力	1	0
个人疾病	2	乌干达	2月7日	广东省珠海市	入境安检时查出艾滋病	1	0
个人疾病	3	菲律宾	6月18日	江苏省南通市	突发急性肾结石，急需送往医院进行治疗	1	0
个人疾病	4	美国	7月1日	陕西省西安市	在房间内中风，及时被救	1	0

续表

细分类型	编号	客源	事件时间	事件地点	事件表现	事件伤亡情况(人) 受伤	死亡
个人疾病	5	美国	7月16日	江苏省南京市	口吐白沫,手脚抽搐	1	0
个人疾病	6	不详	8月9日	江苏省江阴市	突发心脏绞痛	1	0
个人疾病	7	印度	8月15日	福建省莆田市	腹痛、腹泻、呕吐	1	0
个人疾病	8	马耳他	8月24日	山东省烟台市	突发心脏病	1	0
个人疾病	9	爱尔兰	9月6日	福建省厦门市	喝酒后乘飞机导致翻白眼、休克	1	0
个人疾病	10	美国	11月17日	湖北省荆州市	突发心脏病,超出船上救治能力	1	0
个人疾病	11	法国	11月22日	四川省成都市	身体虚弱,几乎晕倒在边检口	1	0
个人疾病	12	哈萨克斯坦	11月27日	新疆维吾尔自治区乌鲁木齐市	从飞机卫生间出来后突然晕倒	1	0
个人疾病	13	不详	12月18日	上海市	飞机上突发疾病	1	0

(二)入境旅游安全事件时间分布

本文以季度为单位,对2017年入境旅游安全事件发生的时间进行分析,结果如图2所示。2017年第一、三、四季度入境旅游安全事件发生率较高,第二季度发生率较低,这与我国入境旅游淡旺季有关。与2016年相比,2017年入境旅游安全事件的季度分布没有发生太大变动,这主要是因为旅游安全事件的发生与入境旅游淡旺季紧密相关。近年来,我国入境旅游的淡旺季没有发生太大变动,因此入境旅游安全事件的时间分布也不会发生大的变动。

(三)入境旅游安全事件空间分布

2017年入境旅游安全事件空间分布如图3所示,共有25个省份发生了

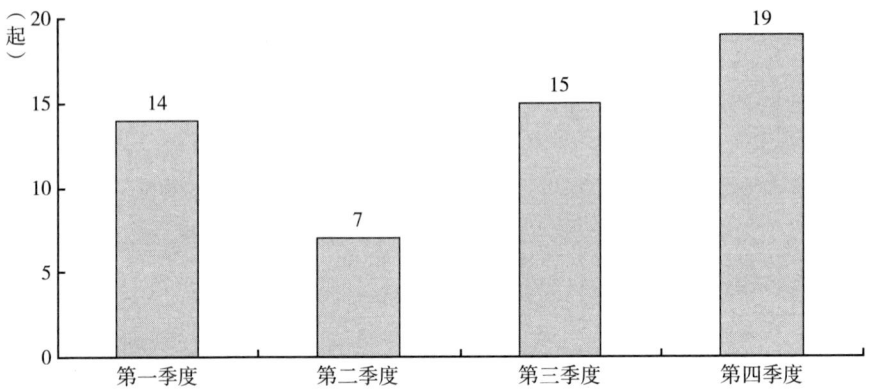

图2　2017年入境旅游安全事件季度分布

安全事件,与2016年相比入境旅游安全事件的发生范围扩大,一定程度上说明入境游客的活动范围扩大。山东省和广东省仍然是入境旅游安全事件的高发区域,福建省发生的事件有所减少,这是因为金砖会议在厦门召开,福建省对旅游安全高度重视。从区域分布看,东部地区的安全事件发生率仍然较高,但发生事件总数有所减少,说明我国入境旅游安全总体形势趋好。

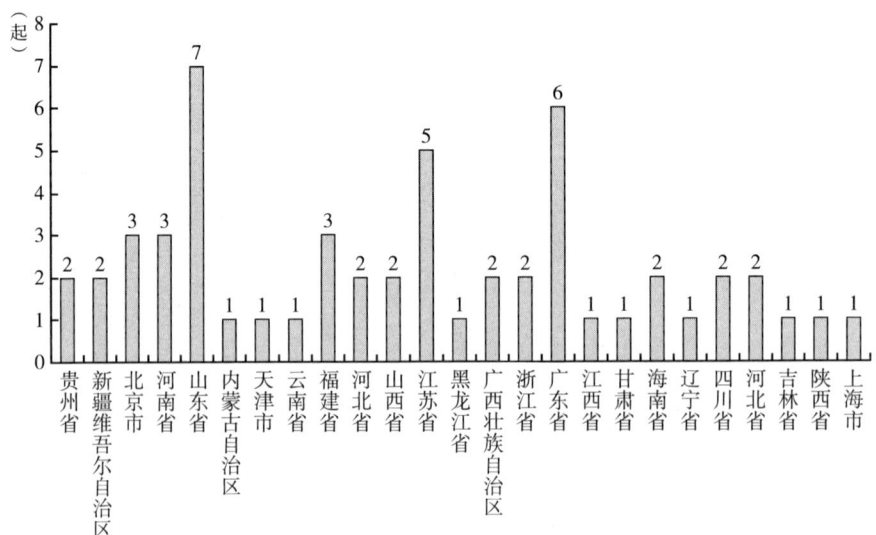

图3　2017年入境旅游安全事件空间分布

(四)入境旅游安全事件环节分布

2017年入境旅游安全事件发生的环节分布如图4所示,旅游安全事件发生的环节主要分为食、住、行、游、购、娱六大环节,与2016年的环节分布一致,2017年入境旅游安全事件主要发生在"行"和"游"两大环节,但是2017年发生在"行"环节的事件所占比重较2016年有所增加。随着"一带一路"倡议的推行,我国的出入境游客人数都有所增加,旅游安全监管力度不断加大,入境旅游安全事件也逐渐减少,但是,游客主观原因导致的财物遗失事件,尤其是发生在旅游交通工具上的财物遗落事件,属于不可控事件,因此在"行"环节,旅游安全事件的发生率仍偏高。

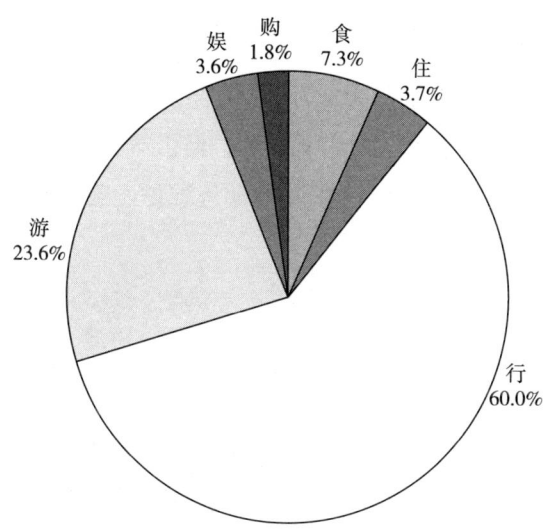

图4 2017年入境旅游安全事件环节分布

三 入境旅游安全事件的影响因素

诱发入境旅游安全事件的因素有很多,本文通过对收集的55起入境旅游安全事件进行分析,将入境旅游安全事件的影响因素归纳为以下几方面。

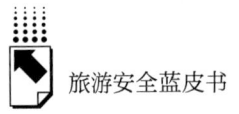

（一）人员因素

入境游客来我国旅游，到了一个不同文化环境与制度的地方，注意力会集中到当地的风土人情上而忽视对自身财物的保管，常常会出现行李遗落在交通场所的事件。例如，2017年4月19日，在福建省厦门市1名巴基斯坦游客下车时将行李遗落在出租车上。一些外籍游客受好奇心的驱使常常会进入一些未开发区域导致迷路被困。例如，2017年2月18日，在北京市，1名法国游客和1名德国游客擅自进入长城未开发区域私自攀爬野长城最终导致迷路被困。此外，由于我国部分公民法律意识淡薄，会有一些偷盗行为产生。例如，2017年1月9日，新疆维吾尔自治区1名日本游客在火车上现金被偷。

（二）设施设备因素

设施设备因素是影响旅游安全的重要因素。随着安全监管制度的逐渐完善，设施设备的安全监管水平也有所提升，但仍然有一些安全隐患会威胁到游客的安全，例如一些旅游企业在设施设备维护、更新和保养方面存在问题，引发了一系列安全问题。

（三）环境因素

自然环境是影响入境游客安全的又一重要因素，常常具有不可预测性。一些突发事件，尤其是自然灾害会严重威胁入境游客的安全。例如，2017年8月8日，四川九寨沟发生地震导致1名加拿大游客和1名法国游客受伤。

（四）管理因素

景区管理不到位也引发了一些安全事件，一些未开发区域没有设立标识牌或标识牌缺失外文解说，常常会导致一些入境游客误入发生迷路或者受伤事件；还有一些景区缺少对未开发区域的进入监管，导致一些入境游客私自进入未开发景区。例如，2017年2月18日，在北京市，1名法国游客和1名德国游客私自攀爬野长城被困。

四 2018年入境旅游安全趋势展望和防控管理建议

（一）趋势展望

1. "中国梦"和全域旅游引领入境旅游新发展

"中国梦"的实现过程可以让世界更好地认识中国，让世界各国了解中国文化，这一过程也是中国吸引外国游客的过程。同时，全域旅游的推进、旅游基础设施的完善，可以让更多的入境游客感受到景区之外的美景和生活。因此，入境游客也会随之增加，入境旅游安全应该引起相关部门的足够重视。

2. "一带一路"倡议、"丝绸之路旅游年"国际旅游节的推广吸引入境游客

"一带一路"倡议推动了我国与相关国家和地区的互联互通，进一步方便了"一带一路"沿线游客的流动，此外随着"丝绸之路旅游年"等国际旅游节的推广，我国与俄罗斯、美国、印度、中东欧等国家和地区合办旅游节，使得中国文化逐渐深入人心，这会吸引大量入境游客，也会带来一些安全问题。

3. 国际会议的召开也会带来大量入境游客

随着我国国际地位的提高，一些国际会议会选择在我国召开，除了政府官方组织的会议外，一些大型国际学术会议、国际博览会也会在我国召开，带来大量入境游客；此外，一些重大体育赛事在我国举办，也吸引了大量粉丝前来观赛，入境游客量也会增加。在这样的背景下，入境游客的文化程度以及生活背景复杂多样，入境游客安全管控难度加大。

4. 雾霾仍然是影响入境旅游的一大重要因素

雾霾对我国旅游业的影响已经成为一个需要长期关注的话题。入境旅游发展较好的区域都受到了雾霾影响，在雾霾多发时段入境游客减少。因此，雾霾是一个亟须解决的问题，今后旅游安全监管相关部门还应该重视雾霾对

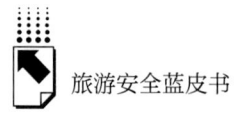

入境游客的影响，尤其关注入境游客呼吸道疾病突发情况。

5. 一系列优惠政策的落地实施吸引大量入境游客

入境旅游的发展需要更加有利的政策环境，要创新产业政策，提升市场主体积极性。免签证和落地签证范围的扩大、免税购物和购物退税优惠政策的实施以及航权开放政策的落地，方便更多入境游客来我国旅游。自驾游的国际驾证互认和边检手续的规范化，边境旅游、跨境旅游自驾游线路的推广，也会带来大量入境游客。随着这些政策的落地实施，我国入境旅游安全问题会变得更加复杂多样，入境旅游安全管理将面临更大压力。

（二）管理建议

1. 加强对景区未开发区域的安全监管

近年来收集的入境旅游安全事件案例显示，入境游客进入景区未开发区域导致的被困受伤事件每年都有发生。以入境游客被困野长城为例，2014年发生1起，2015年发生2起，2016年发生2起，2017年发生3起，相关部门应该引起重视，加强对长城未开发区域的进入性监管。景区除了设置标识牌外，还应该在未开发的游客易进入区域设置人员防护，必要时可设置红外线报警防护，景区可以通过红外线探测仪等设施设备对未开发区域内的游客进行实时监管。

2. 建立并完善应急救援体系

应急救援能够有效减少旅游安全事件对入境游客的伤害。建立健全应急救援管理机制、应急救援预案，动态调整应急救援体系，是应急工作顺利进行的保障。当前，我国应急救援体系正在逐步建立健全，但是旅游应急救援体系，尤其是关于入境游客的应急救援体系还有待完善，应协调政府各个部门以及社会救援力量，共同开展救援工作，同时做好与客源国外事机构的及时沟通。

3. 做好行李提醒和检查工作

通过对近年来入境旅游安全事件的总结发现，在四大类安全事件中社会安全事件发生最多，事件小类中财物遗失发生最多，主要表现为入境游客将行李、钱包或者手机遗失，且遗失场所多数为交通场所。2014年发生15起财物遗失事件，可识别场所的事件中有3起发生在上下车点和车上；2015年发生8起财物遗失事件，可识别场所的事件中有3起发生在交通工具上；2016年发生11起财物遗失事件，可识别场所的事件中有5起发生在上下车点和车上；2017年发生21起财物遗失事件，可识别场所的事件中有15起发生在上下车点和车上，可见交通场所是入境游客财物遗失的高发地点，应该在这些地点设置一些语音和标识牌进行提示，同时上下车时工作人员应做好提示和检查工作。

4.加强对入境游客的检查工作

随着"一带一路"倡议、"国际旅游年"等旅游品牌联盟的推广，我国入境游客开始增多，也开始变得复杂多样，在保障入境游客安全的同时，还应该加强对入境游客的安全检查工作。

B.36
2017～2018年中国出境旅游安全形势分析与展望

方旭红 张鞠成*

摘　要： 2017年，中国出境旅游安全形势整体稳定，但旅游安全事件依然时有发生。局部地区安全形势持续恶化，冲击出境旅游安全；自然灾害依然是影响出境旅游安全的重要因素；事故灾难，特别是溺亡事故趋多；旅游业务安全事故呈现网络化发展趋势；游客不当行为导致的旅游安全事故出现新动向。出境旅游安全国际合作逐步完善，出境旅游安全服务更趋完善，文明旅游渐入人心。展望2018年，国际形势依然复杂严峻，为此，需要坚持和平发展道路，推动构建人类命运共同体；促进国际旅游合作，推动建立双边或多边旅游合作机制；推动与有关目的地国家和地区的旅游警务合作、旅游司法合作，打击跨国犯罪，打击针对我国游客的指向性犯罪，保障我国公民出境旅游安全。

关键词： 出境旅游　旅游安全　2017～2018年

2017年，中国出境旅游继续保持平稳发展态势，出境旅游人数13051

---

* 方旭红，华侨大学旅游学院副教授、博士，主要研究方向为出境旅游和文化旅游；张鞠成，华侨大学旅游学院硕士研究生。

万人次，比上年增长 7.0%[①]。在出境旅游空间流向上，受"萨德"事件影响，赴韩国旅游受到一定抑制，赴泰国以及越南、柬埔寨、菲律宾等东南亚国家的旅游人数出现不同程度增长；赴欧旅游人数受恐怖袭击影响年初有所下降，随后恢复增长，目的地也由英国、法国、德国、意大利等国进一步发展到捷克、克罗地亚、马其顿王国、匈牙利、卢森堡等东欧小国。游客日趋成熟，更加注重新鲜空气、医疗、城市风貌、自然生态、异域文化，"更加愿意以一程一站和自由行的方式，深度体验目的地生活方式"[②]。出境旅游安全形势整体平稳，但国际形势变动、极端自然灾害、公共安全事件等对出境旅游安全依然有较大影响，特别是由航班延误等导致的游客过度维权事件多发，不但影响出境旅游安全，而且使国民形象一定程度受损。

一 2017年出境旅游安全总体形势

2017 年，出境旅游安全形势总体稳定，但影响出境旅游安全的一些安全风险、安全隐患依然存在，旅游安全事件也时有发生。根据外交部领事司发布的旅游安全事件不完全统计，以及人民网、新华网的相关报道，2017年发生各类旅游安全事件 167 起，比上年的 151 起有所增加，主要表现出以下特点：国际形势多变，局部地区动荡不安；欧洲地区恐怖袭击频发，社会安全事件有所增多；非洲、中东等地区国家政权不稳，武装冲突、抢劫、暴力伤害不断，经济低迷，社会治安混乱；事故灾难频发，特别是交通事故占比较大，致死率有所上升；游客境外溺亡事件多发；由极端天气引起的各种传染性疾病等公共卫生事件和自然灾害事件不断；旅游业务事件和游客自身行为不当造成损失的相关事件呈现多样化和传播网络化趋势。

[①] 《2017 年中国公民出境旅游人次超 1.3 亿》，新华网，http://www.xinhuanet.com/politics/2018-02/06/c_1122376724.htm，2018 年 2 月 10 日。
[②] 马蜂窝：《2017 旅游消费报告》，搜狐网，http://www.sohu.com/a/156672461_99900352，2018 年 2 月 10 日。

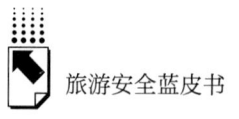

二 2017年出境旅游安全概况与特点

（一）出境旅游安全事件的分布类型

1. 涉旅社会安全事件

2017年全球（不含中国内地及港澳台地区，下同）发生涉旅社会安全事件约70起，相比上年，全球安全形势更为严峻。

（1）旅游业外社会安全事件。这类事件主要包括以下几种类型。一是全球恐怖袭击事件频发。2017年，恐怖袭击事件约占出境旅游社会安全事件的38%，比上年大幅增加，涉及欧洲、非洲、中亚、南亚、中东等地多个国家和地区，其中发生在俄罗斯、埃及、英国、尼日利亚等国的恐怖袭击事件尤为惨烈，均导致重大人员伤亡。二是暴力伤害事件频发。比较突出的是我国公民在越南被打、在菲律宾被下药、在德国遭斧头袭击、在特立尼达和多巴哥遇袭、在墨西哥被凶杀、在尼日利亚遭绑架、在日本遇害等暴力伤害事件，性质恶劣，影响广泛。三是一些国家政局动荡，游行示威频发。如乌干达、委内瑞拉、肯尼亚、多哥、尼日尔等国先后爆发了由政治斗争引起的游行示威活动，有些甚至演变为暴力犯罪，造成人员伤亡，给出境旅游安全带来阴影。四是盗抢事件增多。由于我国公民出境旅游喜好购物，给国际社会留下"大款""有钱""包里全是现金"等刻板印象，加上游客自身的"炫富"，目的地国家犯罪团伙针对我国公民的指向性犯罪有增无减。五是局部地区动荡不安，武装冲突不断。如突尼斯、菲律宾、吉尔吉斯斯坦、叙利亚、印度、索马里、也门和利比亚等国，反政府组织与政府矛盾不断恶化，武装冲突时有发生，严重威胁到当地居民和游客的安全。上述各类旅游业外社会安全事件，都不同程度地威胁到我国公民的出境旅游安全。

（2）旅游业内社会安全事件。2017年，由于出境旅游政策逐步完善，加上各国对中国游客合法权益保护力度加大，同时由于游客自我保护意识增强，善于利用法律武器保护自身权益，旅游业内社会安全事件增速与往年相比有所放缓。但由于出境旅游的中国公民基数庞大，这类事件依然较为高发，一时难以根绝。这类事件主要有以下两种。①旅游欺诈。如在印度，有不法分子身着铁路工作人员制服对我国游客实施欺诈；在越南和泰国，大量"黑导游"与地接社勾结，以"零团费"为诱饵，诱骗游客进入高价位免税店、高价位餐厅购物、消费；在美国，一些"黑导游"通过 App 拉客，向游客索要小费，强买强卖；在柬埔寨、泰国、日本、新西兰等国，类似欺诈也时有发生。②接待国旅游从业人员滥用职权或管理不善侵犯游客权益。如在越南发生边防人员因索要小费不成殴打游客事件；在美国出现航空公司员工暴力驱赶乘客事件；在日本发生景区管理不善导致的拥挤事件；在泰国出现救援队员因经费不足全部离职事件；等等。

2. 涉旅自然灾害事件

2017 年，全球多地先后出现暴风雪、暴雨、地震、火山喷发、极热天气、飓风等自然灾害，不但给所在国造成巨额财产损失，而且威胁到当地居民和游客的生命安全。

2017 年年初，以德国为中心，欧洲多国遭遇暴风雪，导致多地建筑物损坏，交通受阻；日本、泰国、斯里兰卡等多个国家遭遇暴雨，并引发洪水、泥石流、山体滑坡等次生灾害，导致财产损失和人员伤亡；希腊、墨西哥先后出现地震，印度尼西亚巴厘岛火山喷发，火山灰蔓延，导致机场关闭；日本、西班牙、葡萄牙、意大利，以及加拿大等国遭遇高温天气，火灾频发，甚至引发森林大火，许多景点关闭；爱尔兰等国则遭遇飓风袭击，多地断水断电。这些自然灾害不同程度地引发环境灾难，影响交通，危及出境旅游安全。

3. 涉旅公共卫生事件

2017 年，全球多地先后爆发戊型肝炎、口蹄疫、登革热、马尔堡出血热、"军团病"等公共卫生事件。此类事件多由水源被污染、蚊虫叮咬、食用致病食物等造成，具有波及范围广、爆发性强、传播速度快、致死率高等特征。如韩国口蹄疫蔓延、尼日尔爆发戊型肝炎、泰国出现食物被致癌寄生

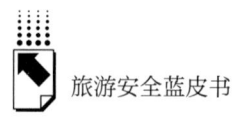

虫感染、印度尼西亚出现神秘病毒致游客脑部感染、越南和印度爆发登革病疫情、乌干达发现马尔堡出血热、美国爆发类似肺炎的"军团病"等。这些公共卫生事件不仅在当地引起恐慌，而且给游客带来恐惧感，影响他们的出游决策，给国际旅游带来阴影。

4. 涉旅事故灾难

2017年，出境旅游涉旅事故灾难也较为多发，主要类型如下。

（1）交通事故，其发生率在事故灾难中最高，分布范围也最广，马来西亚、尼泊尔、俄罗斯、泰国、哥伦比亚、美国、德国、印度等国均发生了较大交通事故。在泰国，先后发生多起交通事故，造成重大人员伤亡，特别是该国泼水节期间，由交通事故导致的伤亡人数更是高达4000余人；尼泊尔、印度客车坠毁，均导致多人死亡；德国旅游团遭遇车祸，死伤近50人；美国游客自驾游坠亡；俄罗斯火车相撞致50人受伤；哥伦比亚、印度游船倾覆，分别导致10余人、19人死亡；土耳其发生2起热气球坠落事件，造成1死35伤；日本发生过山车悬停事件，造成游客恐慌；等等。此外，2017年还发生多起航空事故，危及出境旅游安全。如一架南京飞米兰客机因故障迫降哈萨克斯坦，导致272名中国乘客滞留；亚航客机疑似撞鸟折返澳大利亚；俄罗斯航空公司因破产无法离境；等等。

（2）溺亡事件。2017年，中国公民境外旅游溺亡事件也较为多发，造成的人员伤亡数量相当惊人，仅在泰国，2017年1~6月，就有70多名中国游客在参与水上活动时溺亡。

（3）突发公共安全事件。2017年，出境旅游中突发公共安全事件也较为多发，典型的有澳大利亚音乐节发生踩踏事件，导致80人受伤；俄罗斯莫斯科商城和英国伦敦景点发生火灾，造成巨额损失；泰国海滩数百人被水母蜇伤；赞比亚、泰国等地发生游客被大象踩死或摔伤事故；等等。

（4）游客行为不当导致的事故灾难。这类事件主要有以下几种。一是不了解有关国家和地区出入境法律法规导致入境受阻。如有中国公民因携带超过数量外汇入境日本、泰国、埃塞俄比亚受阻；有中国公民因携带禁止入境的食物、违规物品入境美国、新西兰、印度尼西亚受阻；有中国公民因携带高仿品入境意大利受阻；有中国公民因涂抹护照、入境验讫章入境韩国、马尔代夫受阻；有中国公民使用电子签证入境吉尔吉斯斯坦受阻；等等。二是游客不文明行为导致的事故。如有中国游客在德国国会大厦前行"纳粹礼"拍照，在日本酒店拿走马桶盖；有游客不听劝阻，不顾外交部领事司以及外交部驻外使、领馆多次发布的安全提醒，前往叙利亚、伊拉克等热点地区旅游摄影，或者前往巴厘岛等火山喷发地区旅游，导致滞留或人身安全受到威胁。三是不听劝阻违规参与水上活动或逗弄野生动物导致伤亡。前述游客境外溺亡以及被动物踩踏等事件，相当一部分即因此而发生。

（二）出境旅游安全事件的发生特点

1. 局部地区安全形势持续恶化，冲击出境旅游安全

2017年，局部地区动荡不安，安全形势持续恶化，恐怖袭击、武装冲突不断，性质恶劣，破坏力强。欧洲地区的英国、法国、德国，以及中东、非洲地区是恐怖袭击的重灾区；非洲局部地区武装冲突频发，游行示威不断，加上一些国家和地区经济低迷，导致治安恶化，暴力犯罪和抢劫事件增多，给出境旅游安全带来冲击。

2. 自然灾害依然是影响出境旅游安全的重要因素

2017年，全球多个国家和地区遭遇极端酷暑天气。一方面，极端酷暑导致一些国家和地区，如意大利、葡萄牙、西班牙、加拿大等森林火灾频发，景区被迫关闭；另一方面，极端酷暑也使游客中暑事件增多，危及游客生命安全。酷暑天气之外，一些国家和地区，如斯里兰卡、泰国等，暴雨频发，由此引发洪水和泥石流，威胁出境旅游安全。此外，一些国家和地区，如印度尼西亚巴厘岛，还出现火山喷发，火山灰不仅造成空气污染，还导致航班延误或取消，致使中国游客滞留，影响出境旅游安全。

3. 事故灾难，特别是溺亡事故趋多

2017年，出境旅游事故灾难也较为多发，特别是游客溺亡事故趋多，

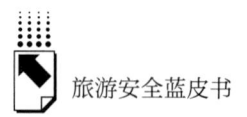

给出境旅游安全带来阴影。在"一带一路"倡议的带动下,近年来我国公民赴"一带一路"沿线国家旅游持续升温。其中,海上丝绸之路沿线国家因为海洋资源丰富、海岛众多、景色优美、风光旖旎、具有浪漫气息,更是我国游客出境旅游的热门目的地。然而,海景优美,海浪也无情。由于我国游客在参与海上项目时常做出不当行为,如不听劝阻违规下水,无视安全警示,缺乏不必要的知识,不了解当地水情、洋流、等等,每年都有一定数量的游客意外溺亡。2017 年,这一数量有增无减,游客海上溺亡事故尤为高发。前文已述,仅泰国一地,2017 年前 6 个月,我国游客海上溺亡的就有 70 余人,值得警醒。溺亡事故之外,2017 年,我国公民境外旅游遭遇交通事故的人数也有所增加,同样需要引起重视。

4. 旅游业务安全事件呈现网络化发展趋势

2017 年,我国游客境外旅游遭遇业务安全事件的数量增速虽然有所放缓,但该类事件依然一定程度存在。业务安全事件出现的新的发展趋势是一些目的地国家不法分子、无良商家利用互联网,特别是移动互联网实施欺诈,造成游客财产损失。此外,还有一些游客因为对目的地国家电子签证政策了解不够,入境受阻。

5. 游客行为不当导致的旅游安全事件出现新动向

游客行为不当导致的旅游安全事件历年均有发生。与往年不同,2017 年,游客行为不当不仅仅表现为因对目的地社会文化、风俗习惯不了解,或者因对目的地国家入关政策不了解携带违规品入境,还表现为很多游客无视外交部门的安全警示,任性出游热点国家和地区,导致行程受阻,甚至危及人身、财产安全。

(三)出境旅游安全管理的主要进展与特点

1. 出境旅游安全国际合作逐步完善

随着我国出境旅游在国际旅游中的地位日益提升,以及国家外交活动对境外公民保护力度的加大,2017 年,我国与世界各国有关出境旅游安全的国际合作也逐步完善。为了吸引我国游客,一些国家不仅加大了在我国旅游推介的力度，还纷纷出台相关法律法规，保障我国游客出游安全。如东盟将"一带一路"倡议与《东盟互联互通总体规划2025》相结合，东盟国家也将"一带一路"倡议与本国发展战略相结合，将保障我国公民出境旅游安全纳入重要议程。2017年9月，"联合国世界旅游组织第22届全体大会"在成都召开，大会发布了《"一带一路"旅游合作成都倡议》，提出将在提升旅游便利化、加强旅游风险处置能力、开展旅游联合推广等方面共同深化"一带一路"旅游合作交流。该倡议得到了俄罗斯、哈萨克斯坦、斯里兰卡、柬埔寨、马达加斯加等国的响应。与此同时，我国也积极与有关国家和地区开展双边合作，确保出境旅游安全。如国家旅游局与泰国旅游和体育部签署了《关于加强旅游市场监管合作的谅解备忘录》，我驻印度尼西亚领事馆与印度尼西亚旅游部联合成立巴厘岛中国游客服务中心，等等。

2. 出境旅游安全服务更趋完善

2017年，我国对公民出境旅游的安全服务更趋完善。一方面，世界各地举凡发生恐怖袭击、局部冲突、地区动荡、疾病疫情、自然灾害、社会治安恶化等安全事件，外交部和国家旅游局都会利用各自官网及时发布安全提醒，人民网、新华网等中央媒体以及地方媒体也会及时跟进，转发相关信息。另一方面，针对已经发生的旅游安全事件，外交部驻外使、领馆也会及时为受灾游客提供领保服务，或者疏散、撤离滞留游客；国家旅游局也加大了事后危机应对力度，救助境外受灾游客。

3. 文明旅游渐入人心

针对一度出现的中国公民境外旅游不文明行为，各级旅游行政管理部门加大了治理力度，一方面，将境外旅游不文明行为纳入个人征信记录，遏制不文明行为发生势头；另一方面，发布文明旅游公约，加强公民社会公德教育，提升游客素质。中央电视台等新闻媒体也在黄金时段加大文明旅游公益广告播放力度，营造文明旅游氛围。经过努力，我国公民境外旅游不文明行为得到初步遏制，文明旅游渐入人心。

三 影响出境旅游安全的主要因素

（一）国际局势复杂，局部地区动荡不安

近年来，由于全球经济持续低迷，主要发达国家贸易保护主义有所抬头，民族主义复兴，反全球化潮流开始盛行，加上美国国力相对衰弱，趋于保守，国际政治经济格局更趋复杂，由此导致局部地区动荡不安，叙利亚、伊拉克、阿富汗等地冲突不断，非洲部分地区部落冲突、政权冲突、种族冲突时有发生，给出境旅游安全带来阴影。与此同时，极端组织恐怖袭击有增无减，先后在世界各地制造多起恐怖袭击事件，危及全球旅游安全。

（二）世界各地社会治安普遍趋于恶化

近年来，由于全球经济低迷，失业率攀升，加之一些国家和地区难民大量涌入，贫富分化加剧，犯罪率上升，严重冲击了出境旅游安全。中国公民到境外旅游喜欢购物，给国际社会留下"钱多"的刻板印象，使得世界各地针对中国游客的指向性犯罪有增无减。

（三）一些国家和地区旅游接待能力堪忧

近年来，中国游客大量走出国门，走向世界，提振了全球旅游业，拉动了目的地国家和地区的旅游消费，受到了世界各国的欢迎。但与此同时，一些目的地国家和地区旅游基础设施、交通设施老化、超载，旅游接待能力未能有效提升，不能满足旅游发展需求等问题也日渐凸显，由此危及我国出境旅游安全。2017年，多个国家和地区发生的重大涉旅交通事故，正是这种现状的真实反映。

（四）自然灾害频发，公共卫生事件不断

2017年，全球自然灾害频发，极端天气、暴雨、飓风、龙卷风、地震、

火山喷发、森林大火、泥石流等不断，由此导致交通受阻、旅游基础设施损坏、游客滞留，甚至危及游客人身、财产安全。此外，世界各地常与自然灾害、极端天气相伴而生的霍乱、疟疾、登革热、马尔堡出血热等公共卫生事件，已是影响出境旅游安全的常态化问题，无须赘言。

四 2018年出境旅游安全形势展望

（一）国际形势复杂多变

2018年，国际形势复杂多变。一是美国特朗普政府推行"美国优先"政策，奉行单边主义，这将进一步加剧国际贸易保护主义；二是特朗普政府要求加大军费投入，更新、重建核武器库，有可能损害大国之间的战略互信；三是欧洲各国民族主义抬头，排外思潮兴起，社会治安恶化；四是一些热点地区和国家，如叙利亚、伊拉克、阿富汗等，局部冲突难以平息；五是恐怖主义阴霾笼罩全球，挥之不去；六是一些非洲国家经济低迷，政局动荡，示威游行、民族冲突、部落和教派冲突不断。所有这些，都会给出境旅游安全带来阴影。

（二）自然灾害、公共卫生事件对出境旅游安全的威胁依然存在

近年来，全球各地自然灾害以及由自然灾害引发的次生灾害持续高发，给出境旅游安全带来的冲击有增无减。与此同时，世界各地各类公共卫生事件也层出不穷，花样翻新，不时出现新的疫情病种，让国际社会应接不暇。2018年，这类事件对出境旅游安全的威胁将会依然存在，并且不排除出现新的变化，如国际社会一直担忧的"超级病毒"大爆发。

（三）事故灾难需要重视

如前所述，近年来，我国公民出境旅游事故灾难较为高发，且不断出

现新的类型。根据历史经验判断，这类灾难一时还难以根绝。2018年，尤其需要注意以下方面。一是随着我国公民赴"一带一路"沿线国家旅游持续升温，游客参与海洋旅游活动将更为频繁，防止游客溺水、溺亡尤为紧迫；二是出境旅游交通安全不能掉以轻心；三是随着我国公民出境旅游数量持续多年高位运行，一些目的地国家和地区旅游接待能力、旅游基础设施不足问题将更为凸显；四是一些国家和地区的犯罪团伙针对我国游客的指向性犯罪依然严重；五是游客无视安全警示任性出游高风险国家和地区引发的事故灾难，以及游客境外旅游过度维权引发的纠纷可能难以减少。

（四）游客出入境纠纷可能增多

近年来，随着消费升级和旅游理念的成熟，我国公民出境旅游的方式也发生了深刻变化，自助化、散客化、一地深度游化正成为趋势。与此同时，为吸引我国游客，世界各国纷纷放宽我国公民的签证政策，对我国公民实施电子签，此外，免签、落地签或可办理多年往返签的国家不断增多，我国公民出境旅游更加便利。展望2018年，出境旅游虽然更加方便，但由于游客个人对有关国家和地区签证政策了解不充分、不及时，或者对有关国家通关规定了解不到位，出入境纠纷可能会增多。

（五）由我国主导的国际旅游安全合作有望进一步加强

近年来，随着我国外交更加注重保护海外公民的合法权益，加上我国旅游外交政策的推进和我国在国际旅游中的地位不断稳固，我国在国际旅游中的话语权不断提升，由我国主导的国际旅游双边或多边合作不断增多。2017年，"联合国世界旅游组织第22届会体大会"在成都成功举办，大会颁布了《"一带一路"旅游合作成都倡议》，通过了《旅游道德框架公约》（草案），并成立了世界旅游联盟。我国与泰国等国签订的有关旅游合作的协议，也是这一趋势的体现。因此，有理由相信，2018年，由我国主导的国际旅游安全合作有望进一步加强。

五 管理建议

2017年，我国出境旅游安全形势虽然整体稳定，但游客面临的安全风险依然多样，旅游安全事件时有发生。2018年，国际形势更趋复杂，出境旅游安全管理面临的挑战依然严峻。为此，建议从以下方面做好出境旅游安全管理工作。

第一，坚持和平发展道路，以党的十九大精神为指引，推动"构建人类命运共同体，建设持久和平、普遍安全、共同繁荣、开放包容、清洁美丽的世界"。

第二，促进国际旅游合作，推动建立双边或多边旅游合作机制，为游客营造更加便利安全的出境旅游环境。

第三，推动国际社会构建应对全球突发性公共安全事件的联合救助机制，提升联合救助能力，保证游客遭遇突发公共安全事件时能及时有效地得到在地化救助。

第四，推动与有关目的地国家和地区的旅游警务合作、旅游司法合作，打击跨国犯罪，打击针对我国游客的指向性犯罪。

第五，不断完善旅游安全信息系统建设和旅游安全预警系统建设，加大信息发布力度，提升信息发布效果。

第六，加强公民出境旅游安全教育和文明旅游教育，提升游客素质。

第七，完善领事保护体制、机制，进一步加大对海外公民的领事保护力度。

Abstract

"Annual Report on China's Tourism Safety and Security Study (2018)" (Blue Book of Tourism Safety) is the annual research report written by experts organized by College of Tourism, Huaqiao University, Tourism Safety Research Institute of Huaqiao University, Tourism Safety & Security Research Institute and Center for Tourism Safety & Security Research of China Tourism Academy. It is an important part of Blue Book Serial Publication of Social Sciences Academic Press. This year's Blue Book of Tourism Safety is consisted of two parts – General Report and Special Reports. And the Special Reports are further divided into four chapters of Industry Safety, Safety Incidents, Safety Management and Regional Safety.

Beginning with the overall picture of China's 2017 tourism safety and security situation, the General Report comprehensively analyzed the safety and security situation of the main branches of China's tourism industry – lodging, transportation, attractions, shopping and entertainment, etc., and deeply analyzed the situation of each type of tourism incidents including natural disasters, public health incidents and social security incidents. By reviewing 2017's major administrative issues of different tourism subjects, the General Report analyzed the influencing factors of China's tourism safety and security in 2017 and provided prospects for China's safety and security situation of tourism in 2018.

In 2017, the overall situation of China's tourism safety has become better. Under the unified leadership of the Party Central Committee and the State Council, under the guidance of State leaders' instructions on safety production, with the full support of the party committee and government at all levels and all relevant departments, the tourism administrations at all levels in China followed the concept of safety development, upheld the awareness of the red line, adhered to the principle of "Set Safety as First Priority, Integrated with Precaution and

Comprehensive Treatment Policy", and gradually created a social governance structure for common governance and sharing, and the safe and orderly production of tourism was steadily carried out. The security and stability of the tourism industry has been further improved. However, the factors affecting the domestic and foreign tourism safety were more complex and changeable. Predictable and unpredictable, traditional and non-traditional risk factors still existed, and had a certain degree of impact on the security and stability of the tourism industry.

In terms of the tourism incident types, the overall safety situation mainly includes: the lodging industry had an increase in the scale of safety incidents, due to the increasingly complex and diverse risk factors; the safety situation in the tourism transportation industry was getting better, and the differences in various types of traffic safety issues were significant; the safety situation in the tourist attractions was stable and the number of casualties decreased; tourism shopping safety problems decreased significantly; the safety situation of tourism shopping tended to be better; tourism entertainment industry safety situation remained stable and the number of security incidents increased; the food poisoning incidents in tourism had a great impact, and the safety situation was still grave; the number of tourism social security incidents increased, and the security situation was not optimistic.

The General Report indicates that the factors affecting China's tourism safety in 2017 were various and complex, with many problems and serious situations. Predictable and unpredictable, traditional and non-traditional insecurity factors still existed. In response to the management and control of tourism emergencies in 2017, China has basically established advanced safety management systems and mechanisms such as enhanced prior risk control, effective risk supervision, improved emergency management efficiency, and continuous optimization of travel insurance. Looking ahead to 2018, China should build a comprehensive management system for tourism safety through "building a common governance and sharing" to enhance governance of region-based tourism safety, eco-tourism safety, and new operational format of tourism safety. It is necessary to strengthen regional tourism safety cooperation and the supervision of tourist safety issues.

The General Report indicated that the major negative factors in 2017 included constant influence of environmental, personnel, equipment, and management

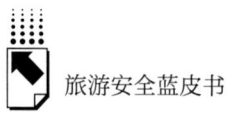

risk factors, and illicit market phenomena also made the tourism safety environment chaotic. For tourism emergency response and control, the government had formed a very complete management system and mechanism, which consisted of prevention and preparation, monitoring and early warning, emergency rescue, recover and guarantee, etc. Looking forward to 2018, authorities should further improve the tourism emergency management system, comprehensively advance to govern tourism safety and security according to law, continue to standardize the tourism market behaviors, refine the governance mechanism in tourism industry. It is necessary to change the view of development, innovate the mode of development, gradually build region-based tourism safety and security system, to comprehensively optimize tourism insurance products, and to further enhance the safety capacity and risk resistance.

The Special Reports are consisted of four Chapters-Industry Safety, Safety Incidents, Safety Management and Regional Safety. Chapter of Industry Safety synthetically analyzed the safety situation of tourist lodging, tourist catering, tourist transportation, scenic spots, tourist shopping, tourist entertainment and travel agency industry. Chapter of Safety Incidents comprehensively analyzed the situation of tourism-related natural disaster, tourism-related accidents, tourism-related public health and tourism-related social security. Chapter of Safety Management consists of safety issues of tourism administration, holiday tourism safety, self-tourism safety, high-risk tourism safety, tourism-related regal regulation, travel agency liability insurance, travel insurance, legal regulation for tourism safety, legal regulation early-warning for tourist, community resilience of tourist destination, tourism safety management in South Korea, and annual tourism hot topics. Chapter of Regional Safety presented in-depth analysis on the safety situation and managing experience of Beijing, Jilin, Shanxi, Ningxia and Chongqing, etc. Furthermore, the tourism safety situation of Hong Kong, Macau and Taiwan areas as well as that of inbound and outbound tourism is also introduced in this article.

Keywords: Safety in Tourism Industry; Tourism Safety and Security Incidents; Tourism Safety and Security Management; Safety in Tourism Region

Contents

Ⅰ General Report

B. 1 Analysis and Prospects of China's 2017 -2018 Tourism
　　　Safety Situation
　　　　　　　　　　　Zheng Xiangmin, the Editorial Board of Blue Book
　　　　　　　　　　　　　　　　　　　of China's Tourism Safety / 001

Ⅱ Special Reports

Chapter 1: Industry Safety

B. 2 Safety Situation Analysis and Prospects of 2017 -2018
　　　Tourism Lodging Industry in China
　　　　　　　　　　　　　　　　　Chen Xueqiong, Li Na / 019

Abstract: The tourism accommodation industry was more diversified in China in 2017. As the scale of the tourism market continues to expand, the scale of security incidents in China's tourism and accommodation industry has increased. The characteristics of emergencies in the tourism and accommodation industry were mainly manifested as follows: the time of the occurrence of security emergencies was clearly the same as that of the tourism market, the structural changes of the sub-category accidents in the lodging industry security incident were significant, and the conventional factors were dominant, unconventional factors were constantly emerging. Looking ahead to 2018, the supervision of the tourism market will continue to work hard. The continuous introduction of digital and intelligent facilities will help improve the safety of the accommodation industry. The development of non-standard accommodation industry in the context of sharing economy will lead to the use of advanced technologies such as security risks and artificial intelligence. The security of the tourism and lodging industry will be greatly enhanced.

Keywords: Tourism and Lodging Industry; Security Emergencies; Security Situation

B.3 Safety Situation Analysis and Prospects of 2017 -2018 Tourism Catering Industry in China

Wang Jingqiang, Yang Chenpeng, Lv Mengxing and Li Dan / 031

Abstract: In 2017, the tourism and catering industry in China continued to grow, and the tourism and catering industry was in a better security situation. However, there were still many food safety incidents that endangered life safety. Among them, accidents and disasters are the most frequent, and the hazards are greater, and the disasters are much more peripheral. With the country's increasing emphasis on tourism and catering safety issues, laws and regulations on tourism and catering safety have been continuously improved, and the safety of tourism and catering industries has also been further protected. Looking forward to 2018, the security and protection of the tourism and catering industry will face new challenges. Issues such as high-speed railway takeaways, smart restaurants, and cross-border catering are all worth paying attention to and improving.

Keywords: Catering Safety; Tourism Catering Industry; Safety Situation

Contents

B.4 Safety Situation Analysis and Prospects of 2017 −2018
Tourism Transportation Industry in China

Shi Yalan, Li Na / 042

Abstract: The domestic tourism transportation safety has a good development trend in 2017; all kinds of safety accident statistics data keep steady and have a slight decrease, and the number of accidents and death population both realize decrease. Among all the accidents, road accidents has not been effectively curbed, especially the tourism passenger transport accident; the civil aviation transportation industry maintains a good safety record, and the year of 2017 becomes the most safety year; the safety of waterway and railway transportation is stable, without serious traffic accident; the traffic accident within the scenic area fails to completely eliminate; the overseas travel transportation safety continues to cause concern. In 2017, the safety supervision system should be perfected, the environment of emerging industry needs to be mature, the overseas tourism safety needs to be improved have become the key factors affecting the safety of tourism transportation. In 2018, we should promote the big data construction of the traffic travel service, using "wisdom" to break the traffic pain point; perfect the supervision system construction of the emerging industry, and optimize the industrial environment; promote the collaborative governance of the special traffic safety, and solve the "last mile" problem.

Keywords: Tourism Transportation Industry; Safety Situation; Safety Outlook

B.5 Safety Situation Analysis and Prospects of 2017 −2018
Tourist Attractions in China

*Huang Anmin, Liu Dandan, Bai Shanshan,
Lu Qiuya and Yin Ziyan* / 054

Abstract: As the core element of tourism, the safety of tourist attractions is the lifeline that affects the normal development of tourism activities. The safety of scenic spots is related to all aspects of tourist attractions, and it has a key impact on the normal conduct of tourist activities. In 2017, the security situation of tourist attractions in China was stable. A total of 209 safety emergencies occurred, which were distributed in 28 provinces (autonomous regions and municipalities directly under the central government), and the number of deaths was 89. Among them, the most frequent incidents of tourism safety incidents occurred in the landscape culture were 120, accounting for 57.4% of the total number of security incidents in the scenic area. From the temporal and spatial characteristics of the events, especially in August and October, this is the same as the characteristics of the tourist season. With the development of large data, intelligent tourism has become an important part of the development of tourism. It also brings new challenges and opportunities to the safety environment of the scenic area.

Keywords: Tourist Attractions; Scenic Security; Security Situation; Tourism Security

B.6 Safety Situation Analysis and Prospects of 2017 -2018 Tourism Shopping in China

Chen Qiuping, Nie Weiqi and Xu Jinrong / 065

Abstract: In 2017, the total number of security incidents in China's tourist shopping declined, and the integrated administration of government departments achieved significant results. Compared with last year, the domestic tourist shopping complaints have declined slightly, and overseas tourist shopping security events tended to increase. Inbound tourist shopping security incidents remained basically the same. Overall, tourist shopping complaints have characteristics such as regional concentration, various types, and rising amounts. This paper first summarizes the general situation and characteristics of tourist shopping safety in the whole year, the main progress of tourist shopping safety management, and the main reasons affecting the 2017 tourist shopping safety incidents; secondly, it is based on the statistical data of tourist shopping in China complaints in 2014 – 2017. The development rule of China's tourism shopping security events, and put forward some suggestions on management strategies: from the comprehensive special rectification to the daily systematic management, improve the comprehensive management system mechanisms, standardize the management of travel agencies and tour guides, guide tourists rational consumption, "shopping separated from tourism" in order to promote tourism transformation and upgrading of shopping stores.

Keywords: Tourist Shopping; Safety Situation; Management Strategies

B. 7　Safety Situation Analysis and Prospects of 2017 −2018 Public Place of Tourism Entertainment in China

Lin Mingzhu, Zhong Lirong, Zhang Lianyu and Lin Meizhen / 078

Abstract: Public place of tourism entertainment in 2017 were diversified development. The tourism safety is an important factor affecting its sustainability. Compared to 2016, tourism entertainment industry safety situation remained stable, but the number of security incidents increased. And the number of safety accidents in East China is top of the list. Amusement parks and zoos were the main places for the accident. There have been an increase in the number of safety accidents in the ski resorts. Holidays and winter and summer vacation are still the times of lots accidents. Children and adolescents were the main targets of accident. In 2018, there are still many uncertainties in the safety of public place of tourism entertainment. And the situation is still not optimistic. It is necessary to strengthen the whole process of safety management in advance prevention, supervision and post evaluation.

Keywords: Public Place of Tourism Entertainment; Tourism Safety; Situation Analysis and Prospects

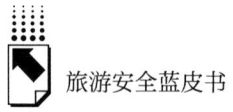

B.8 Safety Situation Analysis and Prospects of 2017 −2018 Travel Agency Industry in China

Hou Zhiqiang, Fan Lingling / 090

Abstract: In 2017, the travel agency industry continued to develop and its security status remained stable overall. The main characteristics as follow: tourism disputes and tourism quality accidents are the main types of accidents in the security incidents of travel industry; online travel agency industry develops rapidly and the pressure of security risks is increasing, simultaneously, the overall market order of the underline travel agency industry trends good due to the stronger remediation; meanwhile, the security incidents still focus on the holiday period. Looking ahead to 2018, the online tourism security will meet new challenges; multiple regulatory models will coexist, the complementarity and win-win will be achieved between online and offline tourism industry. Outbound tourism security will continue to be acquired importance. The market supervision system of travel agency industry needs to innovate, and responsibilities of the department should improve and clarify fatherly, what'smore, they must strengthen the overall quality of travel agency employees by using the laws and regulations, education, economics and other ways.

Keywords: Travel Agency Industry; Security Situation; Security Outlook

Chapter 2: Safety Incidents

B.9 Situation Analysis and Prospects of 2017 −2018 Tourism-Related Natural Disasters in China

Ye Xincai, Wang Xiaohua / 103

Abstract: With the coming of the era of all-in-one tourism, the expansion of the scope of the safety events on tourism related to natural disaster has attracted the attention of tourism industry. In this paper, authors count them and compare with the safety incidents of natural disasters in the preceding five years and come to the conclusion that natural disasters in 2017 are relatively light compared with the mean value over the same period in the last five years. But for the tourism industry, the impact of travel security incidents relating-natural disaster is deeper. The paper analyzes the existing problems about the tourism safety events involving naturaldisasters in 2017. This paper forecasts the security situation of natural disasters in 2018 and puts forward some management suggestions.

Keywords: Natural Disaster , Tourism Security, Outlook

B.10 Situation Analysis and Prospects of 2017 -2018
 Tourism-Related Accidents in China
Yin Lingyan, Wang Xinjian and Li Mengyuan / 113

Abstract: The overall situation, classification characteristics and management progress of tourism-related accidents in 2017 are analyzed. Research shows that in 2017 China's tourism-related accidents' overall situation continued getting better and better, the number of fatal accidents declined slightly, serious and major accidents decreased. Tourism traffic accidents and outdoor sports accidents such as mountaineering are still mainly the types of tourism-related accidents. Drifting tourism safety accidents are effectively suppressed. The safety accidents of low-altitude tourism are highlighted. Finally, the development trend of disaster related disaster in 2018 was discussed, and four management suggestions are put forward.

Keywords: Tourism-Related Accident; Management Improvement; the Trend of Accident

B.11 Situation Analysis and Prospects of 2017 -2018
 Tourism-Related Public Health Incidents in China
Wang Fang, Yu Minchao / 123

Abstract: In 2017, the situation of tourism-related public health safety in

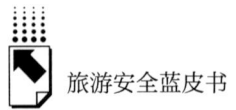

China was quite serious, and the tourists' awareness of the prevention of tourism-related public health incidents was relatively weak. The tourism-related health and safety situation in 2017 mainly included: the mass tourism was constantly heating up and it was difficult to control the safety of tourism-related public health; international tourism activities were frequent and the public health and safety of global tourism was faced with severe challenges; the awareness of public tourism safety was weak and the public health incidents of individual tourists occurred frequently. Here are some recommendations for the development of tourism-related public health in 2018: to continue to improve tourism safety policies; to optimize the supervision of tourism public health and safety; to effectively promote the health and safety education of individual tourists; to promote the management and cooperation of global tourism public health and safety; to vigorously promote the health and safety guarantee of the new tourism pattern; and to promote intelligent tourism so as to the risk management for tourism safety incidents.

Keywords: Tourism; Public Health Incidents; Tourism Security

B.12　Situation Analysis and Prospects of 2017 -2018 Tourism-Related Social Security Incidents in China

Zhang Hui, Yin Jie and Zhang Rongteng / 135

Abstract: A comprehensive analysis of the incidents involving social security in the tourism industry and the proposal of governance will contribute to the healthy development of the tourism industry. Using the case analysis method, we found in China the number of security incidents had gradually increased and the situation was not optimistic in 2017; the types of security incidents covered a wide range of areas and the spread of the incident was rapid. The management powers and responsibilities were still unclear and governance needed to be strengthened. In 2017, China's social security incidents involving brigade had obvious spatial and temporal distribution patterns. And personnel, facilities, equipment, environment, and management were the main factors inducing incidents involving social security. Based on the development trend and laws of social security incidents involving travel in 2017, the development trends of social security incidents involving brigade in 2018 are proposed, and the management suggestions for brigade security incidents are proposed for the characteristics and development trends of brigade-related social security incidents. We will increase the ability to prepare for prevention, strengthen the construction of early-warning mechanisms, create a comprehensive governance system, and construct a rapid recovery mechanism.

Keywords: Tourism-Related Social Security Incidents; Tourism Security; Situation Analysis; Management Suggestions

Chapter 3: Safety Management

B.13　Analysis and Prospects of 2017 -2018

　　Tourism Safety Administrative in China

Xie Chaowu, Zhang Jiangchi / 148

Abstract: This paper systematically reviews the tourism safety management work of tourism administration departments at all levels in 2017 and forecasts the tourism safety administration in China in 2018. In 2017, tourism administrative departments actively promoted the daily work of standardizing guidance, supervision and inspection, risk warning, public criticism, safety training, and emergency management. Among them, China's safety work of all-for-one tourism region has been carried out in an orderly manner, safety standardization construction has continued to advance, and tourism safety publicity and education have been widely carried out. In 2018, tourism administrations at all levels should actively build a tourism security governance structure that is jointly established and shared, establish and improve a regional tourism risk assessment management system, strengthen tourism security cooperation between China and the outbound countries and regions, further strengthen tourism supervision and inspection of business operations and improve the informationization of tourism safety work.

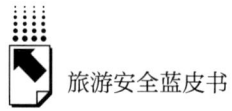

Keywords: Tourism Safety; Administrative Management; Work Summary and Outlook; 2017 -2018

B.14　Situation Analysis and Prospects of 2017 -2018
　　　　Holiday Tourism Safety in China

Zhou Lingfei / 161

Abstract: During the holiday period of 2017, the public leisure and tourism demand is strong, the tourism scale is expanded, the scope of tourism is global, and the way of tourism is diversified. In 2017, the tourism market is safe and orderly. The number of accidents and casualties in the travel safety incidents and accidents have decreased than that in 2016, but the online tourism disputes is continuous. At the same time, the holiday travel market regulation is more important, the holiday travel market is running smoothly, the tourists' holiday travel experience quality and satisfaction is obviously improved. It is expected that the holiday tourism market mechanism in 2018 is more mature, the online travel disputes, outbound tourism and tourism facilities of safety management will become the focus of the market supervision, the tourism enterprises and tourists behavior should be more normalized.

Keywords: Holidays; Tourism Security; Annual Situation.

B.15　Situation Analysis and Prospects of 2017 -2018
　　　　Self-Tourism Safety in China

Zeng Wuying / 172

Abstract: With the era of mass tourism based on self-tourism, safe incidents of self-tourism happen from time to time. Safety and security situation is not optimal. Safety and security situation of China in 2017 remains stable. The number of safety incidents is slightly lower than in previous year, but the number of personnel involved has increased rapidly and the types of safety incidents are mainly accident disasters with certain concentration in time and geographic distribution. Looking forward to 2018, the self-tourism safety and security situation for China still remains severe. A series of measures must be taken to avoid self-tourism safety incidents: strengthening publicity and instruction on safety and security, improving the standardized management of scenic spots, innovating the service mode of tourism transportation security, and reinforcing online tourism security management.

Keywords: Self-Tourism; Safety and Security Situation; Management Suggestion

B. 16 Situation Analysis and Prospects of 2017 −2018 High Risk Tourism Safety in China

Zeng Yi / 183

Abstract: In 2017, China's high-risk tourism industry further developed. The overall tourism safety situation was relatively stable, and government supervision was relatively complete. However, there were still problems such as illegal operations of related companies, safety risks of some projects, and safety awareness and self-rescue skills of visitors. In 2017, the number of high-risk tourism accidents in China has increased, but the accident losses have been effectively controlled. Hence, safety education and publicity and guidance for high-risk tourism projects should be intensified to enhance industry safety awareness and professional skills. And the mechanism of cross-border and cross-regional tourism safety management cooperation should be established to ensure the safety of high-risk tourism at home and abroad. In addition, high-risk travel insurance and multiple high-risk travel emergency rescue system should be also promoted.

Keywords: High-Risk Tourism; High Altitude; High Speed; Water Area; Outdoor Adventure

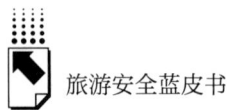

B.17 Situation Analysis and Prospects of 2017 −2018
Legal Regulation of Tourism Safety in China

Guo Zhiping, Zhu Lei / 197

Abstract: The 19th CPC puts forward the idea of "setting up the concept of security development and carrying forward life first and safety first". At the same time, the State Council issued the "13th Five-Year plan of safe production". In 2017, the National Tourism Administration issued 6 travel safety notices throughout the year, and issued 11 travel tips on natural disasters, weather, health, safety situation and financial safety. Anhui, Beijing, Guangdong, Inner Mongolia, Ningxia, Shanxi and Dalian have promulgated tourism regulations in 7 places, each of which stipulates the safety of tourism. 6 of the local tourism regulations set a special section on tourism safety. At the beginning of 2018, the National Tourism Bureau strengthen the guide for holiday tourism; tourism authorities at all levels should conscientiously implement the spirit of 19th CPC and refine and improve the tourism security law system.

Keywords: Tourism Safety; Legal Regulation; New Concept

B.18 Situation Analysis and Prospects of 2017 −2018
Demonstration Projects of Travel Agency Liability Blanket
Insurance and Development of Whole Industrial Chain
of Tourism Insurance in China

Zhang Zhi'an, Hu Jia / 207

Abstract: In 2017, a total of 20566 travel agencies participated in the travel agency's liability insurance demonstration project. The total insurance rate was 74.99%, and 11035 cases were dealt with, and the economic losses of the travel agencies were nearly 70 million yuan. Tourism industry, as a strategic pillar industry with a comprehensive contribution to the national economy and social employment, is over 10%. In 2018, tourism enters a new stage from high speed growth to high quality tourism, and turns to a new way of relying on "quality" and "service". Tourism insurance will also improve its service level and strengthen safety. Guarantee and risk management and control system construction, to escort the sustainable and healthy development of tourism.

Keywords: Travel Agency Liability Insurance; Tourism Rescue Insurance; Development Situation.

B.19 Situation Analysis and Prospects of 2017 −2018 Tourism Insurance in China

Li Yongquan, Sun Jinjin and Chen Lu / 216

Abstract: In 2017, the overall development of China's tourism insurance industry is stable. There are many innovations such as "Internet + travel + insurance". Tourism insurance cooperation is outstanding, product type is rich, sales channel is diverse. The application of big data and the promotion of all-domain tourism changed the way people travel and consume, and tourism insurance has ushered in an era of innovation and change. The paper analyzes the current situation of development of travel insurance in general, generalizes the general development characteristics, analyzes the main factors influencing the development of China's travel insurance in 2018, then forecasts and prospects the development situation of travel insurance in 2018. It is believed that in the age of mass tourism, the development of tourism insurance will break through the traditional patterns and present a new situation of cross-border integration and mode innovation. Insurance products need to be changed to meet the tourists' individualized and fickle demand for travel insurance. Tourism insurance should make full use of the big data and Internet platform to realize data sharing, platform co-construction and joint governance, so as to promote the healthy and stable development of China's tourism insurance industry.

Keywords: Tourism Insurance; Situation; Outlook

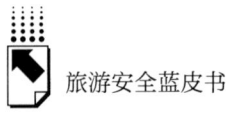
旅游安全蓝皮书

B.20 Situation Analysis and Prospects of 2017 -2018 Tourism Pre-Warning in China

Luo Jingfeng / 227

Abstract: Based on the relevant information of China's tourism safety early warning in 2017, this paper analyzes its overall situation and existing problems of the year. According to the analysis, some forecasts and proposals of the overall situation in 2018 is put forward. In 2017, China's tourism safety early warning has achieved remarkable work results, for example, the uncivilized phenomenon in terms of tourism has significantly decreased and the early warning mode of comprehensive tourism has been preliminarily established. However, there are still some deficiencies as follows: the content and the release mechanism are lacking in comprehensiveness; the progress of pre-warning work is so slow that the innovative mechanism of advanced precaution is still lacking; the staying power of early warning mode establishment is too weak to allow the sustainable development mechanism to be set up in a short period of time. In 2018, government scenic spots should work together to advance the whole coverage project of comprehensive tourism early warning mode; all parties should actively respond to the establishment of the new warning mechanism for tourism in an orderly manner; the whole society should attach great importance to the establishment of a real-time anti-terrorism early warning mechanism according to law.

Keywords: Tourism Safety; Early Warning; Analysis and Prospect; 2017 -2018

B.21 Situation Analysis and Prospects of 2017 -2018 Female Tourists' Safety and Security in China

Fan Xiangli, Qin Haili / 237

Abstract: In 2017, the security situation of Chinese women's tourism is generally stable. Overall, women travel security events mainly involve the personal safety and property safety, covered with natural disasters, travel accident disasters, public health events, social security incidents and other security events. Among them, outbound tourism and independent travel of women's tourism security incidents are prominent, it mainly by female tourists risk awareness is not enough, the lack of safety knowledge and skills, related policy and safety management system not perfect, etc. At the same time, the tourism management department has paid more attention to tourism safety management problem, and effective treatment for travel safety events in a certain extent to ensure the safety of the 2017 female tourism situation continued stable.

Keywords: Women's Tourism; Tourism Security; Security Incidents

B. 22 Analysis and Prospects of 2017 -2018 News Dissemination and Public Opinion of China's Tourism Safety

Dai Shanshan, Zhao Jiaying / 251

Abstract: In 2017, the news and communication force on the platform of micro-blog has been strengthened constantly, and micro-blog and various self media will become the main carrier of the travel safety news transmission. The problem of good faith in the management of tourist commodities and the problem of personal safety in travel have been paid more and more attention by the people. This paper takes Sina micro-blog as the research object, using the Bo Wen method of text mining and tourism safety accidents in the analysis of Sina micro-blog, the following summary of the 2017 travel safety news communication and public opinion characteristics and general trend: the main function of Bo Wen for the dissemination of information, has a certain guiding role of health, and constantly improve the skills to guide public opinion; Sina micro-blog provides the stakeholders to participate in the discussion of the platform; to provide vast amounts of information uneven in quality in the short term, the public media

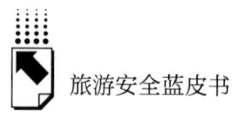

literacy needs to be improved. For the realization of Tourism News Communication in China and the public health guidance and optimize the management, should enhance the function of the mainstream media continues to lead the tourism safety news communication in China health; to guide public opinion skills, improve the ability to guide public opinion; give full play to the role of journalism communication; actively establish public media literacy promotion mechanism.

Keywords: News Dissemination; Public Opinion; Fourism Safety Management

B.23 Analysis and Prospects of Security of Tourism Investment along One Belt And One Road

Li Xinjian, Liu Guorong / 264

Abstract: This paper expounds the current situation of China tourism investment safety along the "Belt and Road" in 2017, deeply analyzes the safety of tourism investment and puts forward relevant countermeasures and suggestions. At present, our country's tourism investment is mainly concentrated in Southeast Asia, and the main investment areas are accommodation, catering and public transport. The main reasons for this kind of investment are the path dependence, the investment environment, the risk assessment and the demographic dividend. The global economic situation has developed steadily in 2017, but it still faces many uncertain factors. The anti globalization trend of thought and trade protectionism can not be ignored. The future of "Belt and Road Initiative" along the national tourism investment field, the main format, are to be further equalization, diversified development. How to correctly grasp the investment environment and the host country's national conditions, promote the development of trade liberalization, reduce the risk of tourism investment and promote China's external tourism investment has become an important research topic.

Keywords: Belt and Road Initiative; Tourism Investment; Safety

Contents

B.24　Study on the Potential Tourists' Risk Perception
　　　of Medical Tourism in South Korea

Chen Nan, Sha Qiang / 277

Abstract: In recent years, the number of medical tourists to Korea has been increasing rapidly, of which Chinese medical tourists account for nearly 30%. This study chooses South Korea as a medical tourism destination, and takes Chinese potential tourists without Korean medical tourism experience as an example. The data of 689 valid questionnaires are analyzed. The results showed that China potential tourists to Korea Medical Tourism risk perception is higher as a whole, in addition to tourism performance risk factor, the other 5 factors: medical performance risk factors, medical financial risk factors, tourism financial risk factors, tourism and health risk factors and medical risk factors were significant psychological negative influence on medical tourism expectation. The position of potential demand people can minimize customer risk perception and enhance the potential tourists' expectation value for medical tourism if they can ensure high level of Korean medical service level and services.

Keywords: Medical Tourism; Perceived Risk; Expected Value; Potential Tourist in China

B.25　Research on Safety Management System of International
　　　Cruise Port: A Case Study of Shanghai Wusongkou
　　　International Cruise Port

Ye Xinliang, Mei Junqing / 288

Abstract: Cruise port as an important node of cruise service has also become the convergence point of all kinds of safety events such as natural disasters, accident disasters, public health events and social security events. In port safety management, adhering to the prevention and cure measures of innovation policy,

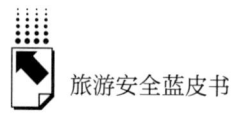

more effective and more perfect system, perfecting the system of responsibility for production safety, earnestly implement and strengthen the responsibility for production safety, security and build a strong defense. We should strengthen the establishment and improvement of the emergency plan, and effectively improve the emergency ability of the operation management department. We need to establish and improve the system of safety related system, and improve the "rule of law" level of safety management. We need to give full play to the collective wisdom of the staff and carefully plan the work of safe production. It is necessary to strengthen the establishment of security risk prevention and control system, and promote the transformation from ex post treatment to prevention and source governance.

Keywords: Cruise Port; Port Security; Management Mechanism; Prevention and Control System

B. 26 Construction of Tourists' Safety Education System in Scenic Spots　　　　　　　　　　　*Wu Chun'an, Huang Rui* / 297

Abstract: At present, China's tourism industry is developing rapidly, but the tourism safety literacy of tourists is obviously not able to keep pace with the development of tourism. Therefore, safety education for tourists is particularly important. This paper takes tourists as the main research object, analyzes the necessity of tourism safety education, puts forward the difficulties and problems existing in our country in the process of safety education in the area, and constructs the scenic tourist safety education system.

Keywords: Tourist Attractions Tourist; Safety Education; System Construction

B. 27 The Hotspots and New Problems of 2017 China's Tourism Safety　　　　*Zou Yongguang, He Yuemei and Zhu Yao* / 307

Abstract: Looking at the tourism security situation in China in 2017, there are many hot topics and new issues. This report selects four hot topics and three new issues to analyze. In 2017, the hot topics of China's tourism safety include: ① "1·28" Malaysian ship lost event; ② "8·8" Jiuzhaigou earthquake in Aba Prefecture, Sichuan Province; ③ tourist police escort for global tourism; ④ World Travel Risk Map released. The new problems in China's tourism security situation in 2017: ①the disorder of the tourism market order; ②inadequate safety awareness of tourists leads to frequent safety incidents; ③ "shared tourism" security risks. We analyze the status quo of these hot issues and new problems and the underlying reasons behind them, which will help guide the smooth development of tourism safety management in China in 2018.

Keywords: Tourism Security; Hot Topics; New Issues

Chapter 4: Regional Safety

B.28   Safety Situation Analysis and Prospects of 2017 −2018
Beijing Tourism

Han Yuling, Cui Yanchao, Zhou Hang and Chen Xueyou / 317

Abstract: In 2017, Beijing tourism safety situation is generally good, Beijing Municipal Committee of Tourism Development entrusted to ensure the 19th CPC secdurity and implement strictly work safety requirements of the Beijing municipal government. Beijing Municipal Committee of Tourism Development further consolidates the foundation of safety management in the industry, keeps the orderly conduct of the work and the disposal of tourism safety emergencies promptly and effectively. In 2018, Beijing will take the spirit of 19th CPC as the guide, to enhance the safety responsibility of the tourism industry to implement quality, further reinforce the basic work, improve the overall level of the industry safety management, to provide protection for the development of high quality tourism.

Keywords: Beijing; Tourism Safety; Tourism Emergencies

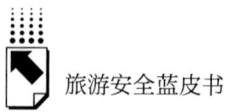

B.29　Safety Situation Analysis and Prospects of 2017 −2018
　　　Jilin Tourism　　　　　　　　　　*Zhang Bao*, *Hang Wei* / 329

Abstract: In 2017, the tourism industry in Jilin Province has experienced a rapid development. The growth rate in the total number of tourists and total income was higher than the national average. The tourism department constantly strengthened the work of reform and development in the field of safety production and improved the safety supervision and control system. The province's tourism safety situation was stable and orderly. The tourism department made the safety situation stable by strengthening the planning of tourism safety work, attaching importance to special renovation actions, intensifying supervision and inspection, strengthening production safety propaganda and training drills, completing the review of the basic emergency plans and strengthening emergency safeguard and insurance service function. Looking ahead to 2018, the Jilin provincial tourism system will focus on the comprehensiveness in tourism safety work, intensify safety inspections, promote special renovation in key areas, enhance the effectiveness of training and education, and enhance comprehensive emergency response capabilities for tourism safety.

Keywords: Jilin Province; Tourism Safety; Management Measurements

B.30　Safety Situation Analysis and Prospects of 2017 −2018
　　　Shanxi Tourism　　*Liang Ruilian*, *Ai Xianji and Luo Haiying* / 336

Abstract: In 2017, Shanxi Province clearly defined tourism industry as a new strategic pillar industry in the economic and social development of the province. The tourism department created a good safety environment for stable and harmonious development of tourism industry by establishing the safety responsibility system, strengthening the construction of laws and regulations, implementing extensive safety inspection, establishing a comprehensive supervision and control mechanism for tourism safety, constructing a tourism safety risk prevention system. 2018 is the opening year for Shanxi Province to forge the three new tourism sectors consists of the Yellow River, the Great Wall and Taihang Mountain. The Shanxi tourism department system will continue to manage the tourism industry according to law, perfect the safety responsibility system, improve the classification and control system of safety risks, intensify supervision, pay close attention to hidden trouble investigation and management, and push forward safety production.

Keywords: Shanxi; Tourism safety; Situation analysis and outlook

B.31 Safety Situation Analysis and Prospects of 2017 −2018 Chongqing Tourism

Pan Wenliang, Feng Jianguo and Luo Qi / 347

Abstract: In 2017, the tourism system of Chongqing strictly implemented the policy of " party and government sharing responsibility, one post two duties", strengthened the inspection and management of the hidden safety risk, improved emergency handling capacity, promoted the performance improving and upgrade of safety management and ensured the safety and stability of the tourism industry. Looking ahead to 2018, Chongqing will actively adapt to the new changes in the main social contradictions, firmly establish and practise the new concept of development, grasp the key point, fill the short board and strengthen the weakness and comprehensively improve the overall level of safety management in the tourism industry.

Keywords: Chongqing; Tourism Safety; Tourism Safety Situation

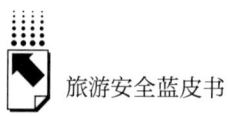

B.32 Safety Situation Analysis and Prospects of 2017 -2018 Ningxia Tourism

Wang Guanghua, Wang Wenjiang and Jing Yunpeng / 358

Abstract: In 2017, the tourism safety production situation of Ningxia was stable and good. Under the strong leadership of the autonomous regional party committee and government, and the specific guidance of the autonomous region safety committee, the major and extraordinarily serious tourism safety accidents in Ningxia were effectively contained, by implementing the responsibility of production safety as the main line, carryiug out the concept of safe development actively, adhering the red line of safety production, agglomerating the power, planning uniformly, checking carefully, governing seriously, consolidating the foundation and strength. In 2018, the tourism industry of the autonomous region would continue to implement the spirit of the party's 19th Congress and the spirit of the 12th Party Congress of the autonomous region, promoting the institutionalization of responsibilities, strengthening the responsibility for safe production, fulfilling normalization of law enforcement inspections, strengthening the foundation for safe production, focusing on the informationization of safety management, improving emergency management capabilities, continuing to innovate methods, and improving public safety services. It provides a good environment for the creation of a state of global tourism demonstration area and the promotion of the transformation and upgrading of tourism.

Keywords: Ningxia Tourism; Tourism Safety; Global Tourism

B.33 Safety Situation Analysis and Prospects of 2017 -2018 Hong Kong and Macau Tourism

Chen Jinhua, Li Yiming and Li Yaheng / 366

Abstract: With the tourism economic recovery the tourism security situation has overall been stable in Hong Kong and Macao in 2017. There were 51 tourist safety events, a significant decline compared with last year. The main contributions of this research are as follow: (1) Hong Kong and Macao were seriously affected by typhoon disasters, traffic accidents with high frequency and huge personnel casualties and economic losses; (2) the national and social identity of the local young people affected the safety atmosphere of tourist destinations and the safety attitude of tourists; (3) it is important to pay more attention to improving the emergency management mechanism of serious natural disasters, controlling the tourism safety of new formats such as marine cruise tourism and large-scale festivals and events, training tourism talents and updating tourism facilities in 2018.

Keywords: Tourism Safety; Emergency Management; Hong Kong; Macao

B.34　Safety Situation Analysis and Prospects of 2017 -2018 Taiwan Tourism　　　　　　　*Huang Yuanshui*, *Yu Minchao* / 378

Abstract: In 2017, the number of tourists arrivals from mainland China to Taiwan showed a cliff-type decline after falling back in 2016. However, tourism safety incidents in 2017 in Taiwan had increased significantly compared to 2016. The data showed that the number of accident disasters in 2017 was still the highest in all kinds of tourism safety incidents, and tourism traffic accidents were the most serious casualties among them; the time distribution was mainly in autumn and winter and the spatial distribution was not balanced; the number of public health incidents and the outbreak of infectious diseases had increased; the situation of operational safety accidents and social safety incidents had deteriorated. According to the theory of accident causality chain, the factors of tourism environment in Taiwan, the tourist behaviors and the interaction between them are the main causes of the incident. This article suggests that in 2018, the Taiwan authorities should continue to pay attention to and strive to improve Taiwan's tourism environment in the face of a recession in tourism and tourism,

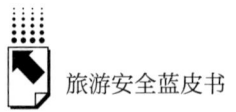

and strengthen cooperation between the two sides of the straits and attach great importance to the safety of life and property, including mainland tourists. What's more, in order to improve the tourism safety situation, the authorities should raise the self-safety consciousness and strengthen the safety education of tourists, and really try hard to solve the recurring tourism safety problems.

Keywords: Tourism Safety; Taiwan

B.35 Safety Situation Analysis and Prospects of 2017 −2018 Inbound Tourism　　　　　　　　*Wu Geng'an, Wang Lu* / 392

Abstract: The security situation of inbound tourism has improved in 2017, and the overall number of inbound tourism security incidents has decreased. Compared with 2016, losting property and personal disease events of inbound tourism security event types still accounted for larger proportion, and tourists stranded events still occurred in 2017. Areas has widened the scope of the incident, so inbound tourism safety still has big challenges. The reasons for the occurrence of inbound tourism security incidents mainly include personnel, facilities, environment and management. Therefore, inbound tourism safety management should also be started from these four aspects. Looking ahead to 2018, the global tourism promotion, the implementation of One Belt And One Road national strategy, the promotion of international tourism festival, the international meeting and a series of entry and the implementation of the preferential policies will attract more foreign tourists, thus inbound tourism safety regulation will meet more challenges.

Keywords: Inbound Tourism; Inbound Tourism Security; 2017 −2018

B. 36 Safety Situation Analysis and Prospects of 2017 −2018
Outbound Tourism *Fang Xuhong, Zhang Jucheng* / 406

Abstract: In 2017, the outbound travel security situation was generally stable, but tourism security incidents still occurred from time to time. The security situation in local areas continues to deteriorate, and the safety of outbound tourism is impacted. Natural disasters continue to be an important factor affecting the safety of outbound travel; accidents and disasters, especially death accidents, tend to increase; tourism business security accidents present a trend of network development; tourists' misconduct leads to new trends in tourism safety accidents. International cooperation in outbound travel security has been gradually improved, outbound travel security services have become more sophisticated, and civilized tourism has gained popularity. Looking forward to the year of 2018, the complex and grim trends of the international situation will be difficult to ease. To this end, it is necessary to adhere to the road of peaceful development and promote the building of a community of human destiny; to promote international tourism cooperation and promote the establishment of bilateral or multilateral tourism cooperation mechanisms; to promote relevant countries and regions of destinations The tourism policing cooperation and tourism judicial cooperation, crack down on transnational crimes, and crack down on sexually oriented crimes against Chinese tourists to ensure the safety of Chinese citizens' outbound travel.

Keywords: Outbound Tourism; Tourism Security; 2017 −2018

社会科学文献出版社　　**皮书系列**

❖ 皮书起源 ❖

"皮书"起源于十七、十八世纪的英国,主要指官方或社会组织正式发表的重要文件或报告,多以"白皮书"命名。在中国,"皮书"这一概念被社会广泛接受,并被成功运作、发展成为一种全新的出版形态,则源于中国社会科学院社会科学文献出版社。

❖ 皮书定义 ❖

皮书是对中国与世界发展状况和热点问题进行年度监测,以专业的角度、专家的视野和实证研究方法,针对某一领域或区域现状与发展态势展开分析和预测,具备原创性、实证性、专业性、连续性、前沿性、时效性等特点的公开出版物,由一系列权威研究报告组成。

❖ 皮书作者 ❖

皮书系列的作者以中国社会科学院、著名高校、地方社会科学院的研究人员为主,多为国内一流研究机构的权威专家学者,他们的看法和观点代表了学界对中国与世界的现实和未来最高水平的解读与分析。

❖ 皮书荣誉 ❖

皮书系列已成为社会科学文献出版社的著名图书品牌和中国社会科学院的知名学术品牌。2016年,皮书系列正式列入"十三五"国家重点出版规划项目;2013~2018年,重点皮书列入中国社会科学院承担的国家哲学社会科学创新工程项目;2018年,59种院外皮书使用"中国社会科学院创新工程学术出版项目"标识。

中国皮书网

（网址：www.pishu.cn）

发布皮书研创资讯，传播皮书精彩内容
引领皮书出版潮流，打造皮书服务平台

栏目设置

关于皮书：何谓皮书、皮书分类、皮书大事记、皮书荣誉、
皮书出版第一人、皮书编辑部

最新资讯：通知公告、新闻动态、媒体聚焦、网站专题、视频直播、下载专区

皮书研创：皮书规范、皮书选题、皮书出版、皮书研究、研创团队

皮书评奖评价：指标体系、皮书评价、皮书评奖

互动专区：皮书说、社科数托邦、皮书微博、留言板

所获荣誉

2008年、2011年，中国皮书网均在全国新闻出版业网站荣誉评选中获得"最具商业价值网站"称号；

2012年，获得"出版业网站百强"称号。

网库合一

2014年，中国皮书网与皮书数据库端口合一，实现资源共享。

权威报告·一手数据·特色资源

皮书数据库
ANNUAL REPORT(YEARBOOK) DATABASE

当代中国经济与社会发展高端智库平台

所获荣誉

- 2016年，入选"'十三五'国家重点电子出版物出版规划骨干工程"
- 2015年，荣获"搜索中国正能量 点赞2015""创新中国科技创新奖"
- 2013年，荣获"中国出版政府奖·网络出版物奖"提名奖
- 连续多年荣获中国数字出版博览会"数字出版·优秀品牌"奖

成为会员

通过网址www.pishu.com.cn访问皮书数据库网站或下载皮书数据库APP，进行手机号码验证或邮箱验证即可成为皮书数据库会员。

会员福利

- 使用手机号码首次注册的会员，账号自动充值100元体验金，可直接购买和查看数据库内容（仅限PC端）。
- 已注册用户购书后可免费获赠100元皮书数据库充值卡。刮开充值卡涂层获取充值密码，登录并进入"会员中心"—"在线充值"—"充值卡充值"，充值成功后即可购买和查看数据库内容（仅限PC端）。
- 会员福利最终解释权归社会科学文献出版社所有。

数据库服务热线：400-008-6695
数据库服务QQ：2475522410
数据库服务邮箱：database@ssap.cn
图书销售热线：010-59367070/7028
图书服务QQ：1265056568
图书服务邮箱：duzhe@ssap.cn

卡号：392871331418
密码：

基本子库
SUB DATABASE

中国社会发展数据库（下设12个子库）

全面整合国内外中国社会发展研究成果，汇聚独家统计数据、深度分析报告，涉及社会、人口、政治、教育、法律等12个领域，为了解中国社会发展动态、跟踪社会核心热点、分析社会发展趋势提供一站式资源搜索和数据分析与挖掘服务。

中国经济发展数据库（下设12个子库）

基于"皮书系列"中涉及中国经济发展的研究资料构建，内容涵盖宏观经济、农业经济、工业经济、产业经济等12个重点经济领域，为实时掌控经济运行态势、把握经济发展规律、洞察经济形势、进行经济决策提供参考和依据。

中国行业发展数据库（下设17个子库）

以中国国民经济行业分类为依据，覆盖金融业、旅游、医疗卫生、交通运输、能源矿产等100多个行业，跟踪分析国民经济相关行业市场运行状况和政策导向，汇集行业发展前沿资讯，为投资、从业及各种经济决策提供理论基础和实践指导。

中国区域发展数据库（下设6个子库）

对中国特定区域内的经济、社会、文化等领域现状与发展情况进行深度分析和预测，研究层级至县及县以下行政区，涉及地区、区域经济体、城市、农村等不同维度。为地方经济社会宏观态势研究、发展经验研究、案例分析提供数据服务。

中国文化传媒数据库（下设18个子库）

汇聚文化传媒领域专家观点、热点资讯，梳理国内外中国文化发展相关学术研究成果、一手统计数据，涵盖文化产业、新闻传播、电影娱乐、文学艺术、群众文化等18个重点研究领域。为文化传媒研究提供相关数据、研究报告和综合分析服务。

世界经济与国际关系数据库（下设6个子库）

立足"皮书系列"世界经济、国际关系相关学术资源，整合世界经济、国际政治、世界文化与科技、全球性问题、国际组织与国际法、区域研究6大领域研究成果，为世界经济与国际关系研究提供全方位数据分析，为决策和形势研判提供参考。

法律声明

"皮书系列"(含蓝皮书、绿皮书、黄皮书)之品牌由社会科学文献出版社最早使用并持续至今,现已被中国图书市场所熟知。"皮书系列"的相关商标已在中华人民共和国国家工商行政管理总局商标局注册,如LOGO( )、皮书、Pishu、经济蓝皮书、社会蓝皮书等。"皮书系列"图书的注册商标专用权及封面设计、版式设计的著作权均为社会科学文献出版社所有。未经社会科学文献出版社书面授权许可,任何使用与"皮书系列"图书注册商标、封面设计、版式设计相同或者近似的文字、图形或其组合的行为均系侵权行为。

经作者授权,本书的专有出版权及信息网络传播权等为社会科学文献出版社享有。未经社会科学文献出版社书面授权许可,任何就本书内容的复制、发行或以数字形式进行网络传播的行为均系侵权行为。

社会科学文献出版社将通过法律途径追究上述侵权行为的法律责任,维护自身合法权益。

欢迎社会各界人士对侵犯社会科学文献出版社上述权利的侵权行为进行举报。电话:010-59367121,电子邮箱:fawubu@ssap.cn。

社会科学文献出版社

皮书系列

2018年

智库成果出版与传播平台

社会科学文献出版社
SOCIAL SCIENCES ACADEMIC PRESS (CHINA)

社长致辞

蓦然回首，皮书的专业化历程已经走过了二十年。20年来从一个出版社的学术产品名称到媒体热词再到智库成果研创及传播平台，皮书以专业化为主线，进行了系列化、市场化、品牌化、数字化、国际化、平台化的运作，实现了跨越式的发展。特别是在党的十八大以后，以习近平总书记为核心的党中央高度重视新型智库建设，皮书也迎来了长足的发展，总品种达到600余种，经过专业评审机制、淘汰机制遴选，目前，每年稳定出版近400个品种。"皮书"已经成为中国新型智库建设的抓手，成为国际国内社会各界快速、便捷地了解真实中国的最佳窗口。

20年孜孜以求，"皮书"始终将自己的研究视野与经济社会发展中的前沿热点问题紧密相连。600个研究领域，3万多位分布于800余个研究机构的专家学者参与了研创写作。皮书数据库中共收录了15万篇专业报告，50余万张数据图表，合计30亿字，每年报告下载量近80万次。皮书为中国学术与社会发展实践的结合提供了一个激荡智力、传播思想的入口，皮书作者们用学术的话语、客观翔实的数据谱写出了中国故事壮丽的篇章。

20年跬步千里，"皮书"始终将自己的发展与时代赋予的使命与责任紧紧相连。每年百余场新闻发布会，10万余次中外媒体报道，中、英、俄、日、韩等12个语种共同出版。皮书所具有的凝聚力正在形成一种无形的力量，吸引着社会各界关注中国的发展，参与中国的发展，它是我们向世界传递中国声音、总结中国经验、争取中国国际话语权最主要的平台。

皮书这一系列成就的取得，得益于中国改革开放的伟大时代，离不开来自中国社会科学院、新闻出版广电总局、全国哲学社会科学规划办公室等主管部门的大力支持和帮助，也离不开皮书研创者和出版者的共同努力。他们与皮书的故事创造了皮书的历史，他们对皮书的拳拳之心将继续谱写皮书的未来！

现在，"皮书"品牌已经进入了快速成长的青壮年时期。全方位进行规范化管理，树立中国的学术出版标准；不断提升皮书的内容质量和影响力，搭建起中国智库产品和智库建设的交流服务平台和国际传播平台；发布各类皮书指数，并使之成为中国指数，让中国智库的声音响彻世界舞台，为人类的发展做出中国的贡献——这是皮书未来发展的图景。作为"皮书"这个概念的提出者，"皮书"从一般图书到系列图书和品牌图书，最终成为智库研究和社会科学应用对策研究的知识服务和成果推广平台这整个过程的操盘者，我相信，这也是每一位皮书人执著追求的目标。

"当代中国正经历着我国历史上最为广泛而深刻的社会变革，也正在进行着人类历史上最为宏大而独特的实践创新。这种前无古人的伟大实践，必将给理论创造、学术繁荣提供强大动力和广阔空间。"

在这个需要思想而且一定能够产生思想的时代，皮书的研创出版一定能创造出新的更大的辉煌！

社会科学文献出版社社长
中国社会学会秘书长
2017年11月

社会科学文献出版社简介

社会科学文献出版社（以下简称"社科文献出版社"）成立于1985年，是直属于中国社会科学院的人文社会科学学术出版机构。成立至今，社科文献出版社始终依托中国社会科学院和国内外人文社会科学界丰厚的学术出版和专家学者资源，坚持"创社科经典，出传世文献"的出版理念、"权威、前沿、原创"的产品定位以及学术成果和智库成果出版的专业化、数字化、国际化、市场化的经营道路。

社科文献出版社是中国新闻出版业转型与文化体制改革的先行者。积极探索文化体制改革的先进方向和现代企业经营决策机制，社科文献出版社先后荣获"全国文化体制改革工作先进单位"、中国出版政府奖·先进出版单位奖，中国社会科学院先进集体、全国科普工作先进集体等荣誉称号。多人次荣获"第十届韬奋出版奖""全国新闻出版行业领军人才""数字出版先进人物""北京市新闻出版广电行业领军人才"等称号。

社科文献出版社是中国人文社会科学学术出版的大社名社，也是以皮书为代表的智库成果出版的专业强社。年出版图书2000余种，其中皮书400余种，出版新书字数5.5亿字，承印与发行中国社科院院属期刊72种，先后创立了皮书系列、列国志、中国史话、社科文献学术译库、社科文献学术文库、甲骨文书系等一大批既有学术影响又有市场价值的品牌，确立了在社会学、近代史、苏东问题研究等专业学科及领域出版的领先地位。图书多次荣获中国出版政府奖、"三个一百"原创图书出版工程、"五个'一'工程奖"、"大众喜爱的50种图书"等奖项，在中央国家机关"强素质·做表率"读书活动中，入选图书品种数位居各大出版社之首。

社科文献出版社是中国学术出版规范与标准的倡议者与制定者，代表全国50多家出版社发起实施学术著作出版规范的倡议，承担学术著作规范国家标准的起草工作，率先编撰完成《皮书手册》对皮书品牌进行规范化管理，并在此基础上推出中国版芝加哥手册——《社科文献出版社学术出版手册》。

社科文献出版社是中国数字出版的引领者，拥有皮书数据库、列国志数据库、"一带一路"数据库、减贫数据库、集刊数据库等4大产品线11个数据库产品，机构用户达1300余家，海外用户百余家，荣获"数字出版转型示范单位""新闻出版标准化先进单位""专业数字内容资源知识服务模式试点企业标准化示范单位"等称号。

社科文献出版社是中国学术出版走出去的践行者。社科文献出版社海外图书出版与学术合作业务遍及全球40余个国家和地区，并于2016年成立俄罗斯分社，累计输出图书500余种，涉及近20个语种，累计获得国家社科基金中华学术外译项目资助76种、"丝路书香工程"项目资助60种、中国图书对外推广计划项目资助71种以及经典中国国际出版工程资助28种，被五部委联合认定为"2015-2016年度国家文化出口重点企业"。

如今，社科文献出版社完全靠自身积累拥有固定资产3.6亿元，年收入3亿元，设置了七大出版分社、六大专业部门，成立了皮书研究院和博士后科研工作站，培养了一支近400人的高素质与高效率的编辑、出版、营销和国际推广队伍，为未来成为学术出版的大社、名社、强社，成为文化体制改革与文化企业转型发展的排头兵奠定了坚实的基础。

宏观经济类

经济蓝皮书
2018年中国经济形势分析与预测

李平 / 主编　2017年12月出版　定价：89.00元

◆ 本书为总理基金项目，由著名经济学家李扬领衔，联合中国社会科学院等数十家科研机构、国家部委和高等院校的专家共同撰写，系统分析了2017年的中国经济形势并预测2018年中国经济运行情况。

城市蓝皮书
中国城市发展报告No.11

潘家华　单菁菁 / 主编　2018年9月出版　估价：99.00元

◆ 本书是由中国社会科学院城市发展与环境研究中心编著的，多角度、全方位地立体展示了中国城市的发展状况，并对中国城市的未来发展提出了许多建议。该书有强烈的时代感，对中国城市发展实践有重要的参考价值。

人口与劳动绿皮书
中国人口与劳动问题报告No.19

张车伟 / 主编　2018年10月出版　估价：99.00元

◆ 本书为中国社会科学院人口与劳动经济研究所主编的年度报告，对当前中国人口与劳动形势做了比较全面和系统的深入讨论，为研究中国人口与劳动问题提供了一个专业性的视角。

宏观经济类・区域经济类

中国省域竞争力蓝皮书
中国省域经济综合竞争力发展报告（2017~2018）

李建平　李闽榕　高燕京/主编　2018年5月出版　估价：198.00元

◆ 本书融多学科的理论为一体，深入追踪研究了省域经济发展与中国国家竞争力的内在关系，为提升中国省域经济综合竞争力提供有价值的决策依据。

金融蓝皮书
中国金融发展报告（2018）

王国刚/主编　2018年6月出版　估价：99.00元

◆ 本书由中国社会科学院金融研究所组织编写，概括和分析了2017年中国金融发展和运行中的各方面情况，研讨和评论了2017年发生的主要金融事件，有利于读者了解掌握2017年中国的金融状况，把握2018年中国金融的走势。

区域经济类

京津冀蓝皮书
京津冀发展报告（2018）

祝合良　叶堂林　张贵祥/等著　2018年6月出版　估价：99.00元

◆ 本书遵循问题导向与目标导向相结合、统计数据分析与大数据分析相结合、纵向分析和长期监测与结构分析和综合监测相结合等原则，对京津冀协同发展新形势与新进展进行测度与评价。

 社会政法类

社会政法类

社会蓝皮书
2018年中国社会形势分析与预测

李培林　陈光金　张翼/主编　2017年12月出版　定价：89.00元

◆ 本书由中国社会科学院社会学研究所组织研究机构专家、高校学者和政府研究人员撰写，聚焦当下社会热点，对2017年中国社会发展的各个方面内容进行了权威解读，同时对2018年社会形势发展趋势进行了预测。

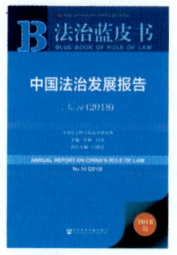

法治蓝皮书
中国法治发展报告No.16（2018）

李林　田禾/主编　2018年3月出版　定价：128.00元

◆ 本年度法治蓝皮书回顾总结了2017年度中国法治发展取得的成就和存在的不足，对中国政府、司法、检务透明度进行了跟踪调研，并对2018年中国法治发展形势进行了预测和展望。

教育蓝皮书
中国教育发展报告（2018）

杨东平/主编　2018年3月出版　定价：89.00元

◆ 本书重点关注了2017年教育领域的热点，资料翔实，分析有据，既有专题研究，又有实践案例，从多角度对2017年教育改革和实践进行了分析和研究。

皮书系列重点推荐　社会政法类

社会体制蓝皮书
中国社会体制改革报告 No.6（2018）

龚维斌 / 主编　2018 年 3 月出版　定价：98.00 元

◆ 本书由国家行政学院社会治理研究中心和北京师范大学中国社会管理研究院共同组织编写，主要对 2017 年社会体制改革情况进行回顾和总结，对 2018 年的改革走向进行分析，提出相关政策建议。

社会心态蓝皮书
中国社会心态研究报告（2018）

王俊秀　杨宜音 / 主编　2018 年 12 月出版　估价：99.00 元

◆ 本书是中国社会科学院社会学研究所社会心理研究中心"社会心态蓝皮书课题组"的年度研究成果，运用社会心理学、社会学、经济学、传播学等多种学科的方法进行了调查和研究，对于目前中国社会心态状况有较广泛和深入的揭示。

华侨华人蓝皮书
华侨华人研究报告（2018）

贾益民 / 主编　2017 年 12 月出版　估价：139.00 元

◆ 本书关注华侨华人生产与生活的方方面面。华侨华人是中国建设 21 世纪海上丝绸之路的重要中介者、推动者和参与者。本书旨在全面调研华侨华人，提供最新涉侨动态、理论研究成果和政策建议。

民族发展蓝皮书
中国民族发展报告（2018）

王延中 / 主编　2018 年 10 月出版　估价：188.00 元

◆ 本书从民族学人类学视角，研究近年来少数民族和民族地区的发展情况，展示民族地区经济、政治、文化、社会和生态文明"五位一体"建设取得的辉煌成就和面临的困难挑战，为深刻理解中央民族工作会议精神、加快民族地区全面建成小康社会进程提供了实证材料。

 产业经济类·行业及其他类　皮书系列重点推荐

产业经济类

房地产蓝皮书
中国房地产发展报告 No.15（2018）

李春华　王业强 / 主编　2018年5月出版　估价：99.00元

◆ 2018年《房地产蓝皮书》持续追踪中国房地产市场最新动态，深度剖析市场热点，展望2018年发展趋势，积极谋划应对策略。对2017年房地产市场的发展态势进行全面、综合的分析。

新能源汽车蓝皮书
中国新能源汽车产业发展报告（2018）

中国汽车技术研究中心　日产（中国）投资有限公司

东风汽车有限公司 / 编著　2018年8月出版　估价：99.00元

◆ 本书对中国2017年新能源汽车产业发展进行了全面系统的分析，并介绍了国外的发展经验。有助于相关机构、行业和社会公众等了解中国新能源汽车产业发展的最新动态，为政府部门出台新能源汽车产业相关政策法规、企业制定相关战略规划，提供必要的借鉴和参考。

行业及其他类

旅游绿皮书
2017~2018年中国旅游发展分析与预测

中国社会科学院旅游研究中心 / 编　2018年1月出版　定价：99.00元

◆ 本书从政策、产业、市场、社会等多个角度勾画出2017年中国旅游发展全貌，剖析了其中的热点和核心问题，并就未来发展作出预测。

行业及其他类

民营医院蓝皮书
中国民营医院发展报告（2018）

薛晓林 / 主编　　2018年11月出版　　估价：99.00元

◆ 本书在梳理国家对社会办医的各种利好政策的前提下，对我国民营医疗发展现状、我国民营医院竞争力进行了分析，并结合我国医疗体制改革对民营医院的发展趋势、发展策略、战略规划等方面进行了预估。

会展蓝皮书
中外会展业动态评估研究报告（2018）

张敏 / 主编　　2018年12月出版　　估价：99.00元

◆ 本书回顾了2017年的会展业发展动态，结合"供给侧改革"、"互联网+"、"绿色经济"的新形势分析了我国展会的行业现状，并介绍了国外的发展经验，有助于行业和社会了解最新的展会业动态。

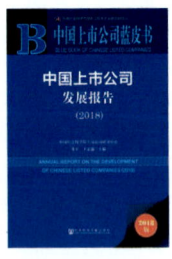

中国上市公司蓝皮书
中国上市公司发展报告（2018）

张平　王宏淼 / 主编　　2018年9月出版　　估价：99.00元

◆ 本书由中国社会科学院上市公司研究中心组织编写的，着力于全面、真实、客观反映当前中国上市公司财务状况和价值评估的综合性年度报告。本书详尽分析了2017年中国上市公司情况，特别是现实中暴露出的制度性、基础性问题，并对资本市场改革进行了探讨。

工业和信息化蓝皮书
人工智能发展报告（2017～2018）

尹丽波 / 主编　　2018年6月出版　　估价：99.00元

◆ 本书国家工业信息安全发展研究中心在对2017年全球人工智能技术和产业进行全面跟踪研究基础上形成的研究报告。该报告内容翔实、视角独特，具有较强的产业发展前瞻性和预测性，可为相关主管部门、行业协会、企业等全面了解人工智能发展形势以及进行科学决策提供参考。

国际问题与全球治理类

世界经济黄皮书
2018年世界经济形势分析与预测

张宇燕 / 主编　2018年1月出版　定价：99.00元

◆ 本书由中国社会科学院世界经济与政治研究所的研究团队撰写，分总论、国别与地区、专题、热点、世界经济统计与预测等五个部分，对2018年世界经济形势进行了分析。

国际城市蓝皮书
国际城市发展报告（2018）

屠启宇 / 主编　2018年2月出版　定价：89.00元

◆ 本书作者以上海社会科学院从事国际城市研究的学者团队为核心，汇集同济大学、华东师范大学、复旦大学、上海交通大学、南京大学、浙江大学相关城市研究专业学者。立足动态跟踪介绍国际城市发展时间中，最新出现的重大战略、重大理念、重大项目、重大报告和最佳案例。

非洲黄皮书
非洲发展报告 No.20（2017~2018）

张宏明 / 主编　2018年7月出版　估价：99.00元

◆ 本书是由中国社会科学院西亚非洲研究所组织编撰的非洲形势年度报告，比较全面、系统地分析了2017年非洲政治形势和热点问题，探讨了非洲经济形势和市场走向，剖析了大国对非洲关系的新动向；此外，还介绍了国内非洲研究的新成果。

皮书系列重点推荐　　国别类

国别类

美国蓝皮书
美国研究报告（2018）

郑秉文　黄平 / 主编　2018 年 5 月出版　估价：99.00 元

◆ 本书是由中国社会科学院美国研究所主持完成的研究成果，它回顾了美国 2017 年的经济、政治形势与外交战略，对美国内政外交发生的重大事件及重要政策进行了较为全面的回顾和梳理。

德国蓝皮书
德国发展报告（2018）

郑春荣 / 主编　2018 年 6 月出版　估价：99.00 元

◆ 本报告由同济大学德国研究所组织编撰，由该领域的专家学者对德国的政治、经济、社会文化、外交等方面的形势发展情况，进行全面的阐述与分析。

俄罗斯黄皮书
俄罗斯发展报告（2018）

李永全 / 编著　2018 年 6 月出版　估价：99.00 元

◆ 本书系统介绍了 2017 年俄罗斯经济政治情况，并对 2016 年该地区发生的焦点、热点问题进行了分析与回顾；在此基础上，对该地区 2018 年的发展前景进行了预测。

文化传媒类

新媒体蓝皮书
中国新媒体发展报告 No.9（2018）
唐绪军 / 主编　2018 年 6 月出版　估价：99.00 元

◆ 本书是由中国社会科学院新闻与传播研究所组织编写的关于新媒体发展的最新年度报告，旨在全面分析中国新媒体的发展现状，解读新媒体的发展趋势，探析新媒体的深刻影响。

移动互联网蓝皮书
中国移动互联网发展报告（2018）
余清楚 / 主编　2018 年 6 月出版　估价：99.00 元

◆ 本书着眼于对 2017 年度中国移动互联网的发展情况做深入解析，对未来发展趋势进行预测，力求从不同视角、不同层面全面剖析中国移动互联网发展的现状、年度突破及热点趋势等。

文化蓝皮书
中国文化消费需求景气评价报告（2018）
王亚南 / 主编　2018 年 3 月出版　定价：99.00 元

◆ 本书首创全国文化发展量化检测评价体系，也是至今全国唯一的文化民生量化检测评价体系，对于检验全国及各地"以人民为中心"的文化发展具有首创意义。

地方发展类

北京蓝皮书
北京经济发展报告（2017~2018）

杨松/主编　2018年6月出版　估价：99.00元

◆ 本书对2017年北京市经济发展的整体形势进行了系统性的分析与回顾，并对2018年经济形势走势进行了预测与研判，聚焦北京市经济社会发展中的全局性、战略性和关键领域的重点问题，运用定量和定性分析相结合的方法，对北京市经济社会发展的现状、问题、成因进行了深入分析，提出了可操作性的对策建议。

温州蓝皮书
2018年温州经济社会形势分析与预测

蒋儒标　王春光　金浩/主编　2018年6月出版　估价：99.00元

◆ 本书是中共温州市委党校和中国社会科学院社会学研究所合作推出的第十一本温州蓝皮书，由来自党校、政府部门、科研机构、高校的专家、学者共同撰写的2017年温州区域发展形势的最新研究成果。

黑龙江蓝皮书
黑龙江社会发展报告（2018）

王爱丽/主编　2018年1月出版　定价：89.00元

◆ 本书以千份随机抽样问卷调查和专题研究为依据，运用社会学理论框架和分析方法，从专家和学者的独特视角，对2017年黑龙江省关系民生的问题进行广泛的调研与分析，并对2017年黑龙江省诸多社会热点和焦点问题进行了有益的探索。这些研究不仅可以为政府部门更加全面深入了解省情、科学制定决策提供智力支持，同时也可以为广大读者认识、了解、关注黑龙江社会发展提供理性思考。

宏观经济类

皮书系列 2018全品种
宏观经济类

城市蓝皮书
中国城市发展报告（No.11）
著(编)者：潘家华 单菁菁
2018年9月出版 / 估价：99.00元
PSN B-2007-091-1/1

城乡一体化蓝皮书
中国城乡一体化发展报告（2018）
著(编)者：付崇兰
2018年9月出版 / 估价：99.00元
PSN B-2011-226-1/2

城镇化蓝皮书
中国新型城镇化健康发展报告（2018）
著(编)者：张占斌
2018年8月出版 / 估价：99.00元
PSN B-2014-396-1/1

创新蓝皮书
创新型国家建设报告（2018～2019）
著(编)者：詹正茂
2018年12月出版 / 估价：99.00元
PSN B-2009-140-1/1

低碳发展蓝皮书
中国低碳发展报告（2018）
著(编)者：张希良 齐晔
2018年6月出版 / 估价：99.00元
PSN B-2011-223-1/1

低碳经济蓝皮书
中国低碳经济发展报告（2018）
著(编)者：薛进军 赵忠秀
2018年11月出版 / 估价：99.00元
PSN B-2011-194-1/1

发展和改革蓝皮书
中国经济发展和体制改革报告No.9
著(编)者：邹东涛 王再文
2018年1月出版 / 估价：99.00元
PSN B-2008-122-1/1

国家创新蓝皮书
中国创新发展报告（2017）
著(编)者：陈劲　2018年5月出版 / 估价：99.00元
PSN B-2014-370-1/1

金融蓝皮书
中国金融发展报告（2018）
著(编)者：王国刚
2018年6月出版 / 估价：99.00元
PSN B-2004-031-1/7

经济蓝皮书
2018年中国经济形势分析与预测
著(编)者：李平　2017年12月出版 / 定价：89.00元
PSN B-1996-001-1/1

经济蓝皮书春季号
2018年中国经济前景分析
著(编)者：李扬　2018年5月出版 / 估价：99.00元
PSN B-1999-008-1/1

经济蓝皮书夏季号
中国经济增长报告（2017～2018）
著(编)者：李扬　2018年9月出版 / 估价：99.00元
PSN B-2010-176-1/1

农村绿皮书
中国农村经济形势分析与预测（2017～2018）
著(编)者：魏后凯 黄秉信
2018年4月出版 / 定价：99.00元
PSN G-1998-003-1/1

人口与劳动绿皮书
中国人口与劳动问题报告No.19
著(编)者：张车伟　2018年11月出版 / 估价：99.00元
PSN G-2000-012-1/1

新型城镇化蓝皮书
新型城镇化发展报告（2017）
著(编)者：李伟 宋敏
2018年3月出版 / 定价：98.00元
PSN B-2005-038-1/1

中国省域竞争力蓝皮书
中国省域经济综合竞争力发展报告（2016～2017）
著(编)者：李建平 李闽榕
2018年2月出版 / 定价：198.00元
PSN B-2007-088-1/1

中小城市绿皮书
中国中小城市发展报告（2018）
著(编)者：中国城市经济学会中小城市经济发展委员会
　　　　　中国城镇化促进会中小城市发展委员会
　　　　　《中国中小城市发展报告》编纂委员会
　　　　　中小城市发展战略研究院
2018年11月出版 / 估价：128.00元
PSN G-2010-161-1/1

13

皮书系列 2018全品种
区域经济类・社会政法类

区域经济类

东北蓝皮书
中国东北地区发展报告（2018）
著(编)者：姜晓秋　2018年11月出版／估价：99.00元
PSN B-2006-067-1/1

金融蓝皮书
中国金融中心发展报告（2017~2018）
著(编)者：王力 黄育华　2018年11月出版／估价：99.00元
PSN B-2011-186-6/7

京津冀蓝皮书
京津冀发展报告（2018）
著(编)者：祝合良 叶堂林 张贵祥
2018年6月出版／估价：99.00元
PSN B-2012-262-1/1

西北蓝皮书
中国西北发展报告（2018）
著(编)者：王福生 马廷旭 董秋生
2018年1月出版／定价：99.00元
PSN B-2012-261-1/1

西部蓝皮书
中国西部发展报告（2018）
著(编)者：璋勇 任保平　2018年8月出版／估价：99.00元
PSN B-2005-039-1/1

长江经济带产业蓝皮书
长江经济带产业发展报告（2018）
著(编)者：吴传清　2018年11月出版／估价：128.00元
PSN B-2017-666-1/1

长江经济带蓝皮书
长江经济带发展报告（2017~2018）
著(编)者：王振　2018年11月出版／估价：99.00元
PSN B-2016-575-1/1

长江中游城市群蓝皮书
长江中游城市群新型城镇化与产业协同发展报告（2018）
著(编)者：杨刚强　2018年11月出版／估价：99.00元
PSN B-2016-578-1/1

长三角蓝皮书
2017年创新融合发展的长三角
著(编)者：刘飞跃　2018年5月出版／估价：99.00元
PSN B-2005-038-1/1

长株潭城市群蓝皮书
长株潭城市群发展报告（2017）
著(编)者：张萍 朱有志　2018年6月出版／估价：99.00元
PSN B-2008-109-1/1

特色小镇蓝皮书
特色小镇智慧运营报告（2018）：顶层设计与智慧架构标
著(编)者：陈劲　2018年1月出版／定价：79.00元
PSN B-2018-692-1/1

中部竞争力蓝皮书
中国中部经济社会竞争力报告（2018）
著(编)者：教育部人文社会科学重点研究基地南昌大学中国
　　　　　中部经济社会发展研究中心
2018年12月出版／估价：99.00元
PSN B-2012-276-1/1

中部蓝皮书
中国中部地区发展报告（2018）
著(编)者：宋亚平　2018年12月出版／估价：99.00元
PSN B-2007-089-1/1

区域蓝皮书
中国区域经济发展报告（2017~2018）
著(编)者：赵弘　2018年5月出版／估价：99.00元
PSN B-2004-034-1/1

中三角蓝皮书
长江中游城市群发展报告（2018）
著(编)者：秦尊文　2018年9月出版／估价：99.00元
PSN B-2014-417-1/1

中原蓝皮书
中原经济区发展报告（2018）
著(编)者：李英杰　2018年6月出版／估价：99.00元
PSN B-2011-192-1/1

珠三角流通蓝皮书
珠三角商圈发展研究报告（2018）
著(编)者：王先庆 林至颖　2018年7月出版／估价：99.00元
PSN B-2012-292-1/1

社会政法类

北京蓝皮书
中国社区发展报告（2017~2018）
著(编)者：于燕燕　2018年9月出版／估价：99.00元
PSN B-2007-083-5/8

殡葬绿皮书
中国殡葬事业发展报告（2017~2018）
著(编)者：李伯森　2018年6月出版／估价：158.00元
PSN G-2010-180-1/1

城市管理蓝皮书
中国城市管理报告（2017-2018）
著(编)者：刘林 刘承水　2018年5月出版／估价：158.00元
PSN B-2013-336-1/1

城市生活质量蓝皮书
中国城市生活质量报告（2017）
著(编)者：张连城 张平 杨春学 郎丽华
2017年12月出版／定价：89.00元
PSN B-2013-326-1/1

 社会政法类

皮书系列 2018全品种

城市政府能力蓝皮书
中国城市政府公共服务能力评估报告（2018）
著（编）者：何艳玲　2018年5月出版 / 估价：99.00元
PSN B-2013-338-1/1

创业蓝皮书
中国创业发展研究报告（2017～2018）
著（编）者：黄群慧　赵卫星　钟宏武
2018年11月出版 / 估价：99.00元
PSN B-2016-577-1/1

慈善蓝皮书
中国慈善发展报告（2018）
著（编）者：杨团　2018年6月出版 / 估价：99.00元
PSN B-2009-142-1/1

党建蓝皮书
党的建设研究报告No.2（2018）
著（编）者：崔建民　陈东平　2018年6月出版 / 估价：99.00元
PSN B-2016-523-1/1

地方法治蓝皮书
中国地方法治发展报告No.3（2018）
著（编）者：李林　田禾　2018年6月出版 / 估价：118.00元
PSN B-2015-442-1/1

电子政务蓝皮书
中国电子政务发展报告（2018）
著（编）者：李季　2018年8月出版 / 估价：99.00元
PSN B-2003-022-1/1

儿童蓝皮书
中国儿童参与状况报告（2017）
著（编）者：苑立新　2017年12月出版 / 定价：89.00元
PSN B-2017-682-1/1

法治蓝皮书
中国法治发展报告No.16（2018）
著（编）者：李林　田禾　2018年3月出版 / 定价：128.00元
PSN B-2004-027-1/3

法治蓝皮书
中国法院信息化发展报告No.2（2018）
著（编）者：李林　田禾　2018年2月出版 / 定价：118.00元
PSN B-2017-604-3/3

法治政府蓝皮书
中国法治政府发展报告（2017）
著（编）者：中国政法大学法治政府研究院
2018年3月出版 / 估价：158.00元
PSN B-2015-502-1/2

法治政府蓝皮书
中国法治政府评估报告（2018）
著（编）者：中国政法大学法治政府研究院
2018年9月出版 / 估价：168.00元
PSN B-2016-576-2/2

反腐倡廉蓝皮书
中国反腐倡廉建设报告No.8
著（编）者：张英伟　2018年12月出版 / 估价：99.00元
PSN B-2012-259-1/1

扶贫蓝皮书
中国扶贫开发报告（2018）
著（编）者：李培林　魏后凯　2018年12月出版 / 估价：128.00元
PSN B-2016-599-1/1

妇女发展蓝皮书
中国妇女发展报告No.6
著（编）者：王金玲　2018年9月出版 / 估价：158.00元
PSN B-2006-069-1/1

妇女教育蓝皮书
中国妇女教育发展报告No.3
著（编）者：张李玺　2018年10月出版 / 估价：99.00元
PSN B-2008-121-1/1

妇女绿皮书
2018年：中国性别平等与妇女发展报告
著（编）者：谭琳　2018年12月出版 / 估价：99.00元
PSN G-2006-073-1/1

公共安全蓝皮书
中国城市公共安全发展报告（2017～2018）
著（编）者：黄育华　杨文明　赵建辉
2018年6月出版 / 估价：99.00元
PSN B-2017-628-1/1

公共服务蓝皮书
中国城市基本公共服务力评价（2018）
著（编）者：钟君　刘志昌　吴正杲
2018年12月出版 / 估价：99.00元
PSN B-2011-214-1/1

公民科学素质蓝皮书
中国公民科学素质报告（2017～2018）
著（编）者：李群　陈雄　马宗文
2017年12月出版 / 定价：89.00元
PSN B-2014-379-1/1

公益蓝皮书
中国公益慈善发展报告（2016）
著（编）者：朱健刚　胡小军　2018年6月出版 / 估价：99.00元
PSN B-2012-283-1/1

国际人才蓝皮书
中国国际移民报告（2018）
著（编）者：王辉耀　2018年6月出版 / 估价：99.00元
PSN B-2012-304-3/4

国际人才蓝皮书
中国留学发展报告（2018）No.7
著（编）者：王辉耀　苗绿　2018年12月出版 / 估价：99.00元
PSN B-2012-244-2/4

海洋社会蓝皮书
中国海洋社会发展报告（2017）
著（编）者：崔凤　宋宁而　2018年3月出版 / 定价：99.00元
PSN B-2015-478-1/1

行政改革蓝皮书
中国行政体制改革报告No.7（2018）
著（编）者：魏礼群　2018年6月出版 / 估价：99.00元
PSN B-2011-231-1/1

15

皮书系列 2018全品种

社会政法类

华侨华人蓝皮书
华侨华人研究报告（2017）
著(编)者：张禹东 庄国土　2017年12月出版 / 定价：148.00元
PSN B-2011-204-1/1

互联网与国家治理蓝皮书
互联网与国家治理发展报告（2017）
著(编)者：张志安　2018年1月出版 / 定价：98.00元
PSN B-2017-671-1/1

环境管理蓝皮书
中国环境管理发展报告（2017）
著(编)者：李金惠　2017年12月出版 / 定价：98.00元
PSN B-2017-678-1/1

环境竞争力绿皮书
中国省域环境竞争力发展报告（2018）
著(编)者：李建平 李闽榕 王金南
2018年11月出版 / 估价：198.00元
PSN G-2010-165-1/1

环境绿皮书
中国环境发展报告（2017~2018）
著(编)者：李波　2018年6月出版 / 估价：99.00元
PSN G-2006-048-1/1

家庭蓝皮书
中国"创建幸福家庭活动"评估报告（2018）
著(编)者：国务院发展研究中心"创建幸福家庭活动评估"课题组
2018年12月出版 / 估价：99.00元
PSN B-2015-508-1/1

健康城市蓝皮书
中国健康城市建设研究报告（2018）
著(编)者：王鸿春 盛继洪　2018年12月出版 / 估价：99.00元
PSN B-2016-564-2/2

健康中国蓝皮书
社区首诊与健康中国分析报告（2018）
著(编)者：高和荣 杨叔禹 姜杰
2018年6月出版 / 估价：99.00元
PSN B-2017-611-1/1

教师蓝皮书
中国中小学教师发展报告（2017）
著(编)者：曾晓东 鱼霞
2018年6月出版 / 估价：99.00元
PSN B-2012-289-1/1

教育扶贫蓝皮书
中国教育扶贫报告（2018）
著(编)者：司树杰 王文静 李兴洲
2018年12月出版 / 估价：99.00元
PSN B-2016-590-1/1

教育蓝皮书
中国教育发展报告（2018）
著(编)者：杨东平　2018年3月出版 / 定价：89.00元
PSN B-2006-047-1/1

金融法治建设蓝皮书
中国金融法治建设年度报告（2015~2016）
著(编)者：朱小黄　2018年6月出版 / 估价：99.00元
PSN B-2017-633-1/1

京津冀教育蓝皮书
京津冀教育发展研究报告（2017~2018）
著(编)者：方中雄　2018年6月出版 / 估价：99.00元
PSN B-2017-608-1/1

就业蓝皮书
2018年中国本科生就业报告
著(编)者：麦可思研究院　2018年6月出版 / 估价：99.00元
PSN B-2009-146-1/2

就业蓝皮书
2018年中国高职高专生就业报告
著(编)者：麦可思研究院　2018年6月出版 / 估价：99.00元
PSN B-2015-472-2/2

科学教育蓝皮书
中国科学教育发展报告（2018）
著(编)者：王康友　2018年10月出版 / 估价：99.00元
PSN B-2015-487-1/1

劳动保障蓝皮书
中国劳动保障发展报告（2018）
著(编)者：刘燕斌　2018年9月出版 / 估价：158.00元
PSN B-2014-415-1/1

老龄蓝皮书
中国老年宜居环境发展报告（2017）
著(编)者：党俊武 周燕珉　2018年6月出版 / 估价：99.00元
PSN B-2013-320-1/1

连片特困区蓝皮书
中国连片特困区发展报告（2017~2018）
著(编)者：游俊 冷志明 丁建军
2018年6月出版 / 估价：99.00元
PSN B-2013-321-1/1

流动儿童蓝皮书
中国流动儿童教育发展报告（2017）
著(编)者：杨东平　2018年6月出版 / 估价：99.00元
PSN B-2017-600-1/1

民调蓝皮书
中国民生调查报告（2018）
著(编)者：谢耘耕　2018年12月出版 / 估价：99.00元
PSN B-2014-398-1/1

民族发展蓝皮书
中国民族发展报告（2018）
著(编)者：王延中　2018年10月出版 / 估价：188.00元
PSN B-2006-070-1/1

女性生活蓝皮书
中国女性生活状况报告No.12（2018）
著(编)者：韩湘景　2018年7月出版 / 估价：99.00元
PSN B-2006-071-1/1

社会政法类 — 皮书系列 2018全品种

汽车社会蓝皮书
中国汽车社会发展报告（2017~2018）
著（编）者：王俊秀　2018年6月出版／估价：99.00元
PSN B-2011-224-1/1

青年蓝皮书
中国青年发展报告（2018）No.3
著（编）者：廉思　2018年6月出版／估价：99.00元
PSN B-2013-333-1/1

青少年蓝皮书
中国未成年人互联网运用报告（2017~2018）
著（编）者：季为民　李文革　沈杰
2018年11月出版／估价：99.00元
PSN B-2010-156-1/1

人权蓝皮书
中国人权事业发展报告No.8（2018）
著（编）者：李君如　2018年9月出版／估价：99.00元
PSN B-2011-215-1/1

社会保障绿皮书
中国社会保障发展报告No.9（2018）
著（编）者：王延中　2018年6月出版／估价：99.00元
PSN G-2001-014-1/1

社会风险评估蓝皮书
风险评估与危机预警报告（2017~2018）
著（编）者：唐钧　2018年8月出版／估价：99.00元
PSN B-2012-293-1/1

社会工作蓝皮书
中国社会工作发展报告（2016~2017）
著（编）者：民政部社会工作研究中心
2018年8月出版／估价：99.00元
PSN B-2009-141-1/1

社会管理蓝皮书
中国社会管理创新报告No.6
著（编）者：连玉明　2018年11月出版／估价：99.00元
PSN B-2012-300-1/1

社会蓝皮书
2018年中国社会形势分析与预测
著（编）者：李培林　陈光金　张翼
2017年12月出版／定价：89.00元
PSN B-1998-002-1/1

社会体制蓝皮书
中国社会体制改革报告No.6（2018）
著（编）者：龚维斌　2018年3月出版／定价：98.00元
PSN B-2013-330-1/1

社会心态蓝皮书
中国社会心态研究报告（2018）
著（编）者：王俊秀　2018年12月出版／估价：99.00元
PSN B-2011-199-1/1

社会组织蓝皮书
中国社会组织报告（2017-2018）
著（编）者：黄晓勇　2018年6月出版／估价：99.00元
PSN B-2008-118-1/2

社会组织蓝皮书
中国社会组织评估发展报告（2018）
著（编）者：徐家良　2018年12月出版／估价：99.00元
PSN B-2013-366-2/2

生态城市绿皮书
中国生态城市建设发展报告（2018）
著（编）者：刘举科　孙伟平　胡文臻
2018年9月出版／估价：158.00元
PSN G-2012-269-1/1

生态文明绿皮书
中国省域生态文明建设评价报告（ECI 2018）
著（编）者：严耕　2018年12月出版／估价：99.00元
PSN G-2010-170-1/1

退休生活蓝皮书
中国城市居民退休生活质量指数报告（2017）
著（编）者：杨一帆　2018年6月出版／估价：99.00元
PSN B-2017-618-1/1

危机管理蓝皮书
中国危机管理报告（2018）
著（编）者：文学国　范正青
2018年8月出版／估价：99.00元
PSN B-2010-171-1/1

学会蓝皮书
2018年中国学会发展报告
著（编）者：麦可思研究院　2018年12月出版／估价：99.00元
PSN B-2016-597-1/1

医改蓝皮书
中国医药卫生体制改革报告（2017~2018）
著（编）者：文学国　房志武
2018年11月出版／估价：99.00元
PSN B-2014-432-1/1

应急管理蓝皮书
中国应急管理报告（2018）
著（编）者：宋英华　2018年9月出版／估价：99.00元
PSN B-2016-562-1/1

政府绩效评估蓝皮书
中国地方政府绩效评估报告 No.2
著（编）者：贠杰　2018年12月出版／估价：99.00元
PSN B-2017-672-1/1

政治参与蓝皮书
中国政治参与报告（2018）
著（编）者：房宁　2018年8月出版／估价：128.00元
PSN B-2011-200-1/1

政治文化蓝皮书
中国政治文化报告（2018）
著（编）者：邢元敏　魏大鹏　龚克
2018年8月出版／估价：128.00元
PSN B-2017-615-1/1

中国传统村落蓝皮书
中国传统村落保护现状报告（2018）
著（编）者：胡彬彬　李向军　王晓波
2018年12月出版／估价：99.00元
PSN B-2017-663-1/1

皮书系列 2018全品种 社会政法类·产业经济类

中国农村妇女发展蓝皮书
农村流动女性城市生活发展报告（2018）
著(编)者：谢丽华　2018年12月出版 / 估价：99.00元
PSN B-2014-434-1/1

宗教蓝皮书
中国宗教报告（2017）
著(编)者：邱永辉　2018年8月出版 / 估价：99.00元
PSN B-2008-117-1/1

产业经济类

保健蓝皮书
中国保健服务产业发展报告 No.2
著(编)者：中国保健协会　中共中央党校
2018年7月出版 / 估价：198.00元
PSN B-2012-272-3/3

保健蓝皮书
中国保健食品产业发展报告 No.2
著(编)者：中国保健协会
　　　　　中国社会科学院食品药品产业发展与监管研究中心
2018年8月出版 / 估价：198.00元
PSN B-2012-271-2/3

保健蓝皮书
中国保健用品产业发展报告 No.2
著(编)者：中国保健协会
　　　　　国务院国有资产监督管理委员会研究中心
2018年6月出版 / 估价：198.00元
PSN B-2012-270-1/3

保险蓝皮书
中国保险业竞争力报告（2018）
著(编)者：保监会　2018年12月出版 / 估价：99.00元
PSN B-2013-311-1/1

冰雪蓝皮书
中国冰上运动产业发展报告（2018）
著(编)者：孙承华　杨占武　刘戈　张鸿俊
2018年9月出版 / 估价：99.00元
PSN B-2017-648-3/3

冰雪蓝皮书
中国滑雪产业发展报告（2018）
著(编)者：孙承华　伍斌　魏庆华　张鸿俊
2018年9月出版 / 估价：99.00元
PSN B-2016-559-1/3

餐饮产业蓝皮书
中国餐饮产业发展报告（2018）
著(编)者：邢颖
2018年6月出版 / 估价：99.00元
PSN B-2009-151-1/1

茶业蓝皮书
中国茶产业发展报告（2018）
著(编)者：杨江帆　李闽榕
2018年10月出版 / 估价：99.00元
PSN B-2010-164-1/1

产业安全蓝皮书
中国文化产业安全报告（2018）
著(编)者：北京印刷学院文化产业安全研究院
2018年12月出版 / 估价：99.00元
PSN B-2014-378-12/14

产业安全蓝皮书
中国新媒体产业安全报告（2016~2017）
著(编)者：肖丽　2018年6月出版 / 估价：99.00元
PSN B-2015-500-14/14

产业安全蓝皮书
中国出版传媒产业安全报告（2017~2018）
著(编)者：北京印刷学院文化产业安全研究院
2018年6月出版 / 估价：99.00元
PSN B-2014-384-13/14

产业蓝皮书
中国产业竞争力报告（2018）No.8
著(编)者：张其仔　2018年12月出版 / 估价：168.00元
PSN B-2010-175-1/1

动力电池蓝皮书
中国新能源汽车动力电池产业发展报告（2018）
著(编)者：中国汽车技术研究中心
2018年8月出版 / 估价：99.00元
PSN B-2017-639-1/1

杜仲产业绿皮书
中国杜仲橡胶资源与产业发展报告（2017~2018）
著(编)者：杜红岩　胡文臻　俞锐
2018年6月出版 / 估价：99.00元
PSN G-2013-350-1/1

房地产蓝皮书
中国房地产发展报告No.15（2018）
著(编)者：李春华　王业强
2018年5月出版 / 估价：99.00元
PSN B-2004-028-1/1

服务外包蓝皮书
中国服务外包产业发展报告（2017~2018）
著(编)者：王晓红　刘德军
2018年6月出版 / 估价：99.00元
PSN B-2013-331-2/2

服务外包蓝皮书
中国服务外包竞争力报告（2017~2018）
著(编)者：刘春生　王力　黄育华
2018年12月出版 / 估价：99.00元
PSN B-2011-216-1/2

皮书系列 2018全品种

产业经济类

工业和信息化蓝皮书
世界信息技术产业发展报告（2017~2018）
著(编)者：尹丽波　2018年6月出版／估价：99.00元
PSN B-2015-449-2/6

工业和信息化蓝皮书
战略性新兴产业发展报告（2017~2018）
著(编)者：尹丽波　2018年6月出版／估价：99.00元
PSN B-2015-450-3/6

海洋经济蓝皮书
中国海洋经济发展报告（2015~2018）
著(编)者：殷克东　高金田　方胜民
2018年3月出版／定价：128.00元
PSN B-2018-697-1/1

康养蓝皮书
中国康养产业发展报告（2017）
著(编)者：何莽　2017年12月出版／定价：88.00元
PSN B-2017-685-1/1

客车蓝皮书
中国客车产业发展报告（2017~2018）
著(编)者：姚蔚　2018年10月出版／估价：99.00元
PSN B-2013-361-1/1

流通蓝皮书
中国商业发展报告（2018~2019）
著(编)者：王雪峰　林诗慧
2018年7月出版／估价：99.00元
PSN B-2009-152-1/2

能源蓝皮书
中国能源发展报告（2018）
著(编)者：崔民选　王军生　陈义和
2018年12月出版／估价：99.00元
PSN B-2006-049-1/1

农产品流通蓝皮书
中国农产品流通产业发展报告（2017）
著(编)者：贾敬敦　张东科　张玉玺　张鹏毅　周伟
2018年6月出版／估价：99.00元
PSN B-2012-288-1/1

汽车工业蓝皮书
中国汽车工业发展年度报告（2018）
著(编)者：中国汽车工业协会
　　　　　中国汽车技术研究中心
　　　　　丰田汽车公司
2018年5月出版／估价：168.00元
PSN B-2015-463-1/2

汽车工业蓝皮书
中国汽车零部件产业发展报告（2017~2018）
著(编)者：中国汽车工业协会
　　　　　中国汽车工程研究院深圳市沃特玛电池有限公司
2018年9月出版／估价：99.00元
PSN B-2016-515-2/2

汽车蓝皮书
中国汽车产业发展报告（2018）
著(编)者：中国汽车工程学会
　　　　　大众汽车集团（中国）
2018年11月出版／估价：99.00元
PSN B-2008-124-1/1

世界茶业蓝皮书
世界茶业发展报告（2018）
著(编)者：李闽榕　冯廷佺
2018年5月出版／估价：168.00元
PSN B-2017-619-1/1

世界能源蓝皮书
世界能源发展报告（2018）
著(编)者：黄晓勇　2018年6月出版／估价：168.00元
PSN B-2013-349-1/1

石油蓝皮书
中国石油产业发展报告（2018）
著(编)者：中国石油化工集团公司经济技术研究院
　　　　　中国国际石油化工联合有限责任公司
　　　　　中国社会科学院数量经济与技术经济研究所
2018年2月出版／定价：98.00元
PSN B-2018-690-1/1

体育蓝皮书
国家体育产业基地发展报告（2016~2017）
著(编)者：李颖川　2018年6月出版／估价：168.00元
PSN B-2017-609-5/5

体育蓝皮书
中国体育产业发展报告（2018）
著(编)者：阮伟　钟秉枢
2018年12月出版／估价：99.00元
PSN B-2010-179-1/5

文化金融蓝皮书
中国文化金融发展报告（2018）
著(编)者：杨涛　金巍
2018年6月出版／估价：99.00元
PSN B-2017-610-1/1

新能源汽车蓝皮书
中国新能源汽车产业发展报告（2018）
著(编)者：中国汽车技术研究中心
　　　　　日产（中国）投资有限公司
　　　　　东风汽车有限公司
2018年8月出版／估价：99.00元
PSN B-2013-347-1/1

薏仁米产业蓝皮书
中国薏仁米产业发展报告No.2（2018）
著(编)者：李发耀　石明　秦礼康
2018年8月出版／估价：99.00元
PSN B-2017-645-1/1

邮轮绿皮书
中国邮轮产业发展报告（2018）
著(编)者：汪泓　2018年10月出版／估价：99.00元
PSN G-2014-419-1/1

智能养老蓝皮书
中国智能养老产业发展报告（2018）
著(编)者：朱勇　2018年10月出版／估价：99.00元
PSN B-2015-488-1/1

中国节能汽车蓝皮书
中国节能汽车发展报告（2017~2018）
著(编)者：中国汽车工程研究院股份有限公司
2018年9月出版／估价：99.00元
PSN B-2016-565-1/1

皮书系列
2018全品种

产业经济类·行业及其他类

中国陶瓷产业蓝皮书
中国陶瓷产业发展报告（2018）
著(编)者：左和平 黄速建
2018年10月出版 / 估价：99.00元
PSN B-2016-573-1/1

装备制造业蓝皮书
中国装备制造业发展报告（2018）
著(编)者：徐东华
2018年12月出版 / 估价：118.00元
PSN B-2015-505-1/1

行业及其他类

"三农"互联网金融蓝皮书
中国"三农"互联网金融发展报告（2018）
著(编)者：李勇坚 王弢
2018年8月出版 / 估价：99.00元
PSN B-2016-560-1/1

SUV蓝皮书
中国SUV市场发展报告（2017~2018）
著(编)者：靳军　2018年9月出版 / 估价：99.00元
PSN B-2016-571-1/1

冰雪蓝皮书
中国冬季奥运会发展报告（2018）
著(编)者：孙承华 伍斌 魏庆华 张鸿俊
2018年9月出版 / 估价：99.00元
PSN B-2017-647-2/3

彩票蓝皮书
中国彩票发展报告（2018）
著(编)者：益彩基金　2018年6月出版 / 估价：99.00元
PSN B-2015-462-1/1

测绘地理信息蓝皮书
测绘地理信息供给侧结构性改革研究报告（2018）
著(编)者：库热西·买合苏提
2018年12月出版 / 估价：168.00元
PSN B-2009-145-1/1

产权市场蓝皮书
中国产权市场发展报告（2017）
著(编)者：曹和平
2018年5月出版 / 估价：99.00元
PSN B-2009-147-1/1

城投蓝皮书
中国城投行业发展报告（2018）
著(编)者：华景斌
2018年11月出版 / 估价：300.00元
PSN B-2016-514-1/1

城市轨道交通蓝皮书
中国城市轨道交通运营发展报告（2017~2018）
著(编)者：崔学忠 贾文峥
2018年3月出版 / 定价：89.00元
PSN B-2018-694-1/1

大数据蓝皮书
中国大数据发展报告（No.2）
著(编)者：连玉明　2018年5月出版 / 估价：99.00元
PSN B-2017-620-1/1

大数据应用蓝皮书
中国大数据应用发展报告No.2（2018）
著(编)者：陈军君　2018年8月出版 / 估价：99.00元
PSN B-2017-644-1/1

对外投资与风险蓝皮书
中国对外直接投资与国家风险报告（2018）
著(编)者：中债资信评估有限责任公司
　　　　　中国社会科学院世界经济与政治研究所
2018年6月出版 / 估价：189.00元
PSN B-2017-606-1/1

工业和信息化蓝皮书
人工智能发展报告（2017~2018）
著(编)者：尹丽波　2018年6月出版 / 估价：99.00元
PSN B-2015-448-1/6

工业和信息化蓝皮书
世界智慧城市发展报告（2017~2018）
著(编)者：尹丽波　2018年6月出版 / 估价：99.00元
PSN B-2017-624-6/6

工业和信息化蓝皮书
世界网络安全发展报告（2017~2018）
著(编)者：尹丽波　2018年6月出版 / 估价：99.00元
PSN B-2015-452-5/6

工业和信息化蓝皮书
世界信息化发展报告（2017~2018）
著(编)者：尹丽波　2018年6月出版 / 估价：99.00元
PSN B-2015-451-4/6

工业设计蓝皮书
中国工业设计发展报告（2018）
著(编)者：王晓红 于炜 张立群　2018年9月出版 / 估价：168.00
PSN B-2014-420-1/1

公共关系蓝皮书
中国公共关系发展报告（2017）
著(编)者：柳斌杰　2018年1月出版 / 定价：89.00元
PSN B-2016-579-1/1

行业及其他类 — 皮书系列 2018全品种

公共关系蓝皮书
中国公共关系发展报告（2018）
著(编)者：柳斌杰　2018年11月出版 / 估价：99.00元
PSN B-2016-579-1/1

管理蓝皮书
中国管理发展报告（2018）
著(编)者：张晓东　2018年10月出版 / 估价：99.00元
PSN B-2014-416-1/1

轨道交通蓝皮书
中国轨道交通行业发展报告（2017）
著(编)者：仲建华　李闻榕
2017年12月出版 / 定价：98.00元
PSN B-2017-674-1/1

海关发展蓝皮书
中国海关发展前沿报告（2018）
著(编)者：干春晖　2018年6月出版 / 估价：99.00元
PSN B-2017-616-1/1

互联网医疗蓝皮书
中国互联网健康医疗发展报告（2018）
著(编)者：芮晓武　2018年6月出版 / 估价：99.00元
PSN B-2016-567-1/1

黄金市场蓝皮书
中国商业银行黄金业务发展报告（2017~2018）
著(编)者：平安银行　2018年6月出版 / 估价：99.00元
PSN B-2016-524-1/1

会展蓝皮书
中外会展业动态评估研究报告（2018）
著(编)者：张敏　任中峰　聂鑫焱　牛盼强
2018年12月出版 / 估价：99.00元
PSN B-2013-327-1/1

基金会蓝皮书
中国基金会发展报告（2017~2018）
著(编)者：中国基金会发展报告课题组
2018年6月出版 / 估价：99.00元
PSN B-2013-368-1/1

基金会绿皮书
中国基金会发展独立研究报告（2018）
著(编)者：基金会中心网　中央民族大学基金会研究中心
2018年6月出版 / 估价：99.00元
PSN G-2011-213-1/1

基金会透明度蓝皮书
中国基金会透明度发展研究报告（2018）
著(编)者：基金会中心网
　　　　　清华大学廉政与治理研究中心
2018年9月出版 / 估价：99.00元
PSN B-2013-339-1/1

建筑装饰蓝皮书
中国建筑装饰行业发展报告（2018）
著(编)者：葛道顺　刘晓一
2018年10月出版 / 估价：198.00元
PSN B-2016-553-1/1

金融监管蓝皮书
中国金融监管报告（2018）
著(编)者：胡滨　2018年3月出版 / 定价：98.00元
PSN B-2012-281-1/1

金融蓝皮书
中国互联网金融行业分析与评估（2018~2019）
著(编)者：黄国平　伍旭川　2018年12月出版 / 估价：99.00元
PSN B-2016-585-7/7

金融科技蓝皮书
中国金融科技发展报告（2018）
著(编)者：李扬　孙国峰　2018年10月出版 / 估价：99.00元
PSN B-2014-374-1/1

金融信息服务蓝皮书
中国金融信息服务发展报告（2018）
著(编)者：李平　2018年5月出版 / 估价：99.00元
PSN B-2016-621-1/1

金蜜蜂企业社会责任蓝皮书
金蜜蜂中国企业社会责任报告研究（2017）
著(编)者：殷格非　于志宏　管竹笋
2018年1月出版 / 定价：99.00元
PSN B-2018-693-1/1

京津冀金融蓝皮书
京津冀金融发展报告（2018）
著(编)者：王爱俭　王璟怡　2018年10月出版 / 估价：99.00元
PSN B-2016-527-1/1

科普蓝皮书
国家科普能力发展报告（2018）
著(编)者：王康友　2018年5月出版 / 估价：138.00元
PSN B-2017-632-4/4

科普蓝皮书
中国基层科普发展报告（2017~2018）
著(编)者：赵立新　陈玲　2018年9月出版 / 估价：99.00元
PSN B-2016-568-3/4

科普蓝皮书
中国科普基础设施发展报告（2017~2018）
著(编)者：任福君　2018年6月出版 / 估价：99.00元
PSN B-2010-174-1/3

科普蓝皮书
中国科普人才发展报告（2017~2018）
著(编)者：郑念　任嵘嵘　2018年7月出版 / 估价：99.00元
PSN B-2016-512-2/4

科普能力蓝皮书
中国科普能力评价报告（2018~2019）
著(编)者：李富强　李群　2018年8月出版 / 估价：99.00元
PSN B-2016-555-1/1

临空经济蓝皮书
中国临空经济发展报告（2018）
著(编)者：连玉明　2018年9月出版 / 估价：99.00元
PSN B-2014-421-1/1

皮书系列 2018全品种
行业及其他类

旅游安全蓝皮书
中国旅游安全报告（2018）
著（编）者：郑向敏 谢朝武　2018年5月出版／估价：158.00元
PSN B-2012-280-1/1

旅游绿皮书
2017~2018年中国旅游发展分析与预测
著（编）者：宋瑞　2018年1月出版／定价：99.00元
PSN G-2002-018-1/1

煤炭蓝皮书
中国煤炭工业发展报告（2018）
著（编）者：岳福斌　2018年12月出版／估价：99.00元
PSN B-2008-123-1/1

民营企业社会责任蓝皮书
中国民营企业社会责任报告（2018）
著（编）者：中华全国工商业联合会
2018年12月出版／估价：99.00元
PSN B-2015-510-1/1

民营医院蓝皮书
中国民营医院发展报告（2017）
著（编）者：薛晓林　2017年12月出版／定价：89.00元
PSN B-2012-299-1/1

闽商蓝皮书
闽商发展报告（2018）
著（编）者：李闽榕 王日根 林琛
2018年12月出版／估价：99.00元
PSN B-2012-298-1/1

农业应对气候变化蓝皮书
中国农业气象灾害及其灾损评估报告（No.3）
著（编）者：矫梅燕　2018年6月出版／估价：118.00元
PSN B-2014-413-1/1

品牌蓝皮书
中国品牌战略发展报告（2018）
著（编）者：汪同三　2018年10月出版／估价：99.00元
PSN B-2016-580-1/1

企业扶贫蓝皮书
中国企业扶贫研究报告（2018）
著（编）者：钟宏武　2018年12月出版／估价：99.00元
PSN B-2016-593-1/1

企业公益蓝皮书
中国企业公益研究报告（2018）
著（编）者：钟宏武 汪杰 黄晓娟
2018年12月出版／估价：99.00元
PSN B-2015-501-1/1

企业国际化蓝皮书
中国企业全球化报告（2018）
著（编）者：王辉耀 苗绿　2018年11月出版／估价：99.00元
PSN B-2014-427-1/1

企业蓝皮书
中国企业绿色发展报告No.2（2018）
著（编）者：李红玉 朱光辉
2018年8月出版／估价：99.00元
PSN B-2015-481-2/2

企业社会责任蓝皮书
中资企业海外社会责任研究报告（2017~2018）
著（编）者：钟宏武 叶柳红 张蒽
2018年6月出版／估价：99.00元
PSN B-2017-603-2/2

企业社会责任蓝皮书
中国企业社会责任研究报告（2018）
著（编）者：黄群慧 钟宏武 张蒽 汪杰
2018年11月出版／估价：99.00元
PSN B-2009-149-1/2

汽车安全蓝皮书
中国汽车安全发展报告（2018）
著（编）者：中国汽车技术研究中心
2018年8月出版／估价：99.00元
PSN B-2014-385-1/1

汽车电子商务蓝皮书
中国汽车电子商务发展报告（2018）
著（编）者：中华全国工商业联合会汽车经销商商会
　　　　　北方工业大学
　　　　　北京易观智库网络科技有限公司
2018年10月出版／估价：158.00元
PSN B-2015-485-1/1

汽车知识产权蓝皮书
中国汽车产业知识产权发展报告（2018）
著（编）者：中国汽车工程研究院股份有限公司
　　　　　中国汽车工程学会
　　　　　重庆长安汽车股份有限公司
2018年12月出版／估价：99.00元
PSN B-2016-594-1/1

青少年体育蓝皮书
中国青少年体育发展报告（2017）
著（编）者：刘扶民 杨桦　2018年6月出版／估价：99.00元
PSN B-2015-482-1/1

区块链蓝皮书
中国区块链发展报告（2018）
著（编）者：李伟　2018年9月出版／估价：99.00元
PSN B-2017-649-1/1

群众体育蓝皮书
中国群众体育发展报告（2017）
著（编）者：刘国永 戴健　2018年5月出版／估价：99.00元
PSN B-2014-411-1/3

群众体育蓝皮书
中国社会体育指导员发展报告（2018）
著（编）者：刘国永 王欢　2018年6月出版／估价：99.00元
PSN B-2016-520-3/3

人力资源蓝皮书
中国人力资源发展报告（2018）
著（编）者：余兴安　2018年11月出版／估价：99.00元
PSN B-2012-287-1/1

融资租赁蓝皮书
中国融资租赁业发展报告（2017~2018）
著（编）者：李光荣 王力　2018年8月出版／估价：99.00元
PSN B-2015-443-1/1

皮书系列 2018全品种 — 行业及其他类

商会蓝皮书
中国商会发展报告No.5（2017）
著(编)者：王钦敏　2018年7月出版／估价：99.00元
PSN B-2008-125-1/1

商务中心区蓝皮书
中国商务中心区发展报告No.4（2017~2018）
著(编)者：李国红　单菁菁　2018年9月出版／估价：99.00元
PSN B-2015-444-1/1

设计产业蓝皮书
中国创新设计发展报告（2018）
著(编)者：王晓红　张立群　于炜
2018年11月出版／估价：99.00元
PSN B-2016-581-2/2

社会责任管理蓝皮书
中国上市公司社会责任能力成熟度报告No.4（2018）
著(编)者：肖红军　王晓光　李伟阳
2018年12月出版／估价：99.00元
PSN B-2015-507-2/2

社会责任管理蓝皮书
中国企业公众透明度报告No.4（2017~2018）
著(编)者：黄速建　熊梦　王晓光　肖红军
2018年6月出版／估价：99.00元
PSN B-2015-440-1/2

食品药品蓝皮书
食品药品安全与监管政策研究报告（2016~2017）
著(编)者：唐民皓　2018年6月出版／估价：99.00元
PSN B-2009-129-1/1

输血服务蓝皮书
中国输血行业发展报告（2018）
著(编)者：孙俊　2018年12月出版／估价：99.00元
PSN B-2016-582-1/1

水利风景区蓝皮书
中国水利风景区发展报告（2018）
著(编)者：董建文　兰思仁
2018年10月出版／估价：99.00元
PSN B-2015-480-1/1

数字经济蓝皮书
全球数字经济竞争力发展报告（2017）
著(编)者：王振　2017年12月出版／定价：79.00元
PSN B-2017-673-1/1

私募市场蓝皮书
中国私募股权市场发展报告（2017~2018）
著(编)者：曹和平　2018年12月出版／估价：99.00元
PSN B-2010-162-1/1

碳排放权交易蓝皮书
中国碳排放权交易报告（2018）
著(编)者：孙永平　2018年11月出版／估价：99.00元
PSN B-2017-652-1/1

碳市场蓝皮书
中国碳市场报告（2018）
著(编)者：定金彪　2018年11月出版／估价：99.00元
PSN B-2014-430-1/1

体育蓝皮书
中国公共体育服务发展报告（2018）
著(编)者：戴健　2018年12月出版／估价：99.00元
PSN B-2013-367-2/5

土地市场蓝皮书
中国农村土地市场发展报告（2017~2018）
著(编)者：李光荣　2018年6月出版／估价：99.00元
PSN B-2016-526-1/1

土地整治蓝皮书
中国土地整治发展研究报告（No.5）
著(编)者：国土资源部土地整治中心
2018年7月出版／估价：99.00元
PSN B-2014-401-1/1

土地政策蓝皮书
中国土地政策研究报告（2018）
著(编)者：高延利　张建平　吴次芳
2018年1月出版／定价：98.00元
PSN B-2015-506-1/1

网络空间安全蓝皮书
中国网络空间安全发展报告（2018）
著(编)者：惠志斌　覃庆玲
2018年11月出版／估价：99.00元
PSN B-2015-466-1/1

文化志愿服务蓝皮书
中国文化志愿服务发展报告（2018）
著(编)者：张永新　良警宇　2018年11月出版／估价：128.00元
PSN B-2016-596-1/1

西部金融蓝皮书
中国西部金融发展报告（2017~2018）
著(编)者：李忠民　2018年8月出版／估价：99.00元
PSN B-2010-160-1/1

协会商会蓝皮书
中国行业协会商会发展报告（2017）
著(编)者：景朝阳　李勇　2018年6月出版／估价：99.00元
PSN B-2015-461-1/1

新三板蓝皮书
中国新三板市场发展报告（2018）
著(编)者：王力　2018年8月出版／估价：99.00元
PSN B-2016-533-1/1

信托市场蓝皮书
中国信托业市场报告（2017~2018）
著(编)者：用益金融信托研究院
2018年6月出版／估价：198.00元
PSN B-2014-371-1/1

信息化蓝皮书
中国信息化形势分析与预测（2017~2018）
著(编)者：周宏仁　2018年8月出版／估价：99.00元
PSN B-2010-168-1/1

信用蓝皮书
中国信用发展报告（2017~2018）
著(编)者：章政　田侃　2018年6月出版／估价：99.00元
PSN B-2013-328-1/1

皮书系列 2018全品种
行业及其他类

休闲绿皮书
2017~2018年中国休闲发展报告
著(编)者：宋瑞　2018年7月出版／估价：99.00元
PSN G-2010-158-1/1

休闲体育蓝皮书
中国休闲体育发展报告（2017~2018）
著(编)者：李相如　钟秉枢
2018年10月出版／估价：99.00元
PSN B-2016-516-1/1

养老金融蓝皮书
中国养老金融发展报告（2018）
著(编)者：董克用　姚余栋
2018年9月出版／估价：99.00元
PSN B-2016-583-1/1

遥感监测绿皮书
中国可持续发展遥感监测报告（2017）
著(编)者：顾行发　汪克强　潘教峰　李闽榕　徐东华　王琦安
2018年6月出版／估价：298.00元
PSN B-2017-629-1/1

药品流通蓝皮书
中国药品流通行业发展报告（2018）
著(编)者：佘鲁林　温再兴
2018年7月出版／估价：198.00元
PSN B-2014-429-1/1

医疗器械蓝皮书
中国医疗器械行业发展报告（2018）
著(编)者：王宝亭　耿鸿武
2018年10月出版／估价：99.00元
PSN B-2017-661-1/1

医院蓝皮书
中国医院竞争力报告（2017~2018）
著(编)者：庄一强　2018年3月出版／定价：108.00元
PSN B-2016-528-1/1

瑜伽蓝皮书
中国瑜伽业发展报告（2017~2018）
著(编)者：张永建　徐华锋　朱泰余
2018年6月出版／估价：198.00元
PSN B-2017-625-1/1

债券市场蓝皮书
中国债券市场发展报告（2017~2018）
著(编)者：杨农　2018年10月出版／估价：99.00元
PSN B-2016-572-1/1

志愿服务蓝皮书
中国志愿服务发展报告（2018）
著(编)者：中国志愿服务联合会
2018年11月出版／估价：99.00元
PSN B-2017-664-1/1

中国上市公司蓝皮书
中国上市公司发展报告（2018）
著(编)者：张鹏　张平　黄胤英
2018年9月出版／估价：99.00元
PSN B-2014-414-1/1

中国新三板蓝皮书
中国新三板创新与发展报告（2018）
著(编)者：刘平安　闻召林
2018年8月出版／估价：158.00元
PSN B-2017-638-1/1

中国汽车品牌蓝皮书
中国乘用车品牌发展报告（2017）
著(编)者：《中国汽车报》社有限公司
　　　　　博世（中国）投资有限公司
　　　　　中国汽车技术研究中心数据资源中心
2018年1月出版／定价：89.00元
PSN B-2017-679-1/1

中医文化蓝皮书
北京中医药文化传播发展报告（2018）
著(编)者：毛嘉陵　2018年6月出版／估价：99.00元
PSN B-2015-468-1/2

中医文化蓝皮书
中国中医药文化传播发展报告（2018）
著(编)者：毛嘉陵　2018年7月出版／估价：99.00元
PSN B-2016-584-2/2

中医药蓝皮书
北京中医药知识产权发展报告No.2
著(编)者：汪洪　屠志涛　2018年6月出版／估价：168.00元
PSN B-2017-602-1/1

资本市场蓝皮书
中国场外交易市场发展报告（2016~2017）
著(编)者：高峦　2018年6月出版／估价：99.00元
PSN B-2009-153-1/1

资产管理蓝皮书
中国资产管理行业发展报告（2018）
著(编)者：郑智　2018年7月出版／估价：99.00元
PSN B-2014-407-2/2

资产证券化蓝皮书
中国资产证券化发展报告（2018）
著(编)者：沈炳熙　曹彤　李哲平
2018年4月出版／估价：98.00元
PSN B-2017-660-1/1

自贸区蓝皮书
中国自贸区发展报告（2018）
著(编)者：王力　黄育华
2018年6月出版／估价：99.00元
PSN B-2016-558-1/1

国际问题与全球治理类

"一带一路"跨境通道蓝皮书
"一带一路"跨境通道建设研究报(2017~2018)
著(编)者:余鑫 张秋生　2018年1月出版／定价:89.00元
PSN B-2016-557-1/1

"一带一路"蓝皮书
"一带一路"建设发展报告(2018)
著(编)者:李永全　2018年3月出版／定价:98.00元
PSN B-2016-552-1/1

"一带一路"投资安全蓝皮书
中国"一带一路"投资与安全研究报告(2018)
著(编)者:邹统钎 梁昊光　2018年4月出版／定价:98.00元
PSN B-2017-612-1/1

"一带一路"文化交流蓝皮书
中阿文化交流发展报告(2017)
著(编)者:王辉　2017年12月出版／定价:89.00元
PSN B-2017-655-1/1

G20国家创新竞争力黄皮书
二十国集团(G20)国家创新竞争力发展报告(2017~2018)
著(编)者:李建平 李闽榕 赵新力 周天勇
2018年7月出版／估价:168.00元
PSN Y-2011-229-1/1

阿拉伯黄皮书
阿拉伯发展报告(2016~2017)
著(编)者:罗林　2018年6月出版／估价:99.00元
PSN Y-2014-381-1/1

北部湾蓝皮书
泛北部湾合作发展报告(2017~2018)
著(编)者:吕余生　2018年12月出版／估价:99.00元
PSN B-2008-114-1/1

北极蓝皮书
北极地区发展报告(2017)
著(编)者:刘惠荣　2018年7月出版／估价:99.00元
PSN B-2017-634-1/1

大洋洲蓝皮书
大洋洲发展报告(2017~2018)
著(编)者:喻常森　2018年10月出版／估价:99.00元
PSN B-2013-341-1/1

东北亚区域合作蓝皮书
2017年"一带一路"倡议与东北亚区域合作
著(编)者:刘亚政 金美花
2018年5月出版／估价:99.00元
PSN B-2017-631-1/1

东盟黄皮书
东盟发展报告(2017)
著(编)者:杨晓强 庄国土　2018年6月出版／估价:99.00元
PSN Y-2012-303-1/1

东南亚蓝皮书
东南亚地区发展报告(2017~2018)
著(编)者:王勤　2018年12月出版／估价:99.00元
PSN B-2012-240-1/1

非洲黄皮书
非洲发展报告No.20(2017~2018)
著(编)者:张宏明　2018年7月出版／估价:99.00元
PSN Y-2012-239-1/1

非传统安全蓝皮书
中国非传统安全研究报告(2017~2018)
著(编)者:潇枫 罗中枢　2018年8月出版／估价:99.00元
PSN B-2012-273-1/1

国际安全蓝皮书
中国国际安全研究报告(2018)
著(编)者:刘慧　2018年7月出版／估价:99.00元
PSN B-2016-521-1/1

国际城市蓝皮书
国际城市发展报告(2018)
著(编)者:屠启宇　2018年2月出版／估价:89.00元
PSN B-2012-260-1/1

国际形势黄皮书
全球政治与安全报告(2018)
著(编)者:张宇燕　2018年1月出版／定价:99.00元
PSN Y-2001-016-1/1

公共外交蓝皮书
中国公共外交发展报告(2018)
著(编)者:赵启正 雷蔚真　2018年6月出版／估价:99.00元
PSN B-2015-457-1/1

海丝蓝皮书
21世纪海上丝绸之路研究报告(2017)
著(编)者:华侨大学海上丝绸之路研究院
2017年12月出版／定价:89.00元
PSN B-2017-684-1/1

金砖国家黄皮书
金砖国家综合创新竞争力发展报告(2018)
著(编)者:赵新力 李闽榕 黄茂兴
2018年8月出版／估价:128.00元
PSN Y-2017-643-1/1

拉美黄皮书
拉丁美洲和加勒比发展报告(2017~2018)
著(编)者:袁东振　2018年6月出版／估价:99.00元
PSN Y-1999-007-1/1

澜湄合作蓝皮书
澜沧江-湄公河合作发展报告(2018)
著(编)者:刘稚　2018年9月出版／估价:99.00元
PSN B-2011-196-1/1

皮书系列 2018全品种 — 国际问题与全球治理类

欧洲蓝皮书
欧洲发展报告（2017~2018）
著(编)者：黄平 周弘 程卫东
2018年6月出版 / 估价：99.00元
PSN B-1999-009-1/1

葡语国家蓝皮书
葡语国家发展报告（2016~2017）
著(编)者：王成安 张敏 刘金兰
2018年6月出版 / 估价：99.00元
PSN B-2015-503-1/2

葡语国家蓝皮书
中国与葡语国家关系发展报告·巴西（2016）
著(编)者：张曙光
2018年8月出版 / 估价：99.00元
PSN B-2016-563-2/2

气候变化绿皮书
应对气候变化报告（2018）
著(编)者：王伟光 郑国光
2018年11月出版 / 估价：99.00元
PSN G-2009-144-1/1

全球环境竞争力绿皮书
全球环境竞争力报告（2018）
著(编)者：李建平 李闽榕 王金南
2018年12月出版 / 估价：198.00元
PSN G-2013-363-1/1

全球信息社会蓝皮书
全球信息社会发展报告（2018）
著(编)者：丁波涛 唐涛
2018年10月出版 / 估价：99.00元
PSN B-2017-665-1/1

日本经济蓝皮书
日本经济与中日经贸关系研究报告（2018）
著(编)者：张季风
2018年6月出版 / 估价：99.00元
PSN B-2008-102-1/1

上海合作组织黄皮书
上海合作组织发展报告（2018）
著(编)者：李进峰
2018年6月出版 / 估价：99.00元
PSN Y-2009-130-1/1

世界创新竞争力黄皮书
世界创新竞争力发展报告（2017）
著(编)者：李建平 李闽榕 赵新力
2018年6月出版 / 估价：168.00元
PSN Y-2013-318-1/1

世界经济黄皮书
2018年世界经济形势分析与预测
著(编)者：张宇燕
2018年1月出版 / 定价：99.00元
PSN Y-1999-006-1/1

世界能源互联互通蓝皮书
世界能源清洁发展与互联互通评估报告（2017）：欧洲篇
著(编)者：国网能源研究院
2018年1月出版 / 定价：128.00元
PSN B-2018-695-1/1

丝绸之路蓝皮书
丝绸之路经济带发展报告（2018）
著(编)者：任宗哲 白宽犁 谷孟宾
2018年1月出版 / 定价：89.00元
PSN B-2014-410-1/1

新兴经济体蓝皮书
金砖国家发展报告（2018）
著(编)者：林跃勤 周文
2018年8月出版 / 估价：99.00元
PSN B-2011-195-1/1

亚太蓝皮书
亚太地区发展报告（2018）
著(编)者：李向阳
2018年5月出版 / 估价：99.00元
PSN B-2001-015-1/1

印度洋地区蓝皮书
印度洋地区发展报告（2018）
著(编)者：汪戎
2018年6月出版 / 估价：99.00元
PSN B-2013-334-1/1

印度尼西亚经济蓝皮书
印度尼西亚经济发展报告（2017）：增长与机会
著(编)者：左志刚
2017年11月出版 / 定价：89.00元
PSN B-2017-675-1/1

渝新欧蓝皮书
渝新欧沿线国家发展报告（2018）
著(编)者：杨柏 黄森
2018年6月出版 / 估价：99.00元
PSN B-2017-626-1/1

中阿蓝皮书
中国-阿拉伯国家经贸发展报告（2018）
著(编)者：张廉 段庆林 王林聪 杨巧红
2018年12月出版 / 估价：99.00元
PSN B-2016-598-1/1

中东黄皮书
中东发展报告No.20（2017~2018）
著(编)者：杨光
2018年10月出版 / 估价：99.00元
PSN Y-1998-004-1/1

中亚黄皮书
中亚国家发展报告（2018）
著(编)者：孙力
2018年3月出版 / 定价：98.00元
PSN Y-2012-238-1/1

国别类·文化传媒类　皮书系列 2018全品种

国别类

澳大利亚蓝皮书
澳大利亚发展报告（2017-2018）
著（编）者：孙有中 韩锋　2018年12月出版 / 估价：99.00元
PSN B-2016-587-1/1

巴西黄皮书
巴西发展报告（2017）
著（编）者：刘国枝　2018年5月出版 / 估价：99.00元
PSN Y-2017-614-1/1

德国蓝皮书
德国发展报告（2018）
著（编）者：郑春荣　2018年6月出版 / 估价：99.00元
PSN B-2012-278-1/1

俄罗斯黄皮书
俄罗斯发展报告（2018）
著（编）者：李永全　2018年6月出版 / 估价：99.00元
PSN Y-2006-061-1/1

韩国蓝皮书
韩国发展报告（2017）
著（编）者：牛林杰 刘宝全　2018年6月出版 / 估价：99.00元
PSN B-2010-155-1/1

加拿大蓝皮书
加拿大发展报告（2018）
著（编）者：唐小松　2018年9月出版 / 估价：99.00元
PSN B-2014-389-1/1

美国蓝皮书
美国研究报告（2018）
著（编）者：郑秉文 黄平　2018年5月出版 / 估价：99.00元
PSN B-2011-210-1/1

缅甸蓝皮书
缅甸国情报告（2017）
著（编）者：祝湘辉
2017年11月出版 / 定价：98.00元
PSN B-2013-343-1/1

日本蓝皮书
日本研究报告（2018）
著（编）者：杨伯江　2018年4月出版 / 定价：99.00元
PSN B-2002-020-1/1

土耳其蓝皮书
土耳其发展报告（2018）
著（编）者：郭长刚 刘义　2018年9月出版 / 估价：99.00元
PSN B-2014-412-1/1

伊朗蓝皮书
伊朗发展报告（2017~2018）
著（编）者：冀开运　2018年10月 / 估价：99.00元
PSN B-2016-574-1/1

以色列蓝皮书
以色列发展报告（2018）
著（编）者：张倩红　2018年8月出版 / 估价：99.00元
PSN B-2015-483-1/1

印度蓝皮书
印度国情报告（2017）
著（编）者：吕昭义　2018年6月出版 / 估价：99.00元
PSN B-2012-241-1/1

英国蓝皮书
英国发展报告（2017~2018）
著（编）者：王展鹏　2018年12月出版 / 估价：99.00元
PSN B-2015-486-1/1

越南蓝皮书
越南国情报告（2018）
著（编）者：谢林城　2018年11月出版 / 估价：99.00元
PSN B-2006-056-1/1

泰国蓝皮书
泰国研究报告（2018）
著（编）者：庄国土 张禹东 刘文正
2018年10月出版 / 估价：99.00元
PSN B-2016-556-1/1

文化传媒类

"三农"舆情蓝皮书
中国"三农"网络舆情报告（2017~2018）
著（编）者：农业部信息中心
2018年6月出版 / 估价：99.00元
PSN B-2017-640-1/1

传媒竞争力蓝皮书
中国传媒国际竞争力研究报告（2018）
著（编）者：李本乾 刘强 王大可
2018年8月出版 / 估价：99.00元
PSN B-2013-356-1/1

传媒蓝皮书
中国传媒产业发展报告（2018）
著（编）者：崔保国
2018年5月出版 / 估价：99.00元
PSN B-2005-035-1/1

传媒投资蓝皮书
中国传媒投资发展报告（2018）
著（编）者：张向东 谭云明
2018年6月出版 / 估价：148.00元
PSN B-2015-474-1/1

文化传媒类

非物质文化遗产蓝皮书
中国非物质文化遗产发展报告（2018）
著(编)者：陈平　2018年6月出版／估价：128.00元
PSN B-2015-469-1/2

非物质文化遗产蓝皮书
中国非物质文化遗产保护发展报告（2018）
著(编)者：宋俊华　2018年10月出版／估价：128.00元
PSN B-2016-586-2/2

广电蓝皮书
中国广播电影电视发展报告（2018）
著(编)者：国家新闻出版广电总局发展研究中心
2018年7月出版／估价：99.00元
PSN B-2006-072-1/1

广告主蓝皮书
中国广告主营销传播趋势报告No.9
著(编)者：黄升民　杜国清　邵华冬 等
2018年10月出版／估价：158.00元
PSN B-2005-041-1/1

国际传播蓝皮书
中国国际传播发展报告（2018）
著(编)者：胡正荣　李继东　姬德强
2018年12月出版／估价：99.00元
PSN B-2014-408-1/1

国家形象蓝皮书
中国国家形象传播报告（2017）
著(编)者：张昆　2018年6月出版／估价：128.00元
PSN B-2017-605-1/1

互联网治理蓝皮书
中国网络社会治理研究报告（2018）
著(编)者：罗昕　支庭荣
2018年9月出版／估价：118.00元
PSN B-2017-653-1/1

纪录片蓝皮书
中国纪录片发展报告（2018）
著(编)者：何苏六　2018年10月出版／估价：99.00元
PSN B-2011-222-1/1

科学传播蓝皮书
中国科学传播报告（2016~2017）
著(编)者：詹正茂　2018年6月出版／估价：99.00元
PSN B-2008-120-1/1

两岸创意经济蓝皮书
两岸创意经济研究报告（2018）
著(编)者：罗昌智　董泽平
2018年10月出版／估价：99.00元
PSN B-2014-437-1/1

媒介与女性蓝皮书
中国媒介与女性发展报告（2017~2018）
著(编)者：刘利群　2018年5月出版／估价：99.00元
PSN B-2013-345-1/1

媒体融合蓝皮书
中国媒体融合发展报告（2017~2018）
著(编)者：梅宁华　支庭荣
2017年12月出版／定价：98.00元
PSN B-2015-479-1/1

全球传媒蓝皮书
全球传媒发展报告（2017~2018）
著(编)者：胡正荣　李继东　2018年6月出版／估价：99.00元
PSN B-2012-237-1/1

少数民族非遗蓝皮书
中国少数民族非物质文化遗产发展报告（2018）
著(编)者：肖远平（彝）　柴立（满）
2018年10月出版／估价：118.00元
PSN B-2015-467-1/1

视听新媒体蓝皮书
中国视听新媒体发展报告（2018）
著(编)者：国家新闻出版广电总局发展研究中心
2018年7月出版／估价：118.00元
PSN B-2011-184-1/1

数字娱乐产业蓝皮书
中国动画产业发展报告（2018）
著(编)者：孙立军　孙平　牛兴侦
2018年10月出版／估价：99.00元
PSN B-2011-198-1/2

数字娱乐产业蓝皮书
中国游戏产业发展报告（2018）
著(编)者：孙立军　刘跃军　2018年10月出版／估价：99.00元
PSN B-2017-662-2/2

网络视听蓝皮书
中国互联网视听行业发展报告（2018）
著(编)者：陈鹏　2018年2月出版／定价：148.00元
PSN B-2018-688-1/1

文化创新蓝皮书
中国文化创新报告（2017·No.8）
著(编)者：傅才武　2018年6月出版／估价：99.00元
PSN B-2009-143-1/1

文化建设蓝皮书
中国文化发展报告（2018）
著(编)者：江畅　孙伟平　戴茂堂
2018年5月出版／估价：99.00元
PSN B-2014-392-1/1

文化科技蓝皮书
文化科技创新发展报告（2018）
著(编)者：于平　李凤亮　2018年10月出版／估价：99.00元
PSN B-2013-342-1/1

文化蓝皮书
中国公共文化服务发展报告（2017~2018）
著(编)者：刘新成　张永新　张旭
2018年12月出版／估价：99.00元
PSN B-2007-093-2/10

文化蓝皮书
中国少数民族文化发展报告（2017~2018）
著(编)者：武翠英　张晓明　任乌晶
2018年9月出版／估价：99.00元
PSN B-2013-369-9/10

文化蓝皮书
中国文化产业供需协调检测报告（2018）
著(编)者：王亚南　2018年3月出版／定价：99.00元
PSN B-2013-323-8/10

文化传媒类 · 地方发展类-经济

皮书系列 2018全品种

文化蓝皮书
中国文化消费需求景气评价报告（2018）
著(编)者：王亚南　2018年3月出版 / 定价：99.00元
PSN B-2011-236-4/10

文化蓝皮书
中国公共文化投入增长测评报告（2018）
著(编)者：王亚南　2018年3月出版 / 定价：99.00元
PSN B-2014-435-10/10

文化品牌蓝皮书
中国文化品牌发展报告（2018）
著(编)者：欧阳友权　2018年5月出版 / 估价：99.00元
PSN B-2012-277-1/1

文化遗产蓝皮书
中国文化遗产事业发展报告（2017~2018）
著(编)者：苏杨　张颖岚　卓杰　白海峰　陈晨　陈叙图
2018年8月出版 / 估价：99.00元
PSN B-2008-119-1/1

文学蓝皮书
中国文情报告（2017~2018）
著(编)者：白烨　2018年5月出版 / 估价：99.00元
PSN B-2011-221-1/1

新媒体蓝皮书
中国新媒体发展报告No.9（2018）
著(编)者：唐绪军　2018年7月出版 / 估价：99.00元
PSN B-2010-169-1/1

新媒体社会责任蓝皮书
中国新媒体社会责任研究报告（2018）
著(编)者：钟瑛　2018年12月出版 / 估价：99.00元
PSN B-2014-423-1/1

移动互联网蓝皮书
中国移动互联网发展报告（2018）
著(编)者：余清楚　2018年6月出版 / 估价：99.00元
PSN B-2014-282-1/1

影视蓝皮书
中国影视产业发展报告（2018）
著(编)者：司若　陈鹏　陈锐
2018年6月出版 / 估价：99.00元
PSN B-2016-529-1/1

舆情蓝皮书
中国社会舆情与危机管理报告（2018）
著(编)者：谢耘耕
2018年9月出版 / 估价：138.00元
PSN B-2011-235-1/1

中国大运河蓝皮书
中国大运河发展报告（2018）
著(编)者：吴欣　2018年2月出版 / 估价：128.00元
PSN B-2018-691-1/1

地方发展类-经济

澳门蓝皮书
澳门经济社会发展报告（2017~2018）
著(编)者：吴志良　郝雨凡
2018年7月出版 / 估价：99.00元
PSN B-2009-138-1/1

澳门绿皮书
澳门旅游休闲发展报告（2017~2018）
著(编)者：郝雨凡　林广志
2018年5月出版 / 估价：99.00元
PSN G-2017-617-1/1

北京蓝皮书
北京经济发展报告（2017~2018）
著(编)者：杨松　2018年6月出版 / 估价：99.00元
PSN B-2006-054-2/8

北京旅游绿皮书
北京旅游发展报告（2018）
著(编)者：北京旅游学会
2018年7月出版 / 估价：99.00元
PSN G-2012-301-1/1

北京体育蓝皮书
北京体育产业发展报告（2017~2018）
著(编)者：钟秉枢　陈杰　杨铁黎
2018年9月出版 / 估价：99.00元
PSN B-2015-475-1/1

滨海金融蓝皮书
滨海新区金融发展报告（2017）
著(编)者：王爱俭　李向前　2018年4月出版 / 估价：99.00元
PSN B-2014-424-1/1

城乡一体化蓝皮书
北京城乡一体化发展报告（2017~2018）
著(编)者：吴宝新　张宝秀　黄序
2018年5月出版 / 估价：99.00元
PSN B-2012-258-2/2

非公有制企业社会责任蓝皮书
北京非公有制企业社会责任报告（2018）
著(编)者：宋贵伦　冯培
2018年6月出版 / 估价：99.00元
PSN B-2017-613-1/1

皮书系列 2018全品种 — 地方发展类-经济

福建旅游蓝皮书
福建省旅游产业发展现状研究（2017~2018）
著(编)者：陈敏华 黄远水　2018年12月出版 / 估价：128.00元
PSN B-2016-591-1/1

福建自贸区蓝皮书
中国(福建)自由贸易试验区发展报告(2017~2018)
著(编)者：黄茂兴　2018年6月出版 / 估价：118.00元
PSN B-2016-531-1/1

甘肃蓝皮书
甘肃经济发展分析与预测（2018）
著(编)者：安文华 罗哲　2018年1月出版 / 定价：99.00元
PSN B-2013-312-1/6

甘肃蓝皮书
甘肃商贸流通发展报告（2018）
著(编)者：张应华 王福生 王晓芳
2018年1月出版 / 定价：99.00元
PSN B-2016-522-6/6

甘肃蓝皮书
甘肃县域和农村发展报告（2018）
著(编)者：包东红 朱智文 王建兵
2018年1月出版 / 定价：99.00元
PSN B-2013-316-5/6

甘肃农业科技绿皮书
甘肃农业科技发展研究报告（2018）
著(编)者：魏胜文 乔德华 张东伟
2018年12月出版 / 估价：198.00元
PSN B-2016-592-1/1

甘肃气象保障蓝皮书
甘肃农业对气候变化的适应与风险评估报告（No.1）
著(编)者：鲍文中 周广胜
2017年12月出版 / 定价：108.00元
PSN B-2017-677-1/1

巩义蓝皮书
巩义经济社会发展报告（2018）
著(编)者：丁同民 朱军　2018年6月出版 / 估价：99.00元
PSN B-2016-532-1/1

广东外经贸蓝皮书
广东对外经济贸易发展研究报告（2017~2018）
著(编)者：陈万灵　2018年6月出版 / 估价：99.00元
PSN B-2012-286-1/1

广西北部湾经济区蓝皮书
广西北部湾经济区开放开发报告（2017~2018）
著(编)者：广西壮族自治区北部湾经济区和东盟开放合作办公室
　　　　 广西社会科学院
　　　　 广西北部湾发展研究院
2018年5月出版 / 估价：99.00元
PSN B-2010-181-1/1

广州蓝皮书
广州城市国际化发展报告（2018）
著(编)者：张跃国　2018年8月出版 / 估价：99.00元
PSN B-2012-246-11/14

广州蓝皮书
中国广州城市建设与管理发展报告（2018）
著(编)者：张其年 陈小钢 王宏伟　2018年8月出版 / 估价：99.00元
PSN B-2007-087-4/14

广州蓝皮书
广州创新型城市发展报告（2018）
著(编)者：尹涛　2018年6月出版 / 估价：99.00元
PSN B-2012-247-12/14

广州蓝皮书
广州经济发展报告（2018）
著(编)者：张跃国 尹涛　2018年7月出版 / 估价：99.00元
PSN B-2005-040-1/14

广州蓝皮书
2018年中国广州经济形势分析与预测
著(编)者：魏明海 谢博能 李华
2018年6月出版 / 估价：99.00元
PSN B-2011-185-9/14

广州蓝皮书
中国广州科技创新发展报告（2018）
著(编)者：于欣伟 陈爽 邓佑满　2018年8月出版 / 估价：99.00元
PSN B-2006-065-2/14

广州蓝皮书
广州农村发展报告（2018）
著(编)者：朱名宏　2018年7月出版 / 估价：99.00元
PSN B-2010-167-8/14

广州蓝皮书
广州汽车产业发展报告（2018）
著(编)者：杨再高 冯兴亚　2018年7月出版 / 估价：99.00元
PSN B-2006-066-3/14

广州蓝皮书
广州商贸业发展报告（2018）
著(编)者：张跃国 陈杰 荀振英
2018年7月出版 / 估价：99.00元
PSN B-2012-245-10/14

贵阳蓝皮书
贵阳城市创新发展报告No.3（白云篇）
著(编)者：连玉明　2018年5月出版 / 估价：99.00元
PSN B-2015-491-3/10

贵阳蓝皮书
贵阳城市创新发展报告No.3（观山湖篇）
著(编)者：连玉明　2018年5月出版 / 估价：99.00元
PSN B-2015-497-9/10

贵阳蓝皮书
贵阳城市创新发展报告No.3（花溪篇）
著(编)者：连玉明　2018年5月出版 / 估价：99.00元
PSN B-2015-490-2/10

贵阳蓝皮书
贵阳城市创新发展报告No.3（开阳篇）
著(编)者：连玉明　2018年5月出版 / 估价：99.00元
PSN B-2015-492-4/10

贵阳蓝皮书
贵阳城市创新发展报告No.3（南明篇）
著(编)者：连玉明　2018年5月出版 / 估价：99.00元
PSN B-2015-496-8/10

贵阳蓝皮书
贵阳城市创新发展报告No.3（清镇篇）
著(编)者：连玉明　2018年5月出版 / 估价：99.00元
PSN B-2015-489-1/10

地方发展类-经济

皮书系列 2018全品种

贵阳蓝皮书
贵阳城市创新发展报告No.3（乌当篇）
著(编)者：连玉明　2018年5月出版 / 估价：99.00元
PSN B-2015-495-7/10

贵阳蓝皮书
贵阳城市创新发展报告No.3（息烽篇）
著(编)者：连玉明　2018年5月出版 / 估价：99.00元
PSN B-2015-493-5/10

贵阳蓝皮书
贵阳城市创新发展报告No.3（修文篇）
著(编)者：连玉明　2018年5月出版 / 估价：99.00元
PSN B-2015-494-6/10

贵阳蓝皮书
贵阳城市创新发展报告No.3（云岩篇）
著(编)者：连玉明　2018年5月出版 / 估价：99.00元
PSN B-2015-498-10/10

贵州房地产蓝皮书
贵州房地产发展报告No.5（2018）
著(编)者：武廷方　2018年7月出版 / 估价：99.00元
PSN B-2014-426-1/1

贵州蓝皮书
贵州册亨经济社会发展报告（2018）
著(编)者：黄德林　2018年6月出版 / 估价：99.00元
PSN B-2016-525-8/9

贵州蓝皮书
贵州地理标志产业发展报告（2018）
著(编)者：李发耀　黄其松　2018年8月出版 / 估价：99.00元
PSN B-2017-646-10/10

贵州蓝皮书
贵安新区发展报告（2017~2018）
著(编)者：马长青　吴大华　2018年6月出版 / 估价：99.00元
PSN B-2015-459-4/10

贵州蓝皮书
贵州国家级开放创新平台发展报告（2017~2018）
著(编)者：申晓庆　吴大华　季泓
2018年11月出版 / 估价：99.00元
PSN B-2016-518-7/10

贵州蓝皮书
贵州国有企业社会责任发展报告（2017~2018）
著(编)者：郭丽　2018年12月出版 / 估价：99.00元
PSN B-2015-511-6/10

贵州蓝皮书
贵州民航业发展报告（2017）
著(编)者：申振东　吴大华　2018年6月出版 / 估价：99.00元
PSN B-2015-471-5/10

贵州蓝皮书
贵州民营经济发展报告（2017）
著(编)者：杨静　吴大华　2018年6月出版 / 估价：99.00元
PSN B-2016-530-9/9

杭州都市圈蓝皮书
杭州都市圈发展报告（2018）
著(编)者：洪庆华　沈翔　2018年4月出版 / 定价：98.00元
PSN B-2012-302-1/1

河北经济蓝皮书
河北省经济发展报告（2018）
著(编)者：马树强　金浩　张贵　2018年6月出版 / 估价：99.00元
PSN B-2014-380-1/1

河北蓝皮书
河北经济社会发展报告（2018）
著(编)者：康振海　2018年1月出版 / 定价：99.00元
PSN B-2014-372-1/3

河北蓝皮书
京津冀协同发展报告（2018）
著(编)者：陈璐　2017年12月出版 / 定价：79.00元
PSN B-2017-601-2/3

河南经济蓝皮书
2018年河南经济形势分析与预测
著(编)者：王世炎　2018年3月出版 / 定价：89.00元
PSN B-2007-086-1/1

河南蓝皮书
河南城市发展报告（2018）
著(编)者：张占仓　王建国　2018年5月出版 / 估价：99.00元
PSN B-2009-131-3/9

河南蓝皮书
河南工业发展报告（2018）
著(编)者：张占仓　2018年5月出版 / 估价：99.00元
PSN B-2013-317-5/9

河南蓝皮书
河南金融发展报告（2018）
著(编)者：喻新安　谷建全
2018年6月出版 / 估价：99.00元
PSN B-2014-390-7/9

河南蓝皮书
河南经济发展报告（2018）
著(编)者：张占仓　完世伟
2018年6月出版 / 估价：99.00元
PSN B-2010-157-4/9

河南蓝皮书
河南能源发展报告（2018）
著(编)者：国网河南省电力公司经济技术研究院
　　　　　河南省社会科学院
2018年6月出版 / 估价：99.00元
PSN B-2017-607-9/9

河南商务蓝皮书
河南商务发展报告（2018）
著(编)者：焦锦淼　穆荣国　2018年5月出版 / 估价：99.00元
PSN B-2014-399-1/1

河南双创蓝皮书
河南创新创业发展报告（2018）
著(编)者：喻新安　杨雪梅
2018年8月出版 / 估价：99.00元
PSN B-2017-641-1/1

黑龙江蓝皮书
黑龙江经济发展报告（2018）
著(编)者：朱宇　2018年1月出版 / 定价：89.00元
PSN B-2011-190-2/2

湖南城市蓝皮书
区域城市群整合
著(编)者：童中贤 韩未名　2018年12月出版 / 估价：99.00元
PSN B-2006-064-1/1

湖南蓝皮书
湖南城乡一体化发展报告（2018）
著(编)者：陈文胜 王文强 陆福兴
2018年8月出版 / 估价：99.00元
PSN B-2015-477-8/8

湖南蓝皮书
2018年湖南电子政务发展报告
著(编)者：梁志峰　2018年5月出版 / 估价：128.00元
PSN B-2014-394-6/8

湖南蓝皮书
2018年湖南经济发展报告
著(编)者：卞鹰　2018年5月出版 / 估价：128.00元
PSN B-2011-207-2/8

湖南蓝皮书
2016年湖南经济展望
著(编)者：梁志峰　2018年5月出版 / 估价：128.00元
PSN B-2011-206-1/8

湖南蓝皮书
2018年湖南县域经济社会发展报告
著(编)者：梁志峰　2018年5月出版 / 估价：128.00元
PSN B-2014-395-7/8

湖南县域绿皮书
湖南县域发展报告（No.5）
著(编)者：袁准 周小毛 黎仁寅
2018年6月出版 / 估价：99.00元
PSN G-2012-274-1/1

沪港蓝皮书
沪港发展报告（2018）
著(编)者：尤安山　2018年9月出版 / 估价：99.00元
PSN B-2013-362-1/1

吉林蓝皮书
2018年吉林经济社会形势分析与预测
著(编)者：邵汉明　2017年12月出版 / 定价：89.00元
PSN B-2013-319-1/1

吉林省城市竞争力蓝皮书
吉林省城市竞争力报告（2017~2018）
著(编)者：崔岳春 张磊
2018年3月出版 / 定价：89.00元
PSN B-2016-513-1/1

济源蓝皮书
济源经济社会发展报告（2018）
著(编)者：喻新安　2018年6月出版 / 估价：99.00元
PSN B-2014-387-1/1

江苏蓝皮书
2018年江苏经济发展分析与展望
著(编)者：王庆五 吴先满
2018年7月出版 / 估价：128.00元
PSN B-2017-635-1/3

江西蓝皮书
江西经济社会发展报告（2018）
著(编)者：陈石俊 龚建文　2018年10月出版 / 估价：128.00元
PSN B-2015-484-1/2

江西蓝皮书
江西设区市发展报告（2018）
著(编)者：姜玮 梁勇
2018年10月出版 / 估价：99.00元
PSN B-2016-517-2/2

经济特区蓝皮书
中国经济特区发展报告（2017）
著(编)者：陶一桃　2018年1月出版 / 估价：99.00元
PSN B-2009-139-1/1

辽宁蓝皮书
2018年辽宁经济社会形势分析与预测
著(编)者：梁启东 魏红江　2018年6月出版 / 估价：99.00元
PSN B-2006-053-1/1

民族经济蓝皮书
中国民族地区经济发展报告（2018）
著(编)者：李曦辉　2018年7月出版 / 估价：99.00元
PSN B-2017-630-1/1

南宁蓝皮书
南宁经济发展报告（2018）
著(编)者：胡建华　2018年9月出版 / 估价：99.00元
PSN B-2016-569-2/3

内蒙古蓝皮书
内蒙古精准扶贫研究报告（2018）
著(编)者：张志华　2018年1月出版 / 定价：89.00元
PSN B-2017-681-2/2

浦东新区蓝皮书
上海浦东经济发展报告（2018）
著(编)者：周小平 徐美芳
2018年1月出版 / 定价：89.00元
PSN B-2011-225-1/1

青海蓝皮书
2018年青海经济社会形势分析与预测
著(编)者：陈玮　2018年1月出版 / 定价：98.00元
PSN B-2012-275-1/2

青海科技绿皮书
青海科技发展报告（2017）
著(编)者：青海省科学技术信息研究所
2018年3月出版 / 定价：98.00元
PSN G-2018-701-1/1

山东蓝皮书
山东经济形势分析与预测（2018）
著(编)者：李广杰　2018年7月出版 / 估价：99.00元
PSN B-2014-404-1/5

山东蓝皮书
山东省普惠金融发展报告（2018）
著(编)者：齐鲁财富网
2018年9月出版 / 估价：99.00元
PSN B2017-676-5/5

地方发展类-经济

山西蓝皮书
山西资源型经济转型发展报告（2018）
著(编)者：李志强　2018年7月出版 / 估价：99.00元
PSN B-2011-197-1/1

陕西蓝皮书
陕西经济发展报告（2018）
著(编)者：任宗哲　白宽犁　裴成荣
2018年1月出版 / 定价：89.00元
PSN B-2009-135-1/6

陕西蓝皮书
陕西精准脱贫研究报告（2018）
著(编)者：任宗哲　白宽犁　王建康
2018年4月出版 / 定价：89.00元
PSN B-2017-623-6/6

上海蓝皮书
上海经济发展报告（2018）
著(编)者：沈开艳　2018年2月出版 / 定价：89.00元
PSN B-2006-057-1/7

上海蓝皮书
上海资源环境发展报告（2018）
著(编)者：周冯琦　胡静　2018年2月出版 / 定价：89.00元
PSN B-2006-060-4/7

上海蓝皮书
上海奉贤经济发展分析与研判（2017～2018）
著(编)者：张兆安　朱平芳　2018年3月出版 / 定价：99.00元
PSN B-2018-698-8/8

上饶蓝皮书
上饶发展报告（2016～2017）
著(编)者：廖其志　2018年6月出版 / 估价：128.00元
PSN B-2014-377-1/1

深圳蓝皮书
深圳经济发展报告（2018）
著(编)者：张骁儒　2018年6月出版 / 定价：99.00元
PSN B-2008-112-3/7

四川蓝皮书
四川城镇化发展报告（2018）
著(编)者：侯水平　陈炜　2018年6月出版 / 估价：99.00元
PSN B-2015-456-7/7

四川蓝皮书
2018年四川经济形势分析与预测
著(编)者：杨钢　2018年1月出版 / 定价：158.00元
PSN B-2007-098-2/7

四川蓝皮书
四川企业社会责任研究报告（2017～2018）
著(编)者：侯水平　盛毅　2018年5月出版 / 估价：99.00元
PSN B-2014-386-4/7

四川蓝皮书
四川生态建设报告（2018）
著(编)者：李晟之　2018年5月出版 / 估价：99.00元
PSN B-2015-455-6/7

四川蓝皮书
四川特色小镇发展报告（2017）
著(编)者：吴志强　2017年11月出版 / 定价：89.00元
PSN B-2017-670-8/8

体育蓝皮书
上海体育产业发展报告（2017～2018）
著(编)者：张林　黄海燕
2018年10月出版 / 估价：99.00元
PSN B-2015-454-4/5

体育蓝皮书
长三角地区体育产业发展报（2017～2018）
著(编)者：张林　2018年6月出版 / 估价：99.00元
PSN B-2015-453-3/5

天津金融蓝皮书
天津金融发展报告（2018）
著(编)者：王爱俭　孔德昌
2018年5月出版 / 估价：99.00元
PSN B-2014-418-1/1

图们江区域合作蓝皮书
图们江区域合作发展报告（2018）
著(编)者：李铁　2018年6月出版 / 估价：99.00元
PSN B-2015-464-1/1

温州蓝皮书
2018年温州经济社会形势分析与预测
著(编)者：蒋儒标　王春光　金浩
2018年6月出版 / 估价：99.00元
PSN B-2008-105-1/1

西咸新区蓝皮书
西咸新区发展报告（2018）
著(编)者：李扬　王军
2018年6月出版 / 估价：99.00元
PSN B-2016-534-1/1

修武蓝皮书
修武经济社会发展报告（2018）
著(编)者：张占仓　袁凯声
2018年10月出版 / 估价：99.00元
PSN B-2017-651-1/1

偃师蓝皮书
偃师经济社会发展报告（2018）
著(编)者：张占仓　袁凯声　何武周
2018年7月出版 / 估价：99.00元
PSN B-2017-627-1/1

扬州蓝皮书
扬州经济社会发展报告（2018）
著(编)者：陈扬
2018年12月出版 / 估价：108.00元
PSN B-2011-191-1/1

长垣蓝皮书
长垣经济社会发展报告（2018）
著(编)者：张占仓　袁凯声　秦保建
2018年10月出版 / 估价：99.00元
PSN B-2017-654-1/1

遵义蓝皮书
遵义发展报告（2018）
著(编)者：邓彦　曾征　龚永育
2018年9月出版 / 估价：99.00元
PSN B-2014-433-1/1

地方发展类-社会

安徽蓝皮书
安徽社会发展报告（2018）
著(编)者：程桦　2018年6月出版／估价：99.00元
PSN B-2013-325-1/1

安徽社会建设蓝皮书
安徽社会建设分析报告（2017~2018）
著(编)者：黄家海　蔡宪
2018年11月出版／估价：99.00元
PSN B-2013-322-1/1

北京蓝皮书
北京公共服务发展报告（2017~2018）
著(编)者：施昌奎　2018年6月出版／估价：99.00元
PSN B-2008-103-7/8

北京蓝皮书
北京社会发展报告（2017~2018）
著(编)者：李伟东
2018年7月出版／估价：99.00元
PSN B-2006-055-3/8

北京蓝皮书
北京社会治理发展报告（2017~2018）
著(编)者：殷星辰　2018年7月出版／估价：99.00元
PSN B-2014-391-8/8

北京律师蓝皮书
北京律师发展报告No.4（2018）
著(编)者：王隽　2018年12月出版／估价：99.00元
PSN B-2011-217-1/1

北京人才蓝皮书
北京人才发展报告（2018）
著(编)者：敏华　2018年12月出版／估价：128.00元
PSN B-2011-201-1/1

北京社会心态蓝皮书
北京社会心态分析报告（2017~2018）
北京市社会心理服务促进中心
2018年10月出版／估价：99.00元
PSN B-2014-422-1/1

北京社会组织管理蓝皮书
北京社会组织发展与管理（2018）
著(编)者：黄江松
2018年6月出版／估价：99.00元
PSN B-2015-446-1/1

北京养老产业蓝皮书
北京居家养老发展报告（2018）
著(编)者：陆杰华　周明明
2018年8月出版／估价：99.00元
PSN B-2015-465-1/1

法治蓝皮书
四川依法治省年度报告No.4（2018）
著(编)者：李林　杨天宗　田禾
2018年3月出版／定价：118.00元
PSN B-2015-447-2/3

福建妇女发展蓝皮书
福建省妇女发展报告（2018）
著(编)者：刘群英　2018年11月出版／估价：99.00元
PSN B-2011-220-1/1

甘肃蓝皮书
甘肃社会发展分析与预测（2018）
著(编)者：安文华　谢增虎　包晓霞
2018年1月出版／定价：99.00元
PSN B-2013-313-2/6

广东蓝皮书
广东全面深化改革研究报告（2018）
著(编)者：周林生　涂成林
2018年12月出版／估价：99.00元
PSN B-2015-504-3/3

广东蓝皮书
广东社会工作发展报告（2018）
著(编)者：罗观翠　2018年6月出版／估价：99.00元
PSN B-2014-402-2/3

广州蓝皮书
广州青年发展报告（2018）
著(编)者：徐柳　张强
2018年8月出版／估价：99.00元
PSN B-2013-352-13/14

广州蓝皮书
广州社会保障发展报告（2018）
著(编)者：张跃国　2018年8月出版／估价：99.00元
PSN B-2014-425-14/14

广州蓝皮书
2018年中国广州社会形势分析与预测
著(编)者：张强　郭志勇　何镜清
2018年6月出版／估价：99.00元
PSN B-2008-110-5/14

贵州蓝皮书
贵州法治发展报告（2018）
著(编)者：吴大华　2018年5月出版／估价：99.00元
PSN B-2012-254-2/10

贵州蓝皮书
贵州人才发展报告（2017）
著(编)者：于杰　吴大华
2018年9月出版／估价：99.00元
PSN B-2014-382-3/10

贵州蓝皮书
贵州社会发展报告（2018）
著(编)者：王兴骥　2018年6月出版／估价：99.00元
PSN B-2010-166-1/10

杭州蓝皮书
杭州妇女发展报告（2018）
著(编)者：魏颖
2018年10月出版／估价：99.00元
PSN B-2014-403-1/1

地方发展类-社会

皮书系列
2018全品种

河北蓝皮书
河北法治发展报告（2018）
著(编)者：康振海　2018年6月出版 / 估价：99.00元
PSN B-2017-622-3/3

河北食品药品安全蓝皮书
河北食品药品安全研究报告（2018）
著(编)者：丁锦霞
2018年10月出版 / 估价：99.00元
PSN B-2015-473-1/1

河南蓝皮书
河南法治发展报告（2018）
著(编)者：张林海　2018年7月出版 / 估价：99.00元
PSN B-2014-376-6/9

河南蓝皮书
2018年河南社会形势分析与预测
著(编)者：牛苏林　2018年5月出版 / 估价：99.00元
PSN B-2005-043-1/9

河南民办教育蓝皮书
河南民办教育发展报告（2018）
著(编)者：胡大白　2018年9月出版 / 估价：99.00元
PSN B-2017-642-1/1

黑龙江蓝皮书
黑龙江社会发展报告（2018）
著(编)者：王爱丽　2018年1月出版 / 定价：89.00元
PSN B-2011-189-1/2

湖南蓝皮书
2018年湖南两型社会与生态文明建设报告
著(编)者：卞鹰　2018年5月出版 / 估价：128.00元
PSN B-2011-208-3/8

湖南蓝皮书
2018年湖南社会发展报告
著(编)者：卞鹰　2018年5月出版 / 估价：128.00元
PSN B-2014-393-5/8

健康城市蓝皮书
北京健康城市建设研究报告（2018）
著(编)者：王鸿春 盛继洪
2018年9月出版 / 估价：99.00元
PSN B-2015-460-1/2

江苏法治蓝皮书
江苏法治发展报告No.6（2017）
著(编)者：蔡道通 龚廷泰
2018年8月出版 / 估价：99.00元
PSN B-2012-290-1/1

江苏蓝皮书
2018年江苏社会发展分析与展望
著(编)者：王庆五 刘旺洪
2018年8月出版 / 估价：128.00元
PSN B-2017-636-2/3

民族教育蓝皮书
中国民族教育发展报告（2017·内蒙古卷）
著(编)者：陈中永
2017年12月出版 / 定价：198.00元
PSN B-2017-669-1/1

南宁蓝皮书
南宁法治发展报告（2018）
著(编)者：杨维超　2018年12月出版 / 估价：99.00元
PSN B-2015-509-1/3

南宁蓝皮书
南宁社会发展报告（2018）
著(编)者：胡建华　2018年10月出版 / 估价：99.00元
PSN B-2016-570-3/3

内蒙古蓝皮书
内蒙古反腐倡廉建设报告 No.2
著(编)者：张志华　2018年6月出版 / 估价：99.00元
PSN B-2013-365-1/1

青海蓝皮书
2018年青海人才发展报告
著(编)者：王宇燕　2018年9月出版 / 估价：99.00元
PSN B-2017-650-2/2

青海生态文明建设蓝皮书
青海生态文明建设报告（2018）
著(编)者：张西明 高华　2018年12月出版 / 估价：99.00元
PSN B-2016-595-1/1

人口与健康蓝皮书
深圳人口与健康发展报告（2018）
著(编)者：陆杰华 傅崇辉
2018年11月出版 / 估价：99.00元
PSN B-2011-228-1/1

山东蓝皮书
山东社会形势分析与预测（2018）
著(编)者：李善峰　2018年6月出版 / 估价：99.00元
PSN B-2014-405-2/5

陕西蓝皮书
陕西社会发展报告（2018）
著(编)者：任宗哲 白宽犁 牛昉
2018年1月出版 / 定价：89.00元
PSN B-2009-136-2/6

上海蓝皮书
上海法治发展报告（2018）
著(编)者：叶必丰　2018年9月出版 / 估价：99.00元
PSN B-2012-296-6/7

上海蓝皮书
上海社会发展报告（2018）
著(编)者：杨雄 周海旺
2018年2月出版 / 定价：89.00元
PSN B-2006-058-2/7

皮书系列 2018全品种

地方发展类-社会 · 地方发展类-文化

社会建设蓝皮书
2018年北京社会建设分析报告
著(编)者：宋贵伦 冯虹　2018年9月出版／估价：99.00元
PSN B-2010-173-1/1

深圳蓝皮书
深圳法治发展报告（2018）
著(编)者：张骁儒　2018年6月出版／估价：99.00元
PSN B-2015-470-6/7

深圳蓝皮书
深圳劳动关系发展报告（2018）
著(编)者：汤庭芬　2018年8月出版／估价：99.00元
PSN B-2007-097-2/7

深圳蓝皮书
深圳社会治理与发展报告（2018）
著(编)者：张骁儒　2018年6月出版／估价：99.00元
PSN B-2008-113-4/7

生态安全绿皮书
甘肃国家生态安全屏障建设发展报告（2018）
著(编)者：刘举科 喜文华
2018年10月出版／估价：99.00元
PSN G-2017-659-1/1

顺义社会建设蓝皮书
北京市顺义区社会建设发展报告（2018）
著(编)者：王学武　2018年9月出版／估价：99.00元
PSN B-2017-658-1/1

四川蓝皮书
四川法治发展报告（2018）
著(编)者：郑泰安　2018年6月出版／估价：99.00元
PSN B-2015-441-5/7

四川蓝皮书
四川社会发展报告（2018）
著(编)者：李羚　2018年6月出版／估价：99.00元
PSN B-2008-127-3/7

四川社会工作与管理蓝皮书
四川省社会工作人力资源发展报告（2017）
著(编)者：边慧敏　2017年12月出版／定价：89.00元
PSN B-2017-683-1/1

云南社会治理蓝皮书
云南社会治理年度报告（2017）
著(编)者：晏雄 韩全芳
2018年5月出版／估价：99.00元
PSN B-2017-667-1/1

地方发展类-文化

北京传媒蓝皮书
北京新闻出版广电发展报告（2017～2018）
著(编)者：王志　2018年11月出版／估价：99.00元
PSN B-2016-588-1/1

北京蓝皮书
北京文化发展报告（2017～2018）
著(编)者：李建盛　2018年5月出版／估价：99.00元
PSN B-2007-082-4/8

创意城市蓝皮书
北京文化创意产业发展报告（2018）
著(编)者：郭万超 张京成　2018年12月出版／估价：99.00元
PSN B-2012-263-1/7

创意城市蓝皮书
天津文化创意产业发展报告（2017～2018）
著(编)者：谢思全　2018年6月出版／估价：99.00元
PSN B-2016-536-7/7

创意城市蓝皮书
武汉文化创意产业发展报告（2018）
著(编)者：黄永林 陈汉桥　2018年12月出版／估价：99.00元
PSN B-2013-354-4/7

创意上海蓝皮书
上海文化创意产业发展报告（2017～2018）
著(编)者：王慧敏 王兴全　2018年8月出版／估价：99.00元
PSN B-2016-561-1/1

非物质文化遗产蓝皮书
广州市非物质文化遗产保护发展报告（2018）
著(编)者：宋俊华　2018年12月出版／估价：99.00元
PSN B-2016-589-1/1

甘肃蓝皮书
甘肃文化发展分析与预测（2018）
著(编)者：马廷旭 戚晓萍　2018年1月出版／定价：99.00元
PSN B-2013-314-3/6

甘肃蓝皮书
甘肃舆情分析与预测（2018）
著(编)者：王俊莲 张谦元　2018年1月出版／定价：99.00元
PSN B-2013-315-4/6

广州蓝皮书
中国广州文化发展报告（2018）
著(编)者：屈哨兵 陆志强　2018年6月出版／估价：99.00元
PSN B-2009-134-7/14

广州蓝皮书
广州文化创意产业发展报告（2018）
著(编)者：徐咏虹　2018年7月出版／估价：99.00元
PSN B-2008-111-6/14

海淀蓝皮书
海淀区文化和科技融合发展报告（2018）
著(编)者：陈名杰 孟景伟　2018年5月出版／估价：99.00元
PSN B-2013-329-1/1

地方发展类-文化

皮书系列
2018全品种

河南蓝皮书
河南文化发展报告（2018）
著(编)者：卫绍生　2018年7月出版 / 估价：99.00元
PSN B-2008-106-2/9

湖北文化产业蓝皮书
湖北省文化产业发展报告（2018）
著(编)者：黄晓华　2018年9月出版 / 估价：99.00元
PSN B-2017-656-1/1

湖北文化蓝皮书
湖北文化发展报告（2017~2018）
著(编)者：湖北大学高等人文研究院
　　　　　中华文化发展湖北省协同创新中心
2018年10月出版 / 估价：99.00元
PSN B-2016-566-1/1

江苏蓝皮书
2018年江苏文化发展分析与展望
著(编)者：王庆五　樊和平　2018年9月出版 / 估价：128.00元
PSN B-2017-637-3/3

江西文化蓝皮书
江西非物质文化遗产发展报告（2018）
著(编)者：张圣才　傅安平　2018年12月出版 / 估价：128.00元
PSN B-2015-499-1/1

洛阳蓝皮书
洛阳文化发展报告（2018）
著(编)者：刘福兴　陈启明　2018年7月出版 / 估价：99.00元
PSN B-2015-476-1/1

南京蓝皮书
南京文化发展报告（2018）
著(编)者：中共南京市委宣传部
2018年12月出版 / 估价：99.00元
PSN B-2014-439-1/1

宁波文化蓝皮书
宁波"一人一艺"全民艺术普及发展报告（2017）
著(编)者：张爱琴　2018年11月出版 / 估价：128.00元
PSN B-2017-668-1/1

山东蓝皮书
山东文化发展报告（2018）
著(编)者：涂可国　2018年5月出版 / 估价：99.00元
PSN B-2014-406-3/5

陕西蓝皮书
陕西文化发展报告（2018）
著(编)者：任宗哲　白宽犁　王长寿
2018年1月出版 / 定价：89.00元
PSN B-2009-137-3/6

上海蓝皮书
上海传媒发展报告（2018）
著(编)者：强荧　焦雨虹　2018年2月出版 / 定价：89.00元
PSN B-2012-295-5/7

上海蓝皮书
上海文学发展报告（2018）
著(编)者：陈圣来　2018年6月出版 / 估价：99.00元
PSN B-2012-297-7/7

上海蓝皮书
上海文化发展报告（2018）
著(编)者：荣跃明　2018年6月出版 / 估价：99.00元
PSN B-2006-059-3/7

深圳蓝皮书
深圳文化发展报告（2018）
著(编)者：张晓儒　2018年7月出版 / 估价：99.00元
PSN B-2016-554-7/7

四川蓝皮书
四川文化产业发展报告（2018）
著(编)者：向宝云　张立伟　2018年6月出版 / 估价：99.00元
PSN B-2006-074-1/7

郑州蓝皮书
2018年郑州文化发展报告
著(编)者：王哲　2018年9月出版 / 估价：99.00元
PSN B-2008-107-1/1

皮书系列

❖ 皮书起源 ❖

"皮书"起源于十七、十八世纪的英国,主要指官方或社会组织正式发表的重要文件或报告,多以"白皮书"命名。在中国,"皮书"这一概念被社会广泛接受,并被成功运作、发展成为一种全新的出版形态,则源于中国社会科学院社会科学文献出版社。

❖ 皮书定义 ❖

皮书是对中国与世界发展状况和热点问题进行年度监测,以专业的角度、专家的视野和实证研究方法,针对某一领域或区域现状与发展态势展开分析和预测,具备原创性、实证性、专业性、连续性、前沿性、时效性等特点的公开出版物,由一系列权威研究报告组成。

❖ 皮书作者 ❖

皮书系列的作者以中国社会科学院、著名高校、地方社会科学院的研究人员为主,多为国内一流研究机构的权威专家学者,他们的看法和观点代表了学界对中国与世界的现实和未来最高水平的解读与分析。

❖ 皮书荣誉 ❖

皮书系列已成为社会科学文献出版社的著名图书品牌和中国社会科学院的知名学术品牌。2016年,皮书系列正式列入"十三五"国家重点出版规划项目;2013~2018年,重点皮书列入中国社会科学院承担的国家哲学社会科学创新工程项目;2018年,59种院外皮书使用"中国社会科学院创新工程学术出版项目"标识。

中国皮书网

（网址：www.pishu.cn）

发布皮书研创资讯，传播皮书精彩内容
引领皮书出版潮流，打造皮书服务平台

栏目设置

关于皮书：何谓皮书、皮书分类、皮书大事记、皮书荣誉、
皮书出版第一人、皮书编辑部
最新资讯：通知公告、新闻动态、媒体聚焦、网站专题、视频直播、下载专区
皮书研创：皮书规范、皮书选题、皮书出版、皮书研究、研创团队
皮书评奖评价：指标体系、皮书评价、皮书评奖
互动专区：皮书说、社科数托邦、皮书微博、留言板

所获荣誉

2008年、2011年，中国皮书网均在全国新闻出版业网站荣誉评选中获得"最具商业价值网站"称号；
2012年，获得"出版业网站百强"称号。

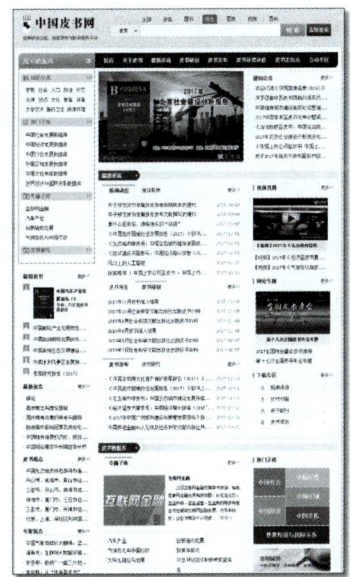

网库合一

2014年，中国皮书网与皮书数据库端口合一，实现资源共享。

权威报告·一手数据·特色资源

皮书数据库
ANNUAL REPORT(YEARBOOK) DATABASE

当代中国经济与社会发展高端智库平台

所获荣誉

- 2016年,入选"'十三五'国家重点电子出版物出版规划骨干工程"
- 2015年,荣获"搜索中国正能量 点赞2015""创新中国科技创新奖"
- 2013年,荣获"中国出版政府奖·网络出版物奖"提名奖
- 连续多年荣获中国数字出版博览会"数字出版·优秀品牌"奖

成为会员

通过网址www.pishu.com.cn或使用手机扫描二维码进入皮书数据库网站,进行手机号码验证或邮箱验证即可成为皮书数据库会员(建议通过手机号码快速验证注册)。

会员福利

- 使用手机号码首次注册的会员,账号自动充值100元体验金,可直接购买和查看数据库内容(仅限使用手机号码快速注册)。
- 已注册用户购书后可免费获赠100元皮书数据库充值卡。刮开充值卡涂层获取充值密码,登录并进入"会员中心"—"在线充值"—"充值卡充值",充值成功后即可购买和查看数据库内容。

数据库服务热线:400-008-6695　　　　　图书销售热线:010-59367070/7028
数据库服务QQ:2475522410　　　　　　　图书服务QQ:1265056568
数据库服务邮箱:database@ssap.cn　　　　图书服务邮箱:duzhe@ssap.cn

更多信息请登录

皮书数据库
http://www.pishu.com.cn

中国皮书网
http://www.pishu.cn

皮书微博
http://weibo.com/pishu

皮书微信"皮书说"

请到当当、亚马逊、京东或各地书店购买，也可办理邮购

咨询/邮购电话：010-59367028 59367070
邮　　箱：duzhe@ssap.cn
邮购地址：北京市西城区北三环中路甲29号院3号楼
　　　　　华龙大厦13层读者服务中心
邮　编：100029
银行户名：社会科学文献出版社
开户银行：中国工商银行北京北太平庄支行
账　　号：0200010019200365434